Pedro Malavet Vega

El Sistema de Justicia Criminal en Puerto Rico

Ediciones Lorena
Ponce, Puerto Rico
2005

Primera Edición 2005
email- edicioneslorena@yahoo.com

Urb. Villa Esperanza
Calle F #66
Ponce, Puerto Rico 00716
Tel. 787-842-0118
Fax. 787-841-0542

ISBN Log 0-9748421-3-3

Cuidado de la Edición: Pedro Malavet Vega/Tamara Yantín Ayala

Portada, Arte Gráfico y Diagramación: Tamara Yantín Ayala

Impreso en Editora Corripio
Santo Domingo, R.D.

Gracias

Pienso que escribir un libro siempre es una aventura hermosa. Con o sin errores. Los libros tienen vida propia, más allá de sus autores, para bien o para mal. Vendrán luego otros escritores que los completan, los amplían o los corrigen. Esto es particularmente excelente cuando lo hacen nuestros discípulos. En ese sentido, cada libro es una especie de provocación. Por eso escribir no es sólo una manera de hablar sin ser interrumpido, otros libros concretan esa interrupción creativa. Se escribe como un ejercicio del pensar, pero, sobre todo, para *hacer pensar.* Cuando se madura, se escribe no solo con la esperanza o la soberbia de enseñar, sino, sobre todo, para instruirse. Porque no se puede escribir con seriedad sobre lo que no se conoce o se aprende en el proceso. Escribir es comprometerse. Con unas ideas y unos principios. Generalmente se escribe para los demás. Pero antes se escribe para uno mismo. Los que detentan el poder temen más a los que escriben que a los que actúan. Porque lo que se escribe queda para la historia, o la revolucionan. Muchas actuaciones se suelen perder en la historia. Escribir sólo puede ser una forma de culminación del leer y el vivir.

Creo que escribir un libro siempre es, también, un tipo de aventura colectiva. Por los que aportan como fuentes de datos o de investigación. El escritor no solo utiliza su intelecto, sino la inteligencia de sus amigos y la de los autores que cita. Particular importancia tiene la aportación de los que ayudan al proceso con sus ideas, corrigiendo originales, cuestionando señalamientos, exigiendo explicaciones. Los que interrogan y los que aplauden. Los primeros protegen; los segundos, apoyan.

Entre los que debemos incluir en el párrafo anterior con relación a este libro, están las profesoras Elia Vega, Amaris Arabía, Isabel Rosario, Nivea Hernández, Brunilda Sierra; el prof. Samuel Malave. También están Jorge Burgos, Héctor Antonio Santini Umpierre, Raúl Medina Vázquez, José R. Cepeda Borrero, Tania Delgado Soto, Thainie Reyes Ramírez, Félix A. Colón Colón, Cynthia Rivera Vázquez y Tamara Yantín Ayala.

Para todos, mi agradecimiento. Es de ellos la protección intelectual. Los errores deben ser nuestros. La síntesis es el libro que les presentamos.

De manera particular queremos señalar la inapreciable fuente de información y de ilustraciones que constituye la prensa escrita del país. A través de este libro podrá notarse la importancia en este aspecto de periódicos actuales y otros desapareecidos, como El Vocero de Puerto Rico, El Nuevo Día, Primera Hora, San Juan Star, El Mundo, El Reportero, El Imparcial y otros.

Pedro Malavet Vega
Primavera 2005

Dedicatoria

Al excelente periodista Miguel Rivera Puig.

El periodismo es la historia tradicional, inmediata, sin garantía de certeza, sin evaluación ni notas al calce, una especie de historia provisional. Los periódicos constituyen el primer borrador de la historia. Acaso su mejor antecedente histórico son los Evangelios.

Puerto Rico ha tenido y tiene un grupo notable de periodistas excelentes. Algunos son atacados por razones políticas o de otra raíz, hasta el punto de poner en peligro sus vidas. Entre ellos, quiero destacar, acaso como símbolo y síntesis de periodismo, a Miguel Rivera Puig, a quien dedico este libro.

Miguel es un obrero de la prensa escrita, con esos "cuatro pares" de corazones que se espera de las personas valientes. Nunca ha escrito un artículo o una noticia por encargo; ni para causarle daño a alguien en represalia por algo. Ni han transigido en cuestiones de principios para mantener su empleo. Vive día a día la presión de las horas de cierre que caracteriza a los diarios, en esa lucha tenaz entre la urgencia de la noticia y la veracidad de la información.

Muy pocos conocen de sus tremendos éxitos de exclusivas periodísticas, las notas exclusivas que ha logrado. Muchas han dado pie a seguimiento posterior por otros medios. Un puñado de ejemplos lo constituyen:

-La información sobre la muerte de Luis Vigoreaux

-La razón de la masacre de El Señorial

-La relación del ex Secretario de Estado, Ferdinand Mercado, con un accidente de Tránsito que evitó su nombramiento al Tribunal Supremo

-El llamado Operativo Fatulo, que cambió la dirección de la Policía

-Un montón de exclusivas sobre el Tribunal Federal, que provocó una enorme presión de los jueces de ese Tribunal para que se le sacara de esa fuente informativa

-La entrevista al ex Coronel Alejo Maldonado, en febrero de 2005

Claro está, esa militancia con la seriedad periodística no le ha producido simpatías ni entre los jueces del Tribunal Federal ni entre la alta dirección de la Policía de Puerto Rico, los dos campos a los que ha dedicado mayor tiempo. Pero si ha generado lo que es importante: respeto profesional.

Por esas razones, me siento orgulloso de dedicar este libro al periodista Miguel Rivera Puig. No porque sea el único; hay algunos otros; sino por que creo que es un símbolo de lo que debe ser el periodismo. Los que aman esa profesión estarán de acuerdo. Aunque haya disidencia razonables.

Pedro Malavet Vega

Contenido

Cap. I
INTRODUCCION A LA JUSTICIA CRIMINAL 11

I. Introducción 13
II. Las ciencias y el método científico 21
III. Los campos de estudio en la Justicia Criminal 27
1. Clasificación de las ciencias de la criminalidad 27
2. Conceptos esenciales 29
A. Ciencias causales 29
(1) Criminología 29
(2) Sociología 31
(3) Penología 32
(4) Antropología 34
(5) Psicología 34
(6) Psiquiatría forense 34
B. Ciencias auxiliares 35
(1) Medicina legal o forense 35
(2) Estadística 33
(3) Política criminal 36
C. Ciencias jurídicas 41
(1) Derecho Constitucional 41
(2) Derecho Penal 44
(3) Procedimiento Criminal 49
(4) Evidencia o Derecho Probatorio 57
(5) Derecho Penitenciario 61
IV. Jerarquía de las fuentes del Derecho en Puerto Rico 62
V. Los dos sistemas de Derecho en Puerto Rico 63
VI. Dónde encontrar el Derecho de Puerto Rico 68
1. Leyes de Puerto Rico Anotadas (L.P.R.A.) 68
2. Decisiones de Puerto Rico (D.P.R.) 70
VII. Publicación de jurisprudencia norteamericana 71
1. United States Reports (U. S.) 72
2. Lawyer's Edition 72
3. Supreme Court Reporter 73
4. United States Law Week 73
5. U. S. Supreme Court Bulletin 73
VIII. La forma de sentencias y clase de opiniones 73

Cap. II
EL CRIMEN COMO PROBLEMA EN PUERTO RICO............................85

I. Introducción..87
II. Los indios de Puerto Rico y la materia penal...89
III. El crimen en Puerto Rico bajo la colonia española...................................92
IV. El Crimen en el Puerto Rico del Siglo XX..101
1. Los Delitos Tipo I...101
2. Los Delitos Tipo II..104
3. El hurto de automóviles...106
4. Delitos relacionados con drogas..107
5. La violencia doméstica 109
6. Los menores delincuentes...110
7. Discrepancias en las estadísticas..110
8. La incidencia criminal en el siglo XXI...109
V. Las causas de la criminalidad...113

Cap. III
TRASFONDO LEGAL ESPAÑOL DE LA JUSTICIA CRIMINAL EN PUERTO RICO...127

I. Legislación española para América...129
II. El trafondo romano...129
III. España seguía su propio rumbo...131
IV. Las Leyes de Indias..132
V. La legislación española del siglo XIX para Puerto Rico..137

Cap. IV
LA POLICIA DE PUERTO RICO Y LA CRIMINALIDAD.....................143

I. Concepto y función de la Policía...145
II. La Policía durante la dominación española...150
III. La Policía bajo la dominación norteamericana..151
1. Se funda la Policía Insular en1899...151
2. La Comisión de la Policía y los Coroneles...164
A. Introducción: la Ley Foraker de 1900...164
B. Organización de la Policía en 1901...169
3. Reorganización de la Policía en 1902...174

4. Enmiendas de 1906 178
5. Organización desde 1908 181
6. Segunda Ley Orgánica: la Ley Jones de 1917 199
7. Confrontación y muerte 200
8. Las mujeres entran a la Policía 213
9. Enmienda a la Ley de la Policía en 1948 214
10. La Revuelta Nacionalista de 1950 215
IV. La nueva etapa de los jefes civiles 219
1. Aparece el Superintendente en 1956 219
2. El Cuerpo de Investigación Criminal (CIC) 225
3. La Reorganización de 1967 228
4. Persecución del tráfico de drogas llega a la Policía 233
5. Los Superintendentes Auxiliares de 1974 235
6. Los asesinatos del Cerro Maravilla 237
7. La banda de Alejo Maldonado Medina 241
8. La convicción del Coronel Miguel Rivera 256
9. El Coronel ya tiene quien le escriba 257
V. Organización actual de la Policía de Puerto Rico 272
VI. Reglamentación de la Policía 287
VII. La Policía Municipal 290
VIII. Entre el cumplimiento del deber, la corrupción y el abuso 293
1. Imagen pública de la Policía 293
2. Lo que debe ser 304

Cap. V
DEPARTAMENTO DE JUSTICIA 323

I. Funciones del Departamento de Justicia 325
II. Evolución histórica 327
1. Época española 327
2. Attorney General o Procurador General 330
III. El Departamento de Justicia bajo el Estado Libre Asociado (1952-2004) 337
1. Nacimiento y desarrollo 337
2. El Ministerio Público 340
3. El Negociado de Investigaciones Especiales 346
4. El Fiscal Especial Independiente 347

Cap. VI
EL SISTEMA DE TRIBUNALES DE PUERTO RICO Y LA JUSTICIA CRIMINAL 357

I. Epoca española 359
1. Los tribunales 359
A. Gobernadores, Alcaldes, Tenientes a Guerra 359
B. La Santa Hermandad 364
C. La Audiencia Territorial y Tribunales 372
II. Sistema de Tribunales de 1898 a 1952 372
1. Las órdenes militares 372
2. Los Tribunales de 1900 a 1952 374
III. Tribunales bajo el Estado Libre Asociado 378
IV. Nace el Circuito de Apelaciones en 1992 385
V. La Ley de la Judicatura de 1994 387
1. Competencia general 387
2. Las enmiendas de 1995 389
VI. Ley de la Judicatura de 2003 390
VII. Recursos ante el Tribunal Apelativo 391
VIII. Recursos ante el Tribunal Supremo 393
IX. Labor de los Tribunales en materia penal 396
X. Enjuiciamiento criminal en el Tribunal Federal 398

Cap. VII
LAS CARCELES Y EL DEPARTAMENTO DE CORECCION 411

I. La pena de cárcel 413
II. Las cárceles durante la dominación española 418
1. Las primeras cárceles 418
2. El Presidio de la Plaza de Armas y La Princesa 422
III. Las cárceles y los sistemas carcelarios 427
1. Objetivos del encarcelamiento 427
2. Surgen las prisiones 430
A. Períodos históricos 430
B. Desarrollo y tipos de prisiones 431
IV. Las cárceles del siglo XX en Puerto Rico 443
1. Cárceles municipales 443
2. Desarrollo del Sistema Penitenciario 443
V. Las cárceles para el 2004 460

1. El caso Morales Feliciano...460
VI. Bonificaciones...469
VII. Sentencias Suspendidas, Probatoria y Junta de Libertad Bajo Palabra...472
1. Sentencias suspendidas...472
2. La probatoria...476
3. Junta de Libertad Bajo Palabra...477
VIII. La vida en prisión...479
IX. Experiencias de la Cárcel Federal en Guaynabo...491
X. Población penal actual en Estados Unidos...499
XI. Reviven el viejo ideal de la rehabilitación...500

Introducción a la Justicia Criminal

I. Introducción

Prácticamente todas las encuestas de opinión pública en el Puerto Rico actual señalan como preocupación principal de la comunidad la alta incidencia de la criminalidad, la inseguridad pública y el alto nivel de crímenes violentos. En una consulta del periódico *El Nuevo Día* de mayo del 2003, entre los asuntos más preocupantes en el país predominaron el problema de la criminalidad y falta de seguridad, al tope con un 77%; seguido del abuso de drogas, con un 73% y muy cerca la corrupción gubernamental con un 55%. En mayo de 2004, el problema de la criminaldad sube a un 91%, el abuso de drogas al 87% y la corrupción gubernamental al 72%.[1] Esto nos lleva a explorar el problema de la justicia criminal y el sistema de justicia criminal en el país.

¿Qué debemos entender por la expresión o denominación "justicia criminal". Desde el punto de vista jurídico, no tenemos mucha ayuda en los diccionarios corrientes, ni en los

Asuntos más preocupantes en Puerto Rico
Mayo 2003 / Mayo 2004 / Todos los participantes

Asunto	MAYO 2003	MAYO 2004	CAMBIO + ó -
Criminalidad / Seguridad	77%	91%	+14
Abuso de drogas	73%	87%	+14
Servicios de salud	63%	78%	+15
Corrupción gubernamental	55%	72%	+17
Desempleo	68%	69%	+1
Situación económica de Puerto Rico	50%	64%	+14
Calidad de la educación pública	42%	60%	+18
Sida	47%	59%	+12
Desorganización en el gobierno	40%	58%	+18
Abuso del alcohol	42%	55%	+13
Escasez de vivienda	41%	54%	+13
Seguridad en las carreteras	36%	52%	+16
Discusiones entre los políticos	34%	49%	+15
Calidad del medio ambiente	33%	43%	+10
Estatus político	33%	41%	+8
Abastos de agua	27%	37%	+10
Transportación pública	24%	31%	+7

Asuntos más preocupantes en Puerto Rico
Mayo 2003 / Mayo 2004 / No afiliados

Asunto	MAYO 2003	MAYO 2004	CAMBIO + ó -
Criminalidad / Seguridad	29%	47%	+18
Abuso de drogas	14%	12%	-2
Servicios de salud	14%	10%	-4
Desempleo	11%	7%	-4
Corrupción gubernamental	5%	5%	0
Situación económica de Puerto Rico	7%	4%	-3
Calidad de la educación pública	3%	4%	+1
Estatus político	6%	4%	-2
Desorganización en el gobierno	3%	2%	-1
Sida	3%	2%	-1
Escasez de vivienda	2%	2%	0
Calidad del medio ambiente	1%	1%	0
Discusiones entre políticos	1%	0%	-1
Seguridad en las carreteras	1%	0%	-1
Abuso del alcohol	0%	0%	0
Abastos de agua	0%	0%	0
Transportación pública	0%	0%	0

especializados. El *Diccionario Etimológico de la Lengua Española* nos dice de "justicia" que es "cualidad o característica de ser justo o sea de dar a cada uno lo que le corresponde". Por su parte, el de la *Real Academia* nos dice que "criminal" es "perteneciente al crimen", y "crimen" lo define como "delito grave" o "acción indebida o reprensible".

El famoso *Black´s Law Dictionary* no trata la expresión "criminal justice", pero si se refiere al "criminal justice system" como "the network of courts and tribunals which deal with criminal law and its enforcement." "Criminal Law" lo define como "... is that law which for the purpose of preventing harm to society, (a) declares what conduct is criminal, and (b) prescribes the punishment to be imposed for such conduct."

Concretar lo justo o la justicia es, o debe ser, el objetivo lógico de todo proceso seguido en un sistema de justicia criminal o civil.[2] Pero lo que es *justo* o lo que es *justicia* no resulta tan sencillo de aprehender, de captar o definir. Sorprende que nuestra expresión jurídica más importante, es decir, la Constitución, que "constituye nuestro proyecto de vida en comunidad,"[3] en ningún lugar dispone sobre un *derecho a juicio justo*. Como cuestión de hecho, no se usa ese vocablo en su texto. Se señala la necesidad de un debido procedimiento de ley, pero no se concreta en la idea de lo justo. El vocablo *justicia* solo se utiliza para identificar un departamento gubernamental y se menciona en el preámbulo no como un derecho, sino como "un factor determinante en nuestra vida ciudadana... la fe en la justicia."

Esa finalidad del proceso la encontramos en la legislación procesal. La Regla 1 de las de Procedimiento Civil dispone: "Estas reglas... se interpretarán de modo que garanticen una solución justa, rápida y económica de todo procedimiento."[4] En igual sentido se manifiesta la Regla 1 de las de Procedimiento Criminal: "...estas reglas... se interpretarán de modo que aseguren la tramitación justa de todo procedimiento y eviten dilaciones y gastos injustificados."[5]

En *Pueblo v. Arreche Holdún,* 114 DPR 99, 115 (1983), señala el Tribunal Supremo:

> [E]n un proceso criminal la meta tanto del fiscal como para el abogado defensor debe ser siempre el esclarecimiento de la verdad y el deseo genuino de que siempre se haga la mejor justicia de que nosotros los seres humanos somos capaces; no puede ser meramente una competencia donde prevalezca el más listo o el más hábil. Debemos mantener siempre presente que el fin deseado, por más que nos parezca meritorio y procedente en derecho, no justifica nunca la utilización de medios impropios en la consecución del mismo.

En *Reyes v. Tribunal Superior*, 84 DPR 29 (1961), se trata de la petición de juicio por separado que presenta un policía co-acusado con otro por el delito de soborno. El otro había prestado una confesión en la que hace referencia a que Reyes había recibido parte del soborno. El Tribunal Superior denegó la petición del acusado. El Tribunal Supremo revoca, señalando:

> ... como debe ser norma de todo tribunal el que la justicia tenga siempre precedencia sobre los precedentes[6] nos parece que lo justo y razonable es celebrar juicios separados en aquellos casos en que uno de los acusados ha prestado una confesión que afecte adversamente al otro acusado.

> . . .
>
> ... uno de los derechos más preciados que tiene el ciudadano en nuestra comunidad es que cuando se le acusa de delito se le juzgue en tales circunstancias que el proceso que se celebre esté rodeado de todas las garantías que hacen posible un juicio justo.
>
> ...
>
> Ante la disyuntiva de escoger entre una administración de justicia menos costosa o el derecho de un acusado a un juicio justo, la selección es obvia. La libertad y los derechos que ella conlleva no se determinan por consideraciones pecuniarias.

Ese mismo Tribunal señala que el proceso debe ser justo e imparcial, pero que esto no significa "un juicio perfecto."[7]

Como se sabe, las palabras son continentes de ideas. La definición o el contenido de esas palabras puede significar cosas distintas para diferentes personas. Así, la idea de justicia puede ser susceptible de visiones opuestas, de apreciaciones diferentes dependiendo de quién o quiénes utilizan el vocablo. Creemos que podemos señalar enfoques diversos como los siguientes:

Para el *jurista*, justicia o lo que es justo generalmente es aquello que es conforme a Derecho, que satisface los requisitos esenciales del ordenamiento constitucional, en armonía con el resto de expresiones de dicho ordenamiento, como son las leyes. Atiende al cumplimiento de exigencias teóricas, de coherencia institucional, dentro de un *estado de derecho*.

Para los *científicos* de diversas áreas, como la criminología o la sociología, la idea de lo justo se concreta en cuanto se obtiene un resultado a tono con las mejores posibilidades dentro de la realidad social, dentro de la relación entre los que forman la sociedad e intentan la consecución de una vida armónica, que proteja tanto a los individuos, su dignidad y sus libertades, como a la entidad social que le sirve de estructura organizativa. Supone esa visión, en los casos de naturaleza criminal, tomar en cuenta no sólo al imputado, sino también a la víctima.

Por otro lado, para *la víctima* de un delito, la idea de justicia no quiere decir lo mismo que para el imputado. Para la primera, probablemente esa idea se concreta en penas severas, en represión muy cercana a la venganza. Para *el imputado* y su familia la noción de lo justo estará relacionada con la pena más leve o la menor responsabilidad penal, especialmente la alternativa de evitar el encarcelamiento.[8]

Igualmente, para la sociedad, formada por la totalidad ciudadana y sus instituciones, el fin de la justicia, especialmente en el campo penal, ha de tomar en cuenta no solo la búsqueda de un equilibrio entre esas dos visiones de las partes envueltas, sino también unos objetivos de mayor alcance: la prevención del delito y la rehabilitación del delincuente, el logro real de la paz social. Precisamente por ello, se ha resuelto que no basta la falta de interés de una víctima de violencia doméstica para que se ordene el archivo y sobreseimiento del caso, el fiscal puede oponerse y es necesario que se le escuche en una vista al efecto.[9] También, a tono con ese fin superior de realizar verdadera justicia, el fiscal o Ministerio Público está obligado a proveer al acusado toda evidencia exculpatoria, aquella que conviene a su defensa, que descubra en el proceso de investigación.[10]

Estas interrogantes que aquí planteamos se han de transmitir igualmente a las evaluaciones que se hacen sobre las diferentes manifestaciones jurídicas: ¿Es justo el Código Penal? ¿Contiene todo lo que necesita regular la sociedad actual; o se excede en la tipificación delictual? ¿Penetra indebidamente en zonas que no deben penalizarse, o peca de insuficiencia o de actualización? En su afán de protección social, ¿discrimina por razones de sexo, raza, edad, origen o condición social?

¿Es justo el procedimiento penal? ¿Sufre los mismos defectos o excesos del Código Penal? ¿Está a la altura de las necesidades sociales?

Como puede apreciarse, son temas de importancia para el estudio de cualquier sistema de justicia criminal.

Por otra parte, hemos de tener en cuenta qué es eso del *Sistema de Justicia Criminal*: es decir, las instituciones que tienen que ver con la prevención, control y castigo del crimen. Este vocablo, *crimen,* identifica una conducta antisocial tipificada como delito.

El crimen destruye la armonía social. Implica un ataque contra la persona, el hogar, la propiedad o los valores morales o de decencia que la sociedad estima importantes.

En realidad por *justicia criminal* hemos de entender el conjunto de procedimientos aplicables a la investigación, la prueba y el castigo justo del crimen, la rehabilitación del delincuente si es posible, el resarcimiento de las víctimas y la protección general de la comunidad. Parte de ese proceso ha de incluir la prevención y control de los actos criminales. Ha de tomar en cuenta el arresto o detención de los delincuentes y su reinstalación rehabilitados al medio social. Y, en los tiempos actuales, el resarcimiento o protección de la víctima del crimen. Luce evidente que la expresión "justicia criminal" ha de atender la investigación, prueba de los crímenes, enjuiciamiento de los imputados, sanción a imponerse y proceso de rehabilitación, si posible, del delincuente. Ello supone entrar en contacto con las instituciones que tienen que ver en forma directa o indirecta con esas actuaciones, como son la Policía, el Departamento de Justicia y el Ministerio Público, los Tribunales, los abogados de defensa, las cárceles o presidios, centros de detención de menores, las instituciones de desvío o rehabilitación y el personal especializado o profesional que trabaja en ese campo. Igualmente se hace necesario conocer los mecanismos de sentencias suspendidas, el Registro de Personas Convictas por Delitos Sexuales Violentos y Abuso Contra Menores, "casas protegidas" para casos de violencia doméstica, Servicios con Antelación al Juicio para los imputados de delito y fondos para víctimas del crimen.

El estudio de la justicia criminal como una disciplina académica se inició en Estados Unidos en los años veinte del siglo pasado cuando August Vollmer, anterior Jefe de Policía de Berkeley, California, convenció a los funcionarios universitarios de que se ofrecieran cursos sobre la materia en la Universidad de California. A Vollmer se le unieron su estudiante Orlando W. Wilson y William Parker en el proyecto.[11] Sin embargo, el estudio de la criminología ya contaba con décadas de desarrollo en Europa. En 1901, Enrico Ferri, un jurista italiano que ayudó al desarrollo de la criminología como una disciplina académica, señalaba que los códigos y los procesos penales, así como el castigo de los delincuentes estaban dirigidos a los *efectos* de la criminalidad, cuando ya *el daño* estaba hecho y no a las causas y la prevención del daño.[12] Jiménez de Asúa hace un señalamiento medular en el tema que tratamos: el origen de la criminología moderna está en el estudio de las causas penales célebres: "La criminología tiene su origen en la publicación de causas célebres. En efecto, la observación sistemática individual de los autores de delitos, comienza con las colecciones en que se estudian psicológicamente los crímenes más famosos de la época en que tales obras se editan."[19] Estamos de acuerdo en el *comienzo*. Sin embargo, a partir de ese inicio, hay que añadir la aportación de la ciencia al estudio del delito, bien en el área de investigación criminal, de las características del delincuente, de los mecanismos de prevención del crimen, de la posible rehabilitación del delincuente, así como las aportaciones de otras ciencias en el proceso, como la sociología y la política y, en los tiempos actuales, del efecto del crimen en la víctima individual y en la sociedad en general. Por otra parte, es fundamental recordar que el fenómeno del crimen no está representado exclusivamente por "las causas célebres". Esa es, ciertamente, la menor parte.

En el camino del estudio universitario, otros nombres han de ser considerados en el estudio de la criminología y la justicia criminal. Además de los mencionados, será preciso conocer figuras como Rafael Garófalo y César Lombroso. Garófalo (1852-1934) fue un jurisconsulto italiano quien sostenía que el delito no es nunca efecto directo e inmediato de circunstancias exteriores, sino la revelación de una naturaleza degenerada. Por ello, se manifiesta refractario a la pena capital. Esa posición es lógica, dado que no se concibe al imputado como plenamente responsable de sus actos.

César Lombroso, (1836-1909), un médico, antropólogo y criminalista italiano, por su parte, sostenía que la herencia y las enfermedades nerviosas representan un papel capital en la psicología del criminal y aminoran su responsabilidad. Pensaba que el criminal era un enfermo, más que un delincuente. Desarrolló la teoría y el estudio de los razgos somáticos y craneanos que, según él, caracterizan a los diversos tipos de delincuentes. Describió un tipo de delincuente al que llama *criminal nato*. Su obra más importante será *El hombre criminal*.

Estos serán parte de los antecedentes para el estudio del crimen en el siglo XX. Ya en los años setenta de ese siglo, cuando el crimen se había convertido en un hecho familiar y perturbador en la vida de los norteamericanos, el interés por el estudio del sistema de justicia criminal en esa nación alcanzaba niveles sin precedentes.[20]

Parte esencial del sistema de justicia criminal son las normas del Derecho Penal sustantivo y del procesal, la organización de los tribunales y la legislación que trata al menor delincuente. El Derecho Penal intenta preestablecer cuales conductas antisociales merecen una determinada sanción; cuáles hechos deben ser calificados como delito. El proceso penal tiene como objetivo determinar de qué forma ha de probarse esos hechos delictuales para, en su caso, aplicar la sanción correspondiente. La organización de los tribunales y el Sistema de Corrección completan el cuadro.

Durante siglos, el proceso penal se centralizó en el imputado de delito, sin tomar en cuenta los efectos del delito y del proceso sobre la víctima. En las últimas décadas, ese procedimiento penal empezó a tomar en cuenta a la víctima y a señalar en las normas procesales derechos y alternativas de resarcimiento de esa víctima. Igualmente, el impacto del acto criminal empezó a valorarse en términos de efectos futuros y la protección no sólo de las víctimas directas, sino de las posibles víctimas futuras por la exposición de cualquiera a la conducta antijurídica de los delincuentes. Así han nacido los deberes de resarcimiento de daños en forma directa, la creación de fondos para víctimas y los registros de determinado tipo de delincuentes para prevenir la sociedad.

Como puede apreciarse, el campo de la llamada "justicia criminal" se ha ampliado considerablemente.

Al intentar definir el concepto, debemos tomar en cuenta el conjunto de posibilidades o alternativas mencionadas. Quizás podría entonces definirse el concepto de *justicia criminal* como el estudio del conjunto de instituciones y normas jurídicas que tienen que ver con la prevención, control, enjuiciamiento y castigo del crimen, así como la indemnización y protección de la víctima y la posible rehabilitación del delincuente. Ese proceso supone tomar en cuenta dos aspectos fundamentales de toda sociedad: la protección de los derechos fundamentales de las víctimas del delito y de los imputados de delito. La víctima tiene derecho al respeto de su integridad física, su vida, su propiedad, su dignidad y su libertad. El acusado tiene derecho al respeto de la dignidad del ser humano y a un debido procedimiento de ley, justo, honesto e imparcial.

Con esa amplitud de los conceptos que tratamos, resulta lógico suponer que todo estudio de la justicia criminal ha de incluir los presupuestos básicos del Derecho Constitucional, las tipificaciones delictuales en los códigos penales corrientes y la legislación penal especial, las normas generales del proceso penal, aquellas normas procesales especiales en casos de menores, donde la responsabilidad se atenúa o el proceso rehabilitador se especializa, se identifica con características propias, y la realidad fáctica de la incidencia criminal.

Por ello, un curso de Justicia Criminal supone estudiar las normas penales substantivas y procesales, las protecciones constitucionales, el sistema de justicia, la organización de tribunales, el sistema carcelario, la estadística criminal de adultos y menores, los recursos gubernamentales para atacar el problema del crimen y las instituciones que lo atienden.

II. Las ciencias y el método científico

Un problema que se nos plantea en el estudio de la justicia criminal es la ubicación de diversas ramas del estudio como ciencia o como arte, como técnica o como simple disciplina de estudio.

El ser humano tiene necesidad de conocer su realidad y eliminar los errores, trabajar con la verdad, para solucionar los problemas que se plantean en su vida y dentro del medio social donde convive. Necesita entender su ambiente. Una de las formas que utiliza para ese proceso de entender es la ciencia. Pero no es la única, dado que el actuar humano no siempre es objeto fácilmente estudiable por la ciencia.

> El historiador trata de entender el presente y ocasionalmente trata de predecir el futuro estudiando lo que ha sucedido en el pasado. La religión trata de encontrar ciertas verdades procediendo desde el punto de vista de la fe. Los filósofos se aprovechan de la ciencia, la historia, la religión y de muchos otros conceptos del saber en el deseo de consolidar las conclusiones de cada campo en una conclusión que tenga significado.[21]

Una ciencia, como se sabe, es un cuerpo de doctrina metódicamente formulado y ordenado, en forma racional, que constituye una rama particular del saber humano. Implica el conocimiento *cierto* de las cosas por sus *principios y causas*. No atiende a lo emocional, sino a lo racional. En ocasiones, en plural, las ciencias se suelen dividir en *exactas, físico químicas* y *naturales*. Entre las *exactas*, se menciona como ejemplo las matemáticas y la lógica. Son aquellas que sólo admiten hechos rigurosamente demostrables. Se opone lo meramente intuitivo, o simplemente creído. Las físico químicas incluyen la física y la química. Las naturales son las que tiene por objeto el estudio de la naturaleza, como es el caso de la geología, botánica o la zoología, por ejemplo. También se utiliza la expresión ciencias *humanas* para identificar las que se ocupan de diversos aspectos del ser humano, como es la psicología, antropología, sociología, historia y otras.

La ciencia, pues, es el tipo de conocimiento lógicamente estructurado sobre un conjunto generalmente amplio de fenómenos que, bajo un determinado punto de vista, aparecen íntimamente relacionados. Engloba definiciones, postulados y leyes enmarcadas en una teoría con que se intenta describir la estructura de una parte de la realidad a la que remite en último extremo su objetividad a través de la verificación, la predicción y, en algunos casos, la técnica.[22]

El conocimiento científico es aquel sistematizado, producto de la observación, el estudio y la experimentación que se lleva a cabo para determinar la naturaleza o los principios que gobiernan el objeto del estudio. Es la rama del conocimiento que se fundamenta en la organización y estudio de los hechos conforme a un método de hipótesis y experimentación

En el mundo del conocimiento, la ciencia se suele ver en oposición al *arte*, que se refiere, en términos generales, al conjunto de reglas o preceptos necesarios para hacer *bien* alguna cosa. Ese dominio no parte de una determinada *exactitud*, como es el caso del conocimiento científico. Pero implica una habilidad, una destreza para realizar ciertas acciones, adquirida por la experiencia, el estudio o la observación, que conduce a un resultado satisfactorio, bien logrado. Cuando las artes se califican como *bellas artes*, se piensa en creaciones que tienen por objeto expresar la belleza, como es el caso de la pintura, la escultura, la arquitectura, la literatura y la música. Atiende al producto o resultado del trabajo creativo. Cuando se refiere a manifestaciones del arte que requieren el ejercicio del entendimiento, se suelen llamar artes *liberales*.

Un *método* es el modo de hacer con orden una cosa. Método *científico* es el procedimiento que se sigue en las ciencias para hallar la verdad, y luego enseñarla, que suele tomar dos formas distintas: el analítico y el sintético. *Metodología* es el conjunto de métodos que se siguen en una investigación científica o en una exposición doctrinal.

La ciencia se distingue de otros campos de trabajo intelectual en dos aspectos principales: en su contenido y, sobre todo, en los procedimientos usados, sus enfoques empíricos de los problemas.[23] *Empírico* se refiere al conocimiento producto de la práctica, de la realidad, que toma la experiencia como la base del conocimiento. La ciencia parte de creencias racionales que puedan verificarse mediante la observación y la experimentación. En ese proceso, la ciencia recoge y estudia datos comprobables y, partiendo de ellos, produce generalizaciones válidas. El procedimiento científico sigue el camino de las observaciones y los experimentos para llegar a reglas de carácter universal. Busca la explicación de los fenómenos de la vida, sus causas, sus tendencias, sus consecuencias. Sigue unos pasos definidos y concretos que pueden resumirse así: 1. Formulación de una hipótesis; 2. Experimentación; 3) Formulación de una teoría general y comprobación del resultado; y 4) establecimiento de una ley general.

Se llama *hipótesis* a la explicación preliminar que el investigador considera como probable al fenómeno estudiado. Partiendo de lo que ya se conoce, de lo que se observa, se dan explicaciones tentativas a un fenómeno, a una realidad estudiada. Se trata en realidad de predicciones, de conclusiones anticipadas. De ahí que se pueda decir que una hipótesis "es sólo una conjetura ilustrada."[24] Nótese que no es sólo conjetura, requiere un grado mínimo de ilustración, de información razonable que tienda a sostener o justificar la conclusión preliminar. Nos dice Schoeck:

> Hipótesis es una proposición (tesis) referida en lo posible a pocos factores discernibles (generalmente sólo dos), formulada en la mayoría de los casos como explicación de causas (sobre una relación causal imaginable), que debe ser asequible a la refutación (falsificación) basada en unos métodos científicos y experimentales.
>
> ...
>
> La hipótesis puede formar el intento y quizá también el núcleo de una teoría.[25]

Por tratarse de una explicación preliminar, esa hipótesis debe someterse a prueba. El camino de prueba, en el método científico, es la experimentación. Esta define la realización de pruebas y exámenes, realizar operaciones destinadas a descubrir, comprobar, ensayar o demostrar determinados fenómenos o principios. Es intentar respuestas mediante el examen controlado de un fenómeno. "El propósito principal de un experimento científico es probar una hipótesis."[26] Mediante la experimentación, el científico provoca fenómenos o situaciones para estudiar sus causas y llegar a conclusiones generales. De ahí la importancia del diseño experimental, en el que el estudioso tiene que tomar en cuenta aquellas variables que puedan influir en los resultados.[27] No puede olvidarse que el propósito de la experimentación es determinar la validez o invalidez de la predicción original.

Ya podemos anticipar las graves dificultades que se plantean en el campo del estudio de la conducta humana, tema propio de criminología, sociología, psicología, psiquiatría y otras ciencias del actuar humano. Las variables son inmensas.

En el proceso de experimentación, el estudioso comprueba o descarta la hipótesis, generalmente mediante la repetición del experimento, en donde juega un papel importante la estadística, utilizando el razonamiento intelectual, la deducción lógica. La *lógica* es el estudio de los principios del razonamiento, la ciencia que estudia las leyes y los modos del conocimiento científico. Implica razonar, discurrir con acierto, o sea, reflexionar sobre algo e inferir consecuencias.

Los dos métodos tradicionales del razonamiento lógico, del proceso de deducción lógica, son el *inductivo* y *deductivo*. El método *inductivo* llega a conclusiones generales partiendo de casos particulares repetidos, es decir, va de lo específico a lo general. Mediante la inducción se asciende lógicamente del conocimiento de casos particulares a la formulación de una regla general. La lógica *deductiva* sigue el camino contrario, va de la regla general a su aplicación específica, es decir, se trata del método mediante el cual se procede lógicamente de lo universal a lo particular.

Los datos experimentales, como indicamos, deben ser sometidos al examen estadístico. La estadística es el estudio de hechos que se prestan a la numeración o recuento y a comparar las cifras obtenidas. La estadística sirve de apoyo al proceso de validar el resultado de la experimentación y, en definitiva, de la validez o invalidez de la hipótesis planteada. "La validez de las verdades científicas se puede medir únicamente por medio de las probabilidades estadísticas."[28]

Si los experimentos repetidos comprueban que la hipótesis está bien fundamentada, ésta se convierte entonces en una teoría general, cuya comprobación definitiva la ha de convertir en una ley general. No hay que olvidar que el que experimenta no debe llegar a conclusiones finales sin antes someter el experimento a contrapruebas, es decir, al proceso de suprimir o cambiar algunos de los factores para examinar las diferencias en los resultados. Solamente después de esa etapa puede concluirse que el proceso de experimentación es confiable.[29]

El método científico ha sido considerado el más confiable para establecer la verdad en relación con determinados hechos o teorías. Sin embargo, es preciso tener siempre presente las limitaciones de las ciencias. En primer lugar, su campo de acción es siempre limitado. Como indicamos, es sólo una de las formas que utiliza el ser humano para buscar explicaciones tanto de su ambiente como de la conducta. Baker y Allen señalan:

> La idea que tiene el vulgo de lo que es un científico y del método que éste utiliza es muy vaga e inexacta. Según dicha idea, el científico es un hombre [o mujer] que posee medios secretos de obtener conocimientos que benefician a la humanidad. Se desconose el hecho de que las explicaciones a que llegan los investigadores científicos pueden estar a menudo equivocadas o correctas, que no todos los descubrimientos benefician directamente al hombre (en realidad muchos de ellos son inútiles). Esto se debe mayormente a que las conjeturas erróneas no tiene mucha publicidad y que aquellos descubrimientos que no benefician directamente al hombre atraen muy poco la atención pública.[30]

La ciencia solamente trata experiencias concretas, que pueden percibirse a través de los sentidos y que puedan ser sujetas de experimentación. Trabaja "en un ambiente perceptible y manipulable." Su mayor valor está en la exigencia de bases racionales para sus conclusiones y la experiencia experimental demostrable en un plano de objetividad. La ciencia ha demostrado tener un buen sentido de autocrítica en la búsqueda de la verdad, en el proceso de eliminar errores mediante el recurso de la experimentación. Sin embargo, sería un error pensar que los científicos están siempre en lo correcto. En muchas ocasiones la regla general establecida y comprobada es producto de innumerables errores cometidos anteriormente en los diversos procesos o teorías. Es ampliamente conocido el error histórico de los científicos que sostenían que los planetas giraban alrededor de la tierra. Lord Rutherford afirmó que el hombre jamás podría utilizar la energía encerrada en los núcleos atómicos y, sin embargo, pocos años después de su muerte fue detonada la primera bomba atómica. Así mismo, el famoso fisiólogo Johannes Müller insistió en que jamás podría medirse la velocidad de un impulso nervioso, pero seis años más tarde Herman von Helmholtz la midió utilizando la fibra nerviosa de una rana.[31]

¿A que nos lleva esto? Lo tratamos en el próximo tema.

III. Los campos de estudio en la Justicia Criminal

1. Clasificación de las ciencias de la criminalidad

Los campos de estudio propios de la Justicia Criminal son amplios. Supone el conocimiento (o estudio) de la conducta humana, tanto en su manifestación individual como social, utilizar las herramientas que proveen la medicina legal, la sociología o la estadística criminal, todo ello moviéndose de manera especial en la zona de las reglas jurídicas que rigen la sociedad, de manera particular las que tienen que ver con la estructura constitucional, el Derecho Penal, los derechos procesales, el manejo de evidencia y las instituciones que forman el sistema de justicia criminal. Entre esas instituciones se destacan la Policía, el Departamento de Justicia, los Tribunales y el Sistema de Corrección.

El objeto fundamental a tratar es el crimen o la criminalidad. En el camino del estudio ha de valerse igualmente de la historia y la filosofía. Los juristas y los estudiosos gastamos mucho tiempo en distinciones minuciosas entre los conceptos y el contenido propio de cada zona de estudio. Grave problema es la clasificación de una de esas zonas como ciencia o como arte. Pensamos que ese enfoque no es necesariamente productivo. Lo importante es cómo la utilización de esas diferentes herramientas de trabajo sirven el propósito de controlar la criminalidad y permitir soluciones prácticas y justas a la enorme cantidad de problemas que plantea la vida en comunidad. De ahí que una clasificación de dichas herramientas no deba perderse en ejercicios inútiles. El nombre no hace la cosa, es el grado de utilidad para la solución de problemas lo que nos debe interesar. Como hipótesis de trabajo, nos basta reconocer que tratamos ramas autónomas de estudios. En la medida en que cada una atiende una faceta del fenómeno criminal, es decir el hecho criminal que puede conocerse por los sentidos, se practica el análisis de las partes que integran ese todo de la conducta humana delictiva y, por tanto, una especie de metodología científica. Si estudiamos su contenido, nos percatamos de inmediato que responden a la necesidad de entender el ambiente y la vida que tiene el ser humano, como mencionamos antes. Incluimos esas zonas de estudio bajo el epígrafe general de ciencias. Varios autores las suelen encuadrar bajo el epígrafe de *Enciclopedia de las ciencias penales*.[32] Como se sabe, *enciclopedia* es el conjunto de todas las ciencias, obra en la que se expone gran número de saberes humanos. A tono con ello, podríamos aventurar una clasificación de las ciencias relacionadas con la justicia criminal de la siguiente forma:

A. *Ciencias causales*

(1) Criminología
(2) Sociología criminal
(3) Penología
(4) Antropología criminal
(5) Psicología criminal
(6) Psiquiatría forense

B. *Ciencias auxiliares*

(1) Medicina legal
(2) Estadística criminal
(3) Política criminal

C. *Ciencias jurídicas*

(1) Derecho Constitucional
(2) Derecho Penal
(3) Derecho Procesal Penal
(4) Evidencia (Derecho Probatorio)
(5) Derecho Penitenciario

Sería posible también limitar a dos la clasificación general, dado que la estadística es esencial al proceso científico, particularmente en el campo de la criminología y sociología criminal; el campo natural de acción de la medicina legal es el sistema jurídico, y la política criminal propicia y concreta la reforma legislativa, evidente zona de contenido jurídico.

Estudiar una ciencia, un arte o cualquier rama del saber humano, es como aprender un nuevo idioma. Se hace necesario conocer todo un conjunto de vocablos que identifican los temas de estudio y, de manera especial, las definiciones de los campos de estudio. De ahí la necesidad inicial de conocer el contenido propio de cada una de esas ciencias señaladas.

2. Conceptos esenciales

A. Ciencias Causales

(1) Criminología

Criminología es la ciencia que estudia el delito, sus causas y los medios para combatirlo. Es decir, el estudio científico de la delincuencia o conducta delictiva como fenómeno individual y social.[33]

La criminología tuvo su origen en la publicación de famosos casos criminales. Se inicia con las colecciones de casos célebres, como la de Gayot de Pitaval, de veinte volúmenes, publicada en Francia entre 1734 y 1743. Otros autores añadirán unos doce volúmenes adicionales, hasta que en 1857, en Alemania, se eleva a sesenta volúmenes.[34] La práctica continúa en Italia, España y Argentina. El término parece haber sido inventado por el antropólogo francés Topinard, pero se conoce más por el uso que le dieron el italiano Garófalo y el alemán Franz von Liszt. Muchos autores consideran el vocablo un término genérico para cubrir además la antropología criminal, biología criminal, psicología criminal y sociología criminal. Todas están fundamentalmente de acuerdo en que el objeto propio de la criminología es el estudio de las causas del crimen, es decir, se trata de una ciencia causal explicativa del delito. Se distingue de la *Sociología criminal* en que el objetivo de ésta es describir el crimen como acontecimiento de la vida social, examinarla conforme a las condiciones sociales donde se produce.[35]

Importa señalar que los estudiosos europeos conciben la *criminología* como "el estudio doctrinal y aplicado del fenómeno *crimen*, entendiendo por crimen *toda agresión dirigida contra los valores morales o sociales legalmente definidos y penalmente protegidos contra las personas, las costumbres, los bienes."*[36]

El tema de la *criminología* todavía no encuentra ni una definición generalmente aceptable ni una apreciación firme para encajar dentro del vocablo "ciencia".[37] Jiménez de Asúa señala que "son muchos... los que han negado el carácter de ciencia a la Criminología."[38] Como ciencia, como se sabe, se pretende encontrar una explicación causal al delito. Otros, como Manuel López Rey, piensan que la criminalidad "es y será siempre un fenómeno sociopolítico" y que "es inherente a toda sociedad.".[39] Nerio Rojas señala que la criminología "estudia las causas, las formas, el tratamiento del delito y los caracteres de los delincuentes. En ese sentido invade por un lado los dominios del derecho y las ciencias sociales y por el otro los de la medicina y las ciencias antropológicas."[40] Soler resume la visión que sobre la criminología expresaron von Liszt y Köhler:

> Para von Liszt, la criminología es el estudio del delito como fenómeno, a diferencia del Derecho Penal que lo estudia como ente jurídico. Trátase, según él, de una ciencia causal-explicativa integrada por el estudio del proceso de causación. La criminología, para von Liszt, es etiología criminal y está integrada por el examen de dos órdenes de factores: los subjetivos (antropología criminal) y los objetivos (sociología criminal), disciplinas éstas entre las cuales no existiría una diferencia de objetos, sino solamente de método: en la primera, el método de la observación de casos individuales, y en la segunda, la observación de fenómenos de masa. Lejos de ser incompatibles, estos dos procedimientos se integrarían recíprocamente para verificar los resultados respectivamente obtenidos, integración que puede llevar a un conocimiento más correcto del delito, que es el objeto común a ambas ramas.
>
> También para Augusto Köhler, criminología equivale a etiología

> criminal y, en consecuencia, comprende la biología, la psicología y la sociología criminales, refiriéndose esta última, a su vez, al estudio del influjo que tienen las relaciones sociales en la producción de los delitos y en la lucha contra ellos.[41]

Jiménez de Asúa termina por afirmar que la criminología realmente es una ciencia. Cita con aprobación las expresiones del profesor Hans von Hentig: "Si nosotros entendemos por ciencia un conjunto de conocimientos, susceptibles de aprenderse y enseñarse, que pueden ser aplicados con un razonable grado de certidumbre a modificar la vida, la criminología está en camino de llegar a ser una ciencia. Los médicos, los fisiólogos y demás, quieren negar ese contenido y objetan que nuestro material no puede ser manipulado en tubos de ensayo y que no puede ser dirigido por experimentos y contraexperimentos. La objeción no es justa. Nosotros podemos muy bien manipular nuestro material humano en condiciones experimentales, si osamos hacerlo."

(2) Sociología

Sociología es el método de análisis que estudia los aspectos biológicos del comportamiento social. *Sociología criminal* es el estudio de los factores sociales que inciden en el delito. Estudia no al delincuente individual, sino *la delincuencia* como fenómeno de interacción de masas, extendiéndose a todo otro fenómeno social que tenga relación con la actividad represiva del Estado. El nombre de *sociología criminal* fue utilizado originalmente por Napoleón Colajanni en 1884, seguido por Ferri en una publicación de 1892.

La Sociología criminal, nos dice Jiménez de Asúa, "tiene un doble origen. Como pensamiento filosófico-racionalista, arranca de Juan Jacobo Roussea, y como proceso causal-explicativo viene de Quetelet. Nadie ignora que Rousseau [dijo] 'En el estado de naturaleza, los hombres son iguales y buenos; la sociedad es quien los ha pervertido.' Queda así sentado el principio filosófico en que se apoyaría el influjo del factor social en el crimen. La Estadística se creó en Francia en 1825, pero el primero que deduce de ella consecuencias científicas fue Adolfo Quetelet, que por ello puede, con mayor motivo que Rousseau, ser considerado como 'el primer sociólogo criminalista.'"[42]

(3) Penología

Penología es la ciencia que estudia la tipificación histórica de diversos delitos y las penas y medios de represión que contra el delito se han utilizado.[43] Cabanellas de Torres la define como "Recta y etimológicamente, la ciencia de la pena; el estudio de las finalidades que debe cumplir y de los medios de su aplicación más eficaz. No obstante, y siempre dentro del campo penal, se le atribuyen a esta voz otros significados: a) neologismo por criminología; b) parte de éste que estudia la penalidad como fenómeno social; c) teoría y método para sancionar el delito."[44] Penología es, pues, el estudio científico de los sistemas punitivos y se considera una ciencia auxiliar del Derecho Penal.[45]

(4) Antropología

Un diario de Puerto Rico publicaba el 11 de julio de 2004 una noticia que empezaba de esta forma:

> Casi tres años transcurrieron sin que se supiera dónde estaba el niño Alberto Ojeda. Y la cadena de incidentes que permitieron localizar la osamenta del menor en una finca de Fajardo, supera cualquier historia de horror.
>
> Ayer, el padrastro del niño, David Rosario Rodríguez, guió a agentes del Cuerpo de Investigaciones Criminales (CIC) de Fajardo, y al *antropólogo forense* Carlos Crespo, hasta el lugar donde enterró el cuerpo del niño que tenía cerca de 11 años al momento de morir, aparentemente por una golpiza.
>
> En horas de la noche, él y la madre del niño, Evelyn Ojeda Pérez, serían acusados por asesinato en primer grado, y conspiración.[46] (Énfasis añadido).

Esto es solo un ejemplo de la importancia que tiene hoy la antropología criminal en la investigación del delito.

Antropología es la ciencia que estudia las respuestas humanas ante el medio, las interrelaciones entre ambos y el marco sociocultural en el que se desenvuelven. La antropología parte de la base de que la conducta humana está condicionada por la estructura biológica (física) y la satisfacción de las necesidades es forzosamente sociocultural (cultural).

Etimológicamente, la palabra "antropología" se deriva de la raíz griega anthropo ("hombre") y de la terminación nomial –logía ("ciencia"). Su significado etimológico es, por lo tanto "la ciencia del hombre."[47] Puede dividirse en dos grandes manifestaciones: la antropología física o biológica, y la antropología cultural-social. La primera trata la evolución del hombre y de su comportamiento, y sobre las múltiples características biológicas en que difieren entre sí las poblaciones humanas antiguas y modernas. La socio-cultural estudia las numerosas y variadas sociedades y culturas del presente, de las formas de vida de las sociedades contemporáneas. "Estas formas de vida incluyen, entre otras muchas cosas, la manera en que los hombres son adiestrados para vivir en su sociedad, cómo eligen pareja, se casan, se ganan el sustento, y organizan sus relaciones con otros hombres, ya pertenezcan a su misma sociedad o sean miembros de otras distintas."[48]

Anteriormente los estudiosos de la antropología social y cultural centraban su atención en las llamadas sociedades y culturas primitivas, como las de América, Australia o el Pacífico, desaparecidas o en vías de desaparecer. Hoy día los antropólogos extienden su atención hacia los sociedades campesinas de América o Asia, así como hacia las sociedades urbanas de Europa, Asia, Afríca, Las Américas y otras partes del mundo. "La escuela *funcionalista,* activa a partir de 1920 (B. Malinoski, A. Radcliffe-Brown), tiende a profundizar en la funcionalidad de las estructuras socioculturales para la supervivencia. Con Franz Boas se inicia una concepción integradora, que pone el acento en los aspectos culturales como base del proceso de socialización. (R. Benedict, M. Mead). La última gran aportación metodológica a la antropología es la obra de C. Lévi-Strauss (antropología estructural)."[49]

Es decir, los antropólogos ya no se limitan a la lingüística, la biología o la organización social de sociedades primitivas. Señalan Beals y Hoijer:

> ...debe mencionarse que los antropólogos, al igual que otros científicos, han empleado sus conocimientos en la solución de

problemas prácticos. En numerosas regiones fronterizas, colaboran antropólogos con los funcionarios gubernamentales para buscar respuesta a los problemas de régimen social, educación y salud pública. En el interior de muchas comunidades urbanas de diversas partes del mundo, los antropólogos aplican sus técnicas especiales a los problemas interraciales e interculturales, a la instrucción infantil, desarrollo de la personalidad, cuestiones de carácter nacional, e incluso a los complejos e importantes problemas de la relaciones industriales, y a la preparación de administradores para ayudar a pueblos que en otro tiempo estuvieron aislados, a adaptarse a vivir en el mundo contemporáneo.[50]

(5) Psicología

Psicología es la ciencia que estudia el comportamiento de la mente del hombre y sus procesos. La *analítica* es nombre dado a las orientaciones psicológicas que analizan los procesos psíquicos, buscando elementos y estructuras parciales. *Psicología criminal* es la que se especializa en el estudio del psiquismo, motivación y conducta de los criminales.[51]

(6) Psiquiatría forense

Psiquiatría es la disciplina médica o rama de la medicina que estudia el diagnóstico y tratamiento de los trastornos psíquicos o enfermedades mentales. Atiende a la etiología, es decir, las causas, y el tratamiento, de dichos trastornos. La psiquiatría forense se ocupa de los aspectos legales de la enfermedad mental. De manera particular se acude a esta disciplina cuando se tiene que determinar la capacidad mental de un acusado al momento de ocurrir los hechos, o si está en estado procesable al momento del juicio o bien si pudo actuar con intención criminal en determinadas circunstancias, si hay eximentes psicológicos, si se ha producido inconsciencia patológica u otros aspectos mentales que determinan la responsabilidad penal.[52] Igualmente se hace necesaria la aportación de la psiquiatría en casos de violencia doméstica cuando se evalúa, por ejemplo, el maltrato psicologico.[53]

B. Ciencias auxiliares

(1) Medicina legal o forense

Por Medicina legal o forense se entiende el conjunto de conocimientos médicos relacionados con la administración de la justicia, especialmente identificación personal, diagnóstico de causas de muerte, etc. Se sabe que Medicina es la ciencia que estudia la constitución fisiológica del hombre a fin de preveer, diagnosticar y curar sus enfermedades. Comprende varias ramas auxiliares o especializadas.

El vocablo *forense* identifica los foros judiciales de justicia. El médico forense, que ejerce la llamada medicina legal, es un facultativo encargado de auxiliar a la administración de justicia en todos los casos y actuaciones en que sea necesaria o conveniente su intervención.[54]

(2) Estadística

Estadística es la ciencia cuyo propósito es la recopilación y agrupamiento de datos y números sobre fenómenos naturales o sociales, y el método que usa, que permite llegar a determinadas conclusiones de carácter general. Trabaja con una sucesión numérica de datos sobre un tema. Ejemplo de ello es el censo. La estadística *criminal* es esa función orientada hacia la información del crimen o delito. Se estima que la Estadística Criminal fue el origen de la Sociología criminal moderna.[55] Aunque la Estadística Criminal parece haber surgido en Francia en 1825, el creador de la estadística criminal científica fue el investigador belga Adolfo Quetelet, quien en 1828 presentó ante la Academia Real de Ciencias y Letras de Bruselas un cuadro comparativo de la criminalidad en Francia, Inglaterra y los Países Bajos durante los años 1826 y 1827.[56] Quetelet deduce consecuencias científicas de los datos estadísticos que trabaja. Las cifras estadísticas arrojan luz sobre los factores que afectan la criminalidad, las tendencias del delito, la incidencia en cuanto a menores, adultos, hombres o mujeres; las edades en donde la criminalidad se manifiesta con mayor frecuencia; el costo del crimen, el del sistema judicial, del carcelario, del uso de recursos para la prevención y la rehabilitación, entre otros.

La publicación de estadísticas criminales se inició en Francia en 1826; en Alemania empieza en 1884. En España, ya en agosto de 1578 Felipe II ordena hacer un recuento de los delitos. Pero no hay consistencia en el sistema y no es hasta el 1915 que se crea el servicio de Estadísticas del Ministerio de Justicia de Madrid, aunque desde 1907 publicaban estadísticas penitenciarias.[57]

En Estados Unidos, el Congreso asignó en 1930 al Secretario de Justicia la responsabilidad para medir la incidencia criminal en el país. El Negociado Federal de Investigaciones (FBI), es decir, la agencia policíaca federal, fue encargada del programa. Esta agencia, siguiendo lo empezado por la Asociación Internacional de Jefes de Policías (IACP), inició la creación de un sistema uniforme de estadísticas criminales. Se le llamó Uniform Crime Reports (UCR).[58] Este informe es el más conocido y citado como fuente de estadísticas criminales en Estados Unidos.[59] Durante el primer año de operación, el programa recibió informes de unas 400 ciudades de 43 Estados, con información sobre unos veinte millones de personas. Ya en los años noventa del siglo XX, unas 16,000

1983

Echevarría recibió una condena de 208 años

La actriz Lydia Echevarría es arrestada por el asesinato de su esposo, el popular animador de televisión Luis Vigoreaux.

Archivo / Luis Ramos

Perpetua para Echevarría por el asesinato de Vigoreaux

UNO DE los dramas judiciales más comentados d
gio XX en Puerto Rico, fue el juicio por el asesinato d
Vigoreaux. No sólo se estaba investigando la muer
animador de televisión más popular de la época sin
se acusó a su esposa, la famosa actriz de teatro y te
velas Lydia Echevarría por el delito. La novela de la
real que se desarrolló en las salas de los distintos tri
les en los que se ventiló el caso, tenía cada uno de lo
mentos que garantizan la máxima audiencia: intriga
los, amenazas, mentiras, traiciones, confesi
violencia, quejas y llanto.

Los hechos, según las investigaciones realizadas,
currieron de la siguiente manera: Vigoreaux y Eche
acababan de concluir una reunión con sus abogados
que se acordaron los detalles de su divorcio. De la re
Vigoreaux salió acompañado de su abogado, a quien
en su casa. En el camino fue intervenido por unos
bres, José "Papo" Newmann y David López Watts, q
lo llevaron a un apartado lugar en Cupey. Allí fue h
con un tenedor de asar, golpeado en la cabeza y echa
el baúl de su auto Mercedes-Benz en el que fue inc
do.

Durante el subsiguiente proceso de ley, que se ex
poco más de tres años, Newmann negoció su inmun
cambio de hacer una declaración completa de los h
Así, este confirmó las acusaciones en contra de Eche
y añadió detalles que inculparon a su cómplice. Eche
recibió una condena de 208 años y López una d
años.

agencias policíacas proveían información al programa. En 1967, el FBI creó el Centro Nacional de Información Criminal (National Crime Information Center, (NCIC)).[60] Para asegurar la uniformidad en las información, el FBI desarrolló unas definiciones básicas de los delitos a informar, dividiendo los delitos en Tipo I y Tipo II, dependiendo de su gravedad relativa y la rapidez con que se informa a las autoridades. El objetivo es facilitar la comparación de incidencia criminal en fechas distintas. Varias publicaciones del FBI orientan a las agencias represivas sobre la forma efectiva de suplir información estadística del crimen, como son el *Uniform Crime Reporting Handbook* y el *Manual of Law Enforcement*.

En los delitos tipo I, desde su origen, se incluyeron siete delitos graves: asesinato y homicidio, violaciones, robo, agresiones agravadas, escalamiento, apropiación ilegal y hurto de automóviles. En 1979, el Congreso ordenó incluir un octavo delito: incendio malicioso. Para ilustrar la incidencia, se desarrolló también una especie de "reloj del crimen", que calcula en minutos dicha incidencia, como indicar que "se comete un crimen violento cada 20 segundos, o un hurto de propiedad cada 3 segundos, o una violación cada 6 minutos."[61] Igualmente es importante la cuantificación del crimen por número de habitantes, generalmente basado en la suma de 100,000 habitantes. Así, por ejemplo, en 1975 ocurrieron 26 violaciones por cada 100,000 habitantes, subiendo a 37.6 por cada 100,000 en 1988.

En cuanto a los delitos tipo II, también incluidos en el UCR, se atiende a los delitos de menor gravedad e incluye los llamados delitos sin víctimas (victimless). Esta información se basa en los arrestos, no querellas a la policía. Entre estos delitos se incluyen la agresión simple, falsificaciones, fraudes, recibo de propiedad robada, portación ilegal de armas, infracciones a las leyes sobre sustancias controladas, otros delitos sexuales distintos de la violación, juego, abandono de menores, guiar bajo los efectos del licor o drogas, embriaguez, conducta desordenada y otras.[62]

Además de estas estadísticas, en Estados Unidos se utilizan también las que provee el Negociado Federal de Prisiones en cuanto a las personas encarceladas.[63] Así, por ejemplo, nos informa que en 1939 había 179,818 personas encarceladas en toda la nación, y en 1970 ese número subió a 196,429.[64] En los años ochenta del siglo XX, el total se eleva considerablemente: en 1988 había un total de 627,402 personas en prisión, de los cuales 577,474 estaban en cárceles estatales y 49,928 en prisiones federales.[65] Para 1989 había funcionando cerca de 900 cárceles estatales y 40 federales con un población penal de 673,565 prisioneros. Dicho sistema carcelario empleaba 352,000 personas.[66]

En Puerto Rico, encontramos información sobre estadísticas criminales desde 1824.[67] La policía de Puerto Rico publica estadísticas del crimen siguiendo el modelo de Estados Unidos. Más adelante tratamos el tema.

(3) Política criminal

Las políticas gubernamentales constituyen un conjunto de principios y objetivos que intenta conseguir un gobierno y que expone en sus leyes o reglamentos como objetivos generales. Indica hacia donde o hacia qué debe conducirse la acción del gobierno. Encarna un modelo de fines socio políticos o de la sociedad con el fin de dirigir y estructurar los asuntos públicos del Estado. Implica un apoyo y compromiso gubernamental hacia una corriente de actuaciones para conseguir un objetivo determinado. Se utiliza también para imponer unas metas o unos intereses en una determinada sociedad o entidad política de un determinado sector público que puede ser en contra de la voluntad y de los objetivos de otras personas o grupos. La política gubernamental implica un elemento de coacción para imponer determinadas ideas de orden, o situaciones ideales que se intentan alcanzar, aunque no se excluye la persuasión ni los procesos generales de comunicación. Cada sociedad o estado organizado puede tener diferentes formas o tipos de políticas públicas, que pueden ser, por ejemplo, política cultural, política agraria, política social, política salarial, política económica, política colonizadora, política moral, política familiar, política criminal, etc.

Cuando utilizamos la expresión *política criminal* nos referimos a la exposición de los delineamientos que debe seguir el Estado en cuanto al tratamiento del problema de la criminalidad. En realidad no se trata de una ciencia autónoma, sino más bien de un método de trabajo[68] mediante el cual los científicos, los estudiosos del crimen como realidad social intentan influir la conducta del gobierno, particularmente en su manifestación legislativa. En ese sentido, el iniciador de esta corriente de pensamiento en el campo penal puede ser el Marqués de Beccaria. Los primeros en utilizar dicha expresión parecen haber sido los alemanes Kleinschrod y Feuerbach.[69] Partiendo de la investigación científica de las causas del delito y de la eficacia de la pena, los estudiosos de las diversas ciencias penales promueven las reformas legislativas, suministran al legislador los fundamentos para infundir nuevos objetivos a las normas penales. En razón de partir de bases científicas, se pone en guardia al legislador contra la improvisación y la superficialidad legislativa; se intenta conseguir que las leyes estén sólidamente asentadas sobre un conocimiento profundo de la realidad que pretenden regular, "se procura conciliar las conclusiones de la ciencia con las exigencias de la política, conservando así la pureza metódica de la primera y frenando las improvisaciones de la segunda."[70]

El desarrollo de la política criminal ha tenido en el último siglo manifestaciones concretas. Se sabe que al estudiar científicamente la realidad social, se encuentra que la represión tradicional del delito no produce los efectos de protección social que se espera, que se hace necesario buscar remedios socialmente más convenientes. De ahí que los autores han propuesto reformas a la legislación sobre las penas privativas de libertad de corta duración, el uso de las medidas de seguridad como alternativas penales, el uso y ampliación de los sistemas de libertad condicional, sistemas de penas ajustadas a las necesidades sociales y a la individualización del delincuente, nuevos enfoques en cuanto al tratamiento de la violencia doméstica, mayor rigurosidad en el tratamiento de los conductores ebrios, creación de registros de delincuentes sexuales, compensación y otros tipos de apoyo a las víctimas de delitos y otras.

El término general usado para identificar los propósitos de las políticas criminales suele ser la expresión *política pública*. En la legislación se expresan de esa forma o mediante las "exposiciones de motivo" de las leyes.

Así, por ejemplo en la *Ley de Vehículos y Tránsito de Puerto Rico*, la Núm. 22 del 7 de enero de 2000, en cuanto a embriaguez y uso de drogas mientras se conducen vehículos de motor, dispone:

> Constituye la posición oficial y política pública del Gobierno de Puerto Rico que el manejo de vehículos de motor en las vías públicas bajo los efectos de bebidas embriagantes, drogas o sustancias controladas constituye una amenaza de primer orden a la seguridad pública y que los recursos del Estado irán dirigidos a combatir, en la forma más completa, decisiva y enérgica posible, con miras a la pronta y total erradicación, de esta conducta antisocial y criminal que amenaza las vidas y propiedades de todos los ciudadanos, así como la tranquilidad y la paz social.[71]

En igual sentido se manifiesta la política pública en torno a la violencia doméstica. El art. 1.2 de la Ley para la Prevención e intervención con la Violencia Doméstica, la Núm. 54 del 15 de agosto de 1989, dispone:

> Política pública
>
> El Gobierno de Puerto Rico reconoce que la violencia doméstica es uno de los problemas más graves y complejos que confronta nuestra sociedad. En el desarrollo de la política sobre este asunto, debemos dar énfasis a atender las dificultades que las situaciones de violencia doméstica presentan, particularmente a mujeres y menores, para preservar su integridad física y emocional, procurar su seguridad y salvar sus vidas.
>
> La violencia doméstica es una de las manifestaciones más críticas de los efectos de la inequidad en las relaciones entre hombres y mujeres. Las ideas, actitudes y conductas discriminatorias también permean las instituciones sociales llamadas a resolver y a prevenir el problema de la violencia doméstica y sus consecuencias. Los esfuerzos de estas instituciones hacia la identificación, comprensión y atención del mismo han sido limitados y en ocasiones inadecuados.
>
> El Gobierno de Puerto Rico se reafirma en su compromiso

constitucional de proteger la vida, la seguridad y la dignidad de hombres y mujeres. Además, reconoce que la violencia doméstica atenta contra la integridad misma de la familia y de sus miembros y constituye una seria amenaza a la estabilidad y a la preservación de la convivencia civilizada de nuestro pueblo.

Como política pública, el Gobierno de Puerto Rico repudia enérgicamente la violencia doméstica por ser contraria a los valores de paz, dignidad y respeto que este pueblo quiere mantener para los individuos, las familias y la comunidad en general. A través de esta política pública se propicia el desarrollo, establecimiento y fortalecimiento de remedios eficaces para ofrecer protección y ayuda a las víctimas, alternativas para la rehabilitación de los ofensores y estrategias para la prevención de la violencia doméstica.[72]

C. Ciencias jurídicas

(1) Derecho Constitucional

La *Constitución* es la ley *fundamental* del país, que establece las competencias supremas del Estado y los derechos fundamentales de sus ciudadanos. No es una ley ordinaria.[73] Una *Constitución* fija las bases de la organización política, pero además atiende a la protección de los derechos básicos de quienes forman el grupo social. Constituye un conjunto de normas supremas dentro de un ordenamiento jurídico nacional, a las cuales están subordinadas las demás reglas jurídicas. Como observa Trías Monge, es "la expresión más solemne de la voluntad del pueblo, a la cual todos debemos lealtad absoluta."[74]

La Constitución es el ordenamiento jurídico, creador y mantenedor de una unidad socio-política. Articula la creación del Estado, estructura su división de poderes y establece los derechos fundamentales del ciudadano dentro y frente a ese Estado —función esencial— mientras crea y limita sus competencias supremas. Es un ordenamiento jurídico coordinador de esas competencias y esos derechos. Define la orientación ideológica y política de ese Estado, mientras establece unos valores supremos de convivencia y de aspiración social.

Por su propia naturaleza y finalidad, la Constitución se redacta en forma abarcadora conforme a principios generales.[75] La legislación corriente se ocupará de concretar esos principios generales, sin perjuicio de que las reglas constitucionales se apliquen *ex proprio vigore*, sin necesidad de una ulterior ley particular.[76]

El estudio del Derecho Constitucional requiere el manejo y dominio de un nuevo vocabulario. Será común hablar de revisión judicial, división de poderes, federalismo, cuestión justiciable, legitimación activa, cuestiones académicas, madurez de la cuestión a resolver, cuestión política, opiniones consultivas, pleitos ficticios, casos colusorios, privilegio del ejecutivo, inmunidad legislativa, indultos, vetos, escrutinio estricto, racional o intermedio, peligro claro y patente, palabras agresivas, obscenidad, debido procedimiento de ley, igual protección de las leyes, clasificaciones sospechosas, figura pública, leyes ex-post facto, castigos crueles e inusitados, poderes implícitos, penumbras constitucionales, autoincriminación, entera fe y crédito, interés apremiante, condiciones inconstitucionales, defensa de comentario imparcial, privilegio de reporte justo y verdadero, malicia real, y todo un conjunto de expresiones relacionadas. Por su origen y la enorme influencia en este campo del Derecho norteamericano, muchas de esas expresiones se conocerán frecuentemente en su versión en inglés, como *judicial review, justiciability, standing, mootness, ripeness, clear and present danger, Bill of Right, Right to Privacy, First Amendment Freedoms, advisory opinions, political questions, modern balancing test, Civil Rights, abstention, inmunities, implied powers, Dormant Commerce Clause, privileges and immunities, Full Faith and Credit Clause, symbolic speech, commercial speech, establishment of religion, searches and seizures, self-incrimination, double jeopardy, Miranda warnings, taking of property,* y muchas más.

Es esencial tomar conciencia de que la Constitución de Puerto Rico "constituye nuestro proyecto de vida en comunidad."[77] En *P.I.P. v. C.E.E.*, 120 DPR 580, 613 (1988) se cita con aprobación lo indicado en *La Nueva Constitución de Puerto Rico:*

> Una constitución es un conjunto de normas fundamentales que establece las bases jurídicas de la ordenación político-social de un pueblo protegiendo los derechos y la dignidad esencial de la posición[78] de los ciudadanos, estableciendo las instituciones de gobierno y encauzando los procesos políticos.[79]

La constitución es, sobre todo, *un mecanismo jurídico de control de excesos*.[80] Nace no sólo para organizar un Estado o reconocer los derechos fundamentales del ciudadano que tienen su raíz en el Derecho Natural, sino también para controlar los abusos históricos del poder. Limita los excesos de los distintos poderes mediante el mecanismo de *frenos y contrapesos*. Controla el exceso de los poderes ejecutivo y legislativo a través de la revisión judicial. Modifica los excesos del poder judicial a través de la enmienda constitucional. Limita los derechos de los ciudadanos mediante los fundamentos de razón de Estado o poder de reglamentación *(police power)* en defensa de los intereses comunes del grupo social.

Además de ello, una Constitución resume todo un proceso histórico, sintetizando la trayectoria organizativa de una comunidad concreta, mientras sienta las bases de su proyección futura, dentro de cierto marco ideal, que resume las aspiraciones de los seres humanos que forman ese Estado. Es decir, es historia y futuro. Recoge la experiencia y concreta el ideal. Es colindancia y frontera ancha. Precisamente por ello, la Constitución no puede ser un ordenamiento rígido, su expresión y su interpretación deben tener margen suficiente para adecuarse a los nuevos tiempos:

> La permanencia y estabilidad de nuestra Constitución depende, en última instancia, de su capacidad para responder a los distintos problemas sociales, económicos y políticos a que se enfrenta el país. Como intérpretes máximos de este documento no podemos limitar su alcance ni congelar sus principios a la época en que se promulgaron. Al interpretar sus postulados básicos nunca debemos olvidar que "una Constitución no establece, ni debe establecer normas para la hora que pasa, sino principios para un futuro que se expande." B. M. Cardozo, *La naturaleza de la función judicial,* Buenos Aires. eds. Arayú, 1955, págs.

64.

> Hay que evitar pronunciamientos que la fosilicen y conviertan en una pieza de museo de historia. "Su vitalidad descansa en su dinamismo. Es un documento que rebasa las preferencias personales de sus autores y plasma la esperanza de ulteriores generaciones.... Interpretamos una Constitución, no los Rollos del Mar Muerto."[81] P. R. *Tel. Co. v. Martínez,* 114 D.P.R. 328, 350 (1983). Si limitamos su alcance con normas y pronunciamientos taxativos, convertimos su texto en dogmas absolutos e inaplicables a las eventualidades del futuro. "Lo que hay que evitar es el extremismo tanto de las declaraciones utópicas como de las prescripciones ultra-conservadoras." (Cita omitida) ... "La Constitución nunca es barrera para contener la expresión del pueblo sino instrumento de su realización."[82]

Sin embargo, es también preciso tomar en cuenta que los derechos fundamentales del ciudadano requieren una permanencia que les proteja de la arbitrariedad de la mayoría y aún de los propios tribunales afectados por el aumento en la incidencia criminal. No se pueden reescribir cada vez que el cuerpo social sufre el embate del aumento delictual. Serán siempre necesarios el rigor, la prudencia y el valor en el descargo de los deberes judiciales.

La Constitución dispone principios generales. Para concretar y aclarar dichos principios, se aprueba legislación al efecto. Esa Constitución se filtra sobre todo el ordenamiento y le sirve de marco de referencia fundamental.

Como puede deducirse, para aplicar adecuadamente la norma constitucional a cada caso concreto es preciso conocer sus orígenes y su evolución histórica.

(2) Derecho Penal

Todo grupo social tiene unos bienes y valores que proteger como, por ejemplo, la vida y la integridad física y mental de sus miembros, sus propiedades, el derecho a escoger su forma de gobierno y sus gobernantes, la validez de los contratos, la fe pública, la integridad de la administración gubernamental y muchos más. Para lograrlo, toda sociedad organizada, cuenta con un ordenamiento que intenta poner orden en la convivencia. Es el Derecho. Este se concibe como el conjunto de reglas que, teniendo como fin la justicia, regula la convivencia social y es susceptible de imposición por el Estado. La integración de las normas de Derecho produce el armazón de la estructura social que llamamos *ordenamiento jurídico*. Por éste se entiende el conjunto, la totalidad, de las reglas de derecho vigentes en un país determinado. Parte ese ordenamiento de un valor existente o reconocido por el propio ser humano: la idea de lo justo, la idea de la justicia.

> La ciencia del Derecho no es otra cosa que el arte de lo justo. Ya en el subconsciente, ya en el fondo de nuestro ser, se encuentra siempre la valoración: es justo, no es justo.[83]

El ordenamiento jurídico tiene como objetivo la protección de esos bienes y valores. Cuando los mismos sufren algún ataque, surge de inmediato la necesidad de sancionar la agresión, de restablecer el equilibrio jurídico social. La respuesta puede manifestarse en tres formas conocidas en la actualidad: la sanción *civil*, que implica las alternativas de restablecer el orden o la realidad atacada —cumplimiento específico en materia civil; o el resarcimiento del daño económico tanto en lo civil como lo penal—; la sanción *administrativa*, que produce la disciplina de los funcionarios o los administrados; o la sanción *penal*, que implica la imposición de una pena pecuniaria, de cárcel o una medida de seguridad al denominado *delincuente*. El Derecho Penal atiende en primer lugar a este último aspecto, aunque en los tiempos actuales en algunos casos se produce también un resarcimiento económico. Esta parte del ordenamiento jurídico —penal sustantivo y procesal— regula la defensa de la sociedad ante el ataque de sus bienes fundamentales, señalando las actuaciones que se consideran delito y las penas que se anuncian anticipadamente, con el objetivo de lograr un sentido de garantía, de seguridad y de estabilidad.[84]

> Puerto Rico está facultado... para aprobar y hacer cumplir un código penal. ... El Estado Libre Asociado, en el ejercicio de su autonomía, tiene jurisdicción para aplicar sus leyes penales a todas las personas que cometan delito dentro de su extensión territorial. La ley penal

del cuerpo político aplica a todos los delitos cometidos dentro de su territorio.[85]

Los juristas y los filósofos del Derecho han dedicado siglos de estudio y evaluación de los temas señalados en estos párrafos iniciales. Observa el Tribunal Supremo nuestro:

> Toda sociedad civilizada constituida sobre bases de Derecho, tiene como ideal primario la preservación del orden público y la seguridad de sus integrantes contra los que ponen en peligro su existencia. El juicio justo es el instrumento de esa sociedad para proteger el régimen de ley de sus detractores y ofensores. Basta para honrar el principio, que todo acusado tenga "su día en corte".[86]

El Derecho penal es una rama autónoma del ordenamiento jurídico. Se puede definir desde un punto de vista subjetivo o desde el ángulo objetivo. El primero contempla ese Derecho como el poder o facultad, y el deber, del Estado para mantener el orden jurídico mediante la imposición de una pena o sanción al que atenta contra el mismo. El Derecho penal sustantivo, y en gran medida el Constitucional y el Procesal penal,[87] limitan y disciplinan ese poder o facultad del Estado, encauzándole dentro de ciertos límites y requisitos.

El segundo —Derecho penal *objetivo*— contempla el Derecho penal como conjunto de reglas. Pero no es cualquier conjunto, es uno organizado y sistemático. Ese agregado se manifiesta con tres ingredientes: delitos tipificados, las penas a imponerse y las medidas de seguridad que son permisibles, que se relacionan directamente con los actos ilegales que se contemplan.[88] Eugenio Cuello Calón define el Derecho penal en este sentido de la siguiente forma: "conjunto de normas establecidas por el Estado que determinan los delitos, las penas y las medidas de corrección y de seguridad con que aquellos son sancionados."[89]

El penalista alemán Franz Von Liszt lo define como "el conjunto de reglas jurídicas establecidas por el Estado que asocian al crimen, como hecho, la pena como legítima consecuencia."[90]

En México, Pavón Vasconcelos lo contempla como "el conjunto de normas jurídicas, de Derecho público interno, que definen los delitos y señalan las penas o medidas de seguridad aplicables para lograr la permanencia del orden social."[91]

Como puede observarse, en todos estos enfoques pueden apreciarse los elementos comunes que distinguen al Derecho penal: conjunto de normas, establecidas por el Estado, que determinan los actos delictivos y señalan como consecuencia la imposición de una pena o una medida de seguridad.

En *Pueblo ex rel. L.V.C.*, nuestro Tribunal Supremo acoge la definición descriptiva de Jiménez de Asúa sobre el Derecho penal:

> Al definir el Derecho penal dice Jiménez de Asúa:
>
> [Este es el] "Conjunto de normas y disposiciones jurídicas que regulan el ejercicio del poder sancionador y preventivo del Estado, estableciendo el concepto del delito como presupuesto de la acción estatal, así como la responsabilidad del sujeto activo, y asociando a la infracción de la norma una pena finalista o una medida aseguradora."
>
> De propósito hemos dejado fuera de esta definición las medidas educativas que se refieren a los menores, porque éstos salieron para siempre del Derecho penal y las normas que se les aplican no tienen como base el delito, sino la necesidad de resocializar a los niños y adolescentes, a fin de que no se transformen en criminales adultos. Pero todo esto es ajeno al Derecho Punitivo.[92]

El Derecho penal es también una ciencia jurídica. En este sentido se contempla como "el conjunto sistemático de principios referentes al delito, a la pena y a las medidas de seguridad."

El objetivo del estudio del Derecho penal es conocer a fondo, de forma global e integrada el conjunto de reglas penales, así como su relación con el todo y las partes que forman el ordenamiento jurídico del país. Supone seguir un método *teleológico,* es decir, de búsqueda de las causas finales, explorando la formación y determinando la función para la cual ha sido creada la legislación penal a los fines de conseguir una interpretación jurídicamente válida y completa de la misma.

El ordenamiento jurídico es un sistema de ramas intercomunicantes. No existen áreas o zonas totalmente aisladas unas de otras. El derecho es un todo, que pretende regular la convivencia humana con unas reglas de sentido común elaboradas con la experiencia histórica y social.

Codificación es la ordenación sistemática y cohesionada de normas jurídicas en un cuerpo legal único y uniforme. Su resultado es el *código*, es decir, el compendio de leyes relacionadas, organizadas en forma metódica y sistemática. Un Código Penal es un conjunto de leyes penales presentadas en forma organizada, coherente y sistemática. En los tiempos actuales se suele dividir en dos secciones: una parte general, que señala las reglas fundamentales de su aplicación; y una parte especial que enumera y define los delitos en especie.

El Código Penal establece el catálogo *principal* de actos que constituyen delito en un grupo social organizado. Decimos *principal* toda vez que existen otras tipificaciones delictuales en leyes distintas del Código Penal.[93]

Es importante observar el alcance total de las reglas penales: generalmente son las encargadas de sancionar a los que violan el resto de normas que forman el ordenamiento jurídico, ya sea, por ejemplo, el que incumple con un deber constitucional, el que se apodera ilegalmente de bienes cuya regulación establece el Código civil o el Mercantil, el que incumple sus deberes contributivos, y cientos de casos parecidos.

Antes de imponer la pena, es preciso atender a dos aspectos: (a) la acción u omisión tiene que estar tipificada como delito y (b) hay que determinar la ocurrencia del acto y la relación del imputado con el mismo. El primer apartado encuentra respuesta en la tipificación delictual del Código Penal y las leyes especiales; el apartado (b) es el campo del Derecho procesal penal. Ese Derecho penal y ese Derecho procesal penal, dos caras de la misma moneda, responden a concepciones superiores, a ideales del grupo social. En nuestro medio, esos ideales se consideran encarnados en la Constitución. De ahí que en materia penal las colindancias últimas de acción tiene que ser el marco constitucional. Así, por ejemplo, nuestra constitución incluye entre los derechos fundamentales del ser humano el Derecho a la vida y a la libertad. Por ello, el Código

Penal ha de castigar los atentados contra esa vida, y el procedimiento penal ha de velar porque nadie sea privado de su libertad o propiedad sin un debido proceso de ley.

El objetivo fundamental del procedimiento penal es el descubrimiento de la verdad. Ha sido superada la antigua visión del proceso como una lidia deportiva donde debe triunfar el más apto o el más listo. El Tribunal Supremo lo expresa así:

> Debemos mantener siempre presente que por razón de que "el proceso criminal no es lidia deportiva para determinar el mejor de los gladiadores y que su propósito cardinal es el descubrimiento de la verdad", los tribunales de justicia vienen obligados a "garantizar un procedimiento que conduzca a la presentación de la evidencia adecuada que sea pertinente a la controversia de hechos, evitando hasta donde sea posible que la sorpresa y ocultación —resultado inevitable del sistema adversativo— oscurezcan e impidan la búsqueda de la verdad". (*Pueblo v. Morales Rivera*, 118 DPR 155, 160 (1986).[94]

Esa *verdad* implica fidelidad absoluta a los hechos ocurridos, de tal forma que haya conformidad entre el hecho y la conclusión del Tribunal que ha de admitirlo. Sólo esa fidelidad justifica la trascendencia de la verdad *real* a verdad *jurídica*. Si no hay concordancia, se produce el error o el fraude, cuya consecuencia natural puede ser la injusticia, los errores judiciales.

Ahora bien, la práctica no siempre se confunde con el ideal. Es un proceso humano, con todos los defectos, las imperfecciones y las limitaciones del actuar humano.

(3) Procedimiento Criminal

(a) Concepto

Aquella rama del Derecho que trata de la forma en que el Estado ha de *enjuiciar* a los imputados de delito, la llamamos *Procedimiento Penal* o *Procedimiento Criminal*. Este se distingue de otros procedimientos, como el civil y el administrativo, por su campo especializado de acción: el delito. En este sentido, *penal* es sinónimo de *criminal*.

La palabra *proceso* transmite de inmediato la idea de inicio, avance, y desarrollo de una acción, progreso de un hacer u ocurrir. Al decir una *acción,* tratamos una realidad dinámica, integrada por diversas etapas o fases. Aunque se acerca a la idea de *método,* no se debe confundir con este vocablo, el cual define el camino teórico,[95] mientras que el proceso se mueve en el campo práctico de la acción. Seguir un método es hacer con orden alguna cosa. Pero atiende más acertadamente al procedimiento que se sigue en las ciencias para hallar la verdad y enseñarla. *Enjuiciar,* por su parte, es examinar, estudiar a fondo y resolver una cuestión. En sentido jurídico, implica iniciar y desarrollar una causa con las diligencias y pruebas necesarias para fallar en la misma. Es someter a juicio, juzgar, fallar y sentenciar.[96] De ahí que al referirnos al procedimiento intentamos cubrir el conjunto de actos, diligencias y resoluciones que comprenden la iniciación, instrucción, desenvolvimiento, fallo y ejecución de un asunto judicial. En el campo penal cubre la serie de investigaciones y trámites para el descubrimiento de los delitos, la identificación de los causantes del mismo y la sanción o la imposición de una medida de seguridad a los responsables de tales delitos.

Procesar es, pues, instruir un proceso, formalizarlo conforme a las reglas de Derecho. El procedimiento penal es una institución jurídica integrada por una serie ordenada de actos, especialmente establecida por el ordenamiento jurídico, para proteger a la sociedad y al imputado de un delito.

Dicho procedimiento penal es una rama del Derecho, una franja jurídica que trata *del modo* de enjuiciar a los que se les atribuye la violación de una disposición penal. Su marco de referencia es el Derecho Constitucional. Sus colindancias están definidas por la Constitución. El procedimiento penal no puede incluir una regla o norma contraria a los aplicables principios de la Constitución. Pero más importante aún, la actuación de los órganos del Estado o sus representantes, ha de ser medida, confrontada, con los principios básicos generales que establece el ordenamiento constitucional. Este señalará el principio general, el ideal a conseguir: "ninguna persona será privada de su libertad o propiedad sin el debido procedimiento de ley."[97] Las Reglas de Procedimiento Criminal definen ese debido procedimiento de ley, lo concretan, lo individualizan, lo ponen en ejecución o en funciones. Ello no impide que muchos de esos principios constitucionales se puedan imponer por su propio peso, sin requerir una regla menor que los concrete.

Como puede verse, llamamos *proceso penal* al desarrollo, al conjunto de *eventos* que concretan un enjuiciamiento. El haz de *reglas* que regulan la etapa investigativa, el inicio de la intervención de los tribunales, la celebración de un juicio, la ejecución de una pena o la revisión de las actuaciones judiciales, lo denominamos *Procedimiento Criminal* o *Procedimiento Penal*.

Decimos que el procedimiento criminal tiene como fundamento el Derecho penal sustantivo porque primero ocurren unos determinados hechos que pueden constituir un delito tipificado en el Código Penal o en una ley penal y entonces entra en juego el procedimiento. Así, por ejemplo, cuando un Juan Pérez agrede a un José Ortiz, ese hecho puede constituir el delito de agresión grave. Empieza entonces a moverse el mecanismo judicial siguiendo el procedimiento penal. Cuando ocurre el hecho que puede constituir delito, la parte perjudicada o sus familiares o cualquier otra persona, se querella o notifica a la policía. Ocurre a veces que la policía se entera por otro medio o cuando llega un herido a un hospital. La policía entonces inicia una investigación para someter el caso ante un magistrado. Estamos ya ante la presencia del procedimiento penal o criminal. Pero en esta etapa no es necesario que se tenga *toda* la prueba, sino la suficiente para causa probable. Así, por ejemplo, para la iniciación de un proceso por guiar en estado de embriaguez, no es esencial que se conozca el resultado del análisis químico de una muestra de sangre extraída al acusado.[98] Cuando se querella una persona a la policía, puede procederse al arresto en determinadas circunstancias, o puede citarse al acusado; o puede ocurrir que se someta el caso y se arreste luego.

Dentro de este proceso encontramos varias fases definidas y

determinadas instituciones típicas del campo procesal penal. El proceso se divide en una etapa inicial, en el plano judicial, llamada de *instrucción,* y un juicio posterior llamado *juicio plenario,* o simplemente *el juicio*. Pero aún antes de la intervención judicial, se inicia otra del poder ejecutivo llamada el *sumario*. Por ésta se entiende la fase en que el Ministerio Público reúne el material, las evidencias, declaraciones y cuanto se estime necesario para llegar, en su momento a la presentación de una denuncia o acusación contra el imputado, contra una persona determinada, o bien continúa dicha fase como etapa previa al juicio plenario. Es decir, se trata de la acción del Ministerio Público para reunir los elementos de convicción indispensables, o bien para producir el sobreseimiento si dichos elementos lo justifican. Hemos de ver que esta fase es privada, secreta,[99] sin intervención de la defensa, en términos generales.

Una vez dicho sumario llega a una determinada etapa, que completa una expectativa de motivo fundado o causa probable, entonces se somete el asunto a la consideración de un magistrado, iniciando así la intervención *judicial* con una etapa inicial llamada *instrucción*. Se llama así a ese primer peldaño en donde el Ministerio Público somete la prueba acumulada hasta entonces a un previo examen judicial. El magistrado determinará si existe un mínimo legal de evidencia que asocie al imputado con la comisión del delito imputado. Dicha actuación ha de culminar luego con un *juicio plenario* en donde ambas partes, el Ministerio Público y la Defensa, someterán un cuadro mucho más completo ante la consideración del juzgador en sus méritos, que puede ser un juez o un jurado. Este juicio plenario es ya el conocimiento de la totalidad de la causa y sus circunstancias particulares, por un juez o jurado que han de evaluar dicha totalidad a los fines de dictar un *fallo*. Luego de dicho fallo, el juez dictará la *sentencia* correspondiente.

(b) Los tipos procesales

Los juristas han podido identificar tres tipos de procedimiento penal en por lo menos cinco momentos históricos. Las clases de procedimientos son:

1. acusativo
2. inquisitorio
3. mixto

(c) Los momentos históricos se identifican con:

1. La antigüedad
2. El feudalismo
3. Los tiempos del Derecho Canónico
4. Tiempos modernos
5. Época contemporánea

(1) El proceso acusativo

Al proceso penal no se le asignó la misma finalidad en la evolución histórica. En un primer momento se equipara al civil, como un proceso acusatorio privado, una actividad eventual, no imprescindible, destinada a tutelar un interés particular, se da como una contienda entre partes. Se trata de un asunto privado. Al aumentar la órbita de los "delitos *públicos*", se va convirtiendo en un proceso acusatorio *público*.

Un segundo momento lo encuentra en el régimen inquisitivo, pensándose unilateralmente en el interés de la sociedad, el imputado deja de ser parte y se transforma en objeto de persecución. Es el régimen inquisitivo.

La teoría individualista que nace con la Revolución Francesa, enfocará el proceso en la defensa de la libertad individual y será la base del derecho moderno.

El sistema procesal de tipo *acusativo* es el primero que se conoce históricamente. Nace en el Derecho antiguo de Grecia y Roma. Se caracteriza por las siguientes notas:

1. Son las propias partes las que generan el proceso, no el Estado.

2. El acusador es el mismo ofendido; el acusado tiene que defenderse por sí mismo.

3. El proceso es público y de carácter oral.

4. El proceso es contradictorio, contencioso.

5. Los jueces resuelven según su propio criterio, sin ceñirse a reglas legales que regulen la prueba.

6. Las tres funciones dinámicas del proceso -acusación, defensa y fallo- están totalmente separadas; las funciones de acusar, defender y resolver están en manos de personas distintas.

7. En materia de pruebas, se siguen los sistemas irracionales de ordalías –fuego o hierro candente, agua hirviendo o fría en la cual se hundía al imputado; prueba de las manos en cruz, etc.–, duelos o combates por sí o por representantes, o juramentos purgatorios.[100]

8. La pena es generalmente pecuniaria, lo que significa el precio de renuncia a la venganza, especialmente mediante la confiscación de las propiedades del culpable.[101]

Vale indicar que en Grecia se determinaba la culpabilidad o inocencia utilizando conchas, habas o bolos negros y blancos. El color negro significaba culpabilidad, mientras el blanco producía la exoneración.[102] Todavía hoy se utiliza esa práctica de asociar el color negro a aspectos negativos, como negar entrada a una persona a una fraternidad o grupo social. Se suele decir *darle bola negra*.

(2) El sistema inquisitivo

El sistema inquisitivo tiene su origen en el Derecho Canónico. Viene a substituir el antiguo sistema acusativo. Quien ejerce el poder, también genera el proceso. Dado el predominio de la Iglesia en este tiempo, ella toma la iniciativa de buscar, perseguir y enjuiciar a los herejes, especialmente a partir del 1215. Identifican a este tipo procesal las siguientes características:

1. El proceso lo inicia el juez de oficio, es decir, sin esperar una querella de parte alguna.

2. El proceso es de carácter secreto y escrito.

3. El inicio del proceso suele ser por pesquisa del propio tribunal, aunque se dan también la acusación o la delación.

4. Se adoptan reglas sobre el tipo, valor y uso de la prueba.

5. No hay separación en las funciones procesales de acusación, defensa y decisión. Los funcionarios no tienen ninguna

independencia. El juez disfruta de amplísimos poderes para lograr la convicción, utilizando incluso el tormento. La prueba por excelencia es la confesión, que puede obtenerse de cualquier forma. Los pesquisadores tienen plena autoridad para entrar a casas, aposentos y cualquier lugar para obtener pruebas o descubrir herejes.

6. El acusado es privado de todo derecho. Está obligado a declarar y se aplica la prisión preventiva. Desconoce el origen de la acusación y no puede carearse con los testigos en contra. Se le presume culpable y tiene el peso de la prueba de su inocencia.

El desarrollo de este proceso inquisitivo es iniciado por la Iglesia Católica de entonces a través de las reglas del Derecho Canónico, especialmente durante el pontificado de Inocencio III (1198-1216).[103] Debe recordarse que para entonces la Iglesia era otro poder temporal y político como las nacientes monarquías.

A partir del siglo XII, dicho proceso se extiende también a las entidades políticas seculares, aparece en las cartas municipales y lo adoptan los príncipes y reyes en sus dominios. Ha de servir como instrumentos de reafirmación del poder real, que incluye su "misión de hacer justicia. El Estado tenía el deber de perseguir y reprimir los crímenes. No podía más admitirse que los asuntos penales se arreglaran fuera de la justicia, por vías privadas, en base exclusivamente pecuniarios. 'Todos los delitos ofenden la cosas pública.'"[104] Un elemento que justifica esa intervención real lo constituye las necesidades fiscales: "las multas y confiscaciones representaban las principales fuentes del ingreso del rey y de los señores."[105]

(3) El sistema mixto

El proceso mixto acoge características de ambos sistemas procesales anteriores: del acusativo y del inquisitivo. Este proceso es desarrollado por los juristas, especialmente en Italia, donde se reconoce la libertad en la defensa de los acusados y la intervención de abogados defensores.[106] Se divide el proceso en dos etapas: una fase inicial investigativa que constituye el sumario, de tipo secreto y escrito, como en el sistema inquisitivo; y una segunda fase para el juicio plenario oral y público, como en el sistema acusativo. Se separan también los jueces que han de realizar dichas funciones: un juez distinto al juez instructor ha de fallar el caso en la fase plenaria.

El uso del sistema mixto tiene también dos momentos distintos: uno en la época moderna y otro en la época contemporánea o actual, que reflejan los cambios que la orientación política de los pueblos pone en práctica. En la primera época, los avances son lentos y limitados. Todavía los jueces, como representantes del monarca, gozan de pleno arbitrio judicial. Una Ordenanza de Carlos I de España y V de Alemania resta valor a la confesión, la cual requiere otros medios de prueba. En Francia, sin embargo, en tiempos de Luis XIV, continúa un proceso marcadamente inquisitorial: el Juez Instructor goza de un arbitrio sin límites, intimida con la pesquisa y el tormento; el acusado desconoce al acusador, no se le escucha en su defensa y se le sentencia en secreto. No es hasta el 1777 que se suprime el tormento en ese país. Pronto los vientos revolucionarios que han de producir la Revolución Francesa y la aprobación de la Constitución han de cambiar radicalmente el proceso con la famosa Declaración de los Derechos del Hombre del 1789. Nacen entonces los principios de la legalidad, la presunción de inocencia, la igualdad ante la ley, el Derecho a tener defensor judicial, y el castigo para la arbitrariedad de los funcionarios públicos, entre otros. En Estados Unidos, por otra parte, se desarrolla un vigoroso movimiento en pro de los derechos procesales que se enmarcan en la Constitución Federal.

En *Pueblo v. Pabón,* 102 DPR 436, 437-438 (1974), nuestro Tribunal Supremo recoge las características de los dos métodos más conocidos de enjuiciamiento:

> En tiempos modernos han existido dos modos básicos de enjuiciamiento: el juicio acusatorio y el inquisitorial, despojando este último término de toda posible connotación peyorativa. En el Derecho inglés el juicio de tipo acusatorio se convirtió tarde en la Edad Media en el preferido, especialmente al tomar fuerza la institución del jurado. En los países donde priva el Derecho civil se adoptó el juicio inquisitorial.

La función del juez en los dos sistemas es en principio distinta. En el juicio acusatorio, el juez es básicamente un árbitro o moderador; en el inquisitorial, el juez juega un papel activo en la búsqueda de la verdad. Véase para una corta historia de ambos procedimientos: Jackson, R. M. *The Machinery of Justice in England,* Cambridge Univ. Press, 6th ed., 1972, pág. 18 *et seq*.

En Puerto Rico regía a fines del siglo diecinueve, por supuesto, el sistema utilizado por los países de raíz latina. Véase el Art. 708 de la Ley de Enjuiciamiento Criminal de 1882, extendida a Cuba y Puerto Rico el 19 de octubre de 1888. *Ministerio de Ultramar, Ley de Enjuiciamiento Criminal,* Madrid. Imp. de Moreno y Rojas, 1988, págs. 187-188. A mitad del siglo pasado, de hecho, no se contaba con promotores fiscales. Ormaechea, F. de: *Memoria sobre los Tribunales y la Legislación de la Isla de Puerto Rico,* Madrid, 1850, pág. 15. El cambio al método acusatorio ocurrió, como en muchos otros casos, sub silentio, sin legislación al efecto, asumiéndose simplemente, sin mayor discusión, que así debía de ser. Ver por ejemplo: *Pueblo v. Acevedo,* 35 DPR 966, 970 (1926). La adopción de la institución del jurado para los delitos graves,[107] necesariamente tuvo que influir particularmente en lo ocurrido, aunque no explica de por sí la extensión, sin disposición expresa, del sistema acusatorio a otras causas criminales donde los hechos se juzgasen de otro modo. La sustitución de nuestro antiguo Derecho penal y de enjuiciamiento debió haber pesado también en lo sucedido.

Vale indicar que en la actualidad todo proceso penal es público, no existen los delitos privados. De ahí que referirse al delito como *delito público,* es una especie de redundancia, una incorrección. Todo los delitos son públicos.

(4) Evidencia o Derecho Probatorio

La palabra *evidencia* nos llega a nuestro sistema de justicia, criminal o civil, del inglés norteamericano, de la palabra *evidence*. El nombre identifica una rama especial del derecho norteamericano, que en español se debe denominar correctamente como *Derecho probatorio*. Por dicha expresión se entiende el conjunto de reglas o normas jurídicas que regulan el ofrecimiento, la admisión, exclusión y el peso de la *prueba* en un procedimiento judicial.

Prueba es aquello que confirma o desvirtúa una alegación, hipótesis o afirmación. Puede tener, pues, un contenido positivo o negativo. Puede confirmar, verificar la verdad de una afirmación, ratificar su veracidad; o puede negarla en forma convincente. Es todo aquello que puede servir para el descubrimiento de la verdad acerca de los hechos planteados o investigados por un tribunal. Se estima el medio más confiable para descubrir la verdad real y servir como garantía contra la arbitrariedad de las decisiones judiciales.[108]

En Puerto Rico el grupo *principal* de reglas de evidencia lo constituye *Las Reglas de Evidencia* vigentes, aprobadas en 1979, que entraron en vigor el primero de octubre de ese año. Se encuentran en el Título 32 de las Leyes de Puerto Rico Anotadas, Apéndice IV. Pero esas no son las únicas disposiciones legales sobre evidencia, sino que en otras leyes, códigos o reglas aparecen normas de evidencia, como en el Código Civil, las Reglas de Procedimiento Civil, las Reglas de Procedimiento Criminal, el Código Penal, y muchas leyes especiales, como las de Vehículos y Tránsito, la de Armas, la de Sustancias Controladas y otras.

El origen de esas Reglas ha seguido una larga trayectoria histórica. Bajo la dominación española, las normas sobre todo tipo de evidencia estaban en la Ley de Enjuiciamiento Civil española, que había estado en vigor desde el 1ro. de enero de 1886. La misma fue dejada vigente por varias Ordenes Generales de los militares norteamericanos en 1898 y 1899. Una Ley del 10 de marzo de 1904 aprobó un Código de Enjuiciamiento Civil que procedía de los Códigos de California e Idaho. Otra Ley de 9 de marzo de 1905, titulada "Ley para reglamentar la presentación de evidencia en los procedimientos civiles" fue integrada al Código de Enjuiciamiento Civil, como los artículos 363 a 533 y reguló la materia hasta la aprobación de las reglas vigentes. Se le conoció como la Ley de Evidencia. Las reglas vigentes desde 1979 se basan fundamentalmente en las Reglas Federales de Evidencia de 1975, y algunas del Código de Evidencia de California de 1965.[109] En 1907 nuestro Tribunal Supremo, en un caso de asesinato en primer grado en el cual el convicto fue sentenciado a la pena de muerte, resolvió que las reglas que gobernaban la práctica de pruebas en los asuntos civiles, eran aplicables también a los casos criminales.[110]

El objetivo del proceso judicial es buscar la verdad de los hechos alegados, sean de naturaleza criminal o civil. [111] El Derecho positivo, es decir, el conjunto de las leyes, provee una solución teórica al conflicto de hechos que se plantea. Para aplicar dicha solución, es preciso determinar primero cuáles son los hechos. ¿Es verdad que A mató a B? ¿Es verdad que C le robó el dinero a D? Para llegar a ese conocimiento de la verdad en un tribunal se requiere seguir un orden, una forma racional y ordenada para demostrar lo ocurrido. La evidencia disponible puede estar constituida por las declaraciones de los testigos que presencian un acto criminal o tienen información valiosa o necesaria para esclarecer los hechos, o bien puede tratarse de materiales, objetos, resultados de estudios, análisis científicos o periciales o elementos semejantes.

Cuando ocurre un delito, la policía realiza una investigación, ocupa elementos de prueba como objetos, materiales, cosas, que luego ha de presentar ante el Tribunal. Las víctimas del delito o sus testigos tienen información necesaria para determinar la verdad de lo ocurrido. Como existen unas reglas que regulan la aceptación de la prueba por el Tribunal, el investigador debe ser muy cuidadoso en todo el proceso de acumular la prueba necesaria.

Para muchos autores el Derecho Probatorio es realmente un Derecho de *exclusión:* en principio todo es admisible, todo puede llegar a conocimiento del juzgador, salvo que una regla especial lo impida.[112] Este Derecho se especializa en señalar aquello que no es la prueba adecuada, sirve como dique para contener la admisión de evidencia inadmisible, inaceptable en el proceso. Dichas normas de exclusión tienen importantes fundamentos constitucionales.

El Derecho Probatorio o las Reglas de Evidencia pueden verse entonces como un conjunto de reglas de tránsito que regulan el ofrecimiento, el recibo de evidencia y el peso o valor probatorio de la misma. Las Reglas de Evidencia son como una compuerta que permite pasar cierta prueba al juzgador, mientras impide la entrada de otra clase de prueba. De ahí que el abogado o el jurista se ven obligados a manejar todo un conjunto de prohibiciones legales dirigidas a *evitar que se contamine el ambiente decisional* del juez o del jurado.

El sistema judicial considera que en un proceso contradictorio, donde cada parte puede presentar una prueba que es cuestionada por la otra parte, de ese choque o confrontamiento debe surgir la verdad.

Normalmente, son cinco los medios de prueba que se utilizan en los tribunales:[113]

1. Evidencia testifical
   (a) Legos[114]
   (b) Peritos[115]
2. Evidencia documental
3. Evidencia real, científica o demostrativa.
4. Conocimiento judicial
5. Presunciones

Por *conocimiento judicial*[116] se quiere decir que hay ciertos hechos o materias de los cuales no es necesario presentar evidencia en el tribunal; se trata de hechos notorios o históricos, de fácil verificación o de constancias judiciales en el propio tribunal, que basta con pedir el juzgador que tome conocimiento de ellas. Por ejemplo, que el huracán George atacó a Puerto Rico el 21 de septiembre de 1998.

Las *presunciones*, por otra parte, son deducciones de un hecho que la ley autoriza a hacer o requiere que se haga de otro hecho o grupo de hechos previamente establecidos.[117] Al hecho o grupo de hechos previamente establecidos se le denomina *hecho básico*; al hecho deducido mediante la presunción se le denomina *hecho presumido*. Ejemplos de presunciones son el que una persona se presume inocente de delito o falta mientras no se pruebe lo contrario; que toda persona intenta la consecuencia ordinaria de un acto cometido por ella voluntariamente; que toda persona cuida de sus propios asuntos con celo ordinario, y muchos otros.[118]

El sistema judicial considera que la mejor evidencia es la siguiente:

1. La declaración personal en el juicio de quienes tienen conocimiento *personal* y *directo* sobre el hecho que declaran. Lo que no es personal y directo puede ser prueba *de referencia*.

2. Los documentos *originales* que hayan preparado las partes en las etapas previas al juicio.

3. Los objetos *originales* que están relacionados de alguna forma con la controversia.

Pero no siempre se puede contar con la mejor evidencia. De ahí la necesidad de un conjunto de reglas que regulen la admisibilidad de la prueba y el peso probatorio que se le dará a lo que se presente. Ese conjunto de reglas está constituido por las Reglas de Evidencia.

En materia de evidencia, el abogado y el jurista tienen que trabajar con tres conceptos esenciales:

1. Pertinencia de la evidencia[119]
2. Admisibilidad de la evidencia[120]
3. Peso probatorio de la evidencia

Lo pertinente a un asunto es lo relacionado de alguna forma con ese asunto; es lo que viene a propósito, oportunamente, en relación con el pleito; lo impertinente es lo no relacionado, lo que sobra, lo que no tiene nada que ver con la cuestión planteada.

La admisibilidad determina si se le da paso en el proceso a la evidencia, o, por el contrario, se le excluye, se le elimina.

El peso probatorio se refiere al valor de convencimiento que la evidencia tiene sobre el juzgador. Puede, por lo tanto, que una evidencia sea pertinente y admisible, pero de escaso valor probatorio. En materia civil, es necesario probar los casos por la *preponderancia* de la prueba; en los casos criminales se requiere un grado mayor de prueba, que se concreta con la expresión *fuera de toda duda razonable*.

(5) Derecho Penitenciario

Por *Derecho penitenciario* debemos entender el conjunto de reglas jurídicas relativas a la organización administrativa de las instituciones públicas encargadas de la aplicación de las penas, las medidas de seguridad y los procesos de rehabilitar, así como las relativas a los derechos de los confinados y del Estado en protección de la seguridad de la sociedad. Esta rama estudia las cárceles, las prisiones, el tratamiento y los derechos de los confinados, los métodos punitivos, las alternativas al encarcelamiento, los sistemas de desvíos y los procesos de rehabilitación, y temas afines.

IV. Jerarquía de las fuentes del Derecho en Puerto Rico

Como estamos viendo, es esencial al estudio del sistema de justicia criminal entrar en contacto con las normas jurídicas y su interpretación.

Existe en Puerto Rico una jerarquía de disposiciones legales, entre las cuales *tienen preeminencia* las contenidas en la Constitución del país. Ese orden jerárquico, en forma descendente, es el siguiente:[121]

1. La Constitución de Puerto Rico.
2. Las leyes especiales aprobadas por la Asamblea Legislativa.[122]
3. Las leyes generales aprobadas por la Asamblea Legislativa
4. Las reglas y reglamentos aprobados y promulgados bajo autoridad de ley por los organismos administrativos.
5. Las ordenanzas municipales.

La jurisprudencia interpreta y aplica la ley a los casos concretos, llenando las lagunas y armonizando las disposiciones de ley que estén o parezcan estar en conflicto.[123]

Como nuestra jurisdicción es una de Derecho Civil, cuando hay Derecho legislado a él hay que recurrir en primer lugar y como fuente principal para la solución de los casos. La jurisprudencia puede ser interpretativa cuando es legítimamente necesario interpretar y puede ser supletoria cuando es indispensable suplir, pero no es substitutiva del derecho positivo.[124]

Especialmente en el campo constitucional, la jurisprudencia cumple una función esencial. Por tratarse de un ordenamiento redactado en forma general en un momento histórico dado para cubrir alternativas durante décadas y siglos posteriores, y tomando en cuenta el enorme poder que implica la revisión judicial, es decir, la facultad de los Tribunales para anular los actos de las otras dos ramas de gobierno por ser contrarios a la Constitución, puede apreciarse la importancia que tiene la jurisprudencia en ese desarrollo constitucional. Un Juez Presidente del Tribunal Supremo de Estados Unidos llegó a decir, acaso con algo de soberbia, pero con mucho sentido de la realidad, que la Constitución es lo que los jueces dicen: "We are under the Constitution, but the Constitution is what the judges say it is."[125] En Puerto Rico, nuestro Tribunal Supremo ha señalado reiteradamente que corresponde al Poder Judicial determinar la constitucionalidad de los actos de las otras dos ramas de gobierno. De ahí, pues, la importancia particular que los fallos judiciales, tanto puertorriqueños como federales, han de tener en la evolución del nuestro Derecho Constitucional.

V. Los dos sistemas de Derecho en Puerto Rico

El Derecho no existe en el vacío. Regula la convivencia social de una comunidad concreta. Por ello es imprescindible conocer la naturaleza, las características del *sistema* de derecho vigente en esa comunidad. Aunque toda sociedad política posee su propio sistema jurídico, puede ocurrir, como en Puerto Rico, que coexistan dentro de un mismo Estado varios sistemas.

Existen en el mundo varios sistemas de Derecho o familias jurídicas.[126]

Lo que David denomina "La familia Romano-Germánica", y De Solá Cañizares contempla como "Romanista", "De Derecho Romano" e "Iberoamericanos"; es llamado en ocasiones "europeo continental."[127] En Puerto Rico se suele denominar con mayor frecuencia como "sistema de Derecho Civil", en oposición al sistema anglosajón, o de *Common Law*. La característica fundamental del Sistema de Derecho Civil es que su fuente principal es la ley, el derecho legislado, aunque en los tiempos actuales se complementa con una abundante reglamentación de las agencias administrativas del gobierno. En el *Common Law*, por el contrario, el derecho es elaborado fundamentalmente por las decisiones de los jueces al dar solución a un proceso, a un caso concreto; su fuente principal es, pues, la jurisprudencia. Sin embargo, en la actualidad en los países del *Common Law* se desarrolla vigorosamente el derecho legislado, como es el caso de la jurisdicción federal en Estados Unidos y en muchos de los Estados. Igualmente los grandes campos del Derecho norteamericano se sistematizan a través de la doctrina.

Sobre la característica esencial del sistema de Derecho civil, nos dice el Tribunal Supremo de Puerto Rico:

> Es sabido que en el mundo del Derecho Civil la ley escrita ocupa el primer rango entre las fuentes formales del Derecho. "Hemos de reconocer", escribe Castán, "que la ley, como expresión de una voluntad social de alcance obligatorio y general, tiene superior fuerza vinculante que la jurisprudencia." Sobre el particular se expresa René David, como sigue: "Tal punto de vista se adapta al principio democrático y se justifica, además, por el hecho de que los organismos estatales y administrativos están mejor situados que cualquier otro para coordinar los diversos sectores de la vida social y apreciar cuál es el interés común. Finalmente, la ley debido a su precisión de expresión, se presenta como la técnica más perfecta cuando se trata de enunciar normas claras, en una época en que la complejidad de las relaciones sociales exige, entre los elementos de una solución justa, la precisión y la claridad."[128]

Cada sistema, por sus particularidades, tiene sus propias reglas de interpretación jurídica. De ahí la importancia para el investigador jurídico de conocer cuál sistema rige la sociedad cuyo Derecho estudia.

Puerto Rico, por su particular, y en ocasiones desafortunado desarrollo histórico-político, ha recibido las influencias de ambos sistemas jurídicos. Coexisten en nuestro país reglas de derecho surgidas en el sistema de Derecho Civil o Europeo continental, y del Derecho norteamericano.[129] Esto ha dado lugar a que nuestro Tribunal Supremo haya manifestado lo siguiente:

> ... este Tribunal siempre ha tenido la tendencia de reconocer al ciudadano el pleno beneficio de los dos sistemas jurídicos —el del *Common Law*, en su versión norteamericana, y el de Derecho Civil—

hasta llegar a formar uno que integre lo más justo de ambos.[130]

La realidad es que en Puerto Rico vastas zonas del derecho positivo son de estirpe norteamericana, como el Derecho Constitucional, Administrativo, Procesal Civil y Penal, Penal Sustantivo, Probatorio o Evidenciario, Tributario, Laboral, Corporativo, Instrumentos Negociables y otras áreas específicas. Muchas manifestaciones de la vida puertorriqueña son reguladas exclusivamente por legislación de los Estados Unidos de América —o federal— como moneda, comercio exterior, comunicaciones, inmigración, defensa, quiebras, parte de la banca y otras. Por otra parte, existe en Puerto Rico un sistema paralelo de Derecho norteamericano a través de la Corte de Distrito de Estados Unidos para el Distrito de Puerto Rico, comúnmente llamada "corte federal". La materia de "jurisdicción y práctica federal" era uno de los temas en el examen de reválida de los aspirantes a ejercer la abogacía en Puerto Rico.[131] Se ha suprimido en la actualidad y el Tribunal Federal requiere aprobar su propia reválida.

El Derecho Constitucional de Puerto Rico está fundamentado en el norteamericano. Nuestra Constitución de 1952 sigue prácticamente el modelo federal en todos sus aspectos esenciales. Nuestra Carta de Derechos quería "conservar el beneficio de las interpretaciones" de esos mismos derechos en Estados Unidos.[132] Las sentencias de nuestro Tribunal Supremo son revisables por el Tribunal Supremo de Estados Unidos mediante *Certiorari* cuando está envuelto algún derecho constitucional o legislación federal. De ahí, pues, la necesidad de conocer dicho ordenamiento constitucional para entender a cabalidad el nuestro, aunque no hay que olvidar la advertencia del Juez Rigau a los efectos de que "la jurisprudencia estadounidense no está confeccionada como un traje hecho a la medida para Puerto Rico. Se trata de dos sociedades distintas con dos historias y raíces distintas."[133]

Como se observa en *Hernández Agosto v. López Nieves* (1983),[134] "La Constitución del Estado Libre Asociado y parte de nuestra legislación se apoyan en textos norteamericanos. Ello no significa que la interpretación de esos textos rija el significado de los nuestros. El trasfondo histórico de cada uno es distinto y produce en ocasiones normas diferentes."

En Puerto Rico hoy, soslayando de momento el problema político de sus relaciones con Estados Unidos, está vigente un sistema republicano de gobierno, enmarcado en una democracia representativa, bajo un ordenamiento constitucional que reconoce las derechos fundamentales de sus ciudadanos. Puede haber discrepancia en cuanto al funcionamiento de ese orden constitucional e insatisfacción en torno la relación política con los norteamericanos. Las discrepancias políticas pueden matizar la visión que se tenga de la validez histórica y la eficacia concreta del sistema. Pero el jurista no puede negar la vigencia del orden constitucional establecido.

EL 25 de julio de 1952 empezó a regir la Constitución del Estado Libre Asociado de Puerto Rico.

La aprobación de dicha Constitución había seguido todo un proceso histórico. Tras la Guerra Hispano-Americana de 1898, la Isla fue cedida por España a Estados Unidos mediante el Tratado de París, firmado el 10 de diciembre de 1898 y ratificado por el Senado norteamericano y el Presidente en 1899.[135]

Tras diversos intentos de leyes orgánicas para organizar el país, mediante la Ley Pública Núm. 600 del 81er. Congreso norteamericano, se autorizó el 3 de julio de 1950 "al pueblo de Puerto Rico" para "organizar un gobierno basado en una Constitución adoptado por él mismo." La Ley federal dispuso que "dicha Constitución deberá crear un gobierno republicano en forma y deberá incluir una carta de derechos."[136] Nuestra Constitución de 1952 sigue prácticamente el modelo federal en todos sus aspectos esenciales. Más aun, en el mismo primer volumen de nuestra colección de Decisiones de Puerto Rico encontramos la discusión de los derechos contemplados por la Carta de Derechos de la Constitución Federal.[137] En *Pueblo v. Ruiz, alias Mora,* 19 DPR 94 (1913) la opinión concurrente del Juez MacLeary trata a fondo *Marbury v. Madison,*[138] el caso que establece la revisión judicial en Estados Unidos. La Ley de Relaciones Federales requiere que los derechos, los privilegios e inmunidades de los ciudadanos norteamericanos se respeten en Puerto Rico como si nuestro país fuere un Estado.[139]

Vemos, pues, que de inmediato nos ponemos en contacto con términos jurídico-político de uso frecuente y de hondo contenido: se habla de democracia, constitución, gobierno republicano, carta de derechos, Derecho natural, derechos del hombre y voluntad del pueblo como fuente del poder público.

En Estados Unidos, el estudio de su Derecho Constitucional se suele dividir en cuatro grandes partes o secciones:

1. La *separación* de poderes en el nivel federal, entre las tres ramas clásicas de poder ejecutivo, poder legislativo y poder judicial.
2. La Revisión Judicial.
3. La *división* de poderes entre el gobierno federal y los estados soberanos que forman la Unión.
4. Los derechos y libertades de los ciudadanos frente al gobierno federal o frente a los Estados.

Ese Derecho constitucional norteamericano centraliza su enfoque en la revisión judicial, o sea, el mecanismo que utilizan *los tribunales* para interpretar las disposiciones de una constitución que en muchas ocasiones se manifiesta en forma enigmática, oscura, y comparar los hechos ante su consideración con la norma constitucional, a los fines de determinar la validez de los actos que se estudian.

La expresión *Revisión Judicial* tiene en Derecho varios significados. Uno es de carácter general, que implica todo examen de casos por los niveles apelativos del poder judicial. El vocablo *revisión,* exclusivamente, sin ninguna otra identificación, define un procedimiento apelativo especial, discrecional, que en la actualidad se utiliza en Puerto Rico para denominar los recursos desde las agencias administrativas hacia el Tribunal de Apelaciones. Hay otro significado, en cambio, técnico-jurídico en el campo del Derecho Constitucional. En este sentido quiere decir o define *la facultad que se reconoce al Poder Judicial de pasar juicio sobre las actuaciones de las otras dos ramas de gobierno y determinar su nulidad por ser contrarias a la Constitución*. Es decir, se trata del enorme poder de los Tribunales en un sistema democrático para anular o declarar inválidas ciertas acciones de los poderes ejecutivo y legislativo, así como de personas particulares, por ser contrarias a la Constitución. Dicho poder es exclusivo del Tribunal Supremo.

VI. Dónde encontrar el Derecho de Puerto Rico

Bajo este epígrafe, nos interesa encontrar las fuentes concretas del Derecho de Puerto Rico, o sea, en qué libros, documentos, publicaciones, etc, se encuentran las distintas normas que lo forman. Nos parece adecuado tratar el tema en atención a que el estudio del Sistema de Justicia Criminal tiene que atender contínuamente a las leyes vigentes y su interpretación.

Ciertamente, la *doctrina* sobre el derecho puertorriqueño, es decir, los libros y artículos de revistas, es limitada. Normalmente se acostumbra buscar los tratados escritos por autores europeos o las publicaciones norteamericanas dependiendo del origen del punto jurídico envuelto. En nuestro país ya aflora con mayor caudal la producción de libros jurídicos. Así mismo existen actualmente magníficas revistas de derecho, entre las cuales están la Revista de Derecho Puertorriqueño, de la Escuela de Derecho de la Universidad Católica, que fundara el Profesor Dr. Carlos E. Mascareñas; la Revista Jurídica de la Universidad de Puerto Rico, la Revista del Colegio de Abogados de Puerto Rico, la Revista de la Facultad de Derecho de la Universidad Interamericana y *Barco de Papel,* la Revista Jurídica de la Facultad de Derecho Eugenio María de Hostos.

Lo que, claro está, tiene mayor uso son las colecciones de *Leyes de Puerto Rico Anotadas* y las *Decisiones de Puerto Rico*.

1. Leyes de Puerto Rico Anotadas (L.P.R.A.)

Una vez terminada la dominación española, así como el gobierno militar norteamericano mediante Ordenes Generales, las leyes de Puerto Rico se han publicado desde el 1900. Se imprimían los distintos códigos separados, así como volúmenes anuales de las leyes. Con el propósito de unificar toda la legislación vigente, se creó una Comisión Codificadora en el 1950. En marzo de 1952, la Equity Publishing Corp., se hizo cargo de la labor editorial y posteriormente se le otorgó contrato para la impresión de las ediciones en español y en inglés de las leyes puertorriqueñas. La empresa funciono luego bajo el nombre Michie Butterworth, y en la actualidad se le conoce como Lexis Law Publishing of Puerto Rico, Inc. Contiene toda la legislación de Puerto Rico hasta el presente. La colección fue dividida en 34 *títulos,* y estos títulos en capítulos y secciones. El texto de estas leyes constituyen evidencia *prima facie* de las mismas. Se presumen correctas, aunque alguna vez se han colado errores.[140] Se incluye con las leyes, en cada sección, un historial de las mismas y las *anotaciones,* es decir, un pequeño resumen de decisiones jurisprudenciales, de los casos resueltos por los tribunales en donde se ha interpretado cada apartado de la ley. Esta colección se cita indicando primero el título, luego la abreviatura de la colección y después la sección: por ejemplo 32 L.P.R.A. sec. 201.

Esta moderna obra, si bien cuenta con algunas deficiencias, ha simplificado tremendamente la búsqueda de nuestra legislación. En esta colección no se suele publicar la exposición de motivos de las leyes. Lo hace la empresa en otra colección de leyes de Puerto Rico, pero sin las anotaciones jurisprudenciales, de publicación anual.

Los textos de nuestras leyes orgánicas y nuestro ordenamiento constitucional se encuentran en el Título I de dicha colección. El estudiante de Derecho y el investigador han de conocer además los títulos que cubren los procedimientos administrativos,[141] civiles,[142] criminales[143] y especiales.[144]

La principal legislación sobre temas de Justicia Criminal en la colección de Leyes de Puerto Rico Anotadas, en orden alfabético, es la siguiente:

Tema	Titulo LPRA	Secciones
Administración de Corrección	4	1101-1282
Administración Instituciones Juveniles	8	551-562

Carta de Derechos de Víctimas	25	973
Código Penal	33	3002-4628
Colegio Universitario Justicia Criminal	25	3351-3356
Constitución	1	
Departamento de Justicia	3	71-138
Escuelas Industriales y Hogares Juveniles	8	91-120
Junta Libertad Bajo Palabra	4	1501-1516
Instituto de Ciencias Forenses	34	3001-3036
Ley de Armas de 2000	25	455-460
Ley de la Policía, 1996	25	3102-3139
Ley de Sustancias Controladas	24	2101-2608
Ley de Vehículos y Tránsito de 2000	9	
Ley de Violencia Doméstica	8	601-664
Reglas de Procedimiento Criminal	34	Ap. II
Reglas Enjuiciamiento de Menores	34	2201-2238
Tribunales, organización	4	1-532

2. Decisiones de Puerto Rico (D.P.R.)

Decisiones de Puerto Rico es una colección de los casos más importantes resueltos (no todos se han publicado) por el Tribunal Supremo de Puerto Rico. Fueron publicados originalmente en español comenzando en el 1899.[145] Luego se autorizó publicarlas en inglés y español. Hubo una edición privada de los tres primeros tomos. A mediados de 2004, la colección ha llegado hasta el tomo 150 publicado. Cada tomo traía minuciosos (y sumamente útiles) índices, que se han limitado en los últimos años. Se cita con el nombre del caso, la fecha, el tomo, el nombre de la colección y la página. Así por ejemplo, Monserrate v. López, 80 D.P.R. 491 (1958). [Este autor suele suprimir los puntos y utilizamos simplemente DPR.] El servicio actual de opiniones del propio Tribunal Supremo y del Colegio de Abogados se cita como TSPR, antecediendo el año, y señalado al final el número de la sentencia que el Tribunal le ha dado: por ejemplo, 2004 TSPR 23.

El Colegio de Abogados de Puerto Rico publica los casos

recientes bajo el título *Avanzadas*. **También** da a conocer unos resúmenes jurisprudenciales en la **publicación** *Seguimiento Judicial* bajo el título *Sinopsis de Opiniones del Tribunal Supremo*. En la actualidad el servicio llega con razonable prontitud.

La publicación oficial se recibe con atraso, que promedia varios años. Para conocer la jurisprudencia actualizada, se cuenta en la Isla, además del servicio del Colegio de Abogados, con el llamado *Jurisprudencia del Tribunal Supremo de Puerto Rico,* (J.T.S.), que es excelente. Se acompaña con índices temáticos detallados e índices de casos, los cuales pueden estudiarse y usarse mientras se imprimen los volúmenes de la colección de Decisiones de Puerto Rico. Sin embargo, es muy alto el costo de este servicio adelantado lo que impide que muchos interesados puedan suscribirse al mismo.

También se tienen hoy diversos servicios de computadoras, incluyendo la página *tribunalpr.com* del Tribunal Supremo.

VII. Publicación de jurisprudencia norteamericana

Las manifestaciones fundamentales del Derecho Constitucional norteamericano se encuentran en la jurisprudencia de su Tribunal Supremo. Aunque coexisten dos sistemas de organización judicial, uno federal y los correspondientes a los cincuenta Estados, a la hora de analizar problemas constitucionales, se acude en primer lugar a las decisiones de dicho Tribunal. El jurista que interesa una visión de conjunto de sus reglas o doctrinas, utiliza los tratados de escritores conocidos,[146] algunos libros que integran segmentos de casos con artículos diversos *(case books),* así como los muy importantes artículos de revistas de universidades de prestigio.

Los Tribunales federales están organizados en tres niveles: un primer nivel donde se dan los casos en su fondo, en sus méritos, llamados Tribunales Federales de Distrito; y dos niveles apelativos. Hay por lo menos un tribunal de Distrito federal en cada Estado y en la actualidad funcionan cerca de 100 en toda la Nación. El segundo nivel está constituido por los Tribunales del Circuito. Lo integran once Circuitos básicos, con dos adicionales: el Circuito del Distrito de Columbia, limitado exclusivamente a la Capital federal, y un Circuito Federal, especializado conforme a legislación especial del Congreso. Puerto Rico cuenta con un Tribunal de Distrito Federal, cuyas sentencias son revisables por el Primer Circuito, con sede en Boston.

El tercer y último nivel es el Tribunal Supremo de Estados Unidos.

Cada uno de estos tribunales genera jurisprudencia, pero solamente constituyen precedentes generales los fallos del Tribunal Supremo de Estados Unidos. Ello no significa, sin embargo, que en los niveles estatales se les dé cumplimiento estricto a la orientaciones del Tribunal Supremo federal. En no pocas ocasiones las autoridades de los Estados utilizan mecanismos diversos para evadir el cumplimiento, especialmente cuando dichas doctrinas chocan con los prejuicios o las orientaciones seguidas en cada Estado.

Se conocen cinco publicaciones generales de los fallos del Tribunal Supremo Federal. En sus inicios, la publicación de casos se hacía en forma privada. Así se acumularon siete repertorios diferentes. A partir de 1874 se inicia la edición pública de los *United States Reports,* que incluyó las anteriores publicaciones privadas. En la actualidad, en adición a dicha edición pública, hay dos adicionales privadas que publican libros encuadernados con suplementos cada dos semanas aproximadamente (*Lawyers Edition* —L. Ed. o L. Ed. 2d.—; y *Supreme Court Reporter* —S. Ct.—). Además de ello, dos publicaciones adicionales rápidas circulan las decisiones semanalmente: *United States Law Week* y *U. S. Supreme Court Bulletin*. Podemos resumirlas así:

1. United States Reports (U. S.)

—1789-1874 publicación privada— 7 repertorios nominativos.

— Es pública desde 1874 y consta de más de 500 volúmenes.

2. Lawyer's Edition (L. Ed. o L. Ed. 2d.)

—Edita Lawyer's Cooperative Publishing Co. y Whitney-Bancroft.

—L. Ed. (100 tomos con los primeros 351 tomos de U.S.).

—L. Ed. 2d. (Cubre desde el tomo 352 U.S. hasta el presente).

—Mayor información; algunos alegatos; referencias al American Law Reports de la Lawyers Cooperative.

—Suplementos cada dos semanas con igual número de página.

3. Supreme Court Reporter (S. Ct.)

— Edita West Publishing Co.

— A partir de 1882 (Empieza con el Tomo 106 U.S.).

— Referencias al National Reporter System de West y West Law.

—Key numbers.

—Suplementos cada dos semanas.

4. United States Law Week (U.S.L.W)

—Edita Bureau of National Affair, Inc.

—Se publica semanalmente.

5. U. S. Supreme Court Bulletin (C. C. H. S. Ct. Bull.)

— Edita Commerce Clearing House (CCH).

— Se publica semanalmente.

De menor importancia son las publicaciones de jurisprudencia de los Circuitos, que se realiza en dos colecciones llamadas *Federal Reporter* (F.) y (F. 2d.). Las decisiones de los tribunales de primera instancia federales se conocen a través de una colección denominada *Federal Supplement* (F. Supp.).

VIII. La forma de sentencias y clase de opiniones

Para entender el alcance de las sentencias en un caso particular, es preciso conocer no sólo las opiniones mayoritarias de los tribunales, sino también las disidencias o concurrencias, que suelen plantear alternativas a la solución que sostienen las opiniones mayoritarias o anticipan corrientes del pensamiento jurídico que luego han de ser aceptadas por los tribunales. Es preciso recordar que en materia constitucional, si bien se han desarrollado en poco más de dos siglos un conjunto de reglas o principios de uso general, como ningún caso es exactamente igual a otro, pocos aspectos están finalmente establecidos, sino que dependen de las circunstancias históricas o de los hechos en que se plantean las cuestiones.

Los Tribunales apelativos o supremos funcionan en forma colegiada, es decir, como un cuerpo integrado por un grupo de jueces. La solución de los casos en el Tribunal Supremo de Puerto Rico y el de Estados Unidos se determina por una mayoría de los magistrados que forman el tribunal. Al conjunto de jueces que integran el Tribunal Supremo se le suele llamar *curia*. Las decisiones del Tribunal Supremo de Puerto Rico en pleno se toman por mayoría de los jueces que intervengan, aunque ninguna ley puede ser declarada inconstitucional a no ser por una mayoría de los jueces que componen el Tribunal.[147] Cuatro jueces constituyen quórum para el pleno.[148] Para la expedición de un auto por el pleno se requiere los votos de por lo menos la mitad de los jueces que intervienen.[149] Esto impone en la actualidad un voto mayoritario, dado que el pleno se compone de siete jueces, salvo que intervengan menos de los jueces. En Estados Unidos se requiere igualmente el voto de cuatro jueces, pero aquel tribunal se compone de nueve.

El Tribunal soluciona los casos mediante opiniones y sentencias. Una opinión se manifiesta como un estudio sobre los hechos y el derecho aplicable en relación con un caso concreto. Se trata de una exposición analítica sobre los hechos, que incluye la correspondiente evaluación jurídica. Son dichas opiniones las que forman la doctrina del Tribunal Supremo. Las opiniones del Tribunal Supremo pueden ser:[150]

1. Unánimes
2. Mayoritarias
3. De pluralidad
4. Per curiam

Cuando todos los integrantes del Tribunal están de acuerdo con una opinión, como se sabe, se le denomina opinión *unánime*. Esta unanimidad es particularmente importante cuando se trata de asuntos de especial importancia pública, toda vez que le impone un peso especial a la doctrina resultante. Los jueces presidentes de los tribunales supremos, y en algunos casos otros jueces, se esfuerzan en obtenerla en dichas circunstancias para transmitir al país la imagen de un Tribunal sólidamente comprometido con las ideas que se exponen en la sentencia, especialmente cuando las mismas implican algún tipo de cambio social o político de importancia. Conseguirla depende de una cuidadosa labor de convencimiento y de un buen sentido de liderato de dichos jueces. Acaso la mejor demostración de ese liderato la ofreció el Juez Earl Warren, del Tribunal Supremo de Estados Unidos, cuando consiguió una importante unanimidad en el caso *Brown v. Board of Education of Topeka,* 347 US 483, 74 S. Ct. 686, 98 L. Ed. 873 (1954), que revocaba la vieja y desprestigiada doctrina de *separados pero iguales,* en materia de discriminación racial en dicho país.[151] Fue uno de los grandes momentos de dicho tribunal. Los autores están de acuerdo en que si la cuestión se hubiese resuelto bajo la presidencia anterior, unos cuatro magistrados hubiesen estado en disidencia, lo que, en opinión de Frankfurter, hubiese sido una catástrofe.[152] Igual impacto ha de tener la unanimidad en el caso *United States v. Nixon,* 418 US 683, 94 S. Ct. 3090, 41 L. Ed. 2d 1039 (1974), resuelto bajo la presidencia del Tribunal por Warren Burger, aunque en esta ocasión el Tribunal contaba con evidente respaldo previo del Poder Legislativo y de la prensa norteamericana. Se trataba de un caso donde el Presidente Nixon reclamaba una privilegio exclusivo y absoluto del Ejecutivo para no proveer las cintas grabadas en su oficina durante el escándalo de Watergate a un tribunal federal durante un proceso criminal relacionado. El Juez Renquist se vio obligado a inhibirse.[153] La opinión del Tribunal, con el voto unánime de los ocho jueces participantes, negó el reclamo presidencial del privilegio absoluto, lo que ha de producir la caída de su presidencia.[154]

La opinión es *mayoritaria* cuando el fallo encuentra el apoyo de una mayoría del Tribunal o de los jueces que intervienen. Se le llama *de pluralidad* cuando una mayoría está de acuerdo con el resultado final, pero no coinciden en los fundamentos para tal decisión. Estas diversas opiniones que sostienen la solución final, pero por fundamentos distintos, se les llama opiniones *concurrentes*. A las que se oponen a la decisión mayoritaria se les denomina opiniones *disidentes*. Estas pueden discrepar tanto en cuanto a los hechos o el derecho aplicable.

Normalmente la opinión del Tribunal es manifestada por un juez ponente en particular. Hay ocasiones, sin embargo, en que el Tribunal colegiado no interesa identificar a dicho ponente por razones diversas, en cuyo caso la opinión aparece bajo la denominación *per curiam,*[155] una frase latina que indica *por la curia,* por el Tribunal. Aunque no es frecuente, en algunas opiniones *per curiam* puede aparecer una disidencia.

Ahora bien, cada magistrado tiene derecho a manifestarse sobre cualquier caso planteado.[156] Unos pueden estar de acuerdo con la decisión final o en contra. Otros pueden estar de acuerdo, pero por fundamentos distintos a los enunciados por la mayoría. Y aun otros pueden simplemente añadir cualquier exposición que interesen mediante votos particulares. De ahí que, en adición a la clasificación anterior, encontramos otros tipos de opiniones en los fallos del Tribunal Supremo que son:

1. Opiniones concurrentes
2. Opiniones disidentes
3. Votos particulares

Un estudioso del Derecho atiende no sólo a las opiniones de la mayoría o concurrente, sino también a las disidencias. Ocurre con frecuencia que dicha disidencia resulta más convincente o está más articulada que la mayoritaria y, en muchas ocasiones, ha ocurrido que con el tiempo esas disidencias se convierten en la doctrina general mayoritaria, precisamente por el peso mismo de la argumentación o los fundamentos. Ha ocurrido no pocas veces que una opinión mayoritaria se ha iniciado como disidente dentro del proceso interno de deliberación del Tribunal. Sin embargo, es preciso siempre tener en cuenta que la doctrina y el precedente está formado por la decisión mayoritaria, no por las disidencias.

Por último, en ocasiones el Tribunal recurre a resolver asuntos mediante el mecanismo de *sentencias*. Suelen ser escritos breves que no profundizan en los asuntos o se trata de temas resueltos de una determinada forma en forma reiterada, o de un asunto particular que el Tribunal no interesa analizar de manera especial. Estas sentencias no crean precedentes. No se suelen publicar y se considera impropio citarlas como autoridad.[157]

Cada opinión identifica la participación o la no intervención de los jueces, señalando quienes están de acuerdo, concurren o disienten de la opinión mayoritaria.[158]

---

[1] *El Nuevo Día*, 17 de mayo de 2004, p. 8.

[2] Pueblo v. Fournier, 77 DPR 222 (1954); E.L.A. en interés R.M.R., 83 DPR 242 (1961); Pueblo v. Toro Goyco, 84 DPR 492 (1962); Pueblo v. López Rivera, 91 DPR 693 (1965); Pueblo v. Figueroa González, 95 DPR 98 (1967); Pueblo ex rel M.G.G., 99 DPR 925 (1971); Moa v. E. L. A., 100 DPR 573 (1972); Pagán Hernández v. Alcaide, 102 DPR 101 (1974); García Negrón v. Tribunal Superior, 104 DPR 727 (1976); Rodón v. Fernández Franco, 105 DPR 368 (1976); Ortiz Serrano v. Ortiz Díaz, 106 DPR 445 (1977); Pueblo v. Arreche Holdún, 114 DPR 99 (1983); P. R. Tel. Co. v. Martínez, 114 DPR 328 (1983); Pueblo v. Echevarría Rodríguez I, 128 DPR 299 (1991); Pueblo en interés de los menores A.L.R.G. y F. R. G., 132 DPR 990 (1993). [Corresponde al Tribunal Supremo de Puerto Rico interpretar nuestra Constitución y las leyes del país, incluyendo la materia penal. Esta función la realiza al resolver los casos que llegan a dicho tribunal en apelaciones o mediante el recurso de *Certiorari*. Sus opiniones, que son pequeños ensayos en los cuales se analizan los hechos y el Derecho aplicable, como más adelante explicamos en este capítulo, se publican en una colección llamada *Decisiones de Puerto Rico*. Cada caso se identifica por el nombre del caso, el tomo en que se publica, la página que empieza y el año. Para identificar la colección se utilizan las siglas D.P.R. Así, el caso *Pueblo v. Fournier* se encuentra en el tomo 77 de las Decisiones de Puerto Rico, empezando en la página 222, y es un caso de 1954. Se cita como Pueblo v. Fournier, 77 DPR 222 (1954). Este autor suprime los puntos entre las letras. Dicha colección, para el 2004, incluía unos 150 tomos, que incluyen los casos resueltos hasta el 2000. Una entidad privada publica los casos más recientes bajo el nombre de *Jurisprudencia del Tribunal Supremo*, o JTS. Igualmente los casos recientes aparecen en diversos sistemas o páginas de Internet, o documentos en el Colegio de Abogdos y en la actualidad se identifican como TSPR.]

[3] P. I. P. v. E. L. A., 120 DPR 580, 613 (1988); Pedro Malavet Vega, **Evolución del Derecho Constitucional Puertorriqueño**. Ponce, P. R.: Ediciones Lorena, 1998, p. 2.

[4] 32 LPRA Ap. III, R. 1.

[5] 34 LPRA Ap. II, R. 1.

[6] Se refiere a los fallos judiciales anteriores.

[7] Pueblo v. Echevarría Rodríguez I, 128 DPR 299 (1991).

[8] Véase, por ejemplo, la información de Mariana Cobián, "Padres de acusados piden penas mínimas (Caso Nicole Muñiz)", *Primera Hora*, 19 de octubre de 2004, p. 42.

[9] Pueblo v. Castellón Calderón, 2000 TSPR 72.

[10] Pueblo v. Arzuaga Rivera y De Jesús Mendoza, 2003 TSPR 147.

[11] Frank Schmalleger, **Criminal Justice Today.** New Jersey: Prentice Hall, 1991,

p. 27.

[12] Charles E. Silberman, **Criminal Violence, Criminal Justice.** New York: Vintage Books, 1980, pags. 228-229.

[13] Pierre-Fernand Ceccaldi, **La Criminología.** Barcelona, España: Oikos-tau, S. A. Ediciones, 1971, p. 8.

[14] Nerio Rojas, **Medicina Legal**, Buenos Aires: Pedro García, S. A., 1984, págs. 249 y ss; Luis Jiménez de Asúa, **Tratado de Derecho Penal.** Buenos Aires: Editorial Losada, S. A., 1964, Tomo I, pág. 93 y ss; Manuel López Rey, **Criminología.** Madrid: Aguilar, S. A. de Ediciones, 1978, p. 314 y ss.

[15] Ob. cit., p. 105.

[16] Ob. cit., p. 315.

[17] Ob. cit., p. 249.

[18] Ob. cit., p. 316.

[19] Ob. cit., p. 97.

[20] Joseph J. Senna y Larry J. Siegel, **Introduction to Criminal Justice**. St. Paul, Minnesota: West Publishing Co., 1978, págs. vii y 3.

[21] Jeffrey J. W. Baker y Garland E. Allen, **Biología e Investigación Científica** (Traducción de Jaime F. George e Ina Sheila Figueroa de Uphoff). Caracas: Fondo Educativo Interamericano, S. A., 1970, p. 43.

[22] Diccionario Grijalbo, p. 425.

[23] Baker y Allen, ob. cit., p. 27??

[24] Baker y Allen, ob. cit., p. 28.

[25] Helmut Schoeck, **Diccionario de Sociología**. Barcelona: Editorial Herder, 1981, p. 358.

[26] Baker y Allen, ob. cit., p. 29.

[27] Bernice E. Essenfeld, Carol R. Gontang y Randy Moore, **Biology.** California: Addison-Wesley Publishing Company, Inc., 1994, P. 20.

[28] Baker y Allen, ob. cit., p. 46.

[29] J. H. Díaz Cubero, **Introducción a las ciencias biológicas**. Madrid: M. Fernández y Cía., S. A., 1986, p. 14

[30] Baker y Allen, ob. cit., p. 28.

[31] Bakekr y Allen, ob. cit. P. 45.

[32] Sebastián Soler, **Derecho Penal Argentino**. Buenos Aires: Tipográfica Editora Argentina, 1992, p. 48; Luis Jiménez de Asúa, **Tratado de Derecho Penal**. Buenos Aires: Editorial Losada, S. A., 1964, Tomo I, p. 76.

[33] Veáse Luis M. Ribó, **Diccionario de Derecho**. Barcelona: Bosch, Casa Editorial, S. A., 1987, p. 211

[34] Jiménez de Asúa, ob. cit., p. 97.

[35] Ibid., p. 105.

[36] Pierre-Fernand Ceccaldi, **La Criminología.** Barcelona, España: Oikos-tau, S. A. Ediciones, 1971, p. 8.

[37] Nerio Rojas, **Medicina Legal**, Buenos Aires: Pedro García, S. A., 1984, págs. 249 y ss; Luis Jiménez de Asúa, **Tratado de Derecho Penal.** Buenos Aires: Editorial Losada, S. A., 1964, Tomo I, pág. 93 y ss; Manuel López Rey, **Criminología.** Madrid:

Aguilar, S. A. de Ediciones, 1978, p. 314 y ss.

[38] Ob. cit., p. 105.

[39] Ob. cit., p. 315.

[40] Ob. cit., p. 249.

[41] Soler, ob. cit., p. 49.

[42] Jiménez de Asúa, ob. cit., p. 150.

[43] (Grijalbo, p. 517) (MCMXCVII).

[44] Guillermo Cabanellas de Torres, **Diccionario jurídico elemental,** Buenos Aires: Editorial Heliasta S. R. L., 1979, p. 241.

[45] Ribó, ob. cit., págs. 212-213.

[46] Carmen Edith Torres, "Horrendo testimonio de un asesinato", *El Nuevo Día*, 11 de julio de 2004, p. 48.

[47] Ralph L. Veals y Harry Hoijer, **Introducción a la Antropología**. Madrid: Aguilar S. A. de Ediciones, 1978, p. 5.

[48] Veals y Hoijer, ob. cit. P. 3.

[49] Grijalbo, **Gran Diccionario Enciclopédico,** MCMXCVII, p. 119

[50] Ob. cit., p. 4

[51] **Diccionario Terminológico de Ciencias Médicas**. Barcelona: Salvat Editores, S. A., p. 936).

[52] Philip Solomon y Vernon D. Match, **Handbook of Psychiatry**. Los Altos, California: Lange Medical Publications, 1971, págs. 581-582. Véase, además, Nerio Rojas, **Medicina Legal.** Buenos Aires: Librería "El Ateneo" Editorial. 1984, págs. 305-346.

[53] Malavet Vega, **Manual de Derecho Penal Puertorriqueño**, 1997, págs. 546-547. Véase, además, Ruth E. Ortega Vélez, **Sobre Violencia Doméstica.** San Juan, P. R.: Ediciones Scisco, 1998.

[54] Ibid., p. 471). Véase, además, Nerio Rojas, **Medicina Legal**, ob. cit.

[55] Jiménez de Asúa, ob. cit., Tomo I, p. 183.

[56] Jiménez de Asúa, ob. cit., Tomo I, p. 150.

[57] Jiménez de Asúa, ob. cit., Tomo I, p. 185.

[58] Frank Schmalleger, **Criminal Justice Today.** New Jersey: Prentice Hall, 1991, p. 36.

[59] Joseph J. Senna y Larry J. Siegel, **Introduction to Criminal Justice**. St. Paul, Minnesota: West Publishing Co., 1978, p. 8.

[60] Senna y Siegel, ob. cit., p. 189.

[61] Schmalleer, ob. cit., p. 38.

[62] Schmalleger, ob. cit., p. 50.

[63] Senna y Siegel, ob. cit., p. 370 y ss.

[64] Ibid.

[65] Schmalleger, ob. cit., p. 429

[66] Ibid., p. 433.

[67] Pedro Malavet Vega, **Manual de Derecho Penal Puertorriqueño**. Ponce, P. R.: 1997, p. 87 y ss; Pedro Tomás de Córdova, **Memorias.** San Juan, P. R.: ICP., 1968, Tomo VI, págs. 439-440.

[68] Jiménez de Asúa, ob. cit., Tomo I, págs. 174-175.

[69] Jiménez de Asúa, ob. cit., Tomo I, p. 171.

[70] Soler, ob. cit., p. 59.

[71] Ley de Vehículos y Tránsito de Puerto Rico, Núm. 22 del 7 de enero de 2000, art. 7.01 (Declaración de propósitos y regla básica).

[72] 8 LPRA sec. 601.

[73] Pedro Malavet Vega, **Evolución Histórica del Derecho Constitucional en Puerto Rico**. Ponce, P. R.: Ediciones Lorena, 1998, págs. 1 y ss.; Pedro Malavet Vega, **Derechos y Libertades Constitucionales en Puerto Rico.** Ponce, P. R.: Ediciones Lorena, 2003, p. 19; Nogueras v. Hernández Colón, 90 JTS 115; Noriega v. Gobernador, 122 DPR 650 (1988); P.I.P. v. C.E.E., 120 DPR 580 (1988).

[74] In re Rodríguez Torres, 106 DPR 698, 710 (1978).

[75] Nogueras v. Hernández Colón, 90 JTS 115; Noriega v. Gobernador, 122 DPR 650 (1988); P.I.P. v. C.E.E., 120 DPR 580 (1988).

[76] Figueroa Ferrer v. E.L.A., 107 DPR 250 (1978).

[77] P.I.P. v. C.E.E., 120 DPR 580, 613 (1988).

[78] No nos parece muy acertada esta palabra en este contexto.

[79] **La Nueva Constitución de Puerto Rico.** Río Piedras: Escuela de Administración Pública, Eds. U.P.R., 1954, p. 122.

[80] Pedro Malavet Vega, **Evolución**, ob. cit., p. 3; **Derechos y**..., ob. cit., p. 25.

[81] Aunque el caso no lo indica, se trata de manuscritos antiguos, escritos entre el siglo primero antes de Cristo y el siglo primero después de Cristo. Se informa que incluyen un manuscrito del Libro de Isaías, comentarios acerca del Libro de Habacuc, un manual de disciplina de alguna secta u orden que se cree es la de los Esenios, otro puede ser del libro de Daniel, del Antiguo Testamento.

Para la primavera de 1947, los británicos ejercían un mandato de gobierno en la región de Palestina, otorgado por la Sociedad de Naciones en 1922. Todavía no se había fundado el Estado de Israel. En la localidad de Qumran, al este de Jerusalén, en las orillas del Mar Muerto, un joven pastor llamado Muhammad adh-Dhib, miembro de la tribu Ta'amireh, de beduinos, mientras buscaba una cabra, descubrió en una cueva unas antiguas vasijas de barro conteniendo lo que se conoce hoy como los *Rollos del Mar Muerto*. Más adelante, en otras cuevas de Wadi Murabba'at, a unos dieciocho kilómetros al sur de Qumran se descubrieron otros rollos. Algunos son de cuero o pergamino y otros de cobre laminado. Están escritos en hebreo antiguo y arameo. Llegarían al dominio público unos siete rollos completos y fragmentos de otros veintiuno. El Estado de Israel fue admitido por las Naciones Unidas en 1949. Dicha nación adquirió algunos de los rollos. Muchos de los demás rollos fueron conservados en el Museo Arqueológico Palestino (conocido como el Museo Rockefeller), inaugurado en 1938, durante el mandato Británico, construído por fondos donados por John D. Rockefeller. Al fundarse Israel, dicho museo quedó en la zona jordana de Jerusalén oriental. Jordania nacionalizó el museo en 1966. En 1967, en la guerra de los Seis Días del Oriente Medio, Israel se apodera de dicha zona jordana y del referido Museo, incluyendo los famosos Rollos del Mar Muerto adicionales. (Michael Baigent y Richard Leight, **El Escándalo de los Rollos del Mar Muerto.** Barcelona: Ediciones Martínez Roca, S. A., 1992, Cap. 1, págs. 23-43).

[82] P.I.P. v. C.E.E., 120 DPR 580, 613-614. (1988).

[83] B. Biondi, *La ciencia del Derecho como arte de lo justo,* 9 **Anales de la Academia Matritense del Notariado** 358 (1957), citado en Pueblo v. González Malavé, 116 DPR 578, 579 (1985).

[84] Cf. Alfredo Vélez Maricorde, **Derecho Procesal Penal.** Buenos Aires: Lerner Ediciones, 1969, Tomo II, p. 17; César Camargo Hernández, **Introducción al Estudio del Derecho Penal.** Barcelona: Bosch, Casa Editorial, 1964, págs. 47-53; Eugenio Cuello Calón, **Derecho Penal.** Barcelona: Bosch, Casa Editorial, 1975, Tomo I, págs. 9-12; Federico Puig Peña, **Derecho Penal.** Madrid: Revista de Derecho Privado, 1968. Tomo I, págs. 7-9; Ignacio Villalobos, **Derecho Penal Mexicano.** México: Editorial Porrúa, 1975, págs. 15-16.

[85] Pueblo v. Castro García, 120 DPR 740, 754-755 (1988).

[86] Rabell v. Alcaides Cárceles de P. R., 104 DPR 96, 99 (1975).

[87] En las clasificación general del Derecho, que lo divide, en el marco civilista, entre público o privado, estas ramas se adscriben al Derecho *público*.

[88] Camargo Hernández, ob. cit., p. 5.

[89] Cuello Calón, ob. cit., Tomo I, p. 8.

[90] Franz Von Listz, **Tratado de Derecho Penal.** (Trad. de Quintiliano Saldaña) Madrid: Editorial Reus, 1926, 2da. edición, Tomo I, p. 5; F. Puig Peña, ob. cit., p. 2.

[91] Francisco Pavón Vasconcelos, **Manual de Derecho Penal Mexicano.** México: Editorial Porrúa, S. A., 1982, p. 17.

[92] 110 DPR 114, 123 (1980). Hemos de ver que ya no es correcto afirmar que "los menores salieron para siempre del Derecho penal". El aumento en la criminalidad violenta de menores ha ido cambiando las circunstancias. (Rodríguez Rodríguez v. ELA, 92 JTS 63).

[93] Tan importantes como las que regulan los delitos por infracciones a la Ley de Sustancias Controladas, Ley de Armas, leyes contributivas, legislación de tránsito, etc.

[94] Véase, además, Pueblo v. Tribunal Superior, 92 DPR 116, 126-127 (1965); Pueblo v. Tribunal Superior, 80 DPR 702 (1958); Pueblo v. Ribas, 83 DPR 386 (1961); Pueblo v. Galeano, 83 DPR 521 (1961).

[95] R. Garzaro, **Diccionario de Política.** Salamanca: Gráficas Cervantes, S. A., 1977, p. 297.

[96] Véase Guillermo Cabanellas de Torres, **Diccionario Jurídico Elemental.** Buenos Aires: Editorial Heliasta, S.R.L., 1979, p. 116.

[97] Carta de Derechos, Art. II, sec. 7.

[98] Dávila Vives v. Tribunal Superior, 93 DPR 777 (1966).

[99] López v. Tribunal Superior, 79 DPR 498 (1956).

[100] Carlos A. Mahiques, **La noción jurídica de Tortura**. Buenos Aires: Editorial de la Universidad Católica Argentina, 2003, págs. 43-45.

[101] Ibid., p. 36.

[102] Alfredo Vélez Maricorde, **Derecho Procesal Penal**. Buenos Aires: Lerner Ediciones, 1969, Tomo II, p. 29; Juan José González Bustamante, **Principios de Derecho Procesal Penal Mexicano.** México: Editorial Porrúa, 1975, p. 10.

[103] Mahiques, ob. cit., p. 37.

[104] Ibid., p. 38.

[105] Ibid. Igual ocurre hoy en Puerto Rico con las multas por infracciones a la Ley de Vehículos y Tránsito.

[106] Juan José González Bustamante, **ob. cit.,** p. 14.

[107] Código de Enjuiciamiento Criminal, ed. 1902, Art. 178.

[108] Conf. José I. Cafferata Nores, **La prueba en el proceso penal**. Buenos Aires: Ediciones Depalma, 2001, págs. 3-5.

[109] Rolando Emmanuelli Jiménez, **Prontuario de Derecho Probatorio Puertorriqueño.** Ponce, P. R.: edición del autor, 1994, p. 23.

[110] El Pueblo v. Rivera, 12 DPR 411 (1907).

[111] R. 2 de Evidencia; Pueblo v. Torres Figueroa, 126 DPR 721 (1990); Berríos v. UPR 116 DPR 88, 94 (1985); J. R. T. v. Aut. de Comunicaciones, 110 DPR 879, 884 (1981). La función del Tribunal es darle vigencia a esa norma. (Ibid; García Negrón v. Tribunal Superior, 104 DPR 727, 729 (1976)).

[112] Carlos Juan Irizarry Yunqué, **Notas del Curso de Evidencia**, tomadas por un estudiante no identificado en el curso excelente que dictaba el Profesor Irizarry en la Facultad de Derecho de la Universidad Católica a finales de los años sesenta del siglo XX, sin fecha, p. 12.

[113] R. 3; R. 13-17.

[114] Pueblo v. García Reyes, 113 DPR 843 (1983); Pueblo v. Marcano Pérez, 116 DPR 917 (1986); Acosta & Rodas, Inc., v. PRAICO, 112 DPR 583 (1982).

[115] El juzgador no está obligado a aceptar las conclusiones de un perito. (Pueblo v. Marcano Pérez, 116 DPR 917 (1986).

[116] Reglas 11 y 12 de las de Evidencia, 32 LPRA Ap. IV R. 11 y 12.

[117] Reglas 13 y ss; 32 LPRA Ap. IV. R. 13 y ss.

[118] Ibid., Regla 16.

[119] R. 18; R. 4.

[120] R. 18; R. 4.

[121] Collazo Cartagena v. Hernández Colón, 103 DPR 870 (1975).

[122] Flores v. Meyer Bros. of P. R., Inc., 101 DPR 689, 691-692 (1973).

[123] Noriega v. Gobernador, 122 DPR 650, 680 (1988); Collazo Cartagena v. Hernández Colón, 103 DPR 870, 874 (1975).

[124] Flores v. Meyer Bros. of P. R. Inc., 101 DPR 689, 691-692 (1973).

[125] Paul C. Bartholomew y Joseph F. Menez, **Summaries of Leading Cases on the Constitution.** New Jersey: Rowman & Allanheld,1975, p. 1; Harold J. Apaeth y Edward Conrad Smith, **The Constitution of the United States.** New York: Harper Perennial (13 Ed.), 1987, p. 24.

[126] René David, **Los Grandes Sistemas Jurídicos Contemporáneos.** Madrid: Aguilar, 1968, págs. 10-11.

[127] E. Vázquez Bote, **Derecho Civil de Puerto Rico.** San Juan: FAS, Ediciones Jurídicas, 1972, p. 81

[128] Flores v. Meyers Bros. of PR, 101 DPR 689, 692-693 (1973)

[129] C. Delgado Cintrón, "El Tribunal Federal como factor de Transculturación en Puerto Rico", 34 **Rev. C. Abogados, PR** (Feb. 1973) Núm. 1, pp. 5-49; A. L. García

Martínez, "La Lengua, los ordenamientos jurídicos que rigen en Puerto Rico, y el léxico de los abogados;" **37 Rev. C. Abogados, PR** (Ago, 1976) Núm. 3, pp. 521-524; RR. López Tames, **El Estado Libre Asociado de Puerto Rico.** Oviedo: Instituto de Estudios Jurídicos, 1970, pp. 82-89; G. Meléndez Carrucini, "Evolución Histórica y Constitucional de la Contribución sobre Ingresos en Puerto Rico", XXII **Rev. C. Abogados,** PR (Nov. 1961), Núm. 1, pp. 11-39; H. Musseden Rotger, "El Derecho Puertorriqueño: Conciliación de dos Grandes Sistemas Jurídicos: La Codificación y el Derecho Común", XXV (Ago. 1965) Núm. 4, pp. 553-579; G. Velázquez, **Las Obligaciones,** E. U. A.: Equity Publishing Corporation, 1964, pp. v-xxv; J. Trías Monje, **El Choque de Dos Culturas Jurídicas.** San Juan: Equity Publishing Corporation, 1991; E. Vázquez Bote, supra; Carlos I. Gorrín Peralta, **Fuentes y Proceso de Investigación Jurídica.** New Hamphire, 1991, p. 5; A & P General Contractors v. Asoc. Caná, 110 DPR 753, 762 (1981).

[130] Sosa v. Sucesión Morales, 58 DPR 360 (1941); Porto Rico Ry. Light & Power Co. v. Corte de Distrito, 38 DPR 340, (1928); aclarados en Infante v. Leith, 85 DPR 26 (1962). En igual sentido, ASP General Contractors, Inc. v. Asociación Caná, 110 DPR 753, 762 (1981). Trías Monge ha criticado los errores de esta tesis, calificándola como Fantasía de la Mezcla Sabia. (**El Choque de Dos Culturas**, p. 131.)

[131] Reglamento de la Junta Examinadora de Aspirantes al Ejercicio de la Abogacía, Regla 3, 4 LPRA, Ap. VII, R. 3.

[132] Trías Monge, **Historia Constitucional de Puerto Rico.** Río Piedras: Editorial de la Universidad de Puerto Rico, 1982. Vol. III, p. 170.

[133] Pueblo v. Santiago Sánchez, 111 DPR 379, 391 (1981).

[134] 114 DPR 601, 612 (1983).

[135] Documentos Históricos, Tratado de París, I L. P. R. A.

[136] Ibid, Ley 600; 1 LPRA L.P. 600.

[137] Ex Parte Acevedo et al., 1 DPR 275 (1902).

[138] 1 Cranch 137 (1803).

[139] Sucn. S. Shefftz v. Secretario de Hacienda, 93 DPR 888 (1967).

[140] Pueblo v. Molina Virola, 96 JTS 133, 141 DPR 713 (1996).

[141] 3 LPRA sec. 2101 y ss.

[142] Título 32.

[143] Título 34.

[144] Títulos 32, 34 y leyes especiales.

[145] José N. Dávila Lanausse, **Biblioteca Legum Portoricensi.** San Juan: Colegio de Abogados de Puerto Rico, 1962, p. 33.

[146] En la actualidad gozan de gran respeto profesional en la jurisprudencia del Tribunal Supremo de Puerto Rico, Laurence H. Tribe, **American Constitutional Law**, 2nd. Ed., 1988; Ronald D. Rotunda y John E. Nowak, **Treatise on Constitutional Law**, 2nd. Ed., 1992.

[147] Regla 4 del Reglamento del Tribunal Supremo, 4 LPRA Ap. I-A.

[148] Ibid., Regla 7

[149] Ibid., Regla 4 (a).

[150] Véase, además, Carlos I. Gorrín Peralta, **Fuentes y proceso de investigación jurídica.** New Hampshire: Equity, 1991, págs. 479-481.

[151] Bernard Schwartz, **A History of the Supreme Court.** New York: Oxford University Press, 1993, Cap. 13, págs. 286-310.

[152] **Frankfurter Papers,** Harvard Law School, May 20, 1954, citado por Schwartz a la pág. 286.

[153] Bob Woodward y Scott Armstrong, **The Brethren (Inside de Supreme Court).** New York: Simon and Schuster, 1979, págs. 290-292.

[154] Para conocer la fascinante historia de este fallo, véase el libro indicado, **The Brethren**, págs. 285-347.

[155] Regla 44 (b) del Reglamento del Tribunal Supremo.

[156] Ibid., Regla 5.

[157] Ibid., Regla 44 (d); Rivera Maldonado v. E.L.A., 119 DPR 74 (1987); Díaz v. Colegio Nuestra Sra. del Pilar, 123 DPR 765, 777 (1989).

[158] Ibid., Regla 44.

El Crimen como Problema en Puerto Rico

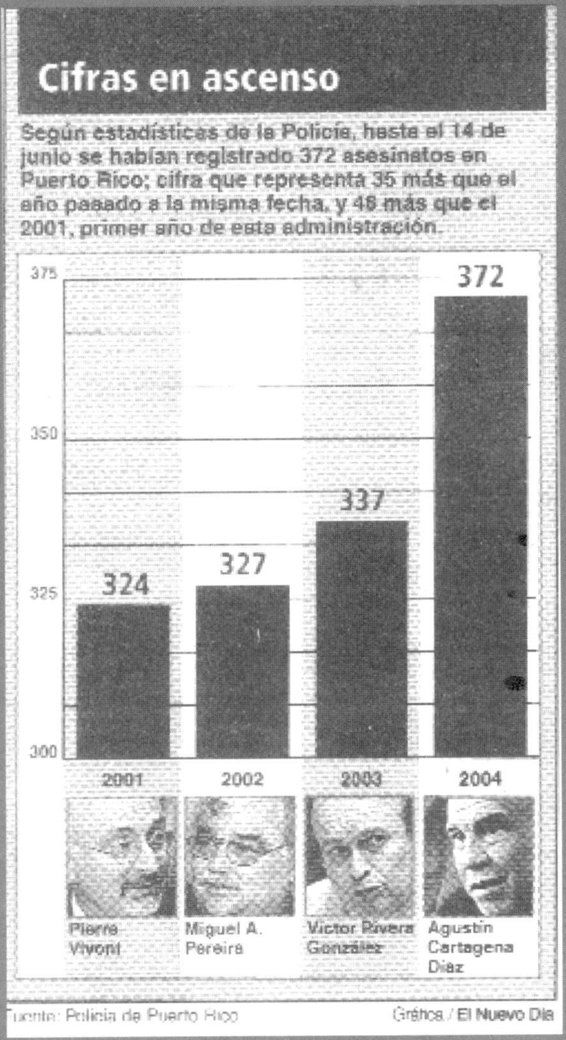

I. Introducción

Cerca de las 9:30 de la noche del domingo 18 de enero de 2004, un grupo de delincuentes inició una balacera en el negocio *Gemelo y su Rumba*, ubicado en el kilómetro 4.3 de la Carretera 901 del Barrio Camino Nuevo de Yabucoa, matando a tres personas inocentes e hiriendo a otras doce. Las personas fallecidas fueron identificadas como Angel N. Velázquez Ortiz, profesor de Educación Física y Teatro de la Universidad de Puerto Rico en Humacao, Higinio Cruz Velázquez, un luchador olímpico que representó a Puerto Rico en competencias fuera del país, y la joven Krisia Marcano Flores, una estudiante y deportista de 16 años. Las víctimas disfrutaban en el lugar de música de salsa. En la pared principal del local se destacaban las pinturas en blanco y negro de figuras consulares de la salsa, como Héctor Lavóe, Ismael Rivera y Frankie Ruiz. Esa masacre elevó a 48 el número de personas asesinadas en lo que iba del 2004, para un total de 18 muertes violentas más que en el mismo período en el 2003.[1] En el entierro efectuado el miércoles 21 de enero se confundieron la música de

Raphy Leavitt y su orquesta *La Selecta* con la marcha fúnebre *Carmen*, del compositor Juan Peña Ríos.[2] El martes 20 de enero de ese mismo año, las autoridades federales arrestaron a catorce policías estatales y municipales por tráfico de drogas y armas que fueron robadas de la Comandancia de Humacao.[3]

En diciembre de 2003, cuatro jóvenes fueron masacrados en el estacionamiento de la discoteca *Stargate* de Santurce. Era la octava masacre del año. El 18 de ese mes, un joven de 17 años mató de una puñalada al profesor Angel Rivera Rivera, de 31 años, maestro de matemáticas en la Escuela Alejo de Arizmendi de Quebradillas. El ataque ocurrió en una escalera de la propia escuela. En los inicios de ese año, a otro adolescente de 16 años se le imputó haber dado muerte a su padre, madre, un hermano de 9 años y a su abuela en San Sebastian. El 25 de octubre, en el residencial Nemesio Canales, fue asesinado el joven trompetista Ricardo Morales Sáez. El 19 de agosto, la estudiante Nicole Muñiz, de apenas 16 años, fue víctima de una bala perdida mientras transitada por la Avenida Las Cumbres. En noviembre, un estudiante de 15 años fue acuchillado en cinco ocasiones por un condiscípulo en la Escuela Intermedia Eugenio María de Hostos de la carretera 848 en el Este de la Isla. Al empezar el mes de diciembre de 2003, ya los asesinatos totalizaban 700, un poco menos que los asesinatos a esa fecha en el 2002.[4] Al terminar el año los asesinatos superan el número indicado y el país ocupa un deshonroso sexto lugar a nivel mundial con mayor tasa de asesinatos.[5]

Las estadísticas oficiales de la Policía de Puerto Rico para el 2003 arrojaban números tan alarmantes como los siguientes: total de asesinatos, 779; violaciones, 198; robos, 7,908; agresiones agravadas, 2,967. El total de estos delitos sumaba 11,852. En cuanto a delitos contra la propiedad, se señalaron 20,992 escalamientos; 37,156 casos de apropiación ilegal; 12,191 hurtos de autos, para un total de 79,694 casos. El total de delitos contra la persona y la propiedad ascendía a 82,191. Nótese que entre estos delitos no están las cifras enormes de violaciones a la Ley de Sustancias Controladas, la Ley de Armas ni la Ley de Violencia Doméstica. Tampoco las "faltas" imputadas a menores y mucho menos las que tienen que ver con legislación especial como bolita, tránsito y otra legislación penal.

En septiembre de 2003, el Prof. Daniel Nina, de la Facultad de Derecho Eugenio María de Hostos, de Mayagüez, planteaba en el Semanario *Claridad* su alarma ante los doce mil asesinatos ocurridos en la Isla desde el 1990. Señalaba que sólo había una tasa de 47 porciento de arrestos y una de convicción entre 15 o 20 por ciento, "lo que deja al gatillero impune."[6] Señaló que la tasa en Puerto Rico es de 21 homicidios por cada 100 mil habitantes, cuando en Estados Unidos es de nueve por la misma cifra.[7]

No estamos de acuerdo con la alarma anti derechos y libertades constitucionales fundamentales del estimado y respetado compañero profesor de Derecho en la Facultad Eugenio María de Hostos, ni su visión de *Law and Order* que hoy predomina en la televisión norteamericana y la legislación federal posterior al 11 de septiembre del 2001. Del Prof. Adalberto Núñez López se publicó luego una columna mucho más equilibrada, en nuestra opinión. Pero creemos que ambos trabajos son un síntoma de preocupación que los estudiosos del fenómeno de la criminalidad y la justicia criminal deben atender.

Como se concluye de los párrafos anteriores, por criminalidad se entiende el conjunto de crímenes o delitos que se cometen en un lugar o territorio en un tiempo en particular. Se cuantifica y clasifican los delitos, los actos criminales que se dan en un grupo social, pueblo o ciudad en una época determinada.

II. Los indios de Puerto Rico y la materia penal

¿Cómo hemos llegado a esta realidad del problema del crimen en Puerto Rico? El camino es largo y no es un fenómeno limitado a nuestro país.

La criminalidad nace en el momento mismo de la civilización. La convivencia humana produce de inmediato el conflicto. En el Génesis, primer libro de La Biblia, encontramos el primer acto de violencia: Caín mata a su hermano Abel,[8] ambos hijos de Adán y Eva. Caín era labrador, Abel era pastor de ovejas.[9] Dice el relato bíblico que Caín presentó al Señor ofrendas de frutos de la tierra;

mientras Abel ofreció "los primerizos de su ganado."[10] El Señor hizo más caso a la ofrenda de Abel que a la de Caín, y éste se molestó: "Dijo después Caín a su hermano Abel: Salgamos afuera. Y estando los dos en el campo, Caín acometió a su hermano Abel y le mató." Se estima que la muerte de Abel ocurrió en el año 3875 a. de C.[11] Aunque el acto de Caín puede considerarse inmoral o injusto, ciertamente no puede calificarse, bajo los enfoques jurídicos de hoy, como un asesinato u homicidio. Violaría el principio de la legalidad y la prohibición de leyes ex post facto. Fuera de la prohibición de comer de un determinado árbol, no existía una regla previa que castigara o prohibiera las agresiones o muertes. El primer ordenamiento fijando responsabilidad por homicidio o actos inmorales no aparece en la Biblia hasta el 2348 a. de C., cuando se advierte a Noé y a sus hijos que se castigará por derramar sangre o causar la muerte.[12] Esas reglas han sido llamadas los siete mandamientos de Noé.[13] La norma penal más completa será conocida como Los Diez Mandamientos,[14] recibidos por Moisés en el 1491 a. de C.[15]

En Puerto Rico, la historia es mucho más reciente.

Boriquén, era el territorio de los *aruacos,* llamados posteriormente *taínos* por los estudiosos.[16] No hay certeza en cuanto a la procedencia de nuestros indios. Podemos detectar cuatro teorías: para unos, llegaron de los pueblos del Sur América, viajando entre las Antillas Menores; según otros, bajaron desde el territorio que hoy se conoce como Florida en los Estados Unidos de América; no se descarta la posibilidad de que hayan llegado de América Central, y, por último, se sostiene que pudieron haber llegado de estos tres lugares en desplazamientos ocurridos durante diferentes generaciones o tiempos.[17]

No se cuenta con datos exactos sobre nuestra población indígena al momento del descubrimiento o durante el primer siglo de la colonización española. Los cálculos han variado entre 10,000 y cerca de 1,000,000 de indígenas.[18] Según Salvador Brau, para 1509 se hizo un repartimiento de 60,000 indígenas, de los que sólo quedaban 14,636 en 1515.[19] Según Lando, para el 1530 teníamos solamente 1,537.[20] Aunque ciertamente se fueron exterminando rápidamente, en un censo de 1771 se señala la existencia de 1,756 indígenas, y en otro de 1778, el número incluido es de 2,302, viviendo en la Cordillera Central.[21] Hay que señalar, además, que muchos indios escapados del sistema de encomiendas buscó refugio y llegó a hacer vida comunitaria en la zona montañosa.[22] Parece ser, en definitiva, que el número de indígenas en la Isla al momento de la llegada de los españoles estaba cerca de los 70,000.[23]

El desarrollo de nuestros indios estaba todavía en el llamado período *de la piedra pulimentada*.[24] No conocían la escritura. Vivían una sencilla cultura de agricultores y pescadores. La dirección y ejercicio del poder en nuestra sociedad indígena estaba a cargo del *cacique,* auxiliado por los *nytaínos,* grupo de guerreros y ancianos. El resto de la población la constituían los *bohiques,* que eran médicos y sacerdotes a la vez, y los *naborias,* los hombres comunes o trabajadores. De entre los nytainos se escogía el cacique, que era el jefe de un *yucayeque,* o sea, poblado indio. Este cargo era por vida y hereditario. Los nytaínos se ocupaban de supervisar el trabajo agrícola, de entrenar a los jóvenes en el arte de la guerra y velar por el orden en su poblado.

Se ha encontrado la existencia de algún tipo de procedimiento penal entre los indígenas de América del Sur. Así, por ejemplo, el Prof. Percy Mac Lean Estenós, fiscal y profesor de Derecho procesal penal del Perú, observa que "en la época incaica existió en el Perú el proceso penal. El enjuiciamiento fue oral y público, realizándose en la audiencia las pruebas testificales y las otras mágicas en que los magistrados se valían de amuletos y de ritos supersticiosos."[25] Se añade que se usaba el tormento para obtener confesiones y la ordalía o juicio de sus dioses, y no existía apelación excepto en delitos cometidos por la nobleza imperial, o delitos contra la seguridad del Estado.

En Puerto Rico, el cacique tenía a su cargo planear y ordenar todo lo que fuese necesario para la salud, seguridad y bienestar de la tribu y "debía además impartir justicia. El delito más aborrecido y que acarreaba pena de muerte era el hurto."[26] Ricardo Alegría ha señalado que "el robo era severamente castigado por el cacique."[27]

Loida Figueroa añade que "(l)a pena de muerte se ejecutaba por el empalamiento del individuo, es decir, lo amarraban a un palo y lo dejaban estar hasta que se moría."[28]

Contra los bohiques o *buhitihu* de la cercana Hispaniola se daba la venganza cuando el paciente moría por su desidia o ignorancia. Esto ocurría cuando la muerte no parecía normal ni

Al fondo el cuartel de Presidiarios del Siglo XIX, luego lugar ocupado por la Intendencia, frente a la Plaza de Armas del Viejo San Juan.

esperada. Los familiares del enfermo se armaban de palos con los cuales rompían las piernas, brazos y cabeza del curandero indígena, y si no moría, llegaban a "arrancarles los testículos".[29]

III. El crimen en Puerto Rico bajo la colonia española

Ya en la primera mitad del siglo XVI, en los comienzos de la intervención española, encontramos en la Isla actividad penal sustantiva y procesal. Por tratarse de una plaza militar, la Isla era gobernada por capitanes generales. La Corona española instituyó de inmediato, en 1512, el juicio de residencia[30], con la intervención de jueces letrados, es decir, abogados que habían seguido la carrera jurídica. Se inició en ocasión de formarse tal juicio a Juan Ponce de León. Se requería a dichos jueces, hemos dicho, haber seguido estudios jurídicos universitarios en Derecho canónico y civil. Eran abogados, letrados, en sentido estricto. Los magistrados enjuiciaban a todos los funcionarios públicos de importancia, incluyendo al gobernador, los alcaldes mayores u ordinarios y todos los que ejercían funciones judiciales o *con varas de justicia* o cualquiera otra gestión gubernamental notable. Sus sentencias eran revisadas por el Consejo de Indias.

La investigación seguía un formato de veinticinco preguntas establecido en una Pragmática[31] aprobada por los Reyes Católicos en Sevilla en el 1500.[32] La pregunta número VIII trataba del cumplimiento de los deberes de los funcionarios en materia penal, bajo el tema de "castigo de los pecados públicos"; la XVIII se refería al homicidio. Se planteaban dificultades en cuanto a las jurisdicciones civiles y la eclesiástica en razón de las faltas o delitos envueltos. Se admitía como asunto corriente la prueba de referencia: los testigos declaran frecuentemente de "lo que han oído decir".

La documentación sobre dichos juicios nos ofrece un panorama general sobre la realidad delictual del país en esos tiempos. El juicio de residencia de Sancho Velázquez, lo llevó a cabo el Lic. Antonio de la Gama en 1519. En esos primeros años sobresalen los delitos de usura, juegos de naipes,[33] blasfemia,[34] perjurio, amancebamiento,[35] adulterio, sortilegio, hechicería,[36] herejía, hurto, cohecho o soborno de funcionarios públicos,[37] avenencia o acuerdos ilegales sobre penas, uso de fondos públicos, venta de vinos sin cumplir con las ordenanzas,[38] riñas, heridas producidas por cuchillos,[39] agresión,[40] homicidio,[41] y maltratos de los indios. Para entonces una mujer de nombre Isabel Ortiz se dedicaba a la prostitución y tenía casa establecida a esos fines.[42] Años más tarde, los prostíbulos tendrán la aprobación del propio Rey. En 1526 Carlos V aprobó la primera "casa de mujeres públicas" que contó con la bendición real.[43] Específicamente había que castigar penalmente a los renegadores, adivinos y logreros.[44] Sancho Velázquez mandó a aprehender dos mujeres por alegada hechicería:

a una la sacaron "a la vergüenza y la desterraron, y a la otra la sacaron a la vergüenza con una carroza y la tuvieron en la picota cierto tiempo y la desterraron...."[45]

A los testigos se les preguntaba si el investigado había incurrido en violación de casadas, doncellas o viudas, o si las habían difamado. En muchas ocasiones el juez de residencia reducía a prisión al anterior gobernador.

En el 1613 preocupa el delito de hurto y se aprecia la desigualdad social en el encarcelamiento: el habitante corriente se encarcela en la cárcel publica; los nobles, en la cárcel del Cabildo, sin guardias, y cuando los hubiere, no debían ser soldados, sino vecinos.[46] Las Ordenanzas de San Juan del 1627 castigaban el vender vino aguado con 200 azotes,[47] pena que subsistía en el siglo XVIII.[48] Durante todo el siglo XVII predomina en Puerto Rico el delito de contrabando, hasta el punto de practicarlo los gobernadores y los obispos. En 1690 el Gobernador Gaspar de Arredondo justificaba la tolerancia indicando que, si encima de la pobreza general del país tuviese que castigar el delito, tendría que hacerlo con toda la población porque el contrabando era "casi universal en esta ciudad e islas."[49]

Para 1768, las Ordenanzas de la ciudad de San Juan, indican preocupación oficial sobre delitos relacionados con venta de productos o abrir tiendas sin autorización así como matar, herir o maltratar animales ajenos.[50]

El siglo XIX no ofrece un cambio notable en materia delictiva. En 1821, del Ayuntamiento de Ponce se remiten a San Juan unos 56 presos. Los delitos en realidad no acusan una peligrosidad especial. Se trata de lo que la propia entidad municipal clasifica como vagos, rateros de animales y alimentos, personas sin ocupación, pendencieros o quimeristas, jugadores, dados a la bebida, amancebados o viviendo en la ciudad sin licencia o autorización para ello.[51]

Entre 1824 y 1832 predominan las agresiones que causan heridas, aunque no parece notable la incidencia. El mayor número de delitos se da en los años 1824 y 1825, que coinciden con la restauración del absolutismo en España, el nombramiento del gobernador militar Miguel de la Torre, y la estabilidad de los procesos revolucionarios que produjo la liberación de los pueblos de Hispanoamérica. En 1824 hubo 55 heridos y 27 asesinatos — una cantidad asombrosa en ese tiempo. En 1825 los heridos bajan a 21 y los asesinatos a 22. Los robos fueron 9. Comienza entonces una disminución de los delitos, hasta el punto de que no se informan asesinatos en 1826 ni en 1827. En 1828 ocurren 4; en 1829, 7; en 1830 se informan 9 asesinatos, que suben a 14 al año siguiente y bajan a 3 en 1832.[52]

En el año de 1837, conforme a los casos trabajados por la Audiencia, encontramos los siguientes delitos:[53]

Muerte	12
Heridas y riña	52
Expendio de moneda falsa	1
Falsificación de documentos	5
Falsificación de documentos	5
Incesto rapto y estupro	6
Prostitución	8
Incendio	2
Perjuicio	4
Robo y hurto	72
Desobediencia y resistencia a la Justicia	7
Fuga de la cárcel	16
Armas prohibidas	15
Injurias y malos tratamientos	10
Asonada	2
Abuso de autoridad	7
Vagancia embriaguez y otros excesos	30
Total	249

Los delitos indicados correspondían a los juzgados siguientes:

A la Real Audiencia	3
Capital	60
Aguada	35
Arecibo	30

Caguas	12
Coamo	31
Humacao	49
San Germán	29
Total	249

Para 1841 encontramos la siguiente estadísticas criminal en Puerto Rico:[54]

Delitos:	
Homicidios	6
Raptos y estupro	14
Incesto	6
Riñas y heridas	84
Robo y hurto	93
Falsificación de documentos	3
Incendio	5
Abuso de autoridad	4
Desobediencia y resistencia a la justicia	6
Injurias y malos tratamientos	21
Armas prohibidas	5
Falsedad	1
Excesos	20
Calumnias	1
Abusos en el ejercicio del Escribano y actuario	3
Perjurio	1
Falsificación de moneda	1
Fuga de cárcel	10
Amancebamiento	2
Complicidad en concubinato	1
Seducción de esclavos	1
Ocultación de presos	1
Sospecha de infanticidio	1
Suicidios	12
Total	302

Nótese que se incluyen en las estadísticas los suicidios, así como el amancebamiento y el concubinato.

Para 1847 y 1848 encontramos los siguientes detalles en cuanto a la criminalidad en el país, conforme al trabajo de las Audiencias:

Delitos 1847[55]	
Blasfemia	1
Asesinatos	2
Homicidios	3
Suicidios	32
Conato de idem.	10
Idem de infanticidio	1
Exposición y abandono de una niña recién nacida	1
Muertes casuales	58
Idem repentinas	6
Hallazgos de restos humanos	6
Riña y heridas	96
Golpes y malos tratamientos	20
Idem y heridas casuales	14
Injurias	4
Hurtos y robos	160
Sospechas de idem	9
Hurtos con escalamiento	9
Hurtos con escalamiento	2
Estafas	2
Estelionato	2
Incendios	12
Faltas de respeto a la autoridad	6
Resistencia	3
Faltas cometidas por los Alcaldes de barrio en el desempeño de sus oficios	2
Abusos en el ministerio judicial	1
Fuga de presos y presidiarios	14
Recepción de reos prófugos	3
Falsificación de documentos	8

Incestos	2
Conato de idem	1
Raptos	7
Estupros simples	2
Idem con prole	3
Idem con violencia	2
Idem inmaturo con fuerza	2
Conato de estupro	1
Idem de violencia a una joven	1
Portación de armas	9
Disparo de un tiro dentro de poblado	1
Embriaguez y escándalo	1
Averiguación si eran ó no bautizados varios Esclavos de dos haciendas	2
Mal trato a esclavos	3
Seducción a los mismos para robar a su dueño	1
Averiguación de las personas que se introducían en las vacas que se mataban para el abasto público de un pueblo	1
Idem sobre la aplicación de medicinas a un enfermo por un curandero	1
Total	517

Los delitos indicados correspondían a los siguientes juzgados:

Real Audiencia (Primera Instancia)	1
Capital	141
Aguadilla	39
Arecibo	53
Caguas	25
Humacao	62
Mayagüez	28
Ponce	83
San Germán	74
Total	506

Delitos 1848[56]

Parricidios[57]	1
Homicidios	3
Asesinatos	1
Infanticidios	2
Sospechas de infanticidios	2
Complicidad en un asesinato	1
Riñas y heridas	94
Desafíos	2
Golpes y malos tratamientos	28
Robos y hurtos	156
Conatos de idem	16
Estafas	3
Alzamientos	2
Conatos de idem	1
Raptos	6
Incestos	8
Amancebamientos	6
Estupro y fecundidad	5
Idem inmaturo	1
Suicidios	47
Muertes casuales	60
Heridas idem	7
Vagancia y ratería	2
Portación de armas prohibidas	4
Desacato a la autoridad	15
Palabras subversivas	1
Fuga de presos	14
Ocultación de prófugos	7
Desaparición de un sujeto	1
Incendios	13
Injurias	7
Mal trato a esclavos	5
Blasfemias	2
Embriaguez	3

Por circular monedas falsas	1
Hallazgo restos humanos	3
Falsificación de documentos	3
Abusos en el ministerio judicial	1
Juego prohibido	1
Negación de auxilios médicos	1
Allanamiento de morada	1
Escándalos públicos	4
Sevicia (Crueldad)	1
Total	552

Sin embargo, en cuanto a los delitos comunes, no puede afirmarse que hubiere una crisis marcada en ese siglo. En 1832 el General De La Torre señalaba que Puerto Rico "no es modelo de muchos delitos."[58] Una década después el gobernador, Mariscal Santiago Méndez Vigo, también presidente de la Audiencia, en la apertura de dicho Tribunal el 3 de enero de 1842 afirma: "que aquí no son frecuentes los grandes delitos". [59]

En 1899, finalizando el siglo XIX, Silvestrini de Pacheco nos informa, había encarcelados en el país 5 personas por asesinato, 21 por homicidio, 17 por atentados a la vida, 8 por incendio malicioso y 74 por robo.[60] La población del país entonces no llegaba al millón de almas. Sin embargo, Guillermo Baralt señala que al terminar la dominación española había en el país "aproximadamente 2,000 prisioneros en espera de juicio –la mayoría por hurtos y lesiones corporales– en diversas cárceles de la Isla y 2,000 otros no confinados, pero también en espera de juicio, muchos por ofensas menores."[61] Este mismo autor antes había señalado que el delito más común durante la última parte del Siglo XIX en la Isla era el hurto:

> La mayor incidencia criminal vista en los juzgados de Primera Instancia eran los hurtos. En 1876, por ejemplo, el juzgado de la Catedral vio 79 hurtos, 67 lesiones, 70 estafas, y 25 robos. También se reflejaban 2 raptos, 2 homicidios, 1 parricidio y una acción por adulterio. También en el juzgado de San Francisco el hurto fue el delito más frecuente, con 99 casos. Se registraron además 80 lesiones y 20 casos de estafas. En líneas generales, se desprendían como causas de estos delitos, vagancia, malas condiciones de vida, producto

de la miseria, escasez de recursos, ignominia y falta de instrucción. Las clases jornaleras y los campesinos eran los más afectados por estos males.[62]

IV. El Crimen en el Puerto Rico del Siglo XX

1. Los Delitos Tipo I

En los tiempos actuales en la Isla, la Policía, para llevar las estadísticas sobre delitos cometidos, utiliza un sistema de clasificación diseñado por el Negociado Federal de Investigaciones (F.B.I., por sus siglas en inglés), que los divide en Tipo I y Tipo II. La misma atiende a la gravedad, y a "la rapidez con que los delitos llegan a conocimiento de la Policía. Al parecer, los de tipo I alcanzan mayor rapidez que los de Tipo II."[63] Esto permite comparar los índices de criminalidad en referencia a los diversos Estados de la nación norteamericana. En la clasificación de tipo I se incluyen asesinato, homicidio, robo, violación, agresión agravada, escalamiento, apropiación ilegal y hurto de automóviles.

Las estadísticas del crimen en Puerto Rico para el 1940, cuando contábamos con 1,869,255 habitantes, arrojan los siguientes datos, en cuanto a delitos tipo I:[64]

Asesinatos y homicidios	223
Violaciones	63
Robo	56
Agresiones agravadas	472
Escalamientos	624
Apropiación ilegal	94
Hurto de auto	0

El total de delitos llega a 1,432. Una década más tarde, esos delitos suben a 9,721, entre los cuales hay 239 asesinatos y homicidios. De ahí en adelante, el aumento de la criminalidad en la Isla es realmente extraordinario.

En 1960 ya los delitos de esa clasificación Tipo I andan por 33,272, con 168 asesinatos y homicidios.

Sobre la incidencia criminal durante el año fiscal 1961-62, aparecía en la Revista *Bohemia* de 16 a 22 de octubre de 1972:

En el año fiscal 1961-62 se cometieron en Puerto Rico 43,00 delitos Tipo I, asesinato, homicidio voluntario, homicidio involuntario, violación, agresión grave, robo, escalamiento, hurto de propiedad con valor de $50 o más, y hurto de automóviles. Ocho años después, en 1968-69 se cometieron 65,897 delitos de ese mismo tipo, un aumento de 22,857 delitos (53%). Con excepción de una reducción registrada en 1966-67, en todos los demás años de ese periodo el aumento de la incidencia criminal fue constante.

En 1969 ... se logró una reducción en la incidencia criminal de 2.7% comparada con la registrada en 1968. En el año fiscal 1969-70 hubo otra reducción de 2.1%. En 1970-71 volvió a registrarse un alza de 8.5% en el crimen, que fue contrarrestada en el año fiscal 1971-72 en que, según estadísticas preliminares de la Policía, hemos ... (ocurre) nuevamente una reducción moderada de 1.2% en la criminalidad. Es significativo señalar que en el Area Metropolitana donde ocurre aproximadamente el 50% del crimen en Puerto Rico, hubo una reducción de 10.2% en el año fiscal 1971-72. En el área específica de San Juan, Santurce y Río Piedras, con sus urbanizaciones, lo que se conoce como el Distrito de Ciudad Capital, se registró una reducción de 9.6% en la incidencia criminal en este mismo año. Este cambio en la ocurrencia del crimen en el Area Metropolitana en 1971-72, es un hecho notable y alentador.[65]

En mayo de 1966, la Revista *Bohemia* informaba sobre la criminalidad:

La magnitud del problema de los delitos contra la propiedad -robo, escalamiento, hurto y hurto de autos- se pone de manifiesto en el Policía Estatal que acaba de ser confeccionado a base de los casos que llegaron a conocimiento de la Uniformada, por distintos medios, desde todo el país. Según esas estadísticas, en los doce meses del año se registró un total de 43,990 delitos contra la propiedad, o sea 2,497 más que los ocurridos el año anterior. Se cometieron 20,459 hurtos, 17,314 escalamientos, 1,302 robos y 4,915 hurtos de vehículos de motor.

Esos delitos contra la propiedad constituyen el 76.1% de todos los delitos clasificados por la Asociación de Jefes de la Policía de Estados Unidos como delitos tipo I, que ocurrieron en la Isla durante el pasado año. Los delitos restantes tipo I (delitos contra la persona), -asesinato, homicidio voluntario, homicidio involuntario, violación y agresiones graves- constituyeron sólo el 23.9% del total de delitos tipo I registrados en el año, que fue de 57,830. Los delitos tipo I son los delitos más grave.

De acuerdo con las estadísticas policíacas, los delitos contra la propiedad ocurrieron 1 cada doce minutos, el año pasado y se cometieron a razón de 1,675.8 por cada 100,000 habitantes, registrando un alza de 62.6 delitos por cada 100,000 habitantes sobre el año anterior.[66]

La escala ascendente lleva los crímenes a 66,470 en 1970, con 192 asesinatos y homicidio. En esta década nuestro Tribunal Supremo muestra su preocupación por el aumento:

> La verdad es que ante la realidad operante en el Puerto Rico de hoy, un país de 100 millas de largo por 36 de ancho, en el cual hasta diciembre de 1978 se habían cometido en ese año 426 asesinatos y homicidios; 624 violaciones por la fuerza; 5,339 robos; 7,471 agresiones agravadas; 26,222 escalamientos; 24,183 apropiaciones ilegales y 9,071 hurtos de automóvil y en el cual en el año 1977 (no tenemos los resúmenes del año 1978 todavía) se cometió un delito grave cada 6 minutos; un delito de violencia cada 31 minutos; un delito contra la propiedad cada 8 minutos; un homicidio cada 19 horas; una violación por la fuerza cada 11 horas; un escalamiento cada 17 minutos; y un hurto de auto cada 57 minutos, difícilmente puede hablarse de 'hostigamiento' de parte del gobierno contra los acusados. Todo parece indicar lo contrario, que son los criminales, los convictos y los potenciales, los que mantienen en continuo hostigamiento a nuestra población. Se le ataca, se le roba, se le mutila y se le asesina, no solamente en las vías públicas sino que dentro de sus hogares y a plena luz del día.[67]

Resumiendo la información sobre delitos Tipo I entre 1964-64 y 1969-70, se publicó la siguiente tabla:[68]

Año	Total	C/Persona	C/Propiedad
1964-65	57,830	13,840	43,990
1965-66	59,901	13,907	45,994
1966-67	59,925	13,377	46,348
1967-68	63,220	13,704	49,516
1968-69	65,897	13,451	52,446

1969-70	64,487	12,780	51,707

En 1980, el total de delitos tipo I está en 92,180, con 472 asesinatos y homicidios. En 1984 se pasa la barreras de los 100,000, al producirse 102,525 delitos. En 1990 ya estamos por los 124,731, con 600 asesinatos y homicidios. Las muertes ilegales se trepan a 995 en 1994. El año siguiente, 1995, arroja un total de 106,088 delitos, entre los cuales hay 864 asesinatos y homicidios.

En un solo mes, enero de 1996, las estadísticas del crimen fueron aterradoras:[69]

Total de delitos tipo I	8,725
Delitos de violencia	1,805
Asesinatos y homicidios	79
Robos	1,287
Escalamientos	2,513
Hurtos de autos	1,265

2. Los Delitos Tipo II

Bajo la clasificación de Delitos Tipo II la Policía incluye los siguientes:[70]

Agresiones simples
Falsificación
Abuso de confianza
Falsa representación
Ley de Bebidas
Ley de Armas
Delito contra natura
Incesto
Embriaguez
Hurto menor
Juegos prohibidos
Daños maliciosos
Ruidos innecesarios
Exposiciones deshonestas

Salud y Seguridad
Ley de Cierre
Alterar la paz
Incendio
Ley de Bolita
Narcóticos
Arbitrios
Ley de Sanidad
Prostitución
Justicia Pública
Tránsito (con exclusión de boletos)

Sin lugar a dudas esta clasificación debe ser revisada, al igual que la de tipo I. La inclusión de ciertos delitos infla la tasa de incidencia criminal y se incluyen como delitos lo que sólo son faltas morales. La recopilación de esta información por la Policía es realmente deficiente, su interés se centraliza en los delitos de Tipo I. Los señalaban investigadores de 1975,[71] y la situación subsiste a la altura del 2004.

En 1972 la criminalidad seguía su curso ascendente:

> En el año natural de 1972, el Reloj del Crimen de la Policía indicó que se cometió un delito cada 9 minutos. El total de delitos ascendió a 57,077. (Se refiere a los Tipo I). Contra la persona se cometió ese año un delito cada 42 minutos y contra la propiedad, uno cada 12 minutos.
>
> Las agresiones graves con un total de 10,950 (una cada 48 minutos) se llevó el número mayor de los delitos clasificados contra la persona. Le siguió la violación a la fuerza con 558, el homicidio involuntario con 422, el asesinato con 290 y la violación técnica con 205.
>
> El asesinato resultó en uno cada 30 horas durante el año de 1972.
>
> En los delitos contra la propiedad, el escalamiento surgió como el número uno el año pasado en la isla habiéndose cometido 18,137 o sea, uno cada 29 minutos. Se cometieron robos en proporción de uno cada 3 horas, hurtos de $50 o más en proporción de uno cada 50 minutos y hurtos en menos de esa cantidad en proporción de uno cada hora y media.
>
> Los cacos se robaron el año pasado un carro cada hora, para un total de 8,132.

...

El 61.3% de los hurtos de automóviles se registraron en la zona metropolitana de San Juan.[72]

3. El hurto de automóviles

Para 1964, dirigía la Policía el Coronel Salvador T. Roig. Este informaba que para el año 1963-64 ocurrieron en Puerto Rico 52,396 Delitos Tipo I, es decir, asesinato, homicidio, violación, robo, agresión grave, hurto, escalamiento y hurto de automóviles.[73] Esto representaba un aumento de 69 delitos sobre el año fiscal anterior, equivalente al 1%. Pero los delitos contra la propiedad tuvieron un aumento del 8%; los robos un 8.9% y el hurto de automóviles un 15.8%. La policía "no creía que la situación fuera tan alarmante."[74]

Los primeros datos sobre hurto de automóviles son de 1943, cuando ocurrieron 77. Un detalle de vehículos hurtados entre 1958 y 1984, en años seleccionados, ofrecía los siguientes datos:

1958-59	478
1962-63	3,382
1971-72	8,422
1975-76	10,330
1979-80	11,569
1981-82	13,002
1983-84	15,053

Para 1940-41 había 28,000 vehículos de motor registrados en Puerto Rico. Ese total subió a 140,197 en 1958-59; a 773,742 en 1974-75, y a 1,273,000 en 1984-85.

Para 1964 el robo de automóviles estaba organizado y dirigido por bandas, que luego lo desmantelaban para venderlo en piezas o bien le hacían alteraciones, le cambiaban el color, substituían la licencia con otra de un carro entregado como chatarra y lo vendían clandestinamente. En ocasiones los líderes pedían al delincuente común un determinado vehículo, con determinadas características.

Luego pagaban una pequeña cantidad al delincuente.[75] Para 1986 se registraron 21,558 autos hurtados; en 1995 fueron 15,989. La actual numeración de cada parte del automóvil ha sido un freno al robo para desmantelar.

4. Delitos relacionados con drogas

En la clasificación Tipo II se incluyen delitos de alta incidencia criminal, como son las infracciones a la Ley de Armas y la de

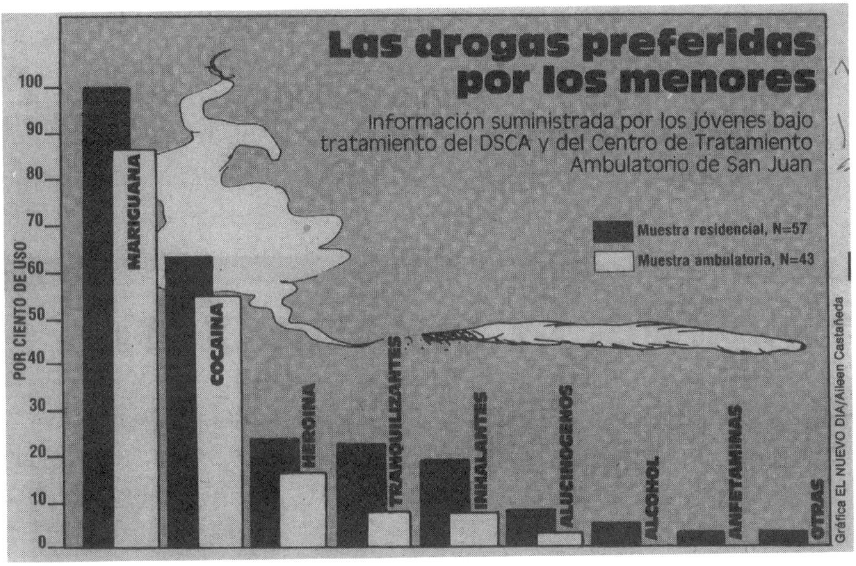

Sustancias Controladas, homicidios involuntarios, mezclados con prostitución, infracciones a la Ley de Bebidas, Ley de Bolita, juegos prohibidos, daños maliciosos, otros delitos de tipo sexual y los demás delitos. Dado que la Policía suele limitar la medida de la criminalidad a los delitos Tipo I, las estadísticas resultan incompletas y no ofrecen un cuadro adecuado del problema. Durante el cuatrienio de 1992 a septiembre de 1996, se registraron 412,857 delitos Tipo I, pero en ese mismo período se conocieron 155,331 delitos Tipo II. En total hubo 568,188 delitos combinados, comparados con unos 620,615 en todo el cuatrienio de 1988 a 1992.[76]

En cuanto a drogas, los arrestos de 1965 a 1985 arrojan los siguientes, en años escogidos:

1965-66	426
1970-71	1,272
1974-75	1,378
1979-80	3,081
1984-85	3,360

En Octubre de 1963, el Dr. Efrén C. Ramírez, Director del Centro de Investigaciones sobre la Adicción, indicaba que el 50% de los delitos contra la propiedad era cometidos por adictos.[77]

En 1966, para José Núñez Barber, Director de la Oficina de Investigaciones Especiales del Departamento de Hacienda, entonces encargada de perseguir el tráfico de drogas, consideraba alarmante la situación. Señalaba que para el 1957 el número de adictos en el país era de alrededor de 4,000; en 1966 el número comprobado era de 10,000.00.[78] Estos necesitaban 3.6 millones de dosis al año, a un costo de $70,000,000. En la campaña política de 1968, Luis A. Ferré publicaba anuncios indicando que en Puerto Rico había 1 adicto por cada 250 habitantes, comparado con Nueva York que era uno por cada 750 habitantes y, en todo Estados Unidos, uno por cada 3,500 habitantes.[79] Para diciembre de 2003, El Dr. Salvador Santiago, miembro de la Comisión multisectorial contra la Violencia, designada por la Gobernadora Sila M. Calderón, afirmaba que el número de adictos en Puerto Rico había subido a 178,000.[80] Dice el periodista Alberto Soto López: "Yo estuve mirando algunas de las estadísticas recientes sobre el narcotráfico y crimen, además leí un ensayo del juez federal Torruellas y la verdad es que los números son abrumadores."[81] Contesta Santiago, Prof. de la Universidad Carlos Albizu: "Si yo tengo en Puerto Rico 178,000 adictos, que se están inyectando ocho veces en promedio, tú tienes un mercado que está nutriendo terriblemente el narcotráfico. Suiza tiene 30 mil adictos y 14 mil en metadona. Puerto Rico tiene alrededor de 178,000 adictos, aproximadamente, y tenemos el dos o tres por ciento en tratamiento porque la mayoría de nuestros recursos se van en interdicción."[82] Menciona este profesor que las ganancias en el tráfico se agigantan porque en ocasiones pagan un rifle AK-47, que lo que vale producirlo son $150.00, y el traficante lo paga con un kilo de cocaína, que le cuesta $80.00, dicho kilo tiene en el mercado un valor de $12,000.00.[83]

En la década de los años setenta y hasta 1985, la marihuana era la droga de mayor uso por los adictos del país, ocupando la heroína el segundo lugar. A partir de 1983 aumenta el uso de cocaína. En 1989 se registran en la Isla los primeros casos de "crack".[84]

5. La violencia doméstica

Un área de alta incidencia es también la de incidentes de violencia doméstica. En 1998, por ejemplo, se dieron 21,084 casos registrados. La inmensa mayoría de víctimas son mujeres.[85] Las muertes ocasionadas por la violencia doméstica, entre 1992 y el año 2000 reflejan las siguientes:[86]

1992	22
1993	33
1994	27
1995	35
1996	39
1997	35
1998	35
1999	32
2000	20

En cuanto a la relación entre querellas y órdenes de protección en materia de violencia doméstica, tenemos que para el 1990 hubo 13,528 incidentes y ninguna orden de protección reportada. Para el año 1991, comenzaron a informarse incidentes de violencia con órdenes de protección, fueron 13,410 incidentes y 1,935 órdenes de protección reportadas. En el año 1992 fueron 14,642 y 2,153 respectivamente. Durante el año 1993 fueron 17,873 incidentes y

5,566 órdenes En el año 1994, 18,079 y 2,340 respectivamente. Para el año 1995 se reportaron 19,411 incidentes de violencia doméstica y 2,553 órdenes de protección reportadas. Ya para el año 1996, descendieron un poco los incidentes, comparado con el año anterior, esta vez fueron 19,132 y se reportó un aumento en las órdenes de protección, éstas ascendieron a 3,005. En el año 1997 aumenta de nuevo la cifra de incidentes de violencia a 21,217 pero esta vez aumentan también las protección a 3,879. En el año 1998 se conocen 21,031 incidentes de violencia doméstica y 4,109 órdenes de protección. [87]

6. Los menores delincuentes

Es importante señalar que los datos anteriores sobre delitos Tipo I, II o uso de sustancias controladas, no incluyen las infracciones de menores de edad, que no se consideran delitos, sino faltas. Veamos la incidencia entre 1964 y 1985:

Intervención con menores por faltas I y II

Año	Total Intervenidos
1964-65	11,931
1969-70	13,740
1974-75	8,753
1979-80	10,848
1984-85	10,332

Para conocer la gravedad del problema, es necesario darse cuenta de que entre 1988 y 1993 se radicaron 47,933 querellas contra menores en las salas correspondientes del Tribunal Superior.[88] De ellas, 11,859 corresponden al año fiscal de 1992-93, que incluyen 2,628 sobre portación de armas, 879 escalamientos, 864 violaciones a la Ley de Sustancias controladas y 626 robos.[89]

7. Discrepancias en las estadísticas

No todos los arrestos terminan en procesos judiciales. Entre los años fiscales de 1988 y 1992-93 se radicaron el Tribunal Superior unos 196,965 casos criminales, de los cuales 46,452 corresponden al último.[90] En el Tribunal de Distrito, las radicaciones en dicho lustro llegaron a un total de 219,103, de los cuales el último año arrojó un total de 40,595.[91] Esto no incluye los casos de tránsito, cuyo total en los cinco años indicados fue de 376,639,[92] o sea, un promedio anual de 75,328 casos.

En la década de 1990 al 2000 ocurrieron 8,473 homicidio en total. Según estadísticas de la Policía, se distribuyeron así:

1990	600
1991	817
1992	864
1993	954
1994	995
1995	864
1996	868
1997	724
1998	652
1999	593
2000	695

Sin embargo, dos profesores de la Universidad Carlos Albizu encontraron serias discrepancias entre las estadísticas de la Policía y las Estadísticas Vitales que publica el Departamento de Salud, hasta el punto de que en 1999 las muertes violentas, según Salud, fueron 705; en 1998 fueron 819; en 1997 fueron 881, en 1996 llegaron a 928; en 1995 alcanzaron 929 y en 1994 fueron 1017.[93] Uno de los elementos a tomar en cuenta es que la Policía no incluye en las estadísticas indicadas la muerte de personas causadas por la policía cuando actúa "en cumplimiento de su deber."[94]

8. La incidencia criminal en el siglo XXI

Renglón	2000-01	2001-02*	2002-03**	2003-04**
En trámite del año anterior	3,143	3,038	2,440	1,791
% en trámite del año anterior	23.1%	22.1	18.4	14.1
Mostradas durante el año	10,471	10,680	10,814	10,948
Resueltas durante el año	10,576	11,278	11,463	11,660
Índice de resolución	101.0%	105.6	106.0	106.5

* Datos preliminares
** Proyecciones

En el siglo XXI no baja la incidencia criminal. Entre 2001 y 2003 se dieron los siguientes totales de delitos Tipo I: En 2001, 75,379; en 2002, 90,783; en 2003, hasta noviembre, habían ocurrido 74,728 delitos Tipo I.[95]

Los delitos contra la persona –asesinatos/homicidios,

violaciones, robos y agresiones agravadas en el 2001 fueron 11,403, de los cuales 744 fueron asesinatos; en el 2002 ascendieron a 13,477, de los cuales los asesinatos fueron 780; en el 2003, el total llegó a 11,890, entre los que se sumaron 783 asesinatos. En el 2003 ocurrían 2.1 asesinatos por día; .06 violaciones, 21.2 robos y 8.7 agresiones agravadas. Es decir, cada 60 minutos ocurría un acto violento contra la persona.[96]

En un solo fin de semana largo, a partir de la celebración de Acción de Gracias de finales de noviembre de 2003, ocurrieron 19 asesinatos.[97] A pricipios de febrero de 2004, la Policía dio muerte a un maestro de matemáticas, que padecía de esquizofrenia, en medio de un confuso intento de arresto en la misma escuela, la Santiago Veve Calzada, de Fajardo. El maestro murió el miércoles 11 de febrero en el Hospital San Pablo. Para abril de 2004 habían ocurrido en el país 3 masacres distintas, en las cuales hubo un total de 9 asesinatos.[98] Se considera masacre cuando en un solo incidente mueren tres o más personas. Esas tres se habían dado en San Juan, Humacao y Fajardo. En julio ocurrió la cuarta masacre, esta vez en el residencial Lloréns Torres, de Santurce, dejando tres muertos y cinco heridos. [99] Esto elevaba los asesinatos del año a 246, unos 17 más que el año anterior para la misma fecha. En el cuatrienio terminado en junio de 2004, la Policía había efectuado 69,036 arrestos de adultos e intervenciones con menores. Los referentes a violaciones a la Ley de Sustancias Controladas ascendían a 43,014, hasta el 31 de mayo de 2004.[100]

V. Las causas de la criminalidad

No están claras las causas de la criminalidad. Sobre el particular el Grupo de Trabajo Multidisciplinario para Combatir la Criminalidad, nombrado por el Gobernador Hernández Colón en octubre de 1991, presidido por el Secretario de Justicia Héctor Rivera Cruz, señalaba en su Informe Preliminar del 9 de enero de 1992:

> La literatura en torno al tema coincide al concluir que la criminalidad es un fenómeno mundial cuyas causas siguen un patrón

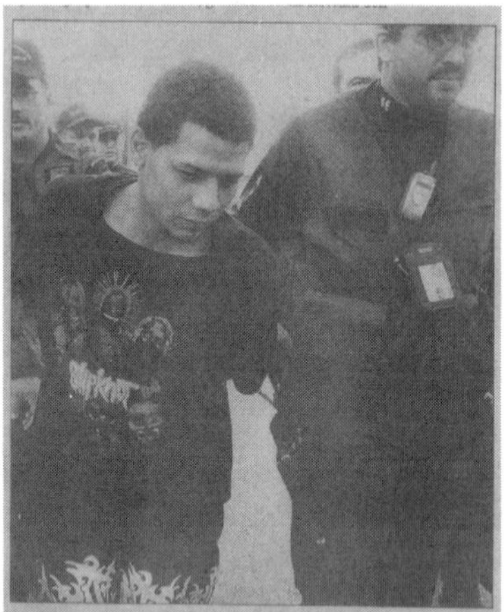

Tras ser arrestado por las autoridades en un apartamento del residencial San José, en Hato Rey, el temible asesino Melvin "Mel" Méndez Roldán confesó la autoría del asesinato del joven estudiante de trompeta Ricardo "Ricky" Morales Sáez.

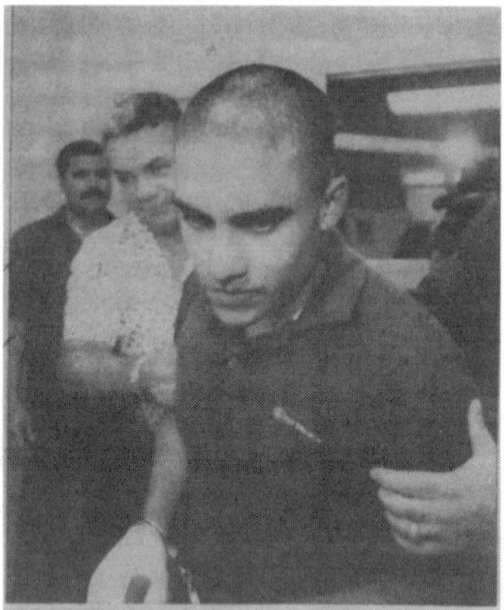

Josué Ulises Torres Pérez asesinó a su padre, el agrónomo Rigoberto Torres González, de 42 años, a su madre, Nancy Pérez Quiñones, de 40, maestra del Departamento de Educación, a su hermano Rodrigo Torres Pérez y a su abuela Miriam González González.

El ex director ejecutivo del Centro de Recaudación de Ingresos Municipales Eduardo Burgos Lebrón se declaró culpable por cargos de corrupción en el Tribunal Federal.

El ex senador del Partido Nuevo Progresista Freddy Valentín también se declaró culpable por actos de corrupción en el Tribunal Federal y comenzó a cooperar con diversas investigaciones.

común. Se enumeran, entre estas causas: las altas tasas de natalidad y de población joven, movimiento migratorio desde las zonas rurales a las zonas urbanas y a otros países, la inmigración, un crecimiento

Hoy: primer coleccionable de la Historia de la Salsa

PRIMERA HORA

Joven víctima de bala perdida

Nicole Muñiz, de 16 años, murió al recibir un balazo fatal mientras guiaba su vehículo

Preolímpico arranca en la isla

Bebé boricua de "rehén" en hospital dominicano

Mortal ataque a ONU en Irak

económico desbalanceado, altos índices de pobreza, pobres niveles de salud y vivienda, baja escolaridad, altos niveles de desempleo, consumo exagerado y vicioso, uso desmedido de drogas y alcohol, tráfico ilegal de armas de fuego, relajamiento de los valores éticos, orales y religiosos, debilitamiento de los valores de la familia y el resquebrajamiento de las instituciones de control social como la escuela, la iglesia y lo autoridad pública.[101]

Sobre las causas del crimen se han podido identificar hasta

siete clasificaciones de teorías, que pueden identificarse como clásica, biológica, psicológica, sociológica, social-psicológica, de conflicto o nueva criminología y la fenomenológica.[102]

Los propulsores de las teorías clásicas, especialmente Beccaria y Bentham, sostenían que el crimen es producto del libre albedrío del ser humano; la pena es un elemento importante de la prevención.

Las teorías biológicas, sostenidas por Gall, Lombroso, Sheldon y Jacobs, entre otros, encuentran la existencia de ciertos genes que predisponen al crimen. El tratamiento no luce efectivo, pero el sentido de agresividad podría desviarse hacia otros objetivos.

Las teorías psicológicas, cuyos sostenedores más notables serán Freud, Skinner y Aichhorn, opinan que el crimen es el resultado de un trasfondo psicológico, particularmente de las experiencias en la niñez. Estas teorías fueron iniciadas por Richard Dugdale, quien utilizó la técnica de los árboles familiares" para detectar tendencias hacia el crimen.

Las teorías sociológicas, cuyos exponentes más conocidos son Sutherland, Cohen, Merton y Becker, buscan el origen del crimen en la relación social con personas dedicadas al delito. Probablemente esta teoría justifica la clasificación de los convictos y la necesidad de evitar el contacto entre jóvenes delincuentes con convictos adultos de mayor experiencia criminal. Como es obvio, se atiende a la existencia de subculturas del delito o de la violencia. Marvin Wolfgang y Franco Ferracuti estudiaron la incidencia de homicidios en Philadelphia, descubriendo que el asesinato era una forma de vida, "a way of life",[103] entre ciertos grupos. En Puerto Rico, por ejemplo, terminando la segunda semana de agosto de 2004, se detuvo toda una ganga dedicada a cometer asesinatos por contrato en el área noreste del país. A ello hay que añadir las bandas que en los años sesenta se dedicaban profesionalmente al robo de automóviles y las que en la actualidad se dedican al negocio de las drogas y la bolita.

Reckless, Burguess y Hirschi son los nombres más conocidos en la teoría social-psicológica del origen del crimen. Entienden que el crimen es resultado de la falta de dirección u orientación personal, o de estar realizando una función o rol social inadecuado. Es de notar que 1939, Edwin Sutherland publicó la tercera edición de su libro *Principles of Criminology,* en la cual sostiene que los delincuentes pueden adquirir la costumbre de delinquir, de la misma forma que otros componentes de la sociedad adquirieren la tendencia a cumplir con la ley.[104]

Bajo lo que se conoce como la *teoría del conflicto,* Turk, Vold, Quinney y Chambliss, afirman que el crimen es una consecuencia natural de la desigualdad social, política o económica. Esta teoría explica el terrorismo, tema de tanta actualidad, como un conflicto de valores. Su fundamento es la desigualdad en la distribución de la riqueza, el poder y los recursos. Un crítico importante en este campo es Gwynn Nettler, quien sostiene que el gobierno no es el causante del mal, de la distribución injusta de las riquezas, ni los ofensores penales son tampoco víctimas inocentes del sistema.[105]

Stanton E. Samenow y Samuel Yachelson publicaron su obra *The Criminal Personality,* en tres volúmenes, en 1976. Frank Schmalleger hizo lo propio con la suya *The World of the Career Criminal*, en 1979. Plantean estos autores la visión que sobre el mundo del crimen tienen los delincuentes y los que no lo son. Los tres representan las teorías *fenomenológicas* del origen de la criminalidad. El fenómeno es *la apariencia o la manifestación* de algo, sea de orden material o espiritual. La fenomenología es la ciencia que estudia esa realidad. La fenomenología en materia del estudio de las causas del crimen concluye que no se conocen dichas causas, pero que en el proceso es útil el estudio de los casos reales para llegar a conclusiones generales. Nótese que esto está de acuerdo con el origen de la criminología que se inició con la publicación de causas reales.

En definitiva, pensamos que, tanto el resumen del Grupo de Trabajo indicado, como los autores que tratan el fenómeno de la criminalidad, demuestran que no hay certeza sobre el origen, sobre lo que produce la criminalidad. La realidad demuestra que el crimen es realizado por personas con escasos recursos y con bienes económicos enormes; que se dá en situaciones de pobreza o de riqueza; entre jóvenes y los que no lo son; entre los que están marginados en la sociedad y los que la dirigen; que no existe diferencia por razones de sexo o condición social. El resultado final demuestra, a nuestro juicio, que el crimen es un fenómeno inevitable, que no puede ser evitado, pero que puede ser controlado dentro de niveles tolerables. Es parte del proceso vital y del proceso histórico. Requiere soluciones prácticas, con un trasfondo de valores ideales a los cuales deben aspirar los individuos y la sociedad. No se tiene una solución mágica. Pero tampoco procede una sensación de abatimiento, de depresión abrumadora. La vida es mucho más que eso.

Quizás un ejemplo de este enfoque es la organización de la

***EL VOCERO* captó en exclusiva el momento del arresto del representante PNP Edison Misla Aldarondo en su residencia por cargos de corrupción.**

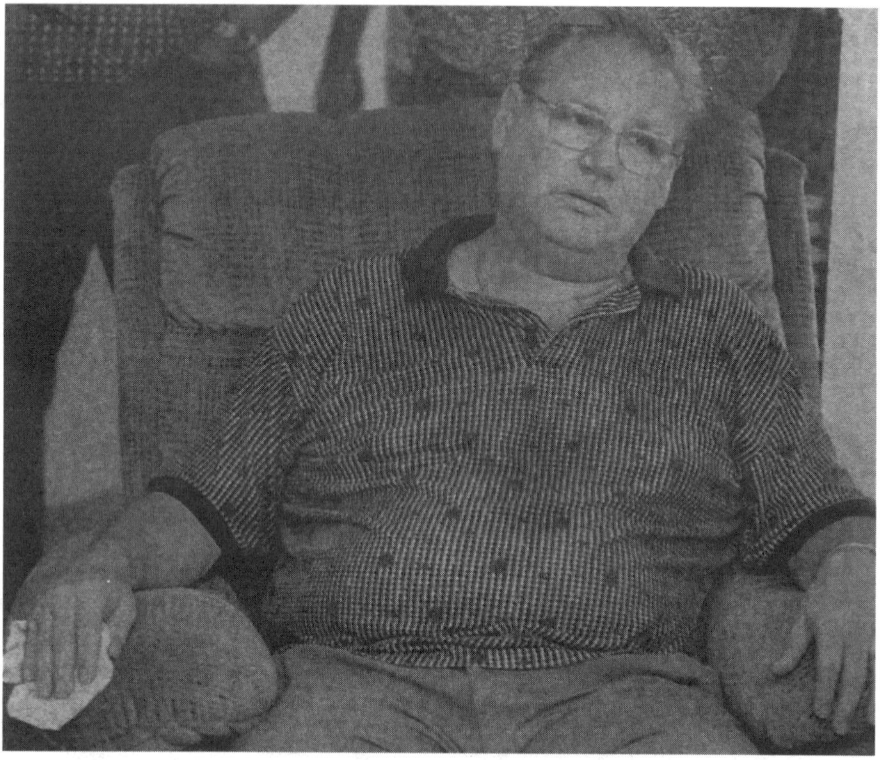

Angel "Buzo" Rodríguez, ex alcalde de Vega Alta, convicto por corrupción gubernamental

Cumbre Social que lleva tres años en funcionamiento. El jueves 19 de agosto de 2004, representantes de decenas de organizaciones de la comunidad se unieron con académicos y funcionarios gubernamentales para inaugurar la Tercera Cumbre Social en San Juan, este año dedicada al estudio de las causas de la violencia. Participaban, entre otros, José Rodríguez Báez, dirigente de la Federación de Trabajadores y Trabajadoras de Puerto Rico; Marcia Rivera, del Instituto Latinoamericano de Educación para el Desarrollo; el Doctor Daniel Nina, profesor de la Facultad de Derecho Eugenio María de Hostos y la Doctora María Enchautegui, profesora de la Universidad de Puerto Rico. Por el sector gubernamental, colaboraban César Rey, Secretario de Educación y Jorge Rosario, de Recreación y Deportes. María Rivera ofreció un informe sobre el desarrollo de la Segunda Cumbre Social; el Prof. Nina, una ponencia sobre "La violencia como fenómeno cultural y sus manifestaciones en Puerto Rico"; y la Dra. Enchautegui, otra sobre "La lucha contra la pobreza."[106] También participaban Félix Vázquez, Federico Torres y el ex Secretario del Trabajo, Ruy Delgado.

La toma de conciencia del problema de la criminalidad que hemos recalcado, sin embargo, no debe producir en el universitario o el estudioso un sentido particular de pesimismo. Hay que *ocuparse* del problema, no simplemente *preocuparse por* el problema. En todo tiempo lo hay. En ocasión de habérsenos otorgado el grado de Doctor Honoris Causa por la Universidad del Este el 15 de junio de 2004, dijimos lo siguiente:

> Un escritor nos cita un pasaje que dice:
>
> "Nuestra juventud ama el lujo. Tiene malos modales, desprecia la autoridad. Le falta el respeto a los mayores y le encanta la charla en lugar del ejercicio. Los niños ahora son tiranos, en lugar de ser sirvientes en sus casas. Ya no se ponen de pie cuando sus mayores entran a una habitación. Contradicen a sus padres, parlotean cuando hay visita, se tragan la comida y tiranizan a sus maestros."
>
> Parece un diagnóstico de esta semana. Alguno de ustedes estará murmurando en sus asientos: "Eso es verdad." Puede bien, jóvenes, eso lo escribió Sócrates en el Siglo V antes de Cristo. Fue citado por S. H. Ruch en su obra *Psychology and Life*. E Ismael Rodríguez Bou en *Las Nuevas Generaciones en Puerto Rico*.

Es preciso recordar que en nuestro país hay más de 3,800,000 personas. Cuando vemos que 50,000 de ellas incurrieron en un delito Tipo I o Tipo II, también es prudente recordar que más de Tres Millones y Medio de puertorriqueños estaban cumpliendo con la ley, no estaban cometiendo delito. Cuando leemos que unos miles de jóvenes están en el mundo del delito y de las drogas, es preciso recordar que muchos miles más están estudiando con dedicación y seriedad una carrera universitaria para ser útiles a esta sociedad.

No se puede minimizar el problema del crimen. Pero tampoco inmovilizarnos por el temor. Si lo permitimos, nos convertimos en

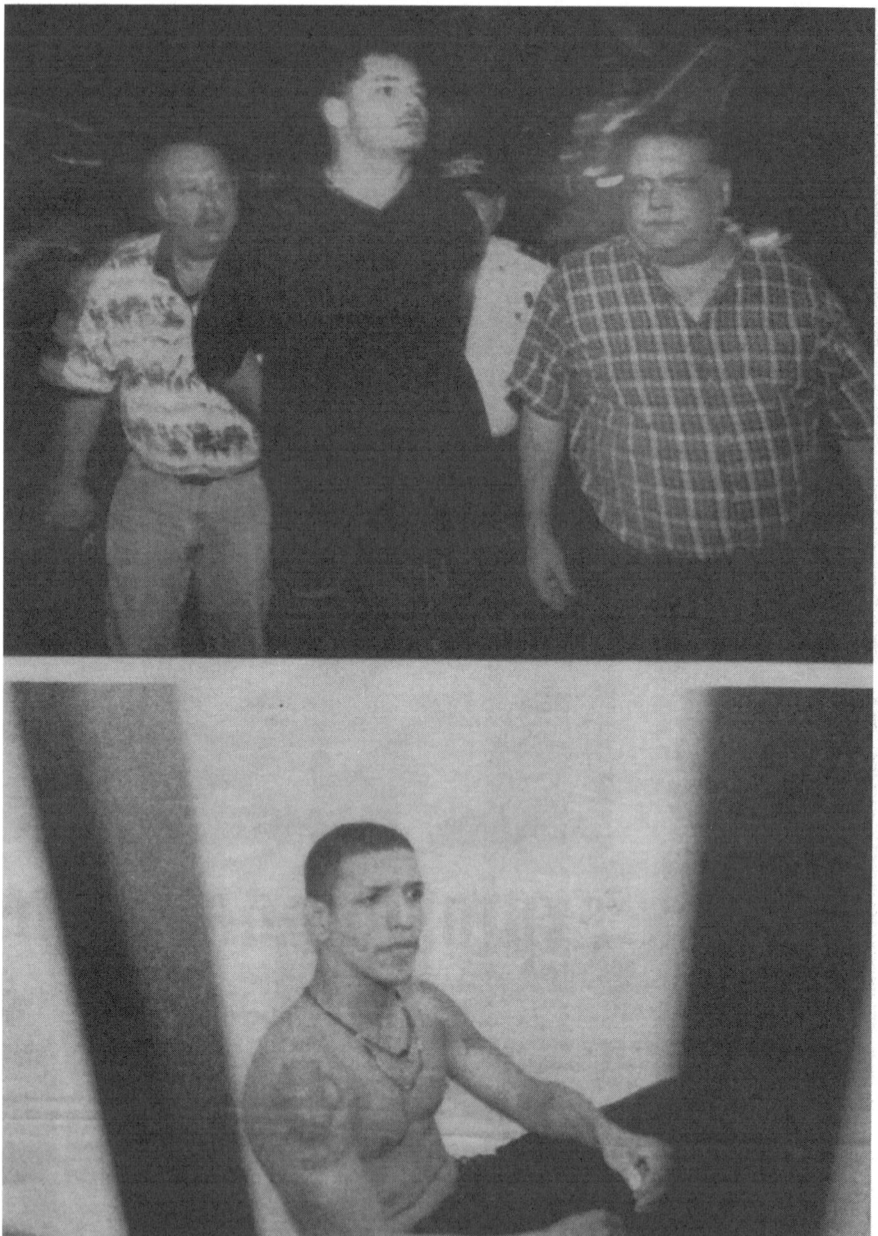

En la foto superior, Landy, abajo, Papo Yuca

parte del problema y no de su solución.

---

[1] *El Vocero de Puerto Rico*, 20 de enero de 2004, p. 24.
[2] *El Vocero de Puerto Rico*, 22 de enero de 2004, p. 12.
[3] *El Vocero de Puerto Rico*, 21 de enero de 2004, p. 3.
[4] Primera Hora, 2 de diciembre de 2003, p. 37.
[5] "Las Huellas del 2003", El Nuevo Día, 28 de diciembre de 2003, p. 3.
[6] *Claridad*, 11 a 17 de septiembre de 2003, p. 7.
[7] Ibid.
[8] IV Génesis 8.
[9] IV Genesis 2.
[10] IV Génesis 3 y 4.
[11] Ralph W. Scott, a **New Look at Biblical Crimes.** New York: Dorset Press, 1979, p. 5.
[12] IX Génesis 5 y 6.
[13] Scott, ob. cit., p. 6.
[14] XX Exodo 1 y ss., especialmente 13-17.
[15] Scott, ob. cit., p. 6.
[16] Loida Figueroa, **Breve Historia de Puerto Rico.** Río Piedras, P.R.: Editorial Edil, 1969, Tomo I, p. 41.
[17] Labor Gómez Acevedo y Manuel Ballesteros Gaibrois, **Vida y cultura precolombinas de Puerto Rico.** Río Piedras, P. R.: Editorial Cultural, Inc., 1980, págs. 13-25; Ricardo Alegría, **Historia de Nuestros Indios.** San Juan, P. R.,: Editora Corripio, 1992, págs. 15-18; Loida Figueroa, ob. cit., p. 29 y ss. Cayetano Coll y Toste, **Prehistoria de Puerto Rico.** Editorial Vasco Americana, S. A., España, p. 86; Eugenio Fernández Méndez, **Historia Cultural de Puerto Rico.** San Juan, P. R.: Ediciones "El Cemí", 1971, p. 47.
[18] Labor Gómez Acevedo y Manuel Ballesteros, ob. cit., p. 76; Blanca G. Silvestrini y María D. Luque de Sánchez, **Historia de Puerto Rico:Trayectoria de un pueblo.** San Juan, P.R.: 1987, p. 91; José Luis Vivas, **Historia de Puerto Rico.** Nueva York: Las Américas Publishing Co., 1962, p. 17.
[19] Salvador Brau, **La Colonización de Puerto Rico.** San Juan, P.R.: I.C.P.: 1969, p. 267.
[20] Silvestrini y Luque, ob. cit., p. 92; Labor Gómez Acevedo y Manuel Ballesteros Gaibrois, ob. cit., p. 76.
[21] Ibid.
[22] Angel Quintero Rivera, **Patricios y plebeyos: burgueses, hacendados, artesanos y obreros (Las relaciones de clase en el Puerto Rico de cambio de siglo).** Río Piedras, P.R.: Ediciones Huracán, 1988, p. 28.
[23] Gómez Acevedo y Ballesteros Gaibrois, loc. cit.
[24] Cayetano Coll y Toste, "Prehistoria de Puerto Rico", en **Enciclopedia Clásicos de Puerto Rico.** Barcelona: Ediciones Latinoamericanas, S. A., 1971, Tomo I, p. 44.

[25] "El proceso penal en el antiguo Derecho y el proceso penal moderno," **Rev. del Col. de Abo. de P. R.**, Vol. XIII, (Enero-marzo 1950), Núm. II, p. 81.

[26] Loida Figueroa, ob. cit., p. 40.

[27] Ob. cit., p. 42.

[28]Ibid. nota núm. 24.

[29] Gómez Acevedo y Ballesteros Gaibrois, ob. cit., págs. 69-70.

[30] Se denomina *de residencia* porque el juez debía residir en el lugar donde se efectuaba.

[31] Mandato legal de los reyes que se diferenciaba de los decretos reales y órdenes generales por la forma de publicación.

[32] Mons. Vicente Murga, **Historia Documental de Puerto Rico**. **El juicio de residencia....** Santander: Aldus, 1957, Tomo II, págs. xxii y ss.

[33] Se jugaba por dinero, gallinas, vinos y frutas. (Murga, ob. cit., págs. 42; 80, 84, etc.)

[34] Condenado y encarcelado por este delito varias veces "fue el boticario Francisco de Lizana." (Murga, ob. cit., p. 75).

[35] En este delito incurrían frecuentemente los funcionarios públicos, clérigos y casados. El ocurrido entre soltero y soltera no era punible por las leyes. De Sancho Velázquez se conocían al menos tres indias; García Troche tuvo una manceba de apellido Mejía. Con ellas tenían hijos los funcionarios. (Murga, ob. cit., p. xxxii; 38; 123 y otras.) Aunque las penas parecen impuesta principalmente a las mujeres, (Ibid, p. 77), también se impusieron a los hombres, como fueron los casos de Juan Rodríguez Sillero y Andrés Muñoz. (Ibid, págs. 131, 137).

[36] En San Germán, una mujer de nombre María Fernández fue encarcelada por hechicera y luego fue desterrada a Castilla. (Murga, **El juicio**..., p. 279, 295, 303). Igual se hizo con otra de nombre Iseo Rodríguez, que fue expuesta a la vergüenza pública en la picota.(Ibid, págs. 288, 293.)

[37] Los testigos declararon abundantemente sobre la comisión de este delito por Sancho Velázquez y los funcionarios públicos de su tiempo, especialmente por el repartimiento de indios o para no pagar multas. (Murga, **El juicio**...). Se les pagaba en dinero, prendas, vinos y frutos.

[38] Por esto fue condenado un tal Higueras, que lo llevó a vender a las minas. (Murga, ob. cit., p. 125.)

[39] Los criados del Tesorero Andrés de Haro "se acuchillaron... e hirió el uno al otro malamente." (Murga, **El Juicio** ..., p. 49; 90).

[40] Ibid, p. 139.

[41] Ibid, págs. xxxi-xxxii.

[42] Declaración de Juan Rodríguez Sillero. (Murga, **El juicio**..., p. 135).

[43] Jalil Sued Badillo, **Puerto Rico Negro**. Río Piedras: Editorial Cultural, 1986, p. 36.

[44] Personas que obtenían ganancias excesivas, mediante préstamo de dinero o reventa de productos. De esto fue acusado y encarcelado un tal Súarez. (Murga, ob. cit**.,** p. 39).

[45] Murga, ob. cit., págs. 38-39; 45.

[46] Ibid., doc. 176, p. 144.

[47] José R. Real Díaz, **Catálogo de las Cartas y Peticiones del Cabildo de San Juan Bautista de Puerto Rico en el Archivo General de Indias (Siglos XVI-XVIII).** Barcelona: Municipio de San Juan e Instituto de Cultura Puertorriqueña, 1968, p. 281.

[48] Ibid, p. 289.

[49] Francisco A. Scarano, Puerto Rico: **Cinco Siglos de Historia**. Colombia: McGraw-Hill, 1993, p. 257.

[50] Cartas del Cabildo, Apéndice II, págs. 284 y ss.

[51] Ilia del Toro Robledo, **Actas del Cabildo de Ponce.** Ponce: Gobierno Municipal Autónomo de Ponce, 1993; acta correspondiente al 14 de agosto de 1821, págs. 177-187.

[52] Pedro Tomás de Córdova, **Memorias.** San Juan: ICP., 1968, Tomo VI, págs. 439-440.

[53] Coll y Toste, **BOL. HIST.**, ob. cit., T. XI, p. 273.

[54] Coll y Toste, **Bol. Hist.,** Tomo IX, p. 15.

[55] Coll y Toste, **BOL. HIST.**, ob. cit., T. XI, págs. 310-311.

[56] Coll y Toste, **BOL. HIST.**, ob. cit., T. XII, págs. 53-54.

[57] Delito que comete quien mata a su padre, madre o hijo; o cualquiera de sus ascendientes o descendientes.

[58]Ibid, **Tomo X,** p. 347.

[59] Ibid, p. 13.

[60] Blanca Silvestrini de Pacheco, **Violencia y criminalidad en Puerto Rico, 1898-1973.** Río Piedras: Editorial Universitaria, 1980, p. 116.

[61] Guillermo A. Baralt, **Historia del Tribunal Federal en Puerto Rico: 1899-1999.** San Juan, P. R.: Publicaciones Puertorriqueñas, Inc. y Tribunal Federal, 2004, p. 28.

[62] Ibid., p. 22.

[63] Manuel López Rey Arrojo, Jaime Toro Calder y Ceferina Cedeño Zavala, **Extensión, características y tendencias de la Criminalidad en Puerto Rico.** Río Piedras: Upred Editorial, 1975, p. 108.

[64] Los datos estadísticos indicados en este apartado surgen de los Informes de Delito Tipo I de la División de Estadísticas de la Policía de Puerto Rico. Sobre este tema, véase Blanca Silvestrini Pacheco, ob. cit.,

[65] P. 114.

[66] Págs. 50-51

[67] Voto particular del Juez Rigau en Pueblo v. Báez Cartagena, 108 DPR 381, 393 (1979).

[68] Manuel López Rey Arrojo, Jaime Toro Calder y Ceferina Cedeño Zavala, **Extensión, características y tendencias de la criminalidad en Puerto Rico.** Río Piedras, P. R.: Upred Editorial, 1975, p. 119.

[69] *El Nuevo Día,* 4 de febrero de 1996, p. 8.

[70] López Rey y otros, ob. cit., págs. 130-131.

[71] Ibid.

[72] *Bohemia*, 6 de agosto de 1972, págs. 24-25.

[73] Bohemia, 25 de octubre de 1964, p. 2-A

[74] Ibid.

[75] Agustín S. Colón, "La verdad sobre el escandaloso robo de automóviles",

Bohemia, 5 de diciembre de 1965, págs. 38-39.

76 *El Nuevo Día,* 2 de octubre de 1996, p. 24.

77 Bohemia, 20 de octubre de 191963, p. 2 A

78 *Bohemia*, 5 de junio de 1966, p. 46; 2 de marzo de 1965, p. 44-A; 19 de enero de 1964, p. 16-A-17-A.

79 *Bohemia*, 13 de octubre de 1968, p. 39.

80 *Claridad*, 4 al 10 de diciembre de 2003, p.7.

81 Ibid., p. 6.

82 Ibid., p. 7.

83 Ibid., p. 6.

84 *Mensaje Especial del Gobernador del Estado Libre Asociado de Puerto Rico, Hon. Rafael Hernández Colón, sobre la Droga y la Criminalidad, a la Undécima Asamblea Legislativa, Sesión Ordinaria, 18 de febrero de 1992,* págs. 1-2.

85 *El Nuevo Día,* 3 de julio de 2000, p. 6.

86 *Ibid.*

87 www.design2net.com/comision_mujer/stats/stat_28.htm

88 Informe Anual de la Rama Judicial, 1992-1993, de la Administración de Tribunales, Anuario Estadístico, A-42.

89 Ibid, A-45.

90 Ibid., A-17.

91 Ibid., A-54.

92 Ibid., A-55.

93 Judith Rodríguez Figueroa y Alma Irizarry Castro, **El Homicidio en Puerto Rico.** San Juan, P. R.: Universidad Carlos Albizu, 2003, pág. 31 y Tabla 35.

94 Ibid., págs. 30-31.

95 *El Nuevo Día,* 26 de diciembre de 2003, p. 39.

96 *El Nuevo Día,* 4 de julio de 2004, p. 6.

97 *Primera Hora,* 2 de diciembre de 2003, p. 37.

98 *Primera Hora,* 13 de abril de 2004, p. 37.

99 *Primera Hora*, 31 de julio de 2004, p. 4.

100 *Primera Hora,* 3 de agosto de 2004, p. 31.

101 *Mensaje Especial del 18 de febrero de 1992*, citado, p. 24.

102 Frank Schmalleger, **Criminal Justice Today.** New Jersey: Prentice Hall, 1991, p.73. Véase también Olga Elena Resumil, **Criminología General.** Río Piedras, P. R.: Editorial de la Universidad de Puerto Rico, Segunda Edición, 2002; Manuel López Rey, **Criminología.** Madrid: Biblioteca Jurídica Aguilar, 1978; Laurence M. Friedman, **Crime and Punishement in American History**, New York: Basic Books, 1993; Angel M. Pacheco**, Violencia y Criminalidad,** San Juan, P. R.: Editorial Librotes, Inc., 1989; Charles E. Silberman, **Criminal Violence, Criminal Justice.** New York: Vintage Books, 1980.

103 Schamlleger, ob. cit., p. 87.

104 Ibid., p. 88.

105 Ibid., p. 95.

106 Eugenio Hopgood Dávila, "Inicia el análisis de la violencia la Cumbre Social", El Nuevo Día, 20 de agosto de 2004, p. 21.

Trasfondo Legal Español de la Justicia Criminal en Puerto Rico

III

I. Legislación española para América

Para facilitar el entendimiento del proceso histórico de las instituciones puertorriqueñas relacionadas con el sistema de justicia criminal, nos parece adecuado recordar que su antecedente bajo la dominación española estuvo regulado minuciosamente por el ordenamiento jurídico de ese país, por todo el conjunto de leyes o disposiciones con fuerza de ley que dicha nación había acumulado antes del descubrimiento y que desarrolló después del mismo, hasta la terminación de su dominio sobre el país en 1898.

II. El trafondo romano

Antes de los intentos codificadores españoles, el mayor éxito lo demostró Roma con su famoso *Corpus Iuris Civilis*.

Entre las civilizaciones antiguas, una de las más poderosas fue el *Imperio Romano*. La capital del mismo era Roma. Dicho Imperio se destacó por el desarrollo del Derecho. El Emperador

Constantino, entre el 306 y el 337, funda Constantinopla, una ciudad de la moderna Turquía, antigua ciudad griega llamada *Bizancio*, y al 2005, *Estambul*.[1] En el 395 D. C., el imperio romano se dividió.[2] Al morir el Emperador Teodocio, heredaron el poder sus dos hijos, menores de edad, Honorio y Arcadio. El primero, instalado en Milán, regiría en *Occidente*; Arcadio, lo haría desde Constantinopla, en el *Oriente*. En el 476 el Imperio de *Occidente* cae, ante el empuje de las tribus de los hunos, germanos, que atacaron Roma.[3] El de Oriente dura hasta el siglo XV.

Mientras tanto, en *Oriente*, entre el 527 y el 565 reina el Emperador Justiniano. Este ha de pasar a la historia por la recopilación y codificación de la histórica legislación romana, que contiene la sabiduría jurídica de ese imperio, en una extraordinaria colección que ha de ser conocida como el *Corpus Iuris Civiles*.[4] Justiniano nombró una Comisión de diez jurisconsultos, presidida por Triboniano,[5] la que, tras una ardua labor, redactó todo un cuerpo jurídico. Fue publicado en el año 529 en doce libros llamados *Código de Justiniano* (Codex Justinianus)[6]. Este fue integrado por las siguientes obras: (a) las *Pandectas* o *Digesto,* extracto metódico de las opiniones de unos quinientos juristas romanos; (b), el *Código*, conjunto seleccionado y organizado de las resoluciones de los Emperadores (c) las *Institutas*, textos de Derecho destinados a los estudiantes; y (d) *Novelas,* las leyes nuevas dictadas con posterioridad al Código.[7] Hay que señalar, sin embargo, que el Derecho Romano constituye una gran monumento jurídico en el campo *civil*; en el penal, ese Derecho fue particularmente deficiente. Un autor indica que los romanos fueron: "gigantes en el Derecho civil y pigmeos en el Derecho penal."[8] Sin embargo, hay que destacar una constitución de Constantino de 320 D.C. en la que se ordena abolir la crucifixión como medio de ejecución de la pena de muerte –de la cual fue víctima nada menos que Jesucristo–, la separación por sexo en las cárceles, la supresión de algunos tormentos, la manutención de los presos indigentes por el Estado y la existencia de patios asoleados para uso de los presos.[9]

III. España seguía su propio rumbo

En diversos momentos históricos, España intentó agrupar en una sola publicación todo el conjunto de las innumerables disposiciones reales o legales que regulaban su vida en sociedad. Como se sabe, el proceso más científico de publicación conocido es la codificación. Pero el inicio de la misma se encuentra en los comienzos del Siglo XIX con la de los códigos napoleónicos, empezando por su Código Civil de 1804. Antes de ese momento el sistema en uso fue la recopilación de leyes, generalmente en orden cronológico. Igualmente es preciso tomar en cuenta que bajo el manto de disposiciones con fuerza legal se regulaba mucho más que lo estrictamente jurídico o administrativo, con una intervención marcada del Estado en la vida personal de sus ciudadanos y sus obligaciones religiosas, penetrando incluso en asuntos de naturaleza moral. De ahí que las recopilaciones del derecho español estén saturadas de disposiciones que cubren variadísimas áreas de la organización gubernamental, derechos de la monarquía, normas jurídicas generales que regulan la vida comunitaria y la conducta de los súbditos. Es decir, no se trata de libros de contenido jurídico exclusivamente, sino también político, social, religioso, moral, en fin, de todo el hacer humano.

Nos parece adecuado resumir esa trayectoria del Derecho Español por su influencia poderosa en las instituciones de Puerto Rico.[10] Acentuamos la materia de contenido penal. Hemos de ver que al estudiar esas instituciones durante la dominación española, se hace referencia continua a las normas del derecho histórico español.

Las recopilaciones o agrupaciones más importantes del Derecho Español se pueden resumir en las siguientes:

A. El Fuero Juzgo (506) [11]
B. El Fuero Real (1255)
C. Las Partidas (1263) [12]
D. El Ordenamiento de Alcalá (1348)
E. Las Leyes de Toro (1505)

F. La Nueva Recopilación (1567)
G. Recopilación de las Leyes de los Reinos de Indias (1681)
H. La Novísima Recopilación (1805)[13]
I. Las Codificaciones del Siglo XIX
J. Ley Orgánica del Poder Judicial de Ultramar de 1891

Entre todo ese conglomerado de recopilaciones legales españolas, dos han de ser de particular importancia en Puerto Rico: las Leyes de Indias (1681) y la Recopilación de las Leyes sobre los Tribunales de Ultramar (1891).

IV. Las Leyes de Indias

La Recopilación de las Leyes de los Reinos de las Indias se produce en 1680 y se publica en 1681.[14] Con éstas, igualmente se mantenían en vigor todo el anterior Derecho de Castilla, que hemos enumerado antes.

La España colonizadora llamó *Indias Occidentales* a América. De ahí la denominación *Derecho Indiano*. Este Derecho estuvo integrado por todas las reglas jurídicas emanadas de las autoridades españolas, bien en la Península o bien creadas por sus representantes en América. Dichas reglas jurídicas tomaron la forma de Leyes, Cédulas Reales, Ordenanzas del Consejo de Indias, Instrucciones Reales, Reales Provisiones, Reales Decretos, Ordenes, Cartas, Autos Acordados de las Audiencias, Bandos de Virreyes, Gobernadores o Alcaldes, etc. Ops Capdequí nos dice que el Derecho Indiano está integrado "... por aquellos preceptos jurídicos dictados para su aplicación especial en los territorios de las Indias Occidentales por los altos organismos de gobierno radicados en la Metrópoli –el Rey, el Real y Supremo Consejo de las Indias y la Casa de Contratación— o por las autoridades en estos territorios, con facultades para dictar disposiciones de obligado cumplimiento dentro de sus demarcaciones jurisdiccionales."[15]

Esas reglas jurídicas del Derecho Indiano se caracterizan por una gran minuciosidad reglamentista, un casuismo acentuado, un

RECOPILACION
DE LEYES DE LOS REYNOS
DE LAS INDIAS.

MANDADAS IMPRIMIR, Y PVBLICAR
POR LA MAGESTAD CATOLICA DEL REY

DON CARLOS II.

NVESTRO SEÑOR.

VA DIVIDIDA EN QVATRO TOMOS,
con el Indice general, y al principio de cada Tomo el Indice
efpecial delos titulos, que contiene.

TOMO PRIMERO.

En Madrid: POR IVLIAN DE PAREDES, Año de 1681.

gran contenido religioso y una muestra continua de centralismo jurídico y defensa de los intereses de la monarquía española. [16]

Para el tiempo de su vigencia no se conocía el sistema de codificación moderno mediante el cual las leyes se presentan en forma ordenada y sistemática. Como dijimos, la forma de integrarlas y publicarlas era la *recopilación*. La más importante recopilación de las Leyes de Indias se terminó en 1680 y fue publicada en 1681 bajo el nombre *Recopilación de Leyes de Los Reynos de las Indias*. Está formada por nueve libros, divididos en 218 Títulos y aproximadamente 6,380 Leyes. Está en duda todavía si dicha recopilación es obra del jurista español Antonio de León Pinelo, con la intervención de Juan Solórzano Pereira, o de Fernando Jiménez Paniagua.[17] Sin embargo, un "Estudio Preliminar" de Ismael Sánchez Bella en la publicación de la *Recopilación de Las Indias*, de Antonio León Pinelo, en tres volúmenes, por la diversas entidades educativas y de gobierno de México en 1992, parece demostrar que el manuscrito de León Pinelo de 1635 es la fuente principal de la Recopilación de 1680.[18] Esa conclusión ha sido avalada por los informes sobre cotejo de la Recopilación de 1680 con el original de León Pinelo, realizado por profesores de Historia del Derecho de la Universidad de Navarra y por Sánchez Bella y presentados al IX Congreso del Instituto Internacional del Derecho Indiano celebrado en Madrid en febrero de 1990.[19] El original de León Pinelo se encuentra en el Archivo del Duque de Infantado, en seis volúmenes, dividido en nueve libros, que contienen unas 7,308 leyes.[20]

Antes y después de la obra de León Pinelo hubo otras recopilaciones, algunas de las anteriores usadas por este jurista. Entre las anteriores hay que mencionar los trabajos de Vasco de Puga, Juan López Velasco, Juan de Ovando, Alonso de Zorita, Diego de Encinas, Juan Francisco Montemayor, Diego de Zorrilla y Juan de Solórzano Pereira.[21] Sin embargo la más conocida es la Recopilación de 1681, de la cual se han publicado al menos cinco ediciones oficiales entre 1681 y 1841, y varias ediciones particulares en el siglo XX.[22]

Junto con esta Recopilación estuvo vigente en América hispana como derecho supletorio todo el Derecho de Castilla, incluyendo el Fuero Real, las Partidas, el Ordenamiento de Alcalá, las Ordenanzas Reales de Castilla, las Leyes de Toro y la Nueva Recopilación.[23]

Para el estudio del sistema de justicia criminal, en los tiempos modernos es esencial tomar en cuenta la protección de las libertades y derechos constitucionales. Entre las pocas disposiciones o instituciones del Derecho Indiano que podría considerarse protectoras de los derechos ciudadanos están las siguientes: (a) La transferencia a América del *Juicio de Residencia,* procedimiento investigativo de las actuaciones de altos funcionarios de gobierno en cuanto a su conducta durante el término de sus mandatos, una vez vencido el mismo; (b) inviolabilidad o protección de la correspondencia: se prohibía abrir o leer las cartas[24]; (c) ciertas libertades para la elección de rectores o catedráticos en universidades[25]; (d) ciertas libertades de clérigos, para votar y expresarse libremente en los Concilios Sinodales.[26] y (e) la exención de impuestos sobre los libros.[27]

La nota característica de ese Derecho Indiano era realmente la negación de derechos y libertades fundamentales. Había total unión de la Iglesia Católica y el Estado. Casi todo el Libro I de las Leyes de Indias está dedicado a este aspecto. No creer en las doctrinas de la Iglesia Católica era delito.[28] Corresponde al Estado construir las iglesias, templos, monasterios, conventos y hospicios.[29] No puede erigirse iglesia sin permiso del Rey.[30] El Rey es quien propone el nombramiento de obispos, arzobispos y abadías.[31] Además de ello, se establecía como política del gobierno destruir las creencias religiosas de los indios y sus símbolos religiosos.[32] Indios, negros y mestizos deben ser instruidos en la fe católica.[33] Se instituye en América la Inquisición.[34] Los catedráticos en las universidades deben enseñar que la Virgen María fue concebida sin pecado original.[35]

Se impone total censura previa de libros.[36] En este aspecto, la regulación es minuciosa, prohibiendo la impresión de libros de Indias sin ser vistos y aprobados por el Consejo de Indias, que todos los libros que se encontraran en América se enviaran de inmediato al Consejo, con multas severas contra los impresores y libreros; se prohibieron específicamente los libros de romance, profanos o fabulosos, así como los heréticos.[37]

Se limitaban severamente la libertad de movimiento, al extremo de prohibir pasar a América o regresar a España, sin permiso.[38] Ni siquiera los altos funcionarios podían traer a sus hijos, yernos o nueras.[39] Se dispuso que los casados en España y vivían en Indias, regresaran a la Península a hacer vida marital.[40] Igualmente se dispone que los vagabundos sean obligados a trabajar o desterrados,[41] y que los gitanos y sus mujeres sean echados de las Indias.[42] A los indios se les prohíbe andar a caballo.[43] Los negros no podían andar de noche por las ciudades.[44]

El discrimen por raza o por origen es la norma general: moros, judíos o sus hijos no pueden pasar a Indias sin licencia.[45] Igualmente se prohíbe la entrada de conversos, o hijos o nietos de convictos por la Inquisición.[46] Los negros sólo podían casarse con negras,[47] los mulatos, mestizos, negros libres o esclavos no podían portar armas[48]; los negros, libres o esclavos no podían tener oro, seda, mantos ni perlas.[49]

Igualmente, el tipo de pena dependía de la "calidad" del imputado: a las personas "de calidad", no se les podía imponer pena de galera[50]; en los casos de amancebamiento, la pena sería el doble que en Castilla[51]; ninguna mujer podía ser detenida por manceba de clérigo, fraile o casado sin preceder información en la que conste el delito.[52]

> Los hombres blancos que recalaron en América durante los primeros decenios después del Descubrimiento habían nacido en un país formado por dos comunidades separadas entre sí: la de los nobles o hidalgos y la de los plebeyos o estado llano. Los primeros constituían la clase o estamento privilegiado: estaban exceptuados de impuestos, ocupaban en cada comunidad la mitad de los cargos municipales, cualquiera fuera su número, no estaban sujetos a prisión por deudas y, si eran castigados con la cárcel, ésta era distinta de la de los plebeyos; no sufrían penas infamantes, y en la práctica sus delitos eran juzgados con una benevolencia infinitamente mayor que la se aplicaba al común.[53]

Por otra parte, las penas impuestas eran particularmente severas, tema que tratamos en libro aparte.[54]

V. La legislación española del siglo XIX para Puerto Rico

La Novísima Recopilación ha de ser la última que intenta recoger la *totalidad* del ordenamiento jurídico de España. Las compilaciones incluyen los aspectos administrativos del Estado o gobierno, municipios o instituciones, personas o entidades; normas sustantivas y procesales. Suelen incluir tanto leyes como doctrinas, opiniones o principios jurídicos que no son producto del legislador.[55]

El proceso codificador que hemos de conocer en el Siglo XIX separa los diferentes campos del Derecho, se especializa en zonas particulares. Así tendremos códigos civiles, penales, mercantiles o procesales.

La invasión de los franceses, a principios del siglo XIX, crea en España un hondo sentido de patriotismo y unidad nacional. Una de las manifestaciones de los nuevos tiempos será el deseo de codificación del Derecho Español contemplado por la Constitución de Cádiz de 1812. El art. 258 dispuso:

> El Código Civil y Criminal y el de comercio serán unos mismos para toda la Monarquía, sin perjuicio de las variaciones que por particulares circunstancias podrán hacer las Cortes.[56]

La restauración del poder monárquico, en 1814, impide el proceso. Algunos frutos se cosechan: en 1822 se produce el Código Penal; de 1829 es el primer Código de Comercio, que rigió en Puerto Rico por R. C. de 1832. En 1843 se nombra una Comisión general de Codificación, que produce un proyecto de Código Civil en 1851.

Seguía latente el deseo de los juristas de conseguir sistematizar y unificar al Derecho de España. Tras la revolución de 1868 que derroca a Isabel II, el 17 de julio de 1870, se aprueba un nuevo Código Penal.[57] Después del fracaso de Amadeo de Saboya, en 1873, las Cortes Españolas proclaman la Primera República. En

1874 se restaura la dinastía de los borbones, con Alfonso XII, hijo de Isabel II. Bajo la Constitución de 1876 se organiza una especie de monarquía parlamentaria, a la manera inglesa, con dos Cámaras. Nacen dos partidos políticos: el conservador, dirigido por Cánovas del Castillo, y el liberal, a cuyo frente está Práxedes Mateo Sagasta. Se devuelve el poder a los civiles, y a la muerte de Alfonso XII en 1885, se encarga de la regencia su viuda, María Cristina de Habsburgo, quien poco después dio a luz un hijo póstumo: Alfonso XIII.

Por Real Decreto del 23 de mayo de 1879 se extiende a Puerto Rico el Código Penal de 1870, bajo el título de Código Penal para las Provincias de Cuba y Puerto Rico, de conformidad con las recomendaciones de una Comisión al efecto nombrada el 9 de febrero de 1874. Ya desde 1838 se había creado la institución del Registro de la Propiedad en nuestro suelo, y la Ley Hipotecaria de 1861, enmendada en 1869, con algunos cambios, empezó a regir el 1 de mayo de 1880. En 1893 se hacen modificaciones de importancia a la Ley Hipotecaria que regía en la Isla. La Ley de Enjuiciamiento Civil de 1855, según enmendada en 1861, se hizo extensiva a Puerto Rico en 1885. El Código de Comercio de 1855 empezó a regir en la Isla por R. D. a partir del 28 de enero de 1886. En 1889 se extendió a Puerto Rico el Código Civil español aprobado en 1888.

Antes del proceso codificador español del Siglo XIX, se han de considerar vigentes en América, principalmente, las *Partidas,* Las *Leyes de Toro,* la *Nueva Recopilación* y la *Novísima Recopilación*. Las autoridades españolas modificaban esas normas o las instituciones por disposiciones particulares para los nuevos territorios y las nuevas realidades. Pero, especialmente en el caso del Derecho Indiano, es preciso tomar conciencia de que *vigencia jurídica* no significa en modo alguno *realidad histórica*. No siempre el Derecho que rige es el Derecho que se vive, que se respira y se sigue en la vida diaria. Era muy larga la distancia entre Sevilla y América en más de un sentido.

Para la década del 1530 del Siglo XVI, se señala que los alcaldes ordinarios deben juzgar a sus compañeros en tal función que cometían delito, de lo que se daba apelación para la Audiencia de Santo Domingo.[58] Por Real Cédula de 1540, se establece que las apelaciones de los alcaldes ordinarios o cualquier otro *justicia* de Puerto Rico se haría a dicha audiencia.[59]

Para 1888 se crean en Puerto Rico las Audiencias de lo Criminal. Se trata de tribunales colegiados de primera instancia, es decir, donde en cada caso intervienen varios jueces, para enjuiciar a los imputados de delitos, que seguirán funcionando en los primeros años de la dominación norteamericana. También se establece en ese año un Servicio de Estadísticas, adscrito a la Dirección General de Gracia y Justicia del Ministerio de Ultramar. Ya existía la Audiencia Territorial, que hacía las funciones de Tribunal Supremo del país.

Para los inicios de la última década del siglo XIX se hacía patente la necesidad de compilar, en forma unificada, la legislación referente al funcionamiento de los Tribunales. Por Real Decreto de 5 de enero de 1891 se aprueba el proyecto correspondiente de compilación y unificación de todas las leyes, decretos, y ordenanzas sobre la administración de la justicia en las colonias españolas preparado por la Comisión de Condición de las Provincias de Ultramar,[60] que estará vigente al momento del cambio de soberanía.

---

[1] José C. Ibáñez, **Historia Antigua y Medieval.** Buenos Aires: Editorial Toquel, S. A., 1984, p. 295.

[2] Juan A. Bustinza y Gabriel A. Ribas, **La antigüedad y el medioevo**. Buenos Aires: Editorial Kapelusz, 1972, p. 185.

[3] Alberto Malet, **Roma.** Buenos Aires: Librería Hachette, S. A., 1958, p. 187.

[4] Alvaro d'Ors, **Elementos de Derecho privado romano**. Pamplona: Ediciones Universidad de Navarra, S. A., 1975, p. 52; Aurelia Vargas Valencia, **Las Instituciones de Justiniano en Nueva España**. México: Universidad Nacional Autónoma de México, 2001, págs. 18 y ss; Pedro Bonfante, **Instituciones de Derecho Romano**. Madrid: Instituto Editorial Reus, 1979, págs. 1-5.

[5] José C. Astolfi, **Síntesis** de **Historia Medieval, moderna y contemporánea.** Buenos Aires: Editorial Kapelusz, 1968, p. 11; Alvaro'd Ors, ob. cit., p. 52,

[6] José C. Ibáñez. ob. cit., p. 344.

[7] Astolfi, ibid.

[8] Elias Neuman, **Prisión abierta**. Buenos Aires: Ediciones De Palma, 1984, p. 11, citando a Carrara.

[9] Emma Mendoza Bremauntz, **Justicia en la Prisión del Sur (El Caso Guerrero).** México: Instituto Nacional de Ciencias Penales, 1991, p. 30.

[10] Esta es una nota que le debo a mi amigo abogado José de la Texera, competente y valiente. Tenía dudas de añadirla, y él insistió en que la incluyera. Llevo más de treinta años como profesor universitario y tengo seis hijos que han sido o son estudiantes universitarios. A la altura del 2004, estamos muy conscientes de que la mayoría de nuestros estudiantes prefieren cursos cortos, textos flacos, no muy densos, y programas que empiecen los martes y terminen los jueves. Pero siempre hay un sector de elite, que disfruta la intensidad del estudio y que valora la educación integral, completa. Por eso, este capítulo puede ser pasado por alto por los que no interesen los trasfondos históricos. Pero deben entender que el profesor no escribe sólo para hoy, sino, y sobre todo, para mañana. Y ese mañana está mas cerca de lo que pensamos. Ser universitario es un honor. Y una responsabilidad. No sólo para nosotros, sino para la patria. Y como cuestión práctica, alguna vez en el texto debemos citar los códigos antiguos.

[11] José Castán Tobeñas, **Derecho Civil Español, Común y Foral**. Madrid: Reus, S. A., 1975, Tomo 1, Vol. 1, p. 177.

[12] Castán Tobeñas, ob. cit., p. 184.

[13]Marcelo Martínez Alcubilla, **Códigos Antiguos de España.** Madrid, 1885, p.755 y ss; Joaquín Escriche, **Diccionario Razonado de Legislación y Jurisprudencia**. Madrid, 1873: Cárdenas, Editor. Tomo II, p. 1418; Luis M. Ribó, **El Código civil y usted.** Barcelona: Editorial Bruguera, 1970, págs. 26-28;

[14] En 1943 el Consejo de la Hispanidad publicó esta **Recopilación de leyes de los Reynos de las Indias,** mediante copia directa de una edición anterior de 1841.

[15] José María Ots Capdequi, **Manual de historia del Derecho Español en las Indias y del Derecho propiamente indiano.** Buenos Aires: Editorial Losada, 1945, p. 329.

[16] Alberto Sarmiento Donate, **De las Leyes de Indias (Antología de la Recopilación de 1681).** México, D. F.: Secretaría de Educación Pública, 1988, p. 46.

[17] Ibid., p. 49.

[18] Ismael Sánchez Bella, "Estudio Preliminar" a **Recopilación de Las Indias por Antonio León Pinelo**. México: Miguel Angel Porrúa, editor, 1992, págs. 17-64.

[19] Ibid., pags. 58-61.

[20] Ibid., p. 25.

[21] Ibid., págs. 31-35; Sarmiento Donate, ob. cit., págs. 48-49; Luis Jiménez de Asúa, ob. cit., Tomo I, págs. 958-959; José Ignacio Echeagaray, **Compendio de Historia General del Derecho.** México: Editorial Porrúa, 2002, p. 203.

[22] Sarmiento Donate, ob. cit., págs. 51-52.

[23] Jiménez de Asúa, ob. cit., Tomo I, p. 959; Sarmiento Donate, ob. cit., p. 52.

[24] L. III, T. 16, L. VI. E. Elfren Bernier ha documentado la práctica de interceptar correspondencia por el gobierno norteamericano, incluyendo cartas relacionadas con Luis Muñoz Marín. Ejemplos múltiples encontró en las carpetas federales levantadas contra el exgobernador de la Isla. (**Anecdotario Mumarino III**. San Juan: Fundación Luis Muñoz Marín, 2002, p. 206 y otras.)

[25] L. I, T. 22, L I y V.

[26] Libro I, Título 8, Ley V.

[27] L. VII, T. 15, L. XXVII.

[28] L. I, T. 1, Ley I y ss; T. 6, Ley I y ss.

[29] L. I, T. 2, 3,

[30] Ibid, T. 6, Ley II.

[31] Ib. Ley III.

[32] L. I, T. 1, Ley II y ss.

[33] Ibid., Leyes XII, XIII y ss.

[34] L. I, T. 19, Ley 1 y ss.

[35] L. I, T. 22, Ley VIII.

[36] L. I, T. 24, Leyes I, IIII, XIIII

[37] Ibid.

[38] L. V., T. 1, Ley XVII; L. IX, T. 26, Leyes I y II.

[39] L. III, T. 3, Ley XII.

[40] L. VII, T. 3, Leyes I y VIII.

[41] L. VII, T. 4, Leyes I-IV.

[42] L. VII, T. 4, Ley V.

[43] L. VI, T. 1, Ley XXXIII.

[44] L. VII, T. 5, Ley XII.

[45] L. IX, T. 26, Ley XV.

[46] L. IX, T. 26, Ley XVI.

[47] L. VII, T. 5, Ley V.

[48] L. VII, T. 5, Leyes XIV-XVIII.

[49] L. VII, T. 5. Ley XXVIII.

[50] L. VII, T. 6, Ley XV; T. 8, Ley XIV.

[51] L. VII, T. 8, Ley V.

[52] L. VII. T. 8, Ley VIII.

[53] Ricardo Herren, **La conquista erótica de las Indias.** Barcelona: Editorial

Planeta, S. A., 1991, p. 27.

[54] Pedro Malavet Vega, **Derechos y Libertades Constitucionales en Puerto Rico.** Ponce, P. R.: Ediciones Lorena, 2003, págs. 337 y ss.

[55] Toda esta legislación histórica puede consultarse en la excelente biblioteca la Escuela de Derecho de la Pontificia Universidad Católica de Puerto Rico, con sede en Ponce o en la Facultad Eugenio María de Hostos en Mayaguez.

[56] José Trías Monge, **Historia Constitucional de Puerto Rico,** Vol. IV, p. 274.

[57] Ver Pueblo v. Lucret Quiñones, 111 DPR 716, 733 (1981).

[58] **Cartas del Cabildo de San Juan Bautista de Puerto Rico** (Siglos XVI-XVIII), Núm. 18-19, recopiladas por José J. Real Díaz. San Juan: Municipio de San Juan e Instituto de Cultura Puertorriqueña, 1968, p. 32-33.

[59] Ibid,. p.162-164.

[60] Compilación de las disposiciones orgánicas de la administración de justicia en las provincias y posesiones ultramarinas, Ministerio de Ultramar, Madrid, 1891; José Trías Monge, **El Sistema Judicial de Puerto Rico.** Río Piedras: Editorial Universitaria, 1978, págs. 37-41.

La Policía de Puerto Rico y la Criminalidad

IV

I. Concepto y función de la Policía

Es común entender que el vocablo *policía* identifica un cuerpo gubernamental creado para mantener el orden público. También sirve para denominar a los miembros de ese cuerpo. Es decir, se define como el cuerpo o la entidad, así como sus integrantes, encargados de velar por el mantenimiento del orden público y la seguridad de los ciudadanos, a las órdenes de las autoridades gubernamentales. El vocablo se deriva del francés *police* y del latín *politia,* que a su vez tiene origen en la voz griega *poiteía.*[1] Las raíces latina y griega hacen referencia a administración gubernativa, a gobierno, estado o ciudadanía.[2] Dicha función se extiende a la protección de la propiedad, la investigación y persecución del delito así como obligar a la obediencia de las leyes. El art. 3 de la Ley Núm. 53 del 10 de junio de 1996, que actualmente reglamenta al cuerpo de la Policía de Puerto Rico, expresamente señala:

> Se crea en el Estado Libre Asociado de Puerto Rico un

> organismo civil de orden público que se denominará "Policía de Puerto Rico" y cuya obligación será proteger a las personas y a la propiedad, mantener y conservar el orden público, observar y procurar la más absoluta protección de los derechos civiles del ciudadano, prevenir, descubrir, investigar y perseguir el delito y, dentro de la esfera de sus atribuciones, compeler obediencia a las leyes y ordenanzas municipales, y reglamentos que conforme a éstas se promulguen. Los miembros de la Policía estarán incluidos en el servicio de carrera.[3]

Nótese que en los tiempos actuales se considera el cuerpo como una entidad civil, es decir, no militar, como se consideró a principios del siglo XX, aunque todavía conserva la estructura de autoridad por grados equivalentes a los militares.

Como puede verse, dicha ley señala las siguientes siete obligaciones de la policía:

1. Proteger a las personas
2. Proteger la propiedad
3. Conservar el orden público
4. Proteger los derechos civiles de los ciudadanos
5. Prevenir el delito
6. Investigar y perseguir el delito
7. Compeler la obediencia de leyes, ordenanzas y reglamentos

La historia moderna de la Policía de Puerto Rico, bajo la dominación norteamericana, se ha desarrollado a partir de un grupo de Órdenes Generales de los militares dictadas en febrero de 1899, a las que han de seguir las leyes organizativas de 1901, 1902, 1908, 1948, 1956, 1974, hasta la actualmente vigente de 1996.

Hemos de ver que sus deberes u obligaciones no han estado siempre definidas de la forma en que se establece en la ley de 1996. Por ejemplo, en la Orden General Núm. 25 del 7 de febrero de 1899, se señalaba que el Cuerpo de la Policía Insular tendría a su cargo "el mantenimiento de la ley y el orden *en las secciones rurales de la isla.*" (Énfasis añadido). Lo "que se propone es que la Policía Municipal atienda el mantenimiento de la ley y el orden en las secciones urbanas..."[4] Se contaba también, en última instancia,

Policía de Puerto Rico, en prácticas con ametralladoras en 1937

Policía de Puerto Rico, a caballo en 1937

con la actuación del Ejército de Estados Unidos.[5] En 1956, la Ley Núm. 77 hacía referencia a su obligación de "proteger a las personas y a la propiedad, mantener y conservar el orden público, prevenir, descubrir y perseguir el delito… compeler obediencia a las leyes y ordenanzas municipales, y reglamentos que conforme a éstas se promulguen." Es bajo la Ley Núm. 26 del 22 de agosto de 1974 que se añade lo de "procurar la más absoluta protección de los derechos civiles del ciudadano." No se cumplió con ello en 1978, cuando las muertes del Cerro Maravilla. Hemos de ver en detalle más adelante sus objetivos y organización a través del siglo XX.

Otros cuerpos gubernamentales civiles cuentan con autoridad para investigar la comisión de delitos en áreas especiales, como es el caso del Negociado de Investigaciones Criminales (N.I.E.), el cual, adscrito al Departamento de Justicia, tiene facultad para investigar la actividad criminal organizada, en relación con el tráfico de drogas, el juego, la prostitución y otras actividades relacionadas.[6] En igual sentido se ha creado también el Cuerpo de Vigilantes del Departamento de Recursos Naturales, con autoridad para vigilar por el cumplimiento de las leyes sobre dichos recursos, portar armas, investigar, realizar registros, arrestar y formular acusaciones contra los transgresores.[7] Por otra parte, se conoce también el uso de policías militares por las Fuerzas Militares de Puerto Rico.[8]

Mediante la Ley Núm. 32 del 22 de mayo de 1972 se creó la importante Comisión de Investigación, Procesamiento y Apelación, con autoridad para intervenir en los excesos o violaciones de derechos en que incurran los funcionarios públicos autorizados para efectuar arrestos. El Art. 2 de la misma señala las funciones esenciales de la misma, que incluye amplia autoridad investigativa, función de cuerpo apelativo y obligación de rendir informes y recomendar legislación. En lo que puede relacionarse directamente con derechos civiles, dispone el apartado número 1 del Art. 2 de la Ley:

> La Comisión tendrá las siguientes funciones:
>
> (1) En caso de que se impute mal uso o abuso de autoridad a cualquier agente del orden público estatal o municipal, agente de rentas

internas o cualquier otro funcionario de la Rama Ejecutiva estatal o municipal, autorizado para efectuar arrestos, si la autoridad facultada para sancionar a dicho funcionario público no lo ha sancionado, la Comisión a solicitud del Gobernador, de algún alcalde, por iniciativa propia o a instancia de algún ciudadano o por referimiento de la autoridad con facultad para sancionar cuando ésta pierde jurisdicción en aquellos casos en que aplican los términos indicados en este capítulo podrá investigar y, si lo considera procedente, deberá iniciar formalmente cualquier procedimiento encaminado a la imposición de cualquier medida o sanción disciplinaria, que la referida autoridad facultada para sancionar hubiere podido imponer al funcionario, mediante la formulación de cargos específicos contra el funcionario público de que se trate dentro del término máximo de (6) meses, contados a partir de la fecha en que pueda entenderse que la autoridad facultada para sancionar a dicho funcionario público no lo ha sancionado.

Se entenderá que ha habido mal uso o abuso de autoridad cuando cualquier funcionario de los comprendidos en el primer párrafo de esta sección incurra en cualquiera de los siguientes actos, entre otros:

(a) Arrestos o detenciones ilegales o irrazonables;

(b) registros, allanamientos e incautaciones ilegales o irrazonables;

(c) acometimiento y/o agresión injustificados o excesivos;

(d) discrimen por razones políticas, religiosas, condición socioeconómica, o cualesquiera otras razones no aplicables a todas las personas en general;

(e) dilación indebida en conducir ante un magistrado a una persona arrestada o detenida;

(f) uso de violencia injustificada, coacción física o psicológica, intimidación o prolongación indebida, sobre o de una persona arrestada, o detenida para fines de investigación;

(g) negativa del funcionario para permitir que un arrestado o detenido involuntariamente, se comunique con su familiar más cercano o abogado;

(h) interceptación, grabación o cualesquiera otras transgresiones mediante artefactos físicos, químicos o electrónicos, de las comunicaciones privadas;

(i) incitar a una persona para la comisión de un delito en los casos que de no mediar esa incitación ésta no lo hubiere cometido o intentado realizar;

(j) persecución maliciosa;

(k) calumnia, libelo o difamación;

(I) falsa representación o impostura;

(m) utilización de evidencia falsa que vincule a una persona con la comisión de un delito o;

(n) iniciar y continuar una vigilancia o investigación ostensible, notoria e intensa sobre una persona, cuando por razón de estas características pierde toda efectividad como mecanismo prudente y discreto de investigación policíaca;

(o) obstruir, impedir o interrumpir ilegal o irrazonablemente el ejercicio legal y pacífico de las libertades de palabra, prensa, reunión y asociación, y de libertad de petición en las vías o lugares públicos.[9]

Esta Comisión, sin embargo, parece haberse desarrollado más como cuerpo apelativo que como entidad investigativa.

A partir de 1977 se revivió la vieja institución de la policía municipal,[10] cuyo desarrollo también tratamos más adelante.

Cuando se habla de *la policía,* se entiende este cuerpo civil y gubernamental. Pero también en nuestro medio coexisten otras instituciones policíacas de tipo privado, así como policía militar, tanto en la Guardia Nacional como en los campamentos militares de Estados Unidos en la Isla.

II. La Policía durante la dominación española

Durante el dominio de España, en Puerto Rico ejercieron las funciones de policía los propios gobernadores, alcaldes y regidores. Más adelante en el proceso aparecerán la Santa Hermandad, las Milicias Disciplinadas, las Milicias Urbanas, el propio Ejército, el Cuerpo de Orden Público, el Cuerpo de Serenos, la Guardia Civil, los Alguaciles y la Guardia Rural Especial sobre Vagos. Casi todos estos cuerpos realizaban sus funciones como guardia municipal. Aunque nuestros historiadores no han desarrollado el tema, durante el dominio español existió también la policía secreta. Una Real Orden del 8 de noviembre de 1858 enviada al Gobernador Capitán General de Puerto Rico, aumenta la asignación de fondos para esos fines, disponiendo:

> En vista de la carta de V. E. número 301 fecha 14 de junio último, la Reina (Q.D.G.) se ha dignado aprobar el aumento de 1,500 pesos que en ella se pide para gastos de Policía Secreta en esa Isla; y mandar se incluya dicho aumento en el crédito del Presupuesto relativo al próximo año venidero de 1859. De real orden, etc. El Ministro. –Sr. Gobernador Capitán General de Puerto Rico.[11]

Coll y Toste añade en una nota que "por efecto de este aumento ascendió la consignación para policía secreta a 4,020 pesos fuertes."[12]

III. La Policía bajo la dominación norteamericana

1. Se funda la Policía Insular en 1899

En los inicios de año 1898 el Cónsul norteamericano en La Habana había pedido la presencia de barcos de guerra para *proteger los intereses norteamericanos* en Cuba, entonces en revolución. Enviaron el crucero *Maine.* En la noche del 15 de febrero la nave estalla en la Bahía de La Habana. Aunque no se sabía entonces el origen de la explosión,[13] tras continuo intercambio de notas diplomáticas, el Presidente de Estados Unidos aprueba una Resolución de ambas Cámaras Legislativas que niega la soberanía de España sobre las islas caribeñas y amenaza con una intervención armada. Resulta evidente que se trata de una declaración de guerra y España ordena el retiro de su representante en Washington el 21 de abril de 1898.[14] En Puerto Rico, el Gobernador, General Manuel Macías Casado, declara la Ley Marcial y suspende la apertura de la Cámara de Diputados. El 17 de julio se permite la apertura del Parlamento Insular.

El 25 de julio de 1898, el General Miles invade a Puerto Rico por la Bahía de Guánica. Estados Unidos se apodera del país con la promesa de traer libertad y democracia. Después de un viaje a Barranquitas para ver a su familia, el 4 de agosto regresa a San Juan Luis Muñoz Rivera. Como regresaba por Aibonito, fue detenido por la Guardia Civil "porque se sospechaba tenía intenciones de cruzar la línea hacia el campo americano. Como Muñoz es el jefe del Gobierno, y jefe además de la Guardia Civil, el incidente ha tomado gran revuelo y amenaza con serias complicaciones."[15] El 8 de agosto el Gobernador y Capitán General Macías visitó a Muñoz Rivera y "se asegura que fue visita de desagravio."[16]

El 12 de agosto se firma el armisticio entre España y Estados Unidos, comprometiéndose España a cederle el control de la Isla a Estados Unidos. El cambio de mando toma unos tres meses, terminando el 18 de octubre con la toma de posesión de las nuevas autoridades en San Juan, bajo la comandancia del Gobernador militar, General John R. Brooke. El 23 de ese mismo mes, escribe Javier Figueroa, éste constituye un gabinete de trabajo compuesto por puertorriqueños e invita a Muñoz Rivera a presidirlo, a lo que el boricua accede.[17] Rivero, en cambio, señala que el 21 de octubre Brooke presidió una reunión del Consejo de Secretarios del Gobierno insular "y los confirma en sus puestos."[18] A pesar de que el 30 de noviembre de 1898 Brooke escribe al Departamento de Guerra que se propone mantener la situación de la Isla sin cambios fundamentales, en breve tiempo suprime el Parlamento insular, la Diputación Provincial; abolió tribunales y trasladó a comisiones militares la jurisdicción de casos criminales en materia de asesinatos e incendios.[19] Sostenía "que los tribunales del país no estaban actuando con suficiente severidad y prontitud, por lo que les encargó estas causas a comisionados militares nombrados *ad hoc*."[20] Brooke creó un Tribunal Supremo.

El 10 de diciembre de 1898 se firma en París el Tratado entre España y Estados Unidos.[21] De acuerdo con los artículos II y VIII del mismo, España cede a Estados Unidos la Isla, Guam y Filipinas. Bajo ese Art. VIII le cede todas las propiedades públicas, edificios, muelles, cuarteles, fortalezas, vías públicas. Nótese que esto ha de incluir cárceles y tribunales de propiedad gubernamental. El pago que recibe España es de apenas unos Veinte Millones de Dólares, conforme al Art. III. En el Art. IX se dispone que "los derechos civiles y la condición política de los habitantes naturales de los territorios aquí cedidos a los Estados Unidos se determinarán por el Congreso." En el XII se establece que las acciones en materia criminal pendientes ante el Tribunal Supremo de España contra ciudadanos del territorio que según el tratado deja de ser español, "continuarán bajo su jurisdicción hasta que recaiga la sentencia definitiva; pero una vez dictada esa sentencia, su ejecución será encomendada a la Autoridad competente del lugar en que la acción se suscitó."

Desde la ocupación hasta el 12 de abril de 1900 Puerto Rico estuvo sometido a un gobierno militar. Contrario a las promesas del General Miles, la época del gobierno militar de los Generales Brooke, Henry y Davis fue de crisis marcada para nuestro Derecho en general. En febrero de 1899, el nuevo Gobernador militar es Guy Henry, quien consideraba a los puertorriqueños *mentirosos habituales e incapaces de gobernarse,* necesitados de instrucción al nivel de *kindergarten*,[22] no toleró la libertad de prensa y enjuició a los periodistas y directores de *La Democracia* y *La Metralla;* creó el cuerpo de la Policía y el Departamento de Justicia. Este Departamento tenía a su cargo la dirección de las cárceles y presidios, la administración de la justicia y la vigilancia de los jueces. Henry reorganizó el gabinete y dejó a Muñoz Rivera fuera del mismo. Al frente del Departamento de Justicia colocó al abogado Herminio Díaz Navarro.

El último de los gobernadores militares —Davis— estableció la Corte Federal, concediéndole jurisdicción en toda causa criminal en que estuviese involucrado un ciudadano norteamericano; abolió las Audiencias de lo criminal, creó tribunales de Distrito y Municipales, ambos colegiados, y las Cortes de Policía. Los tribunales municipales se ocupaban de delitos menos graves; las de policía tenían jurisdicción exclusiva en materia de faltas, sin Derecho a apelación.[23] Como muestra del sometimiento de los tribunales a los Generales que gobernaban el país, llama la atención que el propio Tribunal Supremo de Puerto Rico pidió autorización al General Henry para publicar unas cartas de aclaración por un ataque del periódico en inglés *San Juan News.*[24]

Una de las primeras decisiones del segundo de los gobernadores militares, el General Guy Henry, fue separar el cuerpo de la policía existente hasta entonces de la dirección que ejercía la Secretaría de Gobernación. El 7 de febrero de 1899 dictó la Orden General Núm. 13 disponiendo lo siguiente:

> I. El cuerpo de Policía, dependiente hasta aquí de la Secretaría de Gobernación, queda en adelante bajo la inmediata dirección del Gobernador General, debiendo hacerse entrega a Mr. Techter de toda documentación relacionada con dicho cuerpo.
>
> II. Mr. Frank Techter se encargará provisionalmente de la organización del cuerpo y someterá a la aprobación los nombres de los elegidos. Estos, tan pronto como queden inscritos, se destinarán al servicio de las Estaciones o Puestos, comenzando por los puntos más importantes. Se escogerán para ello los hombres que reúnan mejores condiciones, prescindiendo de afiliaciones de partido e independientemente de la política. Los que en adelante se mezclasen en política no serán tolerados en el Cuerpo. A nadie se expulsará a no ser por la razón expuesta, por incumplimiento de sus obligaciones, o por incompetencia.
>
> . . .
>
> –Por mandato del Mayor General Henry:–Frank McIntyre, 1er. Tte. 19ª. Infantería, Ayudante General Auxiliar, en ejercicio.[25]

Hay un dato histórico que demuestra una inusitada ingenuidad del líder político Luis Muñoz Rivera, acaso la misma que tantos puertorriqueño tuvieron entonces. El Capitán Angel Rivero, el militar puertorriqueño, cronista de la Guerra Hispanoamericana, quien durante dicha guerra estuvo como jefe de todas las baterías del Fuerte San Cristóbal y al terminar la misma se reintegró a la vida civil, cuenta lo siguiente:

> Cierta mañana, mi excelente amigo Manolo Camuñas ... vino a buscarme de parte de Luis Muñoz Rivera. Juntos subimos a su despacho, y el Jefe del Gobierno Insular habló así:
>
> –Rivero, deseo formar una Policía Insular que sea garantía absoluta de paz y orden, que esté alejada de la política totalmente y revista cierto

carácter militar que mantenga su disciplina. ¿Quiere usted organizarla y aceptar el mando?

–Amigo Muñoz– le contesté–, me comprometo a organizar ese Cuerpo y a entregárselo a usted a punto de llenar su misión; pero siento decirle que no puedo aceptar el cargo que me ofrece.

Comencé mis trabajos, busqué a Urrutia, a Janer y a Carlos Aguado, antiguos oficiales del Ejército español; llamé a Molina, del Ejército cubano, y también a varios jóvenes paisanos. Otro día Muñoz me pasó nuevo aviso.

–No siga su trabajo –me dijo–, tratan de imponerme por jefe de la Policía a un soldado alemán. Estoy cansado y deseo irme; guarde sus papeles por si algún día puedo llamarle nuevamente en nombre de mi país.

Mucho tiempo después recibí una carta, que conservo, del general Reed; me ofrecía, a nombre del gobernador, el puesto de jefe de la Policía, dándome cuatro horas para contestarle. Un minuto me bastó para agradecer y declinar la oferta. . . .[26]

¿Cómo podía creer Muñoz Rivera que el nuevo gobierno norteamericano iba a poner en manos de un puertorriqueño una entidad tan importante políticamente como es la Policía apenas empezando un gobierno militar, o aún civil?

Dos días después de aquella Orden General, el 9 de febrero, el General Henry expide la número 15, distinguiendo, en la sección IV de la misma, la Policía Insular de la Municipal: "... se crea un Departamento Especial de Policía cuyo jefe estará sujeto a las órdenes directas del Gobernador General. La Policía a que se hace referencia es aquella conocida como la Policía Insular, independientemente de la Policía Municipal, que está bajo control de las respectivas municipalidades."[27] El 21 de febrero Henry determina la forma de organización del nuevo cuerpo policíaco mediante la Orden General Núm. 25:[28]

Ordenes Generales
No. 25

Cuartel General
Departamento de Puerto Rico

San Juan, Febrero 21,1899

I. Establécese por la presente una fuerza de policía que se denominará "Policía Insular".

II. El Cuartel General o Jefatura de la Policía Insular estará en San Juan y el jefe de dicho Cuerpo se entenderá directamente con el Comandante General del Departamento, a cuyas inmediatas órdenes permanecerá.

III. La Policía Insular, juntamente con el Ejército y la Policía Municipal, responderá del mantenimiento de la ley y del orden en la isla. Obrará, cuando se le llame debidamente, en unión del Ejército y de la Policía Municipal, pero no se inmiscuirá en las obligaciones del uno ni de la otra, toda vez que lo que se propone es que la Policía Municipal atienda el mantenimiento de la ley y el orden en las secciones urbanas y la Policía Insular el mantenimiento de la ley y el orden en las secciones rurales de la isla, debiendo el Ejército ser el último recurso y sólo cuando lo disponga la autoridad militar correspondiente.

IV. La Policía Insular se compondrá de un Jefe, un Segundo Jefe y los Capitanes, Tenientes Primeros y Segundos, Cabos y números que fueren necesarios.

V. La isla se dividirá en distritos, los distritos en barrios y cada barrio tendrá los puestos de policía se juzgase conveniente para el objeto de la institución.

VI. Los nombramientos se harán por el jefe de la Policía mediante la aprobación del Comandante del Departamento. Las destituciones podrán hacerse únicamente a causa de mala conducta o ineptitud y sólo por el Comandante del Departamento a propuesta del Jefe de la Policía.

VII. La Policía Insular estará sujeta a los reglamentos y estatutos que de tiempo en tiempo autorizase el Comandante del Departamento, los cuales deberán ser consultados por la Fuerza para su inteligencia y gobierno.

VIII. Por la presente se previene a todos los individuos de este importante Cuerpo que en su vida pública y privada deberán observar una conducta correcta y digna de militares, celo y denuedo que los hagan temer de los malhechores y respetar de los ciudadanos pacíficos.

Por mandato del Mayor General Henry: –W. P. Hall, Ayudante General

Como puede apreciarse el Jefe de la Policía de Puerto Rico estaba bajo las órdenes del Comandante Militar norteamericano del país. El principal objetivo de la nueva fuerza que se crea es el mantenimiento de la ley y orden *en la zona campera, rural de la Isla*. Esa función en los centros urbanos corresponde en primer lugar a la Policía Municipal y al Ejército. El nombramiento de los miembros de la fuerza lo hará el Jefe nombrado, con la aprobación del Comandante Militar en funciones, quien también debe aprobar los reglamentos correspondientes y determinar las destituciones por conducta impropia o ineptitud. Ese jefe de la Policía estaba a las órdenes inmediata del indicado Comandante. La oficialidad sería completada con un Segundo Jefe, Capitanes, Tenientes Primero y Segundos Cabos. Estos habrían de dirigir al resto de policías de fila. Nótese que no se provee para sargentos. Para fines organizativos, la Isla se dividiría en distritos, y éstos en barrios con los puestos de policía que fueren necesarios.

Por más de sesenta años, la Policía de Puerto Rico fue dirigida por Coroneles de las Fuerzas Armadas de Estados Unidos. Esto lo reitera un autor: "La Policía de Puerto Rico fue dirigida desde su origen por coroneles de las fuerzas armadas de los Estados Unidos."[29] Una práctica que se ha de repetir en esos años es que el referido jefe de la Policía es también Oficial de Inteligencia de las Fuerzas Armadas norteamericanas, puesto que ocupa simultáneamente. Además de Frank Techter, primer jefe y organizador del cuerpo de policía, los Coroneles George Shanton y William Bennet, mientras eran Jefes de la Policía, ocupaban el cargo de Jefes de Seguridad Militar para el Distrito de Puerto Rico en las Fuerzas Armadas norteamericanas.[30] Entre 1923 y 1930 será Jefe policíaco el Coronel G. W. Lewis, quien "se había destacado como capitán en la dirección de la Inteligencia Militar en el campamento Las Casas."[31]

El primer oficial nombrado para organizar y dirigir la Policía fue el Coronel Frank Techter, quien, como oficial de alto rango en la Marina, llegó a la Isla con las fuerzas de invasión del 25 de julio de 1898.[32] Era un militar de carrera. Según Martínez Valentín, los primeros catorce policías reclutados y su pueblo de origen fueron los siguientes:[33]

1. Francisco Cabrera	Mayagüez
2. Isidoro Carrasquillo Muñiz	San Lorenzo
3. Jenaro Delgado Toledo	Hatillo
4. Juan López Díaz	Fajardo
5. José Díaz Llenza	Parace ser de Caguas
5. Felipe Blanco	Santa Isabel
6. Pedro Cabán	Lares
7. Salomón Costa Olivieri	Las Marías
8. Gabriel Padró Oliveras	Ciales
9. José Feliciano Irizarry	Yauco
10. Alfonso Agrait	Ciales
11. José Urrutia	Ciales
12. Miguel Hurtado	Ciales
13. Manuel Edelmiro Padró	Ciales

Dicho autor añade que Francisco Cabrera ingresó como Capitán y fue el primero en ostentar ese rango.[34] Sin embargo, Mariano Negrón Portillo, citando informes oficiales, afirma que "en 1899 el Jefe Auxiliar era Luis Berríos y los cuatro capitanes eran José Urrutia, Enrique Molina, Pedro Guerrero y Antonio Salgado."[35] Este autor añade que Berríos fue destituído por su responsabilidad por unos sucesos ocurridos en Humacao el 26 de agosto de 1902 en las que tres personas resultadon muertas; el Capitán Molina renunció el siguiente año, y el Capitán Salgado también fue obligado a renunciar a principios de 1903. El Jefe Hamill, sucesor de Techter, no tardó en renovar la alta oficialidad.[36]

El primer detective reclutado fue Inocencio Díaz, natural de Bayamón, quien ingresó el 15 de abril de 1899.[37] Los primeros policías de la raza negra admitidos fueron Hilario Andino Verdejo y Balbino Santos.[38] En ese año también se enrola quien ha de organizar la policía secreta o de seguridad interna y el sistema de carpetas contra los disidentes políticos José Júdice Susoni, un lareño descendiente de padres italianos.[39] Júdice, primer perseguidor de independentista, llegaba con gran fama por haberse unido al ejército invasor, peleando a su favor en la batalla de Asomante, en la que tomó prisioneros españoles y por lo cual fue condecorado por el Ejército norteamericano.[40] Vale indicar que cuando el Coronel Francis Riggs, Jefe de la Policía, fue asesinado el 23 de febrero de 1936 por dos jóvenes nacionalistas, Hiram Rosado y Elías Beauchamp, a su vez asesinados por la policía en el cuartel de San Juan, Júdice tomó el mando de la fuerza como Jefe Interino.[41] En la labor de ficheo se destacan también en los inicios de la Policía el luego Capitán Felipe Asencio y Leopoldo García Miguens, ambos reclutados en 1899. Asencio se especializa en persecución por ideas religiosas,[42] García Miguens fue enviado como encubierto en viaje por Guaynabo, Bayamón, Naranjito, Orocovis, Jayuya, Adjuntas, Utuado y Ciales; de donde regresa tres meses más tarde con todo un listado de "antiamericanos."[43] Como parte del Informe final de 1989 de la Comisión de Derechos Civiles de Puerto Rico que investigó la práctica gubernamental de levantar carpetas contra los independentistas, se unió amplia evidencia documental de los informes de la policía y de los militares, entre los cuales documentos se incluye, como documento número 11, el informe del policía Leopoldo García Miguens del 24 de febrero de 1900. La persecuión política ha de producir más de "cien años de encarcelamientos por la independencia de Puerto Rico", como ha documentado recientemente el Dr. José *Ché* Paralitici.[44]

También desde el comienzo se espiaban las concentraciones políticas.[45]

Tanto Silén como Felipe Blanco serían capitanes y Jefes de la Policía en Ponce.[46]

Después de los catorce policías indicados, Techter incorpora otros 30 en el mes de marzo. Entre este mes y diciembre de 1899 el total de policías llega a 51 guardias.[47] Refiriéndose a estos inicios, dirá en 1923 el entonces Coronel de la Policía William R. Bennett:

> En enero de 1899 (sic) estando aún la Isla gobernada militarmente, la presente "Policía Insular de Puerto Rico" fue organizada por Mr.

> Frank Techter, bajo la dirección del General Guy V. Henry, Brigadier General que mandaba el distrito de Puerto Rico.
>
> Para empezar, el jefe Techter tuvo una fuerza de seis oficiales y cien guardias, que al año fue aumentada a dieciséis oficiales y trescientos cincuenta guardias, con un oficial del Ejército de Estados Unidos como Inspector. El trabajo de la Policía Insular estaba limitado a los distritos rurales y ciudades de menos de seis mil habitantes, estando las ciudades mayores bajo una organización conocida por la policía municipal aunque los alcaldes de tales ciudades y pueblos estaban autorizados para llamar en su auxilio a la Policía Insular si lo necesitaban. [48]

El salario de los primeros policías del 1899 parece haber sido de $360.00 anuales.[49] Esto equivale a $30.00 mensuales. Decimos que parece porque la referencia que hace un autor realmente está en la Ley de 1901.[50]

Estos policía se contrataban por el término de dos años y no contaba con uniforme propio. El Departamento de Guerra norteamericano le proveía uniformes del Ejército regular.[51] El Coronel Terence Hamill, quien dirigirá la Policía entre 1903 y 1908, sucediendo a Techter, se oponía a que se diseñara un uniforme distinto.[52] Precisamente en el Mensaje a la Legislatura del Gobernador Regis H. Post del 13 de enero de 1908, uno de los temas será la cuestión del uniforme de la Policía:

> Los miembros de la Policía Insular estaban uniformados del mismo modo que los oficiales y soldados del ejército de los Estados Unidos, lo que hacía difícil distinguir unos de otros, por lo que el Gobernador recomienda que se le dieran poderes a la Comisión de la Policía para que diseñara un uniforme que no se parezca a ningún otro vestuario que se use en la actualidad, y que se disponga luego que sea ilegal el uso por cualquier persona u organización de ese uniforme u otro similar, debiendo sufragarse los gastos por el gobierno.[53]

Igual situación se daba con relación a las armas. A los primeros policías que ingresan, se les "proveía de un rotén o una daga y eran asignado a un destacamento."[54] Es evidente que también debía

100 años
de servicio
a Puerto Rico
1899
POLICIA DE PUERTO RICO
PROTECCION
INTEGRIDAD
POLICIA
INSULAR
Puerto Rico
POLICIA
1er CENTENARIO
21 de febrero de 1899 • 21 febrero de 1999

tener armas de fuego, que se las presta el Ejército. La situación hará crisis en 1908. En su Mensaje a la Legislatura el 13 de enero de 1908, el Gobernador Post reclama una solución al asunto:

> [E]xpresa en su mensaje que las armas que usa el Cuerpo de Orden Público –carabinas y revólveres– las prestó el Departamento de Guerra de Estados Unidos "de acuerdo con la ley que provee para que se presten armas a las milicias de los diversos estados", pero por virtud de una decisión que fuera adoptada, se excluye a la Policía de Puerto Rico de esa ley y es necesario devolver las armas, lo que obliga a recomendar que se provea para la compra de armas antes del primero de julio del año actual.[55]

Debe recordarse que cuando se organiza esa policía de Puerto Rico no existe el uso público de automóviles, por lo que su medio normal de transportación es el caballo. Cuando en 1901 se aprueba la primera ley organizativa de la Policía, uno de los deberes de la Comisión de la Policía que allí se crea será aprobar los gastos de pienso, herrajes y cuido de los caballos y los pesebres donde se guarden.[56]

El autor José E. Martínez Valentín coloca a tres puertorriqueños como miembros de la policía militar –de nombre Ramón Julio Santiago, Nicolás Bidot y Miguel González– en octubre de 1898 resolviendo "la primera prueba para los investigadores policíacos en nuestra historia."[57] Se refiere a la tortura y asesinato del hacendado Antonio Delgado y la violación de varias mujeres en su finca de Adjuntas el 30 de septiembre de 1898.[58] El autor publica una fotografía de los tres agentes "rumbo al barrio Guayo de Adjuntas a lomo de los caballos."[59] Afirma que la noticia llegó al Cuartel General del Ejército en San Juan el 1ro. de octubre de 1898. Cabalgando en sus tres caballos, los policías indicados se mueven al lugar de los hechos y allí "se arrestó a 10 sospechosos del crimen." No ofrece ninguna fuente histórica para los datos.

Tenemos serias dudas de lo que se informa. No nos parece que para esa fecha del 1ro. de octubre de 1898 el Ejército norteamericano ya tuviera una policía militar con unos puertorriqueños reclutados para ella, elegantemente uniformados.

Todavía no había terminado el proceso de tomar posesión de los pueblos del país, lo que termina el 18 de octubre de 1898 con San Juan.[60] ¿De dónde se movieron los agentes? Es cierto que Adjuntas había sido tomado desde el 9 de agosto de 1898. La misma foto parece de un tiempo posterior. Los acusados convictos fueron juzgados en la Corte de Distrito de Ponce y condenados a muerte el 27 de junio de 1900.[61] ¿Por qué el juicio tarda más de un año en celebrarse?

Creemos que el autor toma los datos del libro *Los que murieron en la horca*, de Jacobo Córdova Chirino, publicado originalmente en 1954,[62] quien parece confirmar la intervención de los agentes Ramón Santiago, Nicolás Bidot y Miguel González.[63] Córdova añade otro agente: Michael Burke. Sin embargo, el propio artículo de Córdova contiene errores históricos de bulto. Aparece claro que el crimen ocurrió el 30 de septiembre de 1898, y que el juicio se celebró el 21 de junio de 1900. Pero Córdova incluye estos párrafos explicativos con datos incorrectos:

> Los periódicos en aquella época relataron los hechos. *La Democracia*, editada por Luis Muñoz Rivera, en Caguas, destacó los pormenores sangrientos de la tragedia del Barrio Guayo. El gobernador Hunt, el Procurador General, James S. Harlan; el Jefe de la Policía, Frank Techter, pidieron acción rápida. Tan sangriento crimen con tan macabros motivos y tan espeluznante desarrollo, no debía, no podía quedar impune.
>
> Llegaron confidencias, nacieron pistas y, poco a poco, evidencia tras evidencia, se construyó la red que el 13 de diciembre de 1899, quince meses después, apresó a los culpables. Intervinieron en los arrestos los agentes Michael Burke, Ramón Santiago, Nicolas Bidot y Miguel González.[64]

De entrada tenemos que no se trató de una salida triunfal de los tres agentes para descubrir a los autores del crimen en tiempo récord. El proceso tardó quince meses. Igualmente surge que fue simplemente el producto de confidencias. Pero lo que es más grave, es que los datos históricos verificables de Córdova son incorrectos. Para diciembre de 1899 no existía el puesto de

Procurador General ni lo ocupaba James S. Harlan. Eso es producto de la Ley Foraker aprobada en abril del 1900. Hunt no era Gobernador de Puerto Rico entonces. El primer gobernador civil norteamericano fue Charles H. Allen, quien tomó posesión del cargo el 1 de mayo de 1900 y se retiró el 15 de septiembre de 1901. William H. Hunt es el segundo Gobernador e inicia su mandato el 15 de septiembre indicado.

Es decir, tanto el crimen como el arresto y el juicio ocurren mientras Puerto Rico estaba sujeto a los gobernadores militares. La Policía Insular bajo la tutela de Techter se empieza a organizar en febrero de 1899. Mal podía en 1898 pedir acción rápida, que en todo caso no tenía que pedirla, sino realizarla.

Es decir, no puede descartarse la intervención de los policías señalados en el proceso de arresto, pero no se dieron, a nuestro juicio, esos aires triunfalistas de un gran éxito inicial de la policía.

2. La Comisión de la Policía y los Coroneles

A. Introducción: la Ley Foraker de 1900

Al empezar el siglo XX, se hace necesario terminar el gobierno militar de la Isla e iniciar una administración civil. El proceso comenzará con la primera ley federal que intenta organizar ese gobierno civil en Puerto Rico, aunque, como veremos, la Policía de Puerto Rico seguirá como una especie de institución militar.

Una *Ley Orgánica* es aquella que organiza el gobierno de un territorio, es un principio de carta constitucional *defectuosa*. En la Isla, el Tribunal Supremo resolvió que las leyes orgánicas norteamericanas hacían la función de un ordenamiento constitucional.[65]

El Congreso aprobó el 12 de abril de 1900 la Ley Foraker, la primera Ley Orgánica, estableciendo un gobierno civil provisional en la Isla. No era lo que los puertorriqueños esperaban, especialmente por representar un retroceso a las reglas de gobierno de la Carta Autonómica.

La Ley Foraker estableció un sistema de gobierno presidencial, copiando, de manera general, el sistema norteamericano, compuesto de las ramas tradicionales: la ejecutiva, la legislativa y la judicial.

El Gobernador era nombrado por el Presidente y tenía autoridad para conceder indultos o perdones, hacer nombramientos, hacer cumplir las leyes, vetarlas y rendir un informe al Presidente. Su nombramiento requería el consentimiento del Senado Federal. Como primer ejecutivo del país, era Comandante en Jefe de la Milicia y la autoridad máxima sobre la Policía de Puerto Rico. Debía informar anualmente al Presidente sobre la administración del gobierno de Puerto Rico.[66]

Mediante el requisito de exigir informes sobre el país y el sistema de nombramiento, se instituía el control federal sobre el gobierno de la colonia.

La ley creó un Poder Legislativo formada por dos cámaras: Una cámara alta que haría las veces del Senado que sería el Consejo Ejecutivo del Gobernador y bajo su autoridad, nombrado por el Presidente de Estados Unidos, con el concurso y consentimiento del Senado federal, por cuatro años e integrado por once personas: un Secretario, un Fiscal General (Attorney General, que hace las veces de un Secretario de Justicia) un Tesorero, un Contador, un Comisionado del Interior y Comisionado de Instrucción, así como otros cinco miembros también nombrados por el Presidente.[67] La otra sería la Cámara de Delegados –Cámara de Representantes– compuesta de 35 miembros a ser elegidos cada dos años.[68] Los miembros de la Cámara de Delegados debían tener 25 años o más y saber leer y escribir español e inglés.[69] La Asamblea tenía autoridad general para la aprobación de las leyes, en materia civil o penal.[70] Los proyectos de ley podían originarse en cualquiera de las dos cámaras, pero ningún proyecto pasaba a ser ley a menos que se votara en ambas por una mayoría absoluta de las mismas y las aprobara el Gobernador dentro de los diez días siguientes. Este podía vetar las leyes.[71]

El Poder Judicial se mantenía como hasta entonces, según organizado por las Órdenes Militares, es decir, Tribunales de Policía, Juzgados Municipales, Cortes de Distrito y Tribunal

Supremo. Se dispuso que los jueces del Tribunal Supremo y hasta el alguacil del mismo serían nombrados por el Presidente de los Estados Unidos.[72] Se proveyó para la revisión limitada de las sentencias del Tribunal Supremo por el Tribunal Supremo de Estados Unidos.[73] Las acciones criminales o penales se instruirán a nombre y por la autoridad de "El Pueblo de Puerto Rico.[74]" Es por eso que todos los documentos judiciales penales, incluyendo las denuncias y acusaciones y hasta los boletos de tránsito llevan más de un siglo identificados como "El Pueblo de Puerto Rico" versus el acusado o imputado.

Se creó, además un nuevo cargo, el de Comisionado Residente de Puerto Rico en los Estados Unidos. Se legalizó también el Tribunal Federal.[75] Y reconoció dicha ley un cuerpo político llamado El Pueblo de Puerto Rico, con capacidad para demandar y ser demandado.[76] Obsérvese que no se concedió la ciudadanía norteamericana. Los puertorriqueños seríamos "ciudadanos de Puerto Rico."[77]

Dicha ley no contenía una Carta de Derechos.

Como suele suceder, correspondía a los tribunales definir e interpretar cuál era la situación política de Puerto Rico. Esto era importante para determinar la aplicación a la Isla de la Constitución y las leyes federales. El Tribunal Supremo de Estados Unidos resuelve entonces los llamados *Casos Insulares,* que tratan sobre el particular. En ellos, en síntesis, se determina que Puerto Rico no era un país extranjero con relación a Estados Unidos, sino un territorio no incorporado, pero organizado, en el cual no se aplicaban todos los derechos contemplados por la Constitución de ese país, sólo algunos.[78] Estas doctrinas serán sostenidas en *Balzac v. People of Porto Rico,* (sic) 258 US 298, (1922).

Por otra parte, a raíz de la Carta Autonómica, en los últimos meses del dominio español sobre la Isla, se celebraron elecciones el 27 de marzo de 1898. Concurren cuatro agrupaciones políticas, obteniendo los siguientes resultados: ganan los Liberales, cuyo líder era Muñoz Rivera, con 82,627 votos; al que siguen los Ortodoxos, con 15,068; los Incondicionales, con 2,144 votos; y los Oportunistas, que obtienen solamente 1,585.[79] Tras la invasión norteamericana de ese año, mediante la Orden General Núm. 145 del 21 de septiembre de 1899, se decreta la celebración de elecciones municipales para toda la Isla, que han de extenderse por unos cien días, hasta febrero de 1900. Las fuerzas políticas se agrupan en tres partidos: el Federal, antiguo Partido Liberal, bajo la dirección de Muñoz Rivera; el Republicano, antiguo Partido Ortodoxo, en el cual se destaca el liderato de José Celso Barbosa, y, por último, el Obrero Socialista, con Santiago Iglesias Pantín como figura principal, que no acudió a las urnas. Los Federales obtuvieron mayoría, con 28,880 votos, ganando 44 municipios; los Republicanos contaron con 22,749 votos, dominando 22 alcaldías. Fueron elecciones muy duras, con batallas campales entre los seguidores de cada partido, tumultos salvajes y agresiones, que han de anticipar la tumultuosa realidad política del país de los próximos cuatro años. Cuando en 1900 se inicia el primer gobierno civil de la Isla, bajo la Ley Foraker, el gabinete del gobernador norteamericano es integrado por dos federales —José de Diego y Manuel Camuñas—; dos republicanos —José Celso Barbosa y Rosendo Matienzo Cintrón, y un independiente: Andrés B. Crosas. Dicha ley, como indicamos, dispuso la elección de una Cámara de Delegados.

El anticipo en violencia de las elecciones se agiganta entonces entre federales y republicanos, dando lugar a lo que se conoce en la historia política del país como el tiempo de las *turbas republicanas*.[80] Con este nombre se describe a un grupo de delincuentes políticos, afiliados al Partido Republicano de Puerto Rico que en los primeros cuatro años del siglo XX, se dedicaron a agredir a los partidarios del Partido Federal y a atacar las oficinas de ese partido y los periódicos opositores. Los políticos de aquel partido en el poder respaldaron los atropellos de sus seguidores; la policía, también controlada por dicho partido, se hizo de la vista larga ante los ataques. En el proceso ocurrieron asesinatos y se produjeron graves heridas a personas, así como la destrucción de tipos y equipos de impresión de los periódicos. Los jueces de primera instancia, también republicanos, actuaban con timidez. La situación se tornó tan peligrosa que algunos políticos abandonaron sus pueblos o el país, como fue el caso de Muñoz Rivera. El 13 de septiembre del 1900 las oficinas del *Diario de Puerto Rico,* órgano del Partido Federal, que dirigía Muñoz Rivera, fueron asaltadas, destruyendo el equipo de imprenta. Al día siguiente, fue asaltada la residencia de Muñoz Rivera en la calle Fortaleza Núm. 19. Surgió un tiroteo. El Juez Carlos Franco Soto, luego miembro del Tribunal Supremo, acusó a Muñoz Rivera y un grupo de sus compañeros por dicho tiroteo, cuando éstos alegaban ser las víctimas. El fiscal contra Muñoz fue Emilio Del Toro Cuevas, luego nombrado miembro del Tribunal Supremo y su Presidente. La defensa estuvo a cargo del Lic. Rafael López Landrón y el Lic. Juan Hernández López. Muñoz Rivera y sus amigos fueron absueltos, luego de un ruidoso juicio, el 22 de diciembre del 1900.[81]

Una figura notoria en ese tiempo de las turbas, convicta y encarcelada, ha de ser José Mauleón Castillo.[82] La canción popular recogió el momento histórico.[83] El panorama no empezara a encontrar una paz relativa hasta la organización y éxito eleccionario del Partido Unión de Puerto Rico, a partir de 1904. Pero en 1900, ante esa situación de turbas, los federales optan por el retraimiento, por no participar en las elecciones. El Presidente de Estados Unidos nombró como primer Gobernador bajo su mandato a Charles Allen, entonces Subsecretario de la Marina de ese país. En las elecciones de noviembre de 1900, los Republicanos obtienen 53,367 votos y los Federales 148. Los primeros eligen a todos sus candidatos para la Cámara de Representantes y a Federico Degetau González como Comisionado Residente. Esa Cámara de Delegados, electa por dos años, es la que aprueba el 31 de enero de 1901 la primera Ley "Creando una Policía Insular de Puerto Rico." El 3 de diciembre de 1900, el Gobernador Allen presenta su primer mensaje a la Legislatura recién elegida, en el cual señala, entre otros, dos puntos de importancia: (1) recomienda una revisión completa de la Ley Municipal para limitar las funciones de los alcaldes a su ministerio; (2) sobre la Policía Insular expresa que "he estado íntimamente asociado con dicho cuerpo y considero un placer ofrecer testimonio sobre su excelencia en general y encomiarlo como organización."[84]

B. Organización de la Policía en 1901

Como indicamos, el 31 de enero de 1901 la Legislatura de Puerto Rico aprobó la primera ley para organizar la Policía de Puerto Rico. En ella se establece el nombre oficial del cuerpo: Policía Insular de Puerto Rico,[85] se limita la autoridad municipal para tener cuerpos de policía y aparece por primera vez la institución de la Comisión de la Policía[86] que ha de estar ligada al funcionamiento de la misma con autoridad por más de cincuenta años. Estudiamos la misma bajo los epígrafes que señalamos a continuación:

(1) Funciones de la Policía

Bajo esta legislación aprobada por la Asamblea Legislativa de Puerto Rico, las funciones de la Policía, orientadas fundamentalmente hacia el área rural del país, son las siguientes:[87]

(a) Proteger las personas y la propiedad
(b) Mantener y preservar el orden público en los distritos rurales
(c) Mantener y preservar el orden público en los pueblos de menos de 6,000 habitantes
(d) Mantener y preservar el orden público en los pueblos de más de seis mil habitantes en circunstancias especiales:
Cuando ocurra o está a punto de ocurrir un motín o desorden serio.
Cuando lo solicite el Alcalde de la ciudad.
Cuando lo determine u ordene el Gobernador
(e) Practicar diligencias y citaciones judiciales[88]
(f) Colaborar en el arresto de personas acusadas de crímenes.[89]

(2) Área sujeta a su autoridad o jurisdicción

Nótese que esta legislación sigue en este aspecto la misma orientación de las órdenes generales que concebían la policía como una entidad para mantener el orden en la zona rural o en los pueblos pequeños. La frontera poblacional se establece en los seis mil (6,000) habitantes, según el censo de 1899-1900. No se aclara, como se hará en la Ley de 1902, que dicha población se refiere exclusivamente a la zona urbana. Para ese año de 1901, pocas ciudades de Puerto Rico contaban con una población superior a los 6,000 habitantes en su zona urbana. Ya se establece expresamente que los municipios con una población menor de 6,000 habitantes no podrán tener Policía Municipal: "...no habrá Policía Municipal en ningún pueblo que contenga menos población que la indicada de seis mil (6,000) habitantes."[90]

La determinación de usar la Policía Insular en los pueblos con una población superior depende en realidad de la discreción o juicio de la propia Policía, a través del "oficial encargado", cuyo puesto se mantenía dentro de las ciudades o pueblos de la Isla,[91] o bien de una orden discrecional del Gobernador. En esos casos, la autoridad de la Policía Insular será siempre superior a la Policía Municipal que exista en el pueblo intervenido, autoridad que dicha policía estaba obligada a reconocer.[92]

(3) Dirección de la Policía

La autoridad superior o última sobre la Policía la tiene el Gobernador, quien actúa a través de un Jefe de la Policía que él nombra y conserva la facultad para destituir. Igualmente corresponde al primer ejecutivo nombrar todos los oficiales y otorgar todos los ascensos de Segundo Teniente para arriba,[93] así como la destitución de oficiales, toda vez que éstos "tendrán su nombramiento a disposición del Gobernador."[94] Este tiene también la autoridad, conforme a la ley, para aprobar los reglamentos de la Policía, el número de agentes que la ha de componer, la remuneración, determinar el destino de los oficiales, ordenar a la Policía entrar a cualquier pueblo y nombrar los integrantes de la Comisión de la Policía.

A Jefe de la Policía, además de la dirección general del cuerpo, corresponde nombrar a los oficiales subalternos, es decir, cabos y sargentos.[95] Con relación a los últimos, tiene la facultad para recomendar la retención de su rango cuando vuelven a sentar plaza dentro de los diez días del licenciamiento.[96] Participa en el nombramiento de todos los policías por su posición como miembro de la Comisión encargada de esos nombramientos.[97]

Precisamente el dato más notable de esta primera legislación es la creación de la Comisión de la Policía, que ha de compartir su dirección con el Jefe por más de cincuenta años, produciendo a veces zonas de conflicto. Para "la inspección superior y los detalles de administración" se crea esta nueva entidad llamada Comisión de Policía Insular. Dispone la Sec. 4 de la Ley:

> Dependerá la Policía Insular exclusivamente de su Jefe, sometido a la dirección del Gobernador, y la inspección superior de los detalles de administración referente a dicha fuerza incumbe a la Comisión de Policía Insular que la presente ley establece.

La autoridad para nombrar dicha Comisión la tiene el Gobernador, mediante el consejo y consentimiento del Consejo Ejecutivo.[98] La propia composición de dicha Comisión refleja la amplia autoridad del Gobernador y la falta de independencia de la entidad, bajo esta primera ley, toda vez que se compondría del propio Jefe de la Policía y dos ciudadanos adicionales que debían desempeñar el cargo sin remuneración. Uno de esos dos debían ser un médico y el nombramiento era por dos años,[99] el mismo tiempo por el cual se reclutaba a los policías. Esa posición debía atraer candidatos por el honor de servir y el ejercicio del poder.

A dicha Comisión se le reconocían las siguientes facultades y deberes:

(a) Establecer mediante reglamento los requisitos para entrar a la fuerza.

(b) Examinar a los aspirantes.

(c) Nombrar a todos los policías, según sus méritos.

(d) Redactar reglas y reglamentos para disciplinar a los policías mediante Consejos de Guerra.

(e) Destituir a los policías por terminar el período de dos años, incapacidad física, por sentencia del Consejo de Guerra o convicción ante los tribunales por haber cometido un crimen.

(f) Distribuir la fuerza policíaca por ciudades y pueblos.

(g) Fijar la remuneración de los policías, conforme a la ley y con la aprobación del Gobernador.

(h) Determinar el tamaño de la fuerza dentro de los límites señalados en la ley.

(i) Autorizar los gastos de la policía.

(j) Aprobar los comprobantes de dichos gastos.

(k) Aprobar reglas sobre la función de citar y realizar arrestos.

(4) Requisitos para entrar a la Policía

Aunque la ley establece la autoridad de la Comisión para aprobar los reglamentos sobre los requisitos para entrar a la fuerza, la misma establece las condiciones mínimas con las cuales es preciso cumplir.[100] Son estas:

(a) Ser ciudadano bonafide de Puerto Rico

(b) Tener entre 21 y 40 años de edad.

(c) Tener buena reputación.

(d) Tener buena salud.

(e) Saber leer y escribir.

(f) No pesar menos de 130 libras.

(g) Tener estatura de por lo menos 5 pies 6 pulgadas (1.68 m)

(h) Tener capacidad respiratoria de dos pulgadas por lo menos.

(i) Aprobar el examen de la Comisión de la Policía.

Vale indicar que el nombramiento en este tiempo y bajo esta ley era por un término de dos años.[101] Podían volver a sentar plaza sin tener que repetir el examen si era favorablemente recomendado por el Jefe al mando de la fuerza. Cualquier oficial subalterno –cabo o sargento– cuyo plazo de dos años terminaba, si reenganchaba dentro de los 10 días siguientes al vencimiento, conservaba su rango.[102] Antes mencionamos que podían perder su empleo al terminar el nombramiento por dos años o por destitución de la Comisión en casos de incapacidad física o convicción por Consejo de Guerra o los Tribunales en casos de crímenes. Por otra parte, las mujeres no pudieron ingresar al cuerpo hasta el 1942.[103]

(5) Oficialidad y tamaño de la Fuerza

La ley establece el tamaño máximo de la Fuerza, aunque deja alguna discreción a la Comisión de la Policía para determinar el número concreto de policías que han de integrarla.[104] El total previsto era de 735 agentes entre oficiales y policías, distribuidos en el Jefe de la Policía, un Capitán Jefe Ayudante, 4 capitanes, un Primer Teniente Ayudante, un Primer Teniente Oficial Pagador, 5 primeros Tenientes, 5 Segundos Tenientes, 26 sargentos y 70 cabos. Estos últimos dos se denominaban oficiales subalternos. Debe recordarse, además, que para entonces el medio de transportación de la policía eran los caballos y algunas bicicletas, y que existía una sección de policía montada.

(6) Salarios de la Policía

La ley señala los salarios máximos que pueden pagarse a policías y oficiales, dejando alguna discreción a la Comisión para modificarlos.[105] Los establecidos por la ley iban de $ 360.00 anuales para el policía hasta los $2,500 anuales que devengaba el Jefe de la Policía. Los salarios en detalle eran:

Jefe de la Policía	$2,500
Capitán, Jefe Ayudante	1,600
Capitanes	1,500
Primer Teniente Oficial Pagador	1,200
Primer Teniente Ayudante	1,000
Primeros Tenientes	1,000
Segundos Tenientes	900
Sargentos	600

Cabos	480
Policías montados	420
Policías	360

Reiteramos que los salarios indicados eran anuales, por lo que un policía recibía unos $30.00 mensuales. Al evaluar estos salarios debe recordarse que para principios del siglo XX, el salario del Gobernador era de $4,000 y el ingreso per capita en el país durante las primeras tres décadas del siglo XX no pasó de $100.00.

3. Reorganización de la Policía en 1902

Como indicamos, el 15 de septiembre de 1901 William Hunt, quien entonces ocupaba el puesto de Secretario de Puerto Rico, fue nombrado Gobernador, en substitución de Allen. Hunt da lectura a su primer mensaje a la Legislatura el 2 de enero de 1902. El asunto más importante que somete es el de los gobiernos municipales. Comenta que el sistema no es bueno, es muy costoso, que la carga contributiva para sostenerlos es costosa, que debe reducirse el número de sus empleados y de municipios, consolidando muchos de ellos para reducirlos a no más de 50.[106] "Tal parece que el dispendio en los municipios era tan notorio, que el Gobernador recomendaba a la Asamblea Legislativa el nombramiento de investigadores públicos para examinar los libros de los municipios."[107] Para entonces la marea de las turbas estaba en sus puntos más altos.

El 1 de marzo de 1902 se aprueba una nueva legislación sobre la Policía. En lo fundamental se mantiene el mismo esquema de 1901, adelantando el propósito de eliminar la Policía Municipal, mejorando la independencia de la Comisión de la Policía, ampliando los poderes del Jefe, dividiendo el país en siete distritos policíacos, aumentado el número de policías y disponiendo para la celebración de un pase de revista o revisión anual con premiaciones para los cuerpos o los policías más destacados del año. Se mantienen los mismos requisitos para ser admitido a la Fuerza, el nombramiento por dos años con posibilidad de reenganche y los salarios. Las novedades más importantes de esta legislación son:

(1) La Comisión de la Policía será integrada por tres ciudadanos de buena reputación que no sean oficiales ni guardias de la Policía Insular. El término se extiende a tres años.[108] Se le autoriza para nombrar abogado a miembros de la fuerza acusados de agresión u homicidio si parece evidente que los hechos fueron realizados en el cumplimiento del deber, aunque los honorarios no pueden pasar de $100.[109]

(2) "Ningún municipio podrá organizar, nombrar o emplear fuerza de Policía Municipal alguna, excepto de acuerdo con lo prescrito en esta ley."[110] La ley sólo lo permite en donde la población urbana pasa de 10,000 habitantes y el Gobernador se convence de que la situación económica de dicha ciudad permite mantenerla y puede efectivamente conservar el orden en la ciudad. Si se organiza dicha policía y posteriormente fuera evidente que no puede mantener el orden o no puede sostenerse económicamente, el Gobernador tiene autoridad para ordenar a la Insular hacerse cargo del mando dentro de esa ciudad.[111] Los municipios pueden nombrar inspectores de higiene, pero sin autoridad para efectuar arrestos.[112]

Señala William R. Bennett, Coronel de la Policía en 1923, "el trabajo de la Policía Insular fue tan eficiente y satisfactorio, que sólo una municipalidad hizo el esfuerzo de reemplazarlo, no siendo nunca retirada la organización de ninguna ciudad, excepto en caso único de Ponce, que pronto la restauró."[113]

(3) Los guardias se clasifican en oficiales, oficiales subalternos y guardias montados y de a pié.[114]

(4) Se divide la Isla en siete distritos policiales, dirigidos por un Capitán, con un cuartel general en San Juan. Cada distrito se divide a su vez en dos demarcaciones a cargo de un Primer Teniente.[115] Habrá sargentos en las ciudades más grandes y cabos en las poblaciones más pequeñas y en los distritos rurales.[116]

(5) Se autoriza la creación de una Banda de la Policía al crear la plaza de músico mayor, con el grado de segundo teniente que se radicará en San Juan y recibirá un salario de $900 anuales.[117]

(6) El Jefe de la Policía tendrá autoridad para suspender

temporalmente a los agentes, sin Derecho a sueldo;[118] se conserva su autoridad para nombrar oficiales subalternos y puede reducir a cualquiera de ellos a la condición de guardia por infracción a las reglas o reglamentos;[119] se le reconoce autoridad para ordenar el traslado de oficiales, bajo la dirección del Gobernador, y de los oficiales subalternos sin ese requisito.[120] No se permitirá que ningún oficial subalterno o guardia permanezca en el mismo puesto por más de doce ni menos de cuatro meses.[121]

(7) Por lo menos una vez al año se celebrará una inspección o revista públicamente, con ejercicios de manejo de armas, con la asistencia de tres personas con experiencia militar para determinar cuál es la mejor en las prácticas militares. En esa revista se premiará con medallas de oro y plata a los tres policías, no oficiales, que hayan realizado actos sobresalientes de valor durante el año, a ser entregadas por el Gobernador, el Jefe y la Comisión.[122]

(8) Los salarios se mantienen iguales, con excepción de un aumento de $250 anuales al Jefe y una remuneración adicional al Oficial Pagador de $200.[123]

(9) Por último, la fuerza numérica de la Policía no excederá de un Jefe, 7 capitanes, 9 Primeros Tenientes, 9 Segundos Tenientes, 25 sargentos, 75 cabos y 700 guardias. Los guardias montados no excederán de 200.[124]

Vale señalar que para este tiempo, todavía era Jefe de la Policía el Coronel Techner, quien se mantendrá en ese puesto hasta 1903, cuando regresa a su pueblo de Evanston, Illinois.

Debe recordarse, por otra parte, que el 27 de febrero de 1902 la Legislatura de Puerto Rico aprobó una Ley definiendo los derechos del Pueblo, que incluyen protección contra registros y allanamientos e incautaciones irrazonables por la Policía y protegen la libertad de palabra y prensa, la libertad de reunión y para solicitar al gobierno la reparación de agravios.[125] La ley hace claro que el disfrute de esos derechos no puede tampoco "justificar actos incompatibles con el orden, la paz y la seguridad de Puerto Rico o que se opongan a la Autoridad Civil del Pueblo de Puerto Rico."[126]

El arma más poderosa que tenía y tiene la Policía en la defensa de la paz y el orden es la autoridad para efectuar arrestos, o sea, privar de libertad, detener a aquellas personas que cometen delitos. Esa autoridad suele estar reconocida en las leyes o Códigos de Enjuiciamiento Criminal. Bajo el dominio español, la Ley de Enjuiciamiento Criminal de España del 14 de octubre de 1882 se hizo extensiva a Puerto Rico por Real Decreto del 19 de octubre de 1888. El ocurrir el cambio de soberanos en 1898, se dejó en vigor esta ley, con ciertas excepciones, en virtud de la Orden General Núm. 1 del 18 de octubre de 1898, el mismo día que terminó el proceso de toma de posesión por las fuerzas armadas norteamericanas. Varias órdenes adicionales afectaron el procedimiento criminal, especialmente la Orden General Núm. 118 del 16 de agosto de 1899 que estableció reglas de Enjuiciamiento Criminal. Mediante Ley del 1 de marzo de 1902 se adoptó una Ley o Código de Enjuiciamiento Criminal para Puerto Rico, procedente de California. De conformidad con el Art. 116 de dicha Ley de 1902, se reconoce la autoridad de la policía para efectuar arrestos con una orden expedida por un magistrado, o sin esa orden en las siguientes circunstancias:

1. Por un delito cometido o que se ha intentado cometer en su presencia.
2. Cuando la persona arrestada ha cometido un delito grave (felony), aunque no haya sido en su presencia.
3. Cuando en realidad se ha cometido un delito grave (felony) y el policía tiene motivo razonable para creer que la persona arrestada lo ha cometido.
4. En virtud de una denuncia que le hace otra persona fundada en causa razonable, de la perpetración de un delito grave (felony) por la persona arrestada.
5. Por la noche, cuando haya motivos razonables para creer que la persona arrestada ha cometido un delito grave (felony).[127]

Es decir, en 1902 se empieza ese proceso legal que reconoce la autoridad y los límites de la misma que tiene la policía para efectuar arrestos.

4. Enmiendas de 1906

Desde 1903, otro Coronel del Ejército norteamericano, que había llegado a la Isla con las fuerzas de invasión en 1898, Terence Hamill, substituye a Techter como Jefe de la Policía. Este se caracteriza por expresiones de línea dura contra el crimen y por oponerse tenazmente a que se cambiara el uniforme militar que usaban los policías. Dirigirá el Cuerpo hasta 1908.[128]

En 1903, señala José Martínez Valentín, el Capitán Felipe Silén Asencio continúa una faena persecutoria y de ficheo, como la había iniciado años antes el policía Leopoldo García Miguens, pero esta vez por motivaciones religiosas contra los Hermanos Cheo, de la Iglesia Católica.[129]

En el tercer mensaje del Gobernador Hunt a la Legislatura, realizado el 12 de enero de 1904, acaso recordando los tiempos de las turbas, con respecto a la Policía, señala que "debe exigirse de dicha fuerza el más estricto cumplimiento de sus deberes y que se mantenga extraña a las influencias políticas. Debe ascenderse a los que cumplen con su deber y castigarse a los que faltan a él. Recomienda la aprobación de una ley prohibiendo portar armas, por ser éstas una amenaza a la paz y tranquilidad del pueblo y que a los que las venden se les impongan fuertes derechos por las licencias."[130]

El 4 de julio de 1904 el Presidente de Estados Unidos nombra a Beekman Wintrop como nuevo Gobernador, en substitución de Hunt. En su primer mensaje a la Legislatura, el 10 de enero de 1905, Winthrop destaca la labor y eficiencia de la Policía y propone que se establezcan galones de mérito por servicios y mayor paga después de un período determinado de años. Esta recomendación conllevaba entonces que se proveyera para el pago de horas extras a los miembros del Cuerpo.[131]

A partir de 1904, un nuevo Partido, el Unión de Puerto Rico, formado por los viejos liberales de Muñoz Rivera y los nuevos partidarios de la independencia o la autonomía, inicia su dominio de la política del país, obteniendo el poder en la Legislatura y las principales alcaldías.

En febrero de 1906 se conoce el primer documento que evidencia un acto de corrupción en la policía: en Mayagüez se formulan cargos por soborno al policía Leopoldo Padró por exigir la suma de $1.50 por no denunciar al comerciante Raimundo Ortiz.[132]

Tras alguna otra enmienda sin mayor importancia, mediante la Ley del 8 de marzo de 1906 se realizan pequeñas enmiendas a la de 1902, consistentes en: (1) Cada distrito policial se dividirá en 3 demarcaciones;[133] (2) el músico mayor tendrá rango de Primer Teniente;[134] (3) se aumenta el requisito de estatura en 4 centímetros, a 172 centímetros y se requiere de los aspirantes una declaración jurada de no haber sido sentenciados por delitos que impliquen perversión moral;[135](4) los miembros que hayan solicitado ascenso quedan incapacitados para obtenerlo si incurren en violaciones a los reglamentos del cuerpo; (5) el Gobernador conserva plena autoridad para nombrar y separar libremente a todos los oficiales de la Policía Insular;[136] (6) el miembro del cuerpo que finja incapacidad será procesado por infracción al art. 93 del Código Penal.[137] Otra novedad importante es el aumento de número de guardias a 850.[138] La escala de salarios anuales se fija como sigue:[139]

Coronel	$3,000
Comandante	2,200
Primeros Tenientes	1,700
Segundos Tenientes	1,000
Sargentos	720
Cabos	600
Guardias	420

Quizás respondiendo a la sugerencia del Gobernador, se dispone que a los guardias que reenganchen se les concederá un galón de servicio y un aumento de sueldo de dos dólares mensuales por cada reenganche.[140]

Sin embargo, el 5 de julio de 1906 se hace necesario que el

Gobernador Winthrop dirija otro mensaje a la Legislatura. Esta vez sólo trata dos asuntos, de los cuales el más importante se refería a los salarios de los policías. En la última sesión ordinaria se asignó un crédito para dichos fines, "pero ese crédito resultó insuficiente, por lo que se hacía necesaria una asignación adicional a fin de poner en vigor la medida en favor de la Uniformada. La policía contaba en ese año de 1906 con 650 hombres, fuerza que resultaba escasa para la adecuada vigilancia, según se decía en el mensaje."[141] En otro mensaje recomienda que no se hagan cambios en la ley, con excepción al aumento de paga y rangos y que se derogue el requisito de que el Capitán y el Primer Teniente estén estacionados en el Cuartel General de cada distrito.[142] Cuando este Gobernador dirige su quinto mensaje a la Legislatura, ceremonia celebrada en el Teatro Municipal de San Juan, ahora Tapia, el 15 de enero de 1907, el acto es amenizado por la Banda de la Policía Insular.[143] Esta banda fue organizada por su director Francisco Verar, que antes dirigió la Banda de Puerto Rico, aún antes de la autorización legal, el 17 de septiembre de 1901. Se inauguró el 15 de octubre de ese año. Entonces a Verar se le reconoce el rango de Segundo Teniente en el Cuerpo. Desde su fundación a su disolución el 15 de octubre de 1909, contará con músicos tan importantes como Carmelo Díaz Soler, los cuatro hermanos Milián, Hermino Brau, Félix Jiménez, Fermín Ramírez, Jesús Figueroa, Juan Peña Reyes –padre de Lito Peña– y muchos otros. Se inició con 22 instrumentistas y llegó a tener 35. Ofrecía conciertos bisemanales en la Plaza de Armas de la Capital y en otros pueblos del país.[144]

Es importante señalar que ya para entonces, cumpliendo una ley de 1906, el Departamento de lo Interior emitió 68 licencias de automóviles, cuyos dueños, según se expresa en ese mensaje del Gobernador del 15 de enero de 1907, "son atraídos por las magníficas carreteras y el excelente panorama de Puerto Rico. El aumento en los carros de tracción hace necesario que se decrete una ley reglamentando la velocidad de esos vehículos además de la inscripción y licencia de sus conductores y maquinaria."[145]

Las licencias y la reglamentación de vehículos se iniciaron en el Reglamento para conservación y policía de las carreteras de

Puerto Rico, aprobado por el Gobierno de España el 11 de julio de 1884. La Asamblea Legislativa de Puerto Rico adoptó los capítulos 1, 2 y 3 del mismo en virtud de una ley del 1 de marzo de 1902, p. 294. Casi todo el contenido de esa reglamentación se incorporó a otra ley del 8 de marzo de 1906. Esta ley dispuso, entre otras cosas, que "todo vehículo que vaya con mayor velocidad que un caballo al paso estará provisto de timbre o bocina."[146] Además se establece que todo "vehículo de cuatro ruedas... deberá estar provisto de retranca de fuerza suficiente para sostenerlo en un declive..."; "los vehículos de toda clase que viajen de noche llevarán por lo menos un farol con los lados anterior y posterior de cristal, u otra materia transparente, el cual se encenderá al oscurecer."[147] Los vehículos se registraban en los municipios y era necesario enviar una lista mensual de ellos al Jefe de la Policía.[148] Las multas por infracción a esta primitiva ley de tránsito eran de un mínimo de $2.00 hasta un máximo de $5.00.[149]

La primera ley general de tránsito en Puerto Rico será la Núm. 75 del 13 de abril de 1916. Antes, la Ley Núm. 41 del 10 de marzo de 1910 aprobó un Reglamento de Automóviles.

5. Organización desde 1908

El 13 de enero de 1908, el nuevo Gobernador Regis H. Post dirigió su primer mensaje a la Legislatura de Puerto Rico. Ante la realidad de que los miembros de la Policía estaban uniformados del mismo modo que los oficiales y soldados del Ejercito de los Estados Unidos, dificultando distinguir unos de otros, el Gobernador recomienda que se dieran poderes a la Comisión de la Policía para diseñar un uniforme que no se pareciera a ningún otro y que se declarara ilegal usar un uniforme similar fuera de la Fuerza.[150] Como indicamos, el Jefe Hamill se oponía a esto. El Gobernador también plantea que era necesario aumentar el número de caballos –entonces contaba con setenta y cinco–, fabricar cuarteles porque los que estaban en uso eran alquilados, aumentar el número de policías en el Cuerpo y disponer para la compra de armas.[151] Informó que las carabinas y revólveres de nuestra policía las prestó el Departamento de Guerra de Estados Unidos, conforme a una ley que permitía prestarlas a la policía de los Estados, pero por una decisión federal, se había excluido a Puerto Rico y era necesario devolverlas.[152]

El 8 de marzo de ese año se aprueba una nueva ley "disponiendo la organización, reglamentación y gobierno de la Policía Insular de Puerto Rico." Dicha ley mantiene, en lo esencial, la organización existente, con excepción de la creación de una nueva manera de formar los distritos y las clasificaciones de sus oficiales en 8 categorías,[153] de los aumentos en el número de policías y de sueldo,[154] autoridad de los jefes de distrito para disciplinar e imponer penas a sus miembros,[155] la creación de un Negociado de la Policía Secreta,[156] la Banda de la Policía Insular,[157] la determinación de un nuevo uniforme para los policías,[158] la creación de un servicio de inspección responsable al Gobernador,[159] y la prohibición absoluta a los municipios de crear cuerpos de policías municipales.[160] Se incluyen normas corrientes sobre control de correspondencia e inventarios de bienes de la institución.[161] Un detalle particular de esta ley es la incursión política en su organización: la sec. 22 que dispone para la creación y nombramiento de la Comisión de la Policía establece que dos de los tres ciudadanos que integrarán la Comisión deben "pertenecer dos de ellos a los dos principales partidos políticos de la Isla." Para entonces esos eran el Partido Unión y el Partido Republicano.

Se mantienen los requisitos generales para ser admitido a la Policía y los requisitos de examen por la Comisión de la Policía, cuyas funciones se mantienen fundamentalmente iguales, incluyendo las de investigar y sancionar a los miembros que violen las leyes o los reglamentos, el término de nombramientos por dos años, la suprema autoridad en el Gobernador y el Jefe de la Policía, la celebración de una actividad de revista y premiación, el deber de colaborar en las citaciones del poder judicial y otras disposiciones similares.

La sección 2 de la Ley expone con precisión la función de la Policía, expresamente referida a *toda la Isla de Puerto Rico* aunque todavía no se hace referencia alguna a la protección de Derechos Civiles. Dice el texto legal:

> Habrá en Puerto Rico una fuerza organizada que se denominará "Policía Insular de Puerto Rico" cuya obligación será proteger a las personas y la propiedad, mantener y conservar el orden público, prevenir, descubrir y reprimir el delito y, dentro de la esfera de sus atribuciones, compeler la obediencia a las leyes, a los reglamentos dictados con arreglo a la ley y a las ordenanzas municipales en toda la Isla de Puerto Rico.

Para los efectos de administración de la Policía, cada Municipio constituirá un distrito de policía, a menos que la Comisión considere necesario consolidar algunos.[162] La fuerza numérica del Cuerpo se integrará por 66 jefes de Distrito, divididos en 8 clases conforme a la importancia que se le atribuye a cada pueblo de la Isla; 15 sargentos, 40 cabos y 840 guardias.[163]

Los salarios anuales serán los siguientes:[164]

Jefe	$3,000
Jefe Auxiliar	2,400
Jefes de Distrito Clase I	1,800
Jefes de Distrito Clase II	1,700
Jefes de Distrito Clase III	1,400
Jefes de Distrito Clase IV	1,200
Jefes de Distrito Clase V	1,100
Jefes de Distrito Clase VI	1,000
Jefes de Distrito Clase VII	850
Jefes de Distrito Clase VIII	750
Sargentos	720
Cabos	600
Guardias	408

Los distritos de primera clase son San Juan, Ponce y Mayagüez; los de segunda clase son Arecibo, Aguadilla, Guayama y Humacao.

Bajo esta ley, se requiere el concurso del Consejo Ejecutivo para el nombramiento de Oficiales por el Gobernador, aunque no para las degradaciones y expulsiones, en lo que tiene amplia discreción.[165] El Jefe de la Policía debe escoger para ascensos de sargentos y cabos entre los primeros 5 clasificados por la Comisión.

Para entrar a la Institución se requiere residencia en la Isla por dos años. La destinación y traslado despenden del Jefe de la Policía, pero los sargentos y cabos no pueden ser trasladados antes de haber transcurrido un período de seis meses en el lugar, excepto en casos de abandono del servicio o cuando "fuere necesario para el mejor servicio."[166]

Los Jefes de Distrito tienen autoridad para imponer penas y tomar medidas con el fin de mantener la disciplina y obediencia a las órdenes por parte de los individuos de la fuerza bajo su mando.[167] Hemos de ver que el ejercicio de esta facultad causó varias tragedias en la Policía, como por ejemplo el asesinato del Capitán Rafael Igaravídez, Jefe de Distrito de la Policía Insular en Ponce el 29 de junio de 1938 por el policía Ramón Cruz Reyes, a quien el Capitán había formulado cargos por abandono del servicio que debía prestar en las calles Atocha y Vives de esta ciudad el 15 de junio de ese año. El Capitán le impuso una multa de dos dólares y una reprensión general. El policía, en la fecha indicada, disparó dos veces matando al oficial frente la Plaza Muñoz Rivera, en la esquina de las calles Atocha e Isabel, frente a la Farmacia Royal.[168] El atacante fue convicto de asesinato en segundo grado y se le impuso una pena de 17 años de cárcel.

La sec. 19 provee para la creación de un Negociado de Policía Secreta, autorizada a trabajar vestidos "de paisano". El Jefe del Negociado tendrá el rango de Jefe de Distrito de Tercera Clase, es decir, un salario de $1,400 anuales.

El Director de la Banda de Música tendría la consideración de músico mayor con un salario de $1,200. La Comisión debía aprobar un Reglamento especificando las obligaciones de la banda y los días y circunstancias que habría de proporcionar música.[169] Dicha Comisión tenía la facultad de determinar el uniforme y las armas a usarse por la policía, pero los miembros debían pagar por dichos uniformes.[170]

Al Gobernador se le confiere autoridad para nombrar tres

inspectores, bajo sus órdenes, con un salario de $1,800, para visitar los diversos distritos e informarle sobre toda labor de los uniformados. No tenían autoridad para dar órdenes, solo para investigar e informar.[171] La sec. 40 de la Ley expresamente dispone: "Ningún municipio organizará, comisionará ni empleará cuerpo alguno de policía municipal." Solamente podían nombrar inspectores de sanidad, sin autoridad para llevar armas ni para efectuar arrestos.[172]

Es importante señalar que esta ley ha de regular la Policía de Puerto Rico por unos cuarenta y ocho años. No es hasta 1956 que se aprueba una nueva, la Núm. 77 del 22 de junio de ese año, con cambios significativos.

En el cuarto mensaje a la Legislatura que lee el Gobernador Regis H. Post el 12 de enero de 1909 estima que la reorganización de la Policía por la Ley del año anterior está funcionando bien, pero el número de agentes lo considera "absurdamente pequeño":

> La ley de la reorganización de la Policía Insular aprobada el año pasado, está funcionando bien, pero el número de miembros es tan pequeño, que en algunos casos tienen los hombres que prestar servicios durante dieciséis y dieciocho horas diarias. Se citan en el mensaje datos estadísticos de la fuerza policíaca, áreas por millas cuadradas, habitantes por guardia y horas de servicio por día, en las ciudades de Nueva York, Chicago, Filadelfia, San Luis, San Francisco, Cincinati, Buffalo, Cleveland, Nueva Orleáns, San Antonio, Tampa y Puerto Rico. En Nueva York la fuerza total es de 9,900 hombres para 326 millas, habiendo 501 habitantes por policía y un servicio de siete horas por día. En Chicago con 4,541 miembros de la fuerza, había uno por cada 662 habitantes y tenían que trabajar nueve horas diarias. En las demás ciudades la policía rendía ocho horas de servicio, con excepción de Filadelfia con nueve, Cleveland con diez, San Antonio con un promedio de 12 horas diarias y Puerto Rico que son 820 miembros de la fuerza para 3,640 millas cuadradas, tenía el más alto promedio con un guardia por cada 1,462 habitantes y un horario de 15 a 18 horas por día. Señala que la fuerza policíaca del país es absurdamente pequeña en comparación con los servicios en Estados Unidos continentales.[173]

El 6 de noviembre de 1909 fue nombrado Gobernador de Puerto Rico el Coronel George R. Colton. En el tercer mensaje que ofrece a la Legislatura el 9 de enero de 1911 indica que para entonces la Policía consistía de 66 jefes de Distrito, 15 sargentos, 40 cabos y 700 guardias; que con el fin de "comprar caballos y establecer la policía montada para cubrir las zonas rurales, se redujo gradualmente la fuerza a 600 hombres, utilizando entonces las economías, en el nuevo servicio que resultó muy satisfactorio, mejorando la excelencia de la fuerza de la Policía."[174]

Para 1912, el número de vehículos de motor en uso ha aumentado, desde un poco más de cien "hasta un número que pasa de seiscientos", según informa el Gobernador Colton el 9 de enero de ese año.[175] Para 1916, el Gobernador Arthur Yager llama la atención respecto al aumento de vehículos de motor en las carreteras y la necesidad de aprobar una nueva ley que los regule, aumentando el impuesto que se pagaba de $10.00 a $15.00, "tomando como base el costo del vehículo, la naturaleza del uso que se le dé, el peso y, si posible, los daños a las carreteras."[176]

En 1914 se desata en Europa lo que ha de conocerse como la Primera Guerra Mundial. El 2 de marzo de 1917, el Congreso norteamericano aprueba la Ley Jones, segunda Carta Orgánica para organizar un gobierno civil en Puerto Rico, extendiendo al país la ciudadanía norteamericana. Era renunciable, pero los que lo hicieran quedaban privados del Derecho al voto y a ocupar cargos públicos. Unos 288 puertorriqueños no la aceptaron.[177] El 2 de abril de ese año, el Presidente de Estados Unidos pide al Congreso le declare la guerra a Alemania y sus aliados, lo que se hace el 6 de abril. El 27 de junio de 1917, el Presidente Wilson ordena el reclutamiento de los boricuas entre 21 y 31 años para esa guerra, incluyendo a los que habían renunciado la ciudadanía.[178] Se abre un campamento militar conocido como *Las Casas*, en donde hoy está Barrio Obrero. En su séptimo mensaje a la Legislatura, que efectúa el Gobernador Arthur Yager el 4 de febrero de 1918, solicita una asignación adicional de fondos para "aumento de emergencia en el número de guardias de la Policía Insular que se hace necesaria por razón de informes alarmantes procedentes de las autoridades federales y que tal vez tendrán que sostenerse durante algún tiempo."[179]

En abril de 1920, el Gobernador Yaguer se encontraba enfermo y actuaba como interino el Tesorero de Puerto Rico José E. Benedicto. Este convocó a una reunión extraordinaria de la Legislatura para el 25 de abril. La razón principal era "un déficit en el presupuesto de la Policía Insular que requería acción inmediata."[180] El funcionario atribuyó como causa "el hecho de que, a comienzos del año, se declaró una huelga casi general de los trabajadores agrícolas en casi toda la Isla, y, sin embargo, se pudo mantener el orden, pero a costa del nombramiento de doscientos policías especiales[181] que permitió concentrar en los sitios de más peligro a los policías veteranos. Como no había asignación para estos casos de emergencia, en el presupuesto de la Policía, hubo que disponer de sus fondos ordinarios, lo que ha producido el déficit. Recomendó en su mensaje, reembolsar al presupuesto en vigor de la Policía Insular $6,000, para el pago de doscientos policías especiales a razón de $54.00 mensuales."[182] El Gobernador interino solicita $14,000 adicionales "para cubrir los gastos de transporte y dietas a los policías que prestaban servicio fuera del sitio de su residencia", fondos para otros servicios "y $1,000 para servicios secretos."[183] Igualmente reclama "se asignara un crédito adicional a la Policía Insular por la cantidad de $20,000 para pagar, durante seis días, los servicios de ochocientos o mil policías especiales que eran necesarios para las elecciones generales que tendrían efecto en noviembre de ese año, y para las cuales no se proveyó fondos en el presupuesto de 1920-21."[184] Por ese mismo motivo, Benedicto solicita se autorice al Procurador General (Attorney General) a utilizar a los oficiales jurídicos de su Departamento para actuar como fiscales cuando fuere necesario,[185] evidentemente contra los huelguistas.

Este confrontamiento venía de lejos. Desde principios de siglo la Policía de Puerto Rico había inclinado sus preferencias a favor de los patronos y en contra de los obreros. El 8 de julio 1900, en medio de una violenta huelga en la Central Columbia, de Maunabo, una multitud de obreros, cansados de los ataques de la Policía a sus derechos, atacó el cuartel, desarmando a los agentes y marchando luego a la alcaldía, donde entregaron las armas.[186] Las concentraciones de asalariados eran disueltas por policías armados de macanas. Esa actitud la acredita hasta el abogado y escritor Roberto H. Todd, quien era Alcalde de San Juan a principios del siglo XX, líder republicano y luego Juez del Tribunal Supremo de Puerto Rico:

> En aquellos días –habla de abril de 1903– venía la Federación Libre de los Trabajadores –organismo antecesor del partido Socialista– sosteniendo una intensa campaña de propaganda en las plazas de San Juan. Casi todas las noches escalaban la tribuna sus principales oradores: Santiago Iglesias, Romero Rosas, Eduardo Conde, y algunos otros que se han escapado a nuestra memoria. Los encuentros de la policía con los "perturbadores de la paz" eran frecuentes y era rara la noche en que no había alguna cabeza rota y algún detenido en el Cuartel de la Policía.[187]

Narra el Lic. Todd que el Gobernador Hunt lo citó a la oficina del Procurador General –como se llamaba entonces al Secretario de Justicia– donde el primer ejecutivo pretendía que el alcalde prohibiera la reunión pública y los discursos de los líderes obreros en la plaza.

En 1905 se realizó una gran huelga en demanda de mejores salarios en la región Sur de la Isla. "En esta huelga hubo más de cuarenta arrestos, además se tramitaron numerosos procesos contra los trabajadores. La policía disolvía los mítines, resultando obreros heridos y muertos. El incidente más grave ocurrió el 16 de abril en la plaza de las Delicias, en Ponce, donde los oficiales Guanil y Silén rompieron un mitin de los trabajadores a palo limpio, resultando muchos obreros y ciudadanos heridos."[188] En Vieques y Humacao condenaron a más de 150 trabajadores; en Juncos hubo 12 heridos y numerosos apaleados. En todos sitios los mítines "eran disueltos a palo limpio y en muchas ocasiones a tiros. En toda la Isla hubo más de 300 obreros encarcelados."[189]

El historiador Guillermo A. Baralt también señala la parcialidad de la Policía:

> El 6 de abril de 1905 la policía recibió instrucciones secretas para romper un mitin que se llevaba a cabo en la Plaza las Delicias de Ponce. Seis mil personas se reunieron allí. A las cuatro y media de la tarde,

> cuando el último orador no había terminado aun el exordio de su discurso, un detective de la policía insular descargó su bastón sobre un ciudadano, disparando a la vez su revólver en medio de la multitud. Entonces, dos oficiales de la policía, exhibiendo sus sables y revólveres, asaltaron la plaza con treinta policías más, quienes a las voces de mando de los oficiales cargaron sobre la multitud indefensa. Se desató una lluvia de disparos. Se dispersó violentamente el mitin que culmina con cuarenta heridos. Jamás en 105 anales históricos del movimiento obrero puertorriqueño se había registrado una acción semejante. Siguieron inmediatamente las detenciones arbitrarias y las denuncias juradas de la policía por «delitos de motín», «ultraje a la bandera americana» y alteración a la paz pública».
>
> Cincuenta personas fueron detenidas, incluyendo varias mujeres que estuvieron toda una noche y algunas horas de la mañana siguiente sin que se les hubiera proporcionado ningún tipo de comodidad. Una protesta enérgica fue enviada al gobernador Winthrop, como materia de récord.
>
> Todavía no había cesado el ambiente de confrontación entre los obreros de la Federación, los centralistas y la policía, cuando el 13 de diciembre de 1905, en medio de la huelga en Ponce, la *Compagnie de Sucreries de Puerto Rico* solicitó una orden de interdicta permanente al Tribunal Federal contra Santiago Iglesias, y la Federación Libre de Trabajadores de Puerto Rico. Se apuntaban como causas la incitación a la violencia, intimidación, destrucción de la propiedad, interferencia con los obreros que querían trabajar, etc. El juez McKenna emitió la orden contra los trabajadores de cese inmediato de los actos de protesta. Un alguacil se presentó en el piquete y la entregó al líder de los huelguistas, quienes sin reparos, inmediatamente obedecieron la orden.[190]

Ese confrontamiento se refleja también en los casos que atiende el Tribunal Supremo. En *El Pueblo v. Dessús et al.,* 12 DPR 345 (1907), se confirma la convicción de un periodista y del director del periódico *El Rumor Diario,* de San Juan, por incitación a motín. Consistía el delito en haber publicado un artículo sobre el movimiento obrero en el cual se indicaba, con relación a una huelga en Arecibo y la actuación antiobrera de la policía: "Mientras los obreros no se defiendan con la fuerza, los abusos no terminarán. Hay que cobrar cabeza por cabeza, vida por vida.... La agresión frente a la agresión. A un rotenazo de la policía, contestad con un estacazo; a un tiro con otro tiro. Y si no hay estacas ni armas de fuego, siempre hay una piedra al alcance de la mano...". Dos jueces disienten.

Para 1915 los obreros trabajaban 10 o 12 horas por un salario de 75 centavos el día. Entre 1917 y 1918 ocurrieron 78 huelgas en 36 pueblos diferentes.[191] En 1920 se realizan 165 huelgas en todo el país, de las cuales 8 fueron en Arecibo, 10 en Bayamón, 11 en Caguas, 8 en Mayagüez, 7 en Ponce y 22 en San Juan.[192] En los programas del Partido Socialista se repetía en esos años la necesidad de "expulsión del cuerpo de la policía insular de todos los oficiales y guardias crueles y viciosos, reduciendo el número de sus jefes y transformando el Cuerpo en una organización civil."[193]

El Programa del Partido Republicano Puertorriqueño de entonces sostenía que la policía urbana debía ser función municipal y destinarse la Insular "a mantener la seguridad de los campos y, solamente en casos de emergencia, a petición de las autoridades municipales, a garantizar el orden en las ciudades."[194]

El 14 de febrero de 1921, el Gobernador Arthur Yager solicita de la Legislatura la asignación de $800.00 para indemnizar a dos policías de Aguas Buenas que, por estar cumpliendo con su deber, perdieron sus residencias en un fuego de ese pueblo el 27 de diciembre de 1919.[195]

En la segunda década del siglo XX se desarrolla en Estados Unidos una compaña moralizante para prohibir la producción, venta y consumo de bebidas alcohólicas. Esto produce que el 29 de enero de 1919 se apruebe la Enmienda XVIII a su Constitución, prohibiendo la fabricación y venta de bebidas alcohólicas en toda esa nación. Esos actos se hacen ilegales, se tipifican como delito federales, con diversas penas. La ley a tal efecto se conoció como Volstead. Así se inicia un momento histórico que se conoce como la época de la *Prohibición,* que ha de durar hasta 1933, cuando se aprueba la Enmienda XXI, que deja sin efecto la XVIII, terminando la prohibición de venta de bebidas alcohólicas.[196]

En 1917 se celebró en Puerto Rico un referéndum sobre la prohibición de producción y ventas de bebidas alcohólicas. La insignia a favor de la venta era una botella; la de los favorecedores de la prohibición era un coco. Ganó la prohibición en todos los municipios, menos en San Sebastián. Esto provocará el desarrollo de la industria clandestina del ron *cañita* y la importación ilegal de toda clase de licores. Por tratarse de un territorio norteamericano, las leyes creadoras de delito bajo la Prohibición se aplicaban en el país.

En 1922 cesa en sus funciones el Coronel George Shanton, que había ocupado el puesto de Jefe de la Policía desde 1909. Martínez Valentín, en su valioso trabajo sobre *La Presencia de la Policía en la Historia de Puerto Rico* destaca a ese oficial como el mejor de los coroneles que la dirigieron. Su entusiasmo por dicho oficial le lleva a escribir lo siguiente:

> Entre todos los coroneles que dirigieron la Policía de Puerto Rico, George Shanton se distinguió por ser un hombre que realmente tenía la cabeza sobre sus hombros. Se enamoró tanto de su posición como máximo jefe de la Policía que subordinó a ésta su carrera militar. Estuvo más de trece años corridos al frente de la Uniformada, desde el 1ro. de abril de 1909 hasta el 12 de abril de 1922 y sobresalió por su gran capacidad intelectual, a tal grado que mientras dirigía la Policía era a la vez el jefe de Inteligencia Militar de Puerto Rico. Se mantuvo en esa posición hasta que el Presidente de los Estados Unidos, Warren Harding, nombró a Montgomerry Reilley (sic) como gobernador de Puerto Rico.[197]

El autor, bibliotecario de la Academia de la Policía, añade que Reily se peleó con todo el mundo y "despidió al coronel Shanton de la Policía. ... Fue de esta manera como terminó el coronel Shanton su brillante carrera en la Uniformada. Una vez cumplida su misión, se quedó en Puerto Rico dirigiendo el cuerpo de Inteligencia Militar."

Parece ser que esa imagen Shanton no es la correcta. El historiador Guillermo A. Baralt cuenta otra historia a los efectos de que este Jefe de Policía incurrió en serios actos de corrupción, apoderándose de bebida ocupada por la Policía durante la *Prohibición* y disponiendo de ella, de tal forma que los casos no prosperaron en los tribunales. Un juez federal ordenó su arresto, un Gran Jurado confirmó los actos de corrupción y el propio juez federal convenció al Gobernador de la necesidad de despedir al Coronel.

Al hablar del nombramiento de Arthur F. Odlin como juez federal en Puerto Rico a partir de mayo de 1921, Guillermo A. Baralt escribe:

> Apenas unos meses después de su nombramiento y asistido, desde el 21 de septiembre de 1921, por el fiscal Ira K. Wells, al entrar en calor los casos de "La Prohibición", el Gran Jurado, compuesto por 22 personas, 15 puertorriqueños y 7 estadounidenses, reunidos en sesión permanente con gran celo, llevó a cabo una investigación relacionada con la flagrante violación a dicha ley por miembros de la policía, detectives, y funcionarios del Gobierno. Nunca antes se había dado una investigación de tan "extrema naturaleza". Era evidente la pericia investigadora del fiscal Wells y de las autoridades federales.
>
> El 12 de febrero de 1922, el Gran Jurado encontró causa probable. Informó al juez Odlin que, evidentemente, desde el principio de las investigaciones, los testigos habían mantenido una gran reserva y a menudo alegaban falta de memoria cuando se les hacían preguntas referentes al cumplimiento del deber de la policía. No hubo duda alguna de que el jefe de la Policía Insular, coronel Shanton, y algunos detectives, estaban en antecedentes de la naturaleza de la investigación. Añadió que testigos que vinieron a San Juan, desde diferentes puntos de la isla, fueron perseguidos. Un miembro de la detective y varios otros, pertenecientes a la policía, se situaban en el Edificio Federal de San Juan con el objetivo de averiguar los nombres de las personas que se citaban para comparecer ante el Gran Jurado. Un testigo mostró cartas escritas por el coronel George R. Shanton, que eran un descrédito para dicho jefe de policía que tenían conocimiento directo de los asuntos que se investigaban, no declararon con la libertad que las circunstancias exigían, en virtud del miedo o por la lealtad al Departamento de la Policía, o por otra razón que el Gran Jurado no pudo decir.
>
> Por otro lado, la acusación del Gran Jurado señaló que la prueba era abrumadora. Existía evidencia de licores ocupados por miembros de la

policía y por otras personas autorizadas para hacerlo sin que se llevaran récords de ellas en muchos casos y, en otros, si bien se habían hecho récords, no se había anotado la cantidad de bebidas. El mencionado jefe de la policía, coronel Shanton, era responsable de custodiar el licor decomisado. No había más que una conclusión apuntó el Gran Jurado, y esa fue, «que en la mayoría de estos casos se habían apropiado el licor indebidamente los miembros de la policía o de la detective y en algunos casos el mismo jefe de la policía».

Al llegar el momento de los juicios, hubo necesidad de solicitar al coronel Shanton que trajese al Tribunal Federal todos los decomisos que tenía en su poder. El jefe de la policía se encontró en la situación de haber dispuesto de esas pruebas y escribió una carta al juez Odlin solicitando que lo excusara de llevar esa prueba al Tribunal. Esta carta ofendió al juez Odlin hasta tal grado, que lo calificó de desacato y expidió una orden de arresto contra el jefe de la policía, orden que fue cumplida inmediatamente. El arresto que causa gran revuelo entre el público de San Juan, llevó al Coronel a permanecer 48 horas en la cárcel de La Princesa. Terminado el proceso, Odlin se reunió con el gobernador Reily a quien mostró los documentos que comprobaban la falta del coronel Shanton. En ella estaba su firma con el recibo en cada uno de los envíos que le hacían los jefes de la policía en las diferentes poblaciones de la isla. Entonces le dijo que tenía que dar cuenta al Departamento de Justicia de Washington de todo, y pregunto que pensaba hacer con el jefe de la policía insular. «¿Que quiere usted que yo haga?» pregunto Reily, a lo que Odlin contestó «dejarlo cesante enseguida».

En contestación a ésto. el gobernador llama a su taquígrafo, y, junto al juez. Odlin, dictó una carta pidiéndole la renuncia del cargo, para tener efecto inmediatamente. La carta, escrita a maquinilla y firmada por el gobernador, fue enviada con un mensajero inmediatamente al coronel Shanton que se encontraba en su habitación en los bajos de la Fortaleza. Antes de que el juez Odlin abandonase la Fortaleza, ya había regresado el mensajero con la renuncia, a tener efecto ese mismo día. Entonces, W. R. Bennet, estadounidense que llevaba bastante tiempo en la isla, fue nombrado jefe de la policía insular.[198]

Sorprende, además, que el propio Martínez Valentín haga referencia a la existencia de ese tipo de corrupción en la Policía en ese tiempo y exponga que el asunto circulaba como *chiste* en la Uniformada. Este autor escribe:

> Durante la era de la "Prohibición", cuando un sujeto era sorprendido en alguna actividad ilícita en la cual se confiscaba algún licor, el mismo tenía que ser presentado en Corte como evidencia. Durante ese periodo, un ciudadano de Humacao fue sorprendido con varias cajas de "cognac", siendo arrestado. El licor fue guardado en el Cuartel General de entonces. Sin embargo, el día del juicio el hombre fue puesto en libertad porque el cognac no pudo ser presentado en Corte. Con el correr de los años, circulaba el chiste de que el coronel de turno se había tomado la evidencia. Otro comentario que insistentemente fluía era el de que un juez lo había sentenciado a un día de arresto domiciliario.[199]

Como vemos, no era un chiste. Aunque, por otra parte, Baralt fue comisionado por el propio Tribunal federal para escribir su historia. Sus fuentes están allí. Baralt es un respetado catedrático del Departamento de Historia de la Universidad de Puerto Rico, aunque ha aceptado encomiendas parecidas para tratar otros temas. Se sabe lo susceptibles que siempre han sido los jueces de ese Tribunal a cualquier cuestionamiento de su poder, y su sentido de *misión* de que ellos representan la *salvación del país.* Quizá la verdad histórica en cuanto a este incidente todavía está por escribirse. La conducta interventora del juez en este caso, bajo los criterios éticos de ahora, sería evidentemente impropia. Sorprende igualmente que Baralt en su obra no cite como fuente de los tiempos actuales al periódico *El Vocero,* cuya cobertura por años del Tribunal Federal fue excelente.

Por otra parte, hay que señalar que Reily hizo salir impune de Puerto Rico a un agente secreto de la Policía que él trajo de Kansas City y que cometió un acto abusivo contra un niño detenido en la cárcel de Aguadilla.[200] El 16 de octubre de 1921, apuntamos antes, Reily destituyó a un juez municipal, sin que hubiese vencido el término de cuatro años para el cual fue nombrado, sin formulación de cargos y sin seguir procedimiento de ley alguno.[201]

Poco después del nombramiento de Bennett, quien también había sido alguacil federal y jefe de seguridad militar del Ejército norteamericano, se publica el *Libro de Puerto Rico*,[202] donde el nuevo Coronel de la Policía hace un breve recuento del curso histórico de la Fuerza –con algunos errores– sus ideas sobre el nuevo desarrollo, la necesidad de aumentos de sueldos y la cooperación entre la entidad y el Ejército norteamericano.[203] Comparando la situación de su tiempo con el momento de la aprobación de la Ley de 1902, indica:

> Desde la aprobación de esta ley, la población de la Isla ha aumentado por cientos de miles y el valor de la propiedad se ha triplicado. Entonces no tenía la fuerza problemas respecto al tráfico; hay ahora más de siete mil vehículos de motor recorriendo los caminos de la Isla, cruzando las estrechas calles de sus ciudades. No había entonces ley de prohibición que reforzar; hoy hay toda clase de embarcaciones manejadas por hábiles marineros, que, con la ayuda de los interesados, tratan de hacer secretos desembarcos de contrabando en las casi innumerables entradas de la Isla, mientras en el interior del país se puede fácilmente comprar a poco costo, varios galones de miel que tanto se presta a la fabricación de ron, y si se considera que la Isla en dos terceras partes es montañosa, se comprenderán fácilmente las dificultades de la policía para poner coto a ese tráfico. En otros tiempos no tenía la Isla más problema obrero que el de encontrar trabajo para el mayor número; hoy el trabajo está en gran parte organizado en Puerto Rico, y emplea la única arma de que se sirve en todas partes para dar fuerza a sus demandas, y una vez en huelga, aquí como en todos lados, su propósito es impedir que su propia labor sea hecha por trabajadores no organizados.[204]

Como puede verse, a la Policía entonces le preocupaban tres clases de problemas: el nuevo desarrollo del tránsito, el tráfico ilegal de bebidas alcohólicas y las huelgas de los obreros. A pesar de ello, el Coronel Bennett, que estará poco más de un año al frente de la Uniformada, afirma que la misma "ha sido señalada como uno de los mejores cuerpos policíacos del mundo."[205] Informa el Jefe que los agentes están recibiendo clases de inglés, aritmética, geografía e historia, además de cultura física y tiro de pistola, bajo la dirección del Coronel Ross, del Ejército. Reclama una ley de retiro con paga luego de un servicio por 25 años y una edad de cincuenta y aplaude la cooperación del Ejército con la Policía Insular. Apunta que en Nueva Zelanda unos 828 policías brindan excelente servicio a 1,160,000 habitantes, es decir, uno por cada,319 ciudadanos, por lo que puede aplaudirse la gestión de la de Puerto Rico, con 687 policías y una población de 1,325,000 habitantes, es decir, uno por cada 2,000 habitantes aproximadamente.[206]

En el primer mensaje que ofreció el Gobernador Horace Mann Towner a la Legislatura el 13 de junio de 1923, señalaba:

> Merece elogios del Ejecutivo la actual Ley de la Policía Insular. "De acuerdo con ella se ha organizado una fuerza que ha merecido alabanzas de los que nos visitan", dice. Que el pueblo de la Isla puede sentirse justamente orgulloso, "puesto que tal vez no haya otro mejor de su clase en ninguna parte del mundo". Pide que merezca la más cuidadosa consideración la legislación pendiente respecto a la Policía, tanto para aumentar la fuerza como el sueldo de sus hombres, que él cree es inadecuado.[207]

En su mensaje del 9 de febrero de 1925, Towner encomia la labor de la Policía Insular, "y anuncia que se solicitarán algunos aumentos en el personal así como enmiendas a la ley en vigor."[208]

En el quinto mensaje a la Legislatura, del 14 de febrero de 1927, este Gobernador muestra gran preocupación por el aumento en la criminalidad y la necesidad de aumentar la fuerza policíaca:

> El crimen y el cumplimiento de la Ley es comentado en el mensaje. Expresa que "el número de crímenes y criminales en Puerto Rico durante los últimos años excede al aumento proporcional de población". Pero que ese es un fenómeno que está ocurriendo también en los Estados de la Unión, y que es tanta su "importancia que el Juez Presidente del Tribunal Supremo de los Estados Unidos, William Howard Taft, abandonó su regla de no hablar sobre tópicos corrientes mientras ocupara su alto cargo, y públicó extensas manifestaciones sobre la administración del Derecho penal en los Estados Unidos. El Juez Taft ilustró el caso con notas interesantes sobre los remedios disponibles. Es de interés saber que varias de las reformas recomendadas por él ya han sido adoptadas en Puerto Rico." Indica el Gobernador que las recomendaciones del Juez Presidente de que los Estados centralicen sus fuerzas de Policías y la Secreta y que se confiera mayor dominio al Procurador General sobre los funcionarios encargados de hacer cumplir la ley, ya habían sido puestas en práctica

en Puerto Rico. Otra recomendación ya en vigor en Puerto Rico fue "la simplificación de los procedimientos judiciales aboliendo los grandes jurados". Da cuenta el Gobernador de que "mediante convocatoria del Procurador General, y bajo su inspección, reunióse en Puerto Rico un Congreso Criminológico, al cual asistieron funcionarios del Gobierno, jueces, abogados y ciudadanos representativos. Anuncia que las recomendaciones de este Congreso serán sometidas a la Asamblea Legislativa y que todas tienen su endoso.

Expresa el Gobernador que "el aumento de la fuerza de la Policía Insular de Puerto Rico ha sido demorado por nuestra falta de recursos", pero que ya no puede dilatarse más, pues sólo una fuerza policíaca de 650 hombres es la que está sirviendo una población de 1,6000,000 habitantes. Alega que a la escasez de vigilancia se debe en parte el aumento del crimen. Vuelve a citar, como ejemplo digno de seguirse, una recomendación del Juez Presidente del Tribunal Supremo, William H. Taft, en el sentido de "que se proporcione mayor protección policíaca a los distritos rurales de los Estados Unidos". Recomienda enfáticamente que, con vista a los arreglos que puedan hacerse respecto al presupuesto, se adopte, al respecto, una resolución favorable.[209]

El 13 de febrero de 1928, el Gobernador Towner dirige su sexto mensaje a la Legislatura. En este señala sobre la Policía de Puerto Rico:

> La fuerza policíaca era de 798 oficiales y guardias para una población de 1,400,000, lo que se reconocía por todos como insuficiente, según el Gobernador en su mensaje, agregando que la mayor parte de los crímenes en Puerto Rico ocurrían en la zona rural, los cuales podían evitarse en gran proporción con suficiente vigilancia policíaca. Por ello solicita que se haga más intensivo el servicio de la policía en los distritos rurales.[210]

El 7 de octubre llega a Puerto Rico el nuevo Gobernador, Theodore Roosevelt Jr., nombrado por el Presidente de Estados Unidos, quien ha de substituir a Towner. En el tercer mensaje que este nuevo funcionario dirige a la Legislatura el 20 de febrero de 1930 considera que, aunque entonces no existían los fondos necesarios para ello, recomienda que cuando el Departamento de Hacienda lo permita, "se extiendan los servicios de la Policía

Insular a la zona rural para proteger a los pequeños estancieros contra toda clase de depradaciones. Informa el Gobernador del fracaso que la falta de fondos ha ocasionado en el pago de pensiones a la Policía y sugiere que se reenacte (sic) la ley que establece aquellas de modo que el fondo se baste a sí mismo para su sostenimiento."[211]

Nuestro país al inicio de los años veinte vivía época de miseria. El ingreso per cápita en 1920 era de $87.00 dólares anuales. En 1929 llegaría a $100.00. (Bajaría a $95.00 en 1933.) En 1920 la población llegaba a 1,299,809 puertorriqueños, de los cuales el 78.2% vivía en la ruralía. Para 1930 subimos a poco más de millón y medio de almas, con un 72.3% viviendo en la zona rural. En 1920, Ponce era la ciudad con el mayor número de habitantes, unos 71,426; San Juan tenía 69,733.

Luis Muñoz Rivera había muerto en 1916. Empezando la década del 20, su hijo, el joven Luis Muñoz Marín conocía a Pedro Albizu Campos en el Hotel Palace, y habría de referirse en sus *Memorias* a este encuentro diciendo: "[c]onversamos de sus preocupaciones patriótico-políticas y de las mías patriótico-sociales."

Los dueños del país eran las corporaciones azucareras de accionistas norteamericanos. Nuestra economía agrícola veía caminar, *cuesta abajo como Gardel,* los renglones del café y el tabaco, mientras la caña de azúcar producía jugosos ingresos para el capital asentado en Boston o Nueva York.

Conforme a un estudio de la legislatura, se estimaba necesario un ingreso mínimo de 50 centavos diarios por persona para alimentos solamente. Pero el jornal promedio diario que recibía un obrero era de 75 a 80 centavos en las plantaciones de azúcar; y entre 50 y 60 centavos en las de tabaco y café. La fuerza trabajadora urbana no andaba mejor: el jornal corriente era de 70 centavos diarios, con empleo por cuatro de los siete días semanales. La zafra no pasaba de cinco meses, y llegaba entonces el temible *tiempo muerto* que recogiera en su obra de teatro Manuel Méndez Ballester. Las mujeres en la industria de la aguja se agotaban en una labor que sólo les producía entre 30 y 70 centavos por día. Un informe económico de ese tiempo describe la pequeña lista de alimentos usados por una familia de once en la que el padre proveedor ganaba 50 centavos diarios. La comida típica consistía de café negro en el desayuno; arroz o harina de maíz para el almuerzo y arroz y habichuelas para la cena. Entonces, como ahora, pero por otras razones, era un lujo incosteable contar con una tajada de bacalao como "mextura", ese vocablo tan entendible en la dieta nuestra. Nuestra economía moral también entraba en la quiebra: "el poder substituyó el respeto como valor central", como dice Henry Wells.

Pero el asunto no paró ahí. El 11 de septiembre de 1928 el radiotelegrafista del carguero *Commack* envió un mensaje en el que describía un disturbio tropical localizado en la longitud 60° Oeste, y latitud 15° Norte. Era la primera noticia de lo que sería una desgracia mayor para la Isla. Pocos días más tarde ese disturbio se llamará en Puerto Rico el huracán de San Felipe, que destruyó nuestras cosechas, nuestra economía y causó más de 300 muertes. Unas diez mil casas y 800 escuelas fueron destruidas. Las pérdidas materiales pasaron de 85 millones de dólares.

A finales de octubre del siguiente año, en Estados Unidos cae la Bolsa de Valores y se inicia la terrible década de la depresión económica que ha de afectar también a Puerto Rico.

6. Segunda Ley Orgánica: la Ley Jones de 1917

En el 1917 se aprobó una nueva Carta Orgánica para Puerto Rico: la Ley Jones. Esta mantuvo el sistema presidencial de gobierno, incorpora la separación de poderes y elimina los poderes legislativos del gabinete. Se mantuvo el Procurador general y el Comisionado de Instrucción como funcionarios de nombramiento presidencial. La justicia y la enseñanza siguen siendo tenidas como parte del control directo del Presidente. Se crea el Senado. Concede la ciudadanía americana a los puertorriqueños. El nombramiento de los jueces del Supremo siguió, como en la Ley Foraker, en manos del Presidente de los Estados Unidos. Desde 1915, las sentencias de dicho Tribunal eran revisables por el

Circuito de Boston, no por el Tribunal Supremo Federal. La Ley Jones incluyó una Carta de Derechos, que ha de obligar de manera particular a la policía, toda vez que se reconocen expresamente todo un conjunto de derechos en materia penal y procesal penal. Dicha Ley Orgánica hará las veces de Constitución en el país.

Bajo la Ley Jones se resolvió el caso citado de *Balzac v. People of Porto Rico* (1922). En Puerto Rico se concedía juicio por jurado sólo en casos graves. Balzac, acusado de un delito *menos grave* sostiene que tiene Derecho a juicio por jurado al amparo de la Enmienda VI de la Constitución Federal y que la publicación que él hacía y que dio lugar al delito estaba protegida por la Enmienda I, sobre Libertad de Prensa, de dicha Constitución.

El Tribunal Supremo de Estados Unidos resuelve que Puerto Rico es *un territorio no incorporado* donde no se imponían *todos* los derechos concedidos por la Constitución Federal. Se dividen esos derechos en libertades básicas (que participan de la naturaleza del Derecho natural, como libertad de culto, de palabra, a la propiedad individual, debido procedimiento de ley, igual protección de las leyes, etc.) y derechos personales que no son indispensables. *El juicio por jurado no se considera un Derecho fundamental* al cual tuviere Derecho Balzac. Obsérvese que la uniformidad de tributos tampoco se considera fundamental. [En Downes v. Bidwell hay un ejemplo de cuáles son unos y cuáles otros. Véase en Puerto Rico *Jaca Hernández v. Delgado,* 82 DPR 402 (1961)].

Por otra parte, también se han dividido los territorios en *organizados* (a los cuáles el Congreso ha otorgado un gobierno semi-autónomo y tiene las tres ramas tradicionales) y los *no organizados.* Puerto Rico era un territorio no incorporado y organizado. Los poderes del gobierno de Puerto Rico los había recibido por delegación del Congreso, bajo la cláusula territorial, con facultad para legislar directamente sobre asuntos de la Isla.

7. Confrontación y muerte

Mientras tanto, a partir de los inicios de la década de los años treinta, la Policía entraría en una grave confrontación con los sectores políticos del país partidarios de la independencia, que ha de producir muertos y heridos en ambos bandos y el encarcelamiento de una gran cantidad del liderato nacionalista del país.

A raíz de la ocupación de la Isla por los norteamericanos en 1898, se inicia un movimiento oficial para americanizar el país, especialmente dirigido a través del sistema de instrucción pública y las escuelas privadas.[212] Al intervenir el sistema de instrucción pública, uno de sus objetivos fue imponer la celebración de las fiestas típicas de la nación norteamericana, el idioma y las formas de vida norteamericanas.[213] El primer Comisionado de Instrucción, Martin G. Brumbaugh, en su Informe de 1901 recalcaba la importancia de imponer el saludo a la bandera, el idioma inglés y las canciones nacionales de Estados Unidos.[214] Los alumnos cantaban *America*, *Hail, Columbia!, Star Spangled Banner* y otras canciones patrióticas norteamericanas. Brumbaugh resaltaba *cuan maravilloso* era que los niños cantasen en inglés estas canciones: "lo primero que del idioma inglés muchos de ellos conocían eran nuestras canciones nacionales".[215] De los doce profesores que en 1910 integraban la facultad de la Escuela Superior de Ponce (Ponce High, entonces), solamente uno era puertorriqueño: Juan Cuevas Aboy, profesor de castellano. Los demás eran norteamericanos.[216] Además de las canciones en inglés, se acostumbraba iniciar todos los días de clases con una ceremonia de juramento a la bandera norteamericana, recogida por René Marqués en su novela *La Víspera del Hombre.*[217]

Conforme con esos planes, a principios del siglo XX se sigue la práctica de traducir todo al inglés. De eso no se salvó *La Borinqueña*. Francisco Amy, traduciendo los versos de Fernández Juncos, produjo una versión en inglés de nuestro himno.[218]

Al criticar ese sistema americanizante, en 1931 dirá en la Escuela de Leyes de la U.P.R. Don Pedro Albizu Campos:

> El niño aprende a amar una patria que no es la suya y a renegar de sus orígenes... Según la Historia de Puerto Rico que se enseña en las escuelas, la civilización empezó en el 1898 cuando llegaron las tropas americanas.[219]

La transformación política de este respetado líder del nacionalismo y la independencia puertorriqueña tenía como trasfondo el desarrollo histórico de la política del país. La Policía de la Isla mantendrá una vigilancia contínua contra el más respetado patriota de Puerto Rico.

Bajo la Ley Foraker de 1900, las elecciones se celebraban cada dos años. En las de noviembre de 1902, el Partido Republicano obtiene 73,823 votos; el Federal, 34,605 votos. Los federales, en minoría, eligieron 13 de los 53 alcaldes y 10 de los 25 miembros de la Cámara.

Por sugerencias de Herminio Díaz Navarro, federal, y Rosendo Matienzo Cintrón, republicano, se lanza la idea de unir los dos partidos políticos del país contra las limitaciones de la Ley Foraker. En Asamblea General de los días 18 y 19 de febrero de ese año, quedó fundada la nueva entidad política, *Partido Unión Puertorriqueña*, integrada por federales y republicanos.[220] En el partido se debatían tres orientaciones políticas: la independentista, la autonomía y el anexionismo."[221] Otro grupo se mantuvo con el Partido Republicano.

En las elecciones de 1904, triunfa el nuevo Partido Unión con 89,713 votos frente a los 54,092 del Republicano. El predominio del Partido Unión se extiende hasta la década de 1920, aunque los republicanos ganan algunas alcaldías, en diferentes años.

El 7 de agosto de 1912, Rosendo Matienzo Cintrón, con Luis Lloréns Torres, Manuel Zeno Gandía y otros, fundan el *Partido de la Independencia*, que no ha de tener mayor trascendencia política. Sin embargo, ese desprendimiento obligó al Partido Unión a reconsiderar su compromiso con la independencia. A mediados de 1921, el Presidente norteamericano, Harding, (republicano) nombra Gobernador de la Isla a Emmett Montgomery Reily, a quien los puertorriqueños llamarán "Mocho Reyes," mote que le puso Santiago Iglesias. Esta persona era un inepto, pero había ayudado al Harding en su campaña política en Kansas City.[222] El discurso inicial de Reily en el Teatro Municipal (ahora Tapia) fue otro desastre. Atacó directamente a los independentistas y a los líderes socialistas, manifestando: "Tampoco hay simpatía alguna o esperanza posible en los Estados unidos para la independencia de Puerto Rico... No permitáis que ningún hombre o periódico os engañe. Tampoco, amigos míos, hay sitio alguno en esta Isla para bandera alguna que no sea la de las franjas y las estrellas."[223] También dijo: "Al mismo tiempo siento un completo desprecio por cualquier líder o agitador socialista cuya único mérito es el de promover contiendas y discordias entre sus camaradas de trabajo. El mundo del trabajo estaría mejor sin sus consejos o liderato. He observado que usualmente el agitador obrero *ni trabaja ni hila."*[224] Esto explica porqué Santiago Iglesias le llamará "Moncho Reyes".

A principios de los años veinte, José Coll y Cuchí funda una Asociación Nacionalista, que evoluciona hacia la creación del Partido Nacionalista en 1922. Sin embargo, esta institución, más que un partido político, se desarrolla realmente como una entidad cultural, integrado por profesionales y hombres de letras. No había entusiasmo para adquirir el poder político. Sus actividades iban dirigidas a defender el idioma español y las tradiciones hispánicas. Sus dirigentes entre 1922 y 1930 eran abogados íntimamente relacionados con el Ateneo y la cultura. En 1924 ingresa en el Partido el joven abogado ponceño Pedro Albizu Campos, quien antes militó en el Partido Unión de Puerto Rico por cerca de un año. De inmediato fue elegido vicepresidente del partido. En 1925 Albizu fue escogido como delegado para llevar a cabo un viaje de divulgación del nacionalismo puertorriqueño por los países latinoamericanos con el objetivo de obtener su solidaridad. El viaje se inició el 20 de junio de 1927. En dos años y medio visitó República Dominicana, Haití, Cuba, México, Panamá, Perú y Venezuela. Regresa al país a principios de 1930.

Albizu Campos había nacido en Ponce el 12 de septiembre de 1891.[225] Se graduó de la Escuela Superior de Ponce en la clase de 1912. Su educación universitaria la recibió en Estados Unidos, de 1912 a 1921, con algunas interrupciones.[226] Comenzó sus estudios en la Universidad de Vermont, donde fue admitido al College of Engineering de la University of Vermont and State Agricultural

College en 1912 y cursó el primer año, de 1912 a 1913. Para estudiar en dicho Colegio, "como premio a sus dotes intelectuales recibe una beca de la Logia Aurora de Ponce.[227] El 6 de mayo de 1913 solicitó ingreso a Harvard College. Fue admitido y allí obtuvo el Bachillerato en Artes el 22 de junio de 1916. Inicia sus estudios de Derecho en la Harvard Law School el 22 de septiembre de 1916, año en que se comieza como decano Roscoe Pound. Sus estudios de Derecho fueron interrumpidos por la Primera Guerra Mundial. Profesores de Albizu fueron, entre otros, Felix Franfurter y Roscoe Pound. Al aprobarse en Estados Unidos la Ley de Servicio Selectivo el 18 de mayo de 1917, dos terceras partes de la matrícula de Derecho de Harvard dejó las clases para intervenir en la guerra. Albizu Campos había terminado su primer año de estudios de derecho el 15 de mayo de 1917. Interrumpe sus estudios en dos ocasiones (1917 y 1918) para cumplir con el Servicio militar. Albizu Campos siguió los cursos de Ciencias Militares (ROTC) en la Universidad de Harvard en 1917 y obtuvo su comisión de Segundo Teniente de Infantería.[228] En el libro *Pioneros: Puerto Rican in New York City,* 1896-1948, de Félix V. Matos-Rodríguez y Pedro Juan Hernández, se ofrece una fotografía de Albizu, con su uniforme de oficial del ROTC, sentado en una silla, en ocasión de una visita a su hermana en Nueva York, que se dice es de 1916.[229] En septiembre de 1917 Albizu Campos "compareció ante el General Frank McIntyre, Jefe de Asuntos Insulares del Departamento de Guerra de los Estados Unidos y le ofreció sus servicios militares con la condición de ser movilizado en Puerto Rico. En esas condiciones ingresó voluntariamente en el ejército y se trasladó a Ponce, donde aguardó sus órdenes. En espera de éstas, organizó en la Playa de Ponce una compañía de la *Home Guard* integrada por voluntarios, de la cual fue sucesora una compañía de ametralladoras y, además, abrió y sostuvo con su propio peculio una escuela para suboficiales del ejército norteamericano."[230] "Llamado al servicio activo, participó en el tercer entrenamiento para soldados y oficiales que se llevó a cabo en el Campamento 'Las Casas' obteniendo, de paso, la más alta calificación. Asignado al Estado Mayor del Regimiento 375 de Infantería, fue luego licenciado honrosamente en marzo de 1919 y nombrado con el rango de Primer Teniente en la Reserva de los Estados Unidos."[231] Regresa a Harvard para terminar sus estudios jurídicos y en 1921 vuelve a Puerto Rico. Todavía no tenía el título de *Bachillerato en Derecho*. Le faltaba tomar los exámenes de *Evidencia* y *Corporaciones*. El título lo obtiene finalmente el 26 de febrero de 1923. Sin embargo, fue admitido al ejercicio profesional a la corte federal en Puerto Rico, la United States District Court for the Distric of Puerto Rico, el 26 de agosto de 1921, luego de aprobar un examen oral de reválida en Ponce ante un Comité de examinadores integrado por José Tous Soto, Leopoldo Tormes y Alberto Poventud, el 24 de agosto de 1921. Posteriormente aprueba el examen de admisión ante el Tribunal Supremo de Puerto Rico y fue admitido al ejercicio el 11 de febrero de 1924. Fue registrado con el número 623.[232] El 23 de abril de 1926, fue admitido al notariado, registrado con el número 487.[233]

El 8 de julio de 1922 contrae matrimonio con la peruana, Dra. Laura Meneses del Carpio, en Juana Díaz, que había conocido en Harvard.

Cuando Albizu regresa de su viaje por América del Sur en 1930 y toma la dirección efectiva del nacionalismo, esta agrupación política no era bien vista por la Policía. En una actividad conmemorativa del advenimiento de la República Española al gobierno de España, celebrada en el Teatro Municipal de San Juan en la noche del 14 de junio de 1931, ofrecieron discursos Albizu y Santiago Iglesias Pantín, líder obrero y partidario del anexionismo de Puerto Rico a Estados Unidos. Cuando tocó el turno a éste, hubo graves protestas de independentistas y Nacionalistas presentes. La Policía entró al teatro y arrestó a los manifestantes.

El 16 de abril de 1932 los nacionalistas llevan a cabo una protesta en el Capitolio de Puerto Rico contra un proyecto de ley que intentaba convertir la bandera de Puerto Rico en emblema oficial del gobierno de entonces. Albizu encabeza una multitud de más de 800 personas. La Policía formó un cordón al final de las escaleras de entrada. Para contener a los manifestantes, la Policía empujó hacia atrás, creando fuerte presión sobre la baranda de la escalera, la cual cedió, produciendo una caída en la cual murió el joven Rafael M. Suárez Díaz y otros resultaron heridos. Albizu fue arrestado como autor del motín.

En el verano de ese año, el nacionalista Luis F. Velázquez penetró en las oficinas del Tribunal Supremo de Puerto Rico y abofeteó en el rostro al Lic. Emilio del Toro Cuevas, Juez Presidente de dicho tribunal.[234]

En las elecciones de 1932 participó el Partido Nacionalista, sufriendo una aplastante derrota frente a los partidos Unión Republicana, Liberal y Socialista. Recibío solamente 5,257 votos, aunque Albizu como candidato obtuvo 11,882. Albizu y su partido se retiran entonces de las contiendas electorales.

Desde el 8 de enero de 1934, actuaba como Juez Federal Robert A. Cooper. El 5 de febrero se inicia como Gobernador Wlanton Winship, un general retirado del Ejército de Estados Unidos, lo que ha de producir un confrontamiento serio entre las fuerzas de Orden Público y el nacionalismo por todo un lustro. Señala un autor:

> Winship inauguró un período para la historia puertorriqueña durante el cual el aparato policial adquirió un poder y una proyección que nunca antes había tenido. Fue este gobernador quien dotó a los cuerpos policiales de las mortíferas subametrallodoras Thompson. De igual forma, equipó divisiones especializadas con gases lacrimógenos y el mejor equipo antimotín y reforzó a la policía montada. Su pasatiempo favorito los fines de semana era visitar los campamentos de entrenamiento tanto de la policía insular como de la guardia nacional, para supervisar sus actividades y animar a la tropa. Fiel a sus preceptos de militar conservador, Winship impulsó en reiteradas ocasiones la idea de reimplantar en Puerto Rico la pena de muerte, para lo cual contó con el apoyo entusiasta de prominentes líderes republicanos como Alfonso Valdés. Durante su gobierno de cinco años las fuerzas del orden público desplegaron en forma hostil su autoridad y cometieron toda suerte de atropellos en perjuicio de los más elementales derechos ciudadanos. Los abusos de poder perpetrados en esa época repugnan por su iniquidad y por la impunidad con que se cometieron: se censuró y se prohibió la circulación de ciertos libros; se impidió la realización de marchas de protesta pacífica, conferencias y colectas públicas; se arrestó a

> numerosas jóvenes por el mero hecho de izar la bandera de su país o hablar en contra del gobierno; se privó de sus empleos a diversos maestros y profesores universitarios por sospechárseles simpatías nacionalistas; y, finalmente, se masacró en las calles a personas inocentes. Ciertamente, Winship fue lo más cercano que estuvo Puerto Rico a un estado policial-autoritario.[235]

El 4 de julio de 1934 estallan bombas en edificios federales de San Juan. En agosto se repiten estallidos en las oficinas del correo federal en Puerta de Tierra, de la Telefónica en la Calle Tanca y el Cuartel de la Policía en Barrio Obrero.

El 24 de octubre de 1935 ocurre una violenta confrontación entre la Policía y los Nacionalistas. Un grupo de estudiantes de la Universidad de Puerto Rico se proponía celebrar una asamblea para censurar unas palabras de Albizu Campos. Otro grupo de Nacionalistas se proponía contrarrestar esa censura y las autoridades de la Universidad notifican a la Policía. Esta penetra al campus y vigila los alrededores. La actividad se suspende, pero la Policía intercepta un automóvil con un grupo de nacionalistas que corría por las calles de Río Piedras, cerca de la plaza, conducido por Ramón S. Pagán. Se colocan en los estribos del automóvil y le ordenan seguir hasta el cuartel que estaba cerca, seguidos por otro coche celular. Mientras se dirigen al cuartel, surge un tiroteo. Los policías descargaron sus armas contra los ocupantes y los acribillaron a balazos sin darles oportunidad alguna de rendirse. Un cadete que se hallaba cerca acudió en auxilio de sus compañeros y trató de hacerles frente a las fuerzas policiales, pero resultó muerto en el intercambio. En total fueron cuatro los nacionalistas muertos en este incidente: Ramón S. Pagán, Pedro Quiñones, Edgardo Rodríguez y José Santiago. De los que iban en el automóvil tan sólo Dionisio Pearson logró salvarse, aunque quedó en estado de suma gravedad."[236] También murió un policía, que se identifica como abuelo de un conocido columnista político de la actualidad identificado con el anexionismo. Una enorme manifestación de duelo, con la asistencia de más de 8,000 personas en el cementerio de la carretera de Seboruco, escucha una enérgica despedida de duelo por don Pedro Albizu Campos. Exigió que se acusara a los policías y señaló públicamente al Coronel Riggs, Jefe de la Policía, como responsable del ataque. El Fiscal Marcelino Romaní exoneró a los policías y formuló cuatro cargos graves contra Dionisio Pearson, a quien sacan del hospital para llevarlo al tribunal. La muerte de estos Nacionalistas se conoce en la historia de Puerto Rico como *La Masacre de Río Piedras.* Manuel Jiménez (Canario) compone y graba en Nueva York el 20 de noviembre de ese año el Seis Jíbaro titulado *Héroes de Borínquen* en honor a los nacionalistas muertos.[237]

En la noche del 31 de diciembre de 1935 al 1ro. de enero de 1936, un Policía asesinó al nacionalista Alesso Martinó, detenido y herido en el Hospital Tricoche, de Ponce. Martinó era sospechoso de haber herido a Américo Delgado esa noche. Se alegó que se había ocultado en el Hotel Hogar, de Ponce. Allí lo fue a arrestar el policía José F. Cordero. Se alega que Martinó hirió al policía Cordero con un punzón que portaba, luego de recibir un golpe de rotén de dicho policía. Martinó huyó del lugar. Otro policía, Juan Sarria Pacheco, enterado de lo sucedido, persiguió a Martinó y, a pesar de que éste le dijo que no le pegara que se iba a entregar, Sarria le propinó un gran número de golpes en la cabeza, en la frente y otras partes del cuerpo. Intervino un grupo de personas y evitaron la continuación de la golpiza. Martinó fue llevado al Hospital Tricoche y puesto en una camilla. Allí también llevaron al policía Cordero. No se conseguía al médico de turno, que estaba en un baile en el Club Deportivo. Al hospital llegó otro policía, Carmelo Berdecía. Al salir para el Deportivo a buscar al médico, Berdecía le dijo al conductor, "¡Para, que voy a matar a ese sinvergüenza!" Trataron de impedir que volviera, pero Berdecía regresó al hospital con otros compañeros. Al llegar donde estaba el herido, también estaba Sarria. Berdecía llevó la mano a su revólver y dirigiéndose a Sarria, le dijo: "Si tú no lo matas, lo mato yo." Sarria sacó su revólver e hizo un disparo sobre Martinó, que estaba en la camilla y dijo "Ya está." Dos horas después, Martinó fue llevado a la Clínica Dr. Pila, donde murió como resultado de la herida de bala.

Sarria y Berdecía fueron enjuiciados en procesos separados y declarados culpables. A Sarria se le condenó a 12 años de cárcel; a Berdecía a 10 años. Apelaron los casos al Tribunal Supremo, el cual confirmó. El de Sarria fue confirmado el 21 de enero de 1941;[238] el de Berdecía lo fue el 26 de julio de 1941.[239]

En febrero de 1936 se anuncia la llegada de un contingente de agentes federales para investigar las actividades de los nacionalistas.[240]

El 23 de febrero de 1936, los nacionalistas Hiram Rosado y Elías Beauchamp disparan contra el Coronel Riggs cuando salía de la Catedral de San Juan, causándole la muerte. Los atacantes fueron detenidos y asesinados por la policía en el Cuartel de la calle San Francisco.[241] En Utuado, se produce ese mismo día otro choque entre nacionalistas y policías, resultando un nacionalista muerto y varios policías heridos. Un Gran Jurado Federal acusa al liderato nacionalista, incluyendo a Albizu Campos, Juan Antonio Corretjer, Luis F. Velásquez y otros, por el delito de conspirar para derrocar el gobierno por la fuerza, imputándoles haber planificado el asesinato de Riggs. Un primer juicio se celebró en julio de 1936, ante el Juez Cooper. Uno de los fiscales fue Cecil A. Snyder. Se sumaron también Jorge Ortiz Toro y Marcelino Romaní. El jurado no pudo ponerse de acuerdo. Se señaló nuevo juicio, con otro jurado integrado por diez norteamericanos y dos puertorriqueños, que el 31 de julio de 1936 declaró culpables a los imputados. Al día siguiente el Juez Cooper sentenció a los convictos a largas condenas, de hasta 10 años de cárcel, para ser cumplidas en la prisión federal de Atlanta, Georgia. Fueron sacados de noche de la Cárcel La Princesa y trasladados en lancha hasta el aeropuerto de Isla Grande para llevarlos a Atlanta mientras la ciudad dormía y se evitaban manifestaciones públicas.

Luego de la condena en el Tribunal Federal, el fiscal A. Cecil Snyder, solicita al Tribunal Supremo el desaforo del Lic. Pedro Albizu Campos, aunque en su carta sólo habla de notificar la convicción. El 25 de junio de 1937, Emilio del Toro, Juez Presidente, firma la resolución desaforando a Albizu. Del Toro fue el juez a quien el nacionalista Velázquez le dio una bofetada en sus oficinas del Tribunal Supremo y Albizu fue el abogado del agresor, ganando el caso en el Circuito de Apelaciones, pero ese tipo de desaforo es corriente una vez el abogado es convicto de un delito grave.

El 21 de marzo de 1937 los *Cadetes de la República* del Partido Nacionalista organizan una parada en la ciudad de Ponce. Aunque el alcalde de esta ciudad autorizó la misma, el entonces gobernador, Blanton Winship, en plan de persecución contra el nacionalismo, especialmente por la muerte del Coronel Riggs, jefe de la policía durante su mandato, ordena en el último minuto suspender la actividad. Los líderes nacionalistas se niegan.

La marcha de los cadetes era dirigida por Tomás López de Victoria. Cerca de las tres de la tarde se proponen iniciar el desfile. La policía ocupa el frente, lado norte, y la parte posterior, lado sur, de la calle Marina, atrapando en el medio a los nacionalistas. El Teniente Ceferino Loyola, de la policía ordena detener la marcha. López de Victoria se mantiene firme en su propósito de realizarla.

> Hubo varios minutos de silencio entre los cadetes y la policía. Por fin López de Victoria llamó: "Atención". Una pequeña orquesta de cuatro músicos contratada por el club Nacionalista de Ponce comenzó a dejar oír las notas musicales de La Borinqueña. Las personas allí congregadas mantuvieron una actitud solemne. Los cadetes se mantuvieron firmes en sus posiciones; las *Hijas de la Libertad* se mantuvieron en sus filas, detrás de los cadetes. Los abanderados, Porfirio Walker, portando la bandera monoestrellada de Puerto Rico, y Santiago González Castro, portando la de los cadetes, o sea la de la Cruz de Calatrava, levantaron sus banderas. Después de concluir la primera parte musical, la orquesta comenzó a tocar el pasodoble *Canta, Guitarra Mía.* Mientras se comenzaba a escuchar ese pasodoble Tomás ordenó: ¡Atención! ¡Marchen! Pero, marchar era imposible. Frente a la fila de los cadetes había como un muro de policías, macanas, carabinas, revólveres, ametralladoras y pistolas prestos a detenerlos. Las únicas salidas posibles hubiesen sido por las calles Jobos y Marina (sur). Pero estaban también bloqueadas por la policía armada. Toda la concurrencia quedó atrapada en una encerrona, sin esperanzas de escape; entre ellos algunos curiosos que no había adivinado lo que iba a ocurrir aquella

tarde triste de un Santo Domingo de Ramos.[242]

El investigador histórico Raúl Medina Vázquez, nos describe la escena, identificando al conocido músico Celso Vega como director del grupo musical:

A las tres y media de la tarde los cadetes ya estaban en formación frente a la Junta Nacionalista. En el interior se planificaba una nueva ruta para la marcha. Los inconvenientes de último momento hicieron retrasar la misma por más de dos horas. Del interior de la Junta salió Celso Vega, el trompetista, con su corneta en la mano, se detuvo en la acera frente al club, hizo sonar el clarín y los cadetes formaron filas. Luego salió Tomás López de Victoria, dio unos mandos a los cadetes que se encontraban de frente hacia el Club y quedaron mirando hacia la Plaza Muñoz Rivera, ordenó a la banda varias piezas musicales y luego *La Borinqueña,* Himno Nacional de Puerto Rico. Al finalizar la música el público allí congregado aplaudió frenéticamente y otros dieron vivas a la República de Puerto Rico. Cuando se escuchó *La Borinqueña,* los hombres allí reunidos se quitaron sus sombreros y el policía Eusebio Sánchez que estaba en la esquina del antiguo edificio *El Aguila,* se quitó la gorra y se la colocó sobre su pecho, así mismo hizo el policía, Ceferino Loyola, lo cual no fue bien visto por los demás policías. Al finalizar *La Borinqueña* se tocó un pasodoble y Tomás López de Victoria, que iba al frente, al lado de Elifaz Escobar, dio la orden de atención, e inmediatamente los policías tomaron sus armas y se colocaron en posición de disparar, escuchándose un ruido de metales o traqueteo de armas. Varios de los policías se notaban muy nerviosos, uno con un rifle comentaba con otro policía de apellido Lucca, que ya tenía deseos de estar disparando. Cuando los cadetes nacionalistas comenzaron a marchar, un policía que estaba pendiente para avisarle al jefe Soldevila si los cadetes iniciaban la marcha, se encontraba no muy lejos de la esquina de la calle Marina, le indicó por medio de una señal que la marcha se iniciaba, ya que tenía instrucciones para que éstos no marcharan, éste dejó que se formaran. Se les adelantó con una fusta o látigo que tenía en sus manos, sonó un pito y colocó la fusta horizontalmente entre sus manos, la puso en el pecho de Tomás López de Victoria que iba a la cabeza de los cadetes, para evitar que

> marcharan. Apenas habían dado cuatro a cinco pasos cuando fueron detenidos. El jefe Bernard y los demás policías, con sus armas en las vaquetas de los revólveres, avanzaron hacia el frente a tomar posiciones. Otros policías formaron un cordón con su jefe Soldevila al centro, el jefe Pérez Segarra ordenó entonces cargar las armas a los policías que se encontraban bajo su mando en la calle Marina esquina Jobos. Cuando los dirigentes nacionalistas escucharon la música de la orquesta que se encontraba junto a los cadetes, salieron del interior del club a ver lo que estaba pasando y al pararse en el umbral de la puerta de dicho club, un policía, Armando Martínez, que se encontraba parado en la esquina de la Calle Marina y Aurora, frente al edificio *El Aguila,* corrió revólver en mano en plan de disparar. Luego se escuchó un disparo y el jefe Pérez Segarra ordenó disparar, estando los policías arrodillados, detrás otro pelotón de policías con revólveres, se encontraban a las espaldas de los cadetes, desde donde dispararon hacia el frente. Los nacionalistas que se encontraban a las puertas de la Junta corrieron a su interior para protegerse, otros corrieron despavoridos. [i]

Loyola también murió en el incidente, víctima de las balas de la propia policía. Lo ocurrido se conoce como *La Masacre de Ponce.* Hubo 21 personas muertas y más de 150 heridos.

A pesar de lo ocurrido, la policía arrestó y acusó de asesinato y portación ilegal de armas a los nacionalistas. "Algunos de los falsos acusadores eran un tal Cabanillas y Fermín Feliciano." Se formó luego una Comisión Investigadora presidida por Arthur Garfield Hays, Consejero General de la Unión de Libertades Civiles de Estados Unidos, e integrada por puertorriqueños eminentes. Dicha Comisión concluyó que los nacionalistas no tenían armas, que la policía no tenía autoridad para suspender el acto, pues se estaba ejerciendo un Derecho constitucional, que la policía actuó injustificadamente, que lo sucedido fue una masacre y que el gobierno del gobernador Winship tuvo la responsabilidad por la misma.[243] Los nacionalistas acusados fueron defendidos por Ernesto Ramos Antonini y Víctor Gutiérrez Franki. Fueron absueltos.

El 25 de julio de 1938 se celebra en Ponce el 40 aniversario de la invasión de tropas norteamericanas, con la asistencia del gobernador Winship, los líderes republicanos de la Legislatura, el Coronel Enrique de Orbeta, Jefe de la Policía Insular, el Coronel Luis A. Irizarry, jefe de la Guardia Nacional y un gran desfile militar. El nacionalista Angel E. Antongiorgi dispara contra el templete. Una bala rozó al Gobernador, pero resultó ileso. Otra mató al Coronel Irizarry. La Policía empezó a disparar, matando a Antongiorgi e hiriendo a 24 personas más. El fiscal Guillermo S. Pierluissi acusó a nueve líderes nacionalistas por asesinato en primer grado, entre ellos Elifaz Escobar, Casimiro Berenguer, Tomás López de Victoria, Santiago González Castro, Prudencio Segarra y Juan Pietri.[244] Fueron convictos y sentenciados a cadena perpetua. López de Victoria y Segarra desistieron de la apelación.[245]

Durante la Segunda Guerra Mundial, muchos nacionalistas e independentistas fueron enjuiciados y convictos en el Tribunal Federal por negarse a ingresar en las fuerzas armadas norteamericanas. Cumplieron sentencias en prisiones de Estados Unidos. El caso más notable fue el de Ramón Medina Ramírez, historiador del nacionalismo: él y sus cinco hijos cumplieron condenas en cárceles norteamericanas por esa negativa.[246] Los agentes le privaron de los originales de sus libros.

En 1946 el gobernador Tugwell indulta a los convictos por la muerte del Coronel Irizarry.[247]

8. Las mujeres entran a la Policía

En 1942 se permitió por primera vez el ingreso de mujeres al Cuerpo de la Policía de Puerto Rico. Después de aprobar un examen, iniciaron labores el 14 de junio de ese año. Las primeras cinco fueron Laura San Antonio Hernández, Carmen Puig de Jiménez, Rufina Dosal de López, Carmen Belén Sosa, Edith Brau Alsina. En la tarde de ese mismo día empezaron otras cinco, las cuales fueron asignadas a la división de Policía Secreta.[248] Algunas de ellas se infiltraron en el movimiento nacionalista. Como una muestra de la intolerancia ideológica de la Policía, en 1950 fue destituida la policía Laura San Antonio Hernández por haber contestado el saludo que le extendió Pedro Albizu Campos cuando fue encarcelado. Después del arresto de don Pedro, fue llevado al Cuartel General y luego al Tribunal para someterle cargos. Cuando se ordenó su encarcelamiento, fue conducido a la Cárcel de la Princesa en un camión militar, con dos guardias nacionales y la detective Laura San Antonio. A la entrada del penal, un sonriente Albizu Campos se detuvo y extendió su mano. San Antonio, también sonriente, la estrechó. Jaime Vázquez Boneta tomó la foto histórica para *El Imparcial.* La Policía se escandalizó y tres días más tarde, el Gobernador Muñoz Marín la destituyó.[249]

9. Enmienda a la Ley de la Policía en 1948

Mediante la Ley Núm. 122 de 15 de mayo de 1936, se creó el Negociado de Identificación e Investigación Criminal dentro de la Policía de Puerto Rico.

La Ley Núm. 33 del 8 de junio de 1948 reinstala el nombre de los rangos que había establecido la Ley de 1902, enmendando la sección 4 de aquella ley, y disponiendo en su Artículo 1: "En esta Ley, donde se haga referencia a Jefes de Distrito, se entenderá que se refiere a los Capitanes y Tenientes a que se ha hecho referencia." Se señala que la fuerza numérica de la Fuerza será la que la Asamblea Legislativa determine de tiempo en tiempo. El Artículo 3 establece la nueva escala salarial, esta vez mensual, de la siguiente forma:

Coronel de la Policía Insular	$665
Ayudante de la Policía Insular	495
Ayudante Especial	495
Inspector General	440
Capitán	385
Primer Teniente	297
Segundo Teniente	242
Sargento	187
Cabo	154

Detective	143
Guardia	132
Sup. Neg. Ident. Crim.	385
Sup. Aux. Neg. Ident. Crim.	286
Exp. en Huellas y oficinista	198
Exp. en Huellas y balística	160
Exp. en Huellas y fotógrafo	160
Exp. en Huellas de Primera Clase	140
Exp. en Huellas Digitales	132
Auxiliares de Identificación	99

A los agentes destacados en Vieques y la Zona Metropolitana se les asigna una compensación adicional de un 10%; a los motociclistas se les añade una compensación anual de $100.

10. La Revuelta Nacionalista de 1950

En agosto de 1947 el gobierno federal aprobó legislación que permitía la elección de un gobernador puertorriqueño para la Isla. El 15 de diciembre de ese año regresa al país el líder nacionalista Don Pedro Albizu Campos. En las elecciones de 1948, el Partido Popular Democrático gana las elecciones y su candidato, Luis Muñoz Marín, es electo Gobernador. Mediante la Ley 600 del 3 de julio de 1950 (64 Stat. 319), el Congreso de Estados Unidos permite a Puerto Rico aprobar su propia Constitución. El liderato del Partido Nacionalista considera que el proceso iniciado por el partido de gobierno es de naturaleza colonial.[250]

En la noche del jueves 26 de octubre de 1950, los nacionalistas, dirigidos por Albizu Campos, organizaron y participaron en las ceremonias conmemorativas del natalicio del general Antonio Valero de Bernabé, en Fajardo, cuna de Valero. Los nacionalistas tenían información de que se intentaba asesinar a su Presidente, por lo que algunos de ellos estaban armados.[251] Albizu pronunció un discurso que fue transmitido por la emisora WMDD, y grabado por la Policía. Después de la medianoche, el líder nacionalista, siempre escoltado por tres automóviles de la Policía y varios líderes del

Partido, regresa a San Juan. Desde uno de los automóviles de la Policía se envió un mensaje para que detuvieran el vehículo PA-53664, conducido por nacionalistas. Cerca de las 3:15 de la madrugada, la Policía detuvo dicho automóvil a la altura del puente Martín Peña, en Santurce. Ocultando la llamada indicada, la Policía alegó que el auto había cruzado con luz roja en su contra.[252] La Policía informó la ocupación de dos pistolas cargadas, cinco bombas, cientos de balas y una subametralladora.[253] Los agentes de Seguridad Interna sometieron acusaciones por violaciones graves a la Ley de Armas contra Rafael Burgos, Antonio Moya y Eduardo López Vázquez. En el vehículo también viajaba Ruth Reynolds, Secretaria Ejecutiva de la Liga Americana para la Independencia de Puerto Rico. Ramón Medina Ramírez, considerado historiador de ese movimiento, escribe:

> En las primeras horas de la mañana todas las estaciones de radio de Puerto Rico daban la información de los acontecimientos en forma alarmante y el gobierno acuartelaba todas sus fuerzas policíacas y las disponía en estado de guerra.
>
> Esta situación puso a los patriotas nacionalistas que poseían armas en una situación desesperada. Todos se daban cuenta de que iban a ser encarcelados y a perder las armas que con tanto sacrificio habían logrado obtener y se dispusieron a adoptar una actitud heroica lanzándose a una lucha desigual, a sabiendas de que no había ninguna posibilidad de triunfo. La historia del Grito de Lares volvía a repetirse aunque en mayores proporciones.[254]

El sábado 28 de octubre se desata una fuga en masa de la Penitenciaría Estatal. Se fugan unos 112 reclusos, muchos de ellos convictos por asesinato. Mueren dos guardias penales y cuatro resultan heridos.[255] La prensa informa que para entonces había 2,665 reclusos en la penitenciaría.[256] Uno de los fugados se convertirá en leyenda: Antonio Correa Cotto.

El domingo 29 de octubre ocurren balaceras entre policías y nacionalistas en Ponce[257] y Peñuelas, que producen la muerte del Cabo Aurelio Miranda y de los nacionalistas Guillermo González Uribe, José A. Ramos y Arturo Ortiz. El 30 de octubre se desarrolla la revuelta en Jayuya, Arecibo,[258] Utuado, Naranjito,[259] Mayagüez y San Juan. En Jayuya los nacionalistas, dirigidos por Blanca Canales se apoderan del pueblo. En un fuego resultante muere un policía. El Gobernador Luis Muñoz Marín ordena activar la Guardia Nacional, que ataca el pueblo con aviones. En Utuado hubo seis muertos y más de siete heridos.[260] En Arecibo los nacionalistas tirotean el cuartel de la Policía. Hubo cuatro policías muertos y seis heridos.[261]

En San Juan, un comando nacionalista dirigido por Raimundo Díaz Pacheco ataca La Fortaleza. Mueren en el intento Díaz Pacheco y tres de sus compañeros: Domingo Hiraldo, Roberto Acevedo y Manuel Torres Medina.[262] Gregorio Hernández queda herido gravemente.

En total hubo 28 muertos –7 policías, 1 guardia nacional, 16 nacionalistas y 4 personas más; y 49 heridos – 23 policías, 6 guardias nacionales, 9 nacionalistas y 11 personas más.[263]

El 30 de octubre también dos nacionalistas. Griselio Torresola y Oscar Collazo, atacan la Casa Blair en Washington, en un intento de matar al Presidente Truman. Muere un policía y el nacionalista Griselio Torresola.[264]

Pedro Albizu Campos fue arrestado en la madrugada del 2 de noviembre de 1950. La Policía atacó con un cerrado fuego de bazukas las dos puertas de entrada a su residencia en la calle Cruz del Viejo San Juan. Luego tres policías dispararon en cuatro ocasiones sobre la residencia, para culminar con el lanzamiento de bombas lacrimógenas.[265] Fue encarcelado en la cárcel La Princesa, en el Viejo San Juan. Posteriormente fue enjuiciado y convicto bajo acusaciones de Ataque para cometer asesinato, violaciones a la Ley de Armas e infracciones a la Ley 53 de 1948 (Ley de la Mordaza).[266]

El 30 de septiembre de 1953, el gobernador Luis Muñoz Marín otorgó un indulto condicional a Albizu Campos. Pero, cuando otro comando de nacionalistas puertorriqueños atacan el Congreso norteamericano en 1954, se le volvió a arrestar y encarcelar, dejando sin efecto el indulto, esta vez en la Penitenciaria Estatal (el Oso Blanco) de Río Piedras. Allí sufre un derrame cerebral en marzo de 1956. Las autoridades tratan de ocultar el hecho, pero Heriberto Marín logra informar a un periodista radial, Antonio Díaz Velázquez, de WKVM.[267] Por la presión pública, Albizu es llevado al Hospital Presbiteriano. Después de varias entradas y salidas, a partir de 1958 queda hospitalizado permanentemente en ese hospital. El 27 de diciembre de 1958, tres nacionalistas lograron burlar la vigilancia y llegaron a la habitación y le llevaron "un mensaje navideño."[268] En los años siguientes, varios grupos montan piquetes frente al hospital. En 1961, con motivo de un Hábeas Corpus presentado, se autoriza a tres abogados a visitar a Albizu: Juan Mari Bras, Lorenzo Piñero Rivera y Carlos Carrera Benítez.[269]

El 27 de julio de 1962, Juan Mari solicita por telegrama al Gobernador Muñoz Marín que indulte a Albizu. El 14 de noviembre de 1964 el Gobernador Muñoz Marín le indulta. Se le traslada a una residencia en la calle Juan J. Jiménez Núm. 504 de Hato Rey, al cuidado de la señora Ethelvina Dávila Rodríguez, quien había sido su enfermera en el Hospital Presbiteriano. Allí muere el 21 de abril de 1965, lo que de inmediato informa el FBI a Washington.[270] De la Funeraria Jensen, el cadáver fue llevado al Ateneo y a la Catedral de San Juan el domingo 24 de abril. A ésta última llegó con retraso. El arzobispo de San Juan, Aponte Martínez, no estuvo en la catedral. El servicio fúnebre lo atendieron el Padre Antulio Parrilla y el Padre Margarito Santiago. Fue enterrado en el Cementerio del Viejo San Juan, cerca de José de Diego. Gilberto Concepción de Gracia estuvo entre los que despidieron el duelo. Lo hicieron además, el Presidente del Partido Nacionalista; Manuel Maldonado Denis, por la juventud, el Padre Margarito Santiago y el Sr. Herrera Oropesa, un venezolano muy amigo de la familia.[271]

El gobierno se aseguró de que los 4,500 miembros de la Policía estuvieran en servicio. "Fueron suspendidas todas las vacaciones e incorporado todo el personal que disfrutaba de licencia como parte del estado de alarma decretado a raíz de la muerte del líder nacionalista. Se temían actos de sabotaje como los ocurridos en 1961 cuando Albizu cumplió 70 años edad en la prisión…"[272]

Doña Laura murió el 17 de abril de 1973 en el Hospital Central Militar de La Habana, Cuba, y fue sepultada en el Cementerio Colón de la Habana.

IV. La nueva etapa de los jefes civiles

1. Aparece el Superintendente en 1956

Desde su fundación en 1899 hasta el 1956 actúan como jefes de la Policía Insular de Puerto Rico los siguientes coroneles del Ejército norteamericano:

Frank Techter	1899-1903
Terence Hamill	1903-1908
Wilhelm Lutz	1908-1909
George Shanton	1909-1922
William Bennett	1922-1923
G. W. Lewis	1923-1930
Rufus Rolla Lutz	1930-1933
Francis Riggs	1933-1936
Enrique de Orbeta	1936-1942
Antonio R. Silva	1942-1943
Luis Ramírez Brau	1943-1944
Joshua Hellinger	1944-1945
Salvador T. Roig	1946-1956

Mediante la Ley 600 del 3 de julio de 1950 (64 Stat 319), el Congreso de Estados Unidos, permite a Puerto Rico aprobar su propia Constitución. Esta Ley dispone:

> Dispónese por el Senado y la Cámara de Representantes de los Estados Unidos de América... que reconociendo plenamente el principio de gobierno por consentimiento, se adopta la presente ley, en concepto de convenio de modo que el Pueblo de Puerto Rico pueda organizar un Gobierno con una Constitución adoptada por él mismo.[273]

Se impone como requisito que la Constitución deberá (1) crear un gobierno republicano e (2) incluir una Carta de Derechos. Requería además, luego de aprobada la Constitución en Puerto Rico, la aprobación del Presidente y del Congreso. Para aprobarse la misma, Estados Unidos puso como condición que toda enmienda posterior debía estar de acuerdo con la Ley 600, el Estatuto de Relaciones Federales, las disposiciones aplicables de la Constitución Federal y la ley congresional que aprobó la Constitución.

El 21 de agosto de 1951 se eligen los miembros a la Convención Constituyente. Comienza sus trabajos el 17 de septiembre, con 92 delegados.

El 6 de febrero la Convención Constituyente aprueba la nueva Constitución con 88 votos a favor, 3 en contra y uno ausente. Mediante Referendum del 3 de marzo de 1952, el pueblo la acepta con el 81% de los votos emitidos.

La cuestión de status político del país no queda en modo alguno resuelto. No nos corresponde aquí tratar el asunto a fondo. Debemos considerar la Constitución desde el ángulo del ordenamiento jurídico organizativo del Estado, bajo un sistema republicano de gobierno y una Carta de Derechos en funcionamiento. Termina con ella el sistema de nombramiento presidencial de los magistrados de todo el Poder Judicial de la Isla, incluyendo nuestro Tribunal Supremo, y los Secretarios de Gobierno. Desde entonces, es función de nuestro Gobernador designar estos funcionarios, con el Consejo y Consentimiento del Senado puertorriqueño.

Destaca en esta Constitución su Carta de Derechos, que forma el Artículo II de la misma. Los constituyentes puertorriqueños tomaron en cuenta para su aprobación la Carta de Derechos de la Constitución Federal, su interpretación jurisprudencial, así como la Declaración Americana de los Derechos y Deberes del Hombre, aprobaba por la Organización de Estados Americanos en Bogotá, Colombia, en abril de 1948, y la Declaración Universal de los Derechos del Hombre aprobada por las Naciones Unidas en París en diciembre de 1948.[274] Dicha Carta de Derechos, con la correspondiente legislación penal y procesal penal aplicable, ha de dirigir la actuación de la Policía frente a los ciudadanos.

Dicha Constitución enfatiza en la naturaleza civil de las diversas instituciones de gobierno.

Durante más de medio siglo, el reclutamiento, la admisión de agentes y la administración de la Policía de Puerto Rico fue una labor compartida entre el Jefe de la Policía y la Comisión de la Policía de Puerto Rico, como hemos señalado anteriormente. Quizás esa dualidad administrativa se justificaba por la naturaleza cuasi militar de la institución. Mientras el Jefe policíaco tenía la responsabilidad de dirigir y supervisar las unidades de la Fuerza, disponer sobre traslados y actuar como principal ejecutivo, la Comisión cumplía funciones para el reclutamiento y admisión, examen y enjuiciamiento por faltas de los agentes, así como la adquisición de recursos, aprobación y pago de gastos. Esto planteaba un problema de orden administrativo y dirección real de la entidad. A ello hay que añadir que por disposición de ley, los nombramientos que se hacían y se hacen para la Comisión deben ser de personas que no estén relacionados en forma alguna con la Policía. En 1908, ya vimos, se introdujo el requisito de que dos de los tres miembros de la Comisión debían ser de los dos partidos políticos principales de la Isla.

La Constitución de Puerto Rico nace con la aspiración de crear un gobierno local con cierta autonomía, sin la intervención tan directa del Gobierno Federal como la que entonces se vivía. El país pasaba por un momento político fundamentalmente liberal, aunque con la mancha resultante de las graves violaciones a los derechos civiles del sector independentista durante el alzamiento nacionalista de 1950 y el ataque al Congreso norteamericano por cuatro militantes nacionalistas en 1954. Algo de esa tendencia hemos de ver en la nueva ley organizativa de la Policía de Puerto Rico que se aprueba como la Núm. 77 del 22 de junio de 1956.

Subsistían para entonces los problemas de corrupción que tanto daño le han hecho a la Policía. Por ejemplo, en la noche del 13 de enero de 1953, el agente José Luciano, del Escuadrón Contra el Vicio, fue sorprendido por otros cuatro oficiales frente a una escuela de la calle Brumbaugh, de Río Piedras, mientras tomaba $125.00 en concepto de soborno que se le enviaba a José M. Padilla, entonces Director del Escuadrón en la zona metropolitana. Fue arrestado, desarmado y conducido al Cuartel General. Al día siguiente fue llevado ante el Coronel Roig, Jefe de la Policía. Esa detención abrió el camino para conocer una práctica de sobornos generalizados en dicho Escuadrón, dirigida por el propio jefe José M. Padilla.[275]

Para 1952, el bolitero Feliciano Adorno, conocido como Chiquitín Adorno, tenía el control del juego ilegal de la bolita entre Bayamón y Arecibo. Pagaba sobornos a Padilla y otros miembros del Escuadrón. El pago a Padilla era de $500 o $600 mensuales. Los agentes no sólo ofrecían protección al negocio ilegal de Chiquitín Adorno de la intervención de la Policía, sino que arrestaban a los que montaban ese tipo de negocio en competencia con Adorno. Padilla viajó a Arecibo para reclutar también al Cabo Francisco Casalduc con el objetivo de que no persiguiera los negocios de bolita de Adorno en ese pueblo, a cambio de un soborno de $100.00 mensuales. El agente José Luciano se hizo testigo del Ministerio Público y se radicaron acusaciones conjuntas contra Adorno, Padilla y Casalduc.

Durante el juicio, se demostró el patrón de sobornos por varios años y el dominio completo que tenía Adorno de los agentes encargados de perseguir el juego de la bolita. Igualmente surgió la práctica de cobro de sobornos por los agentes de varios prostíbulos, de los operadores de una banca clandestina en el hipódromo y de otros negocios ilícitos en donde se jugaban juegos prohibidos.[276]

Los objetivos fundamentales de la nueva Ley de 1956 eran darle un tono civil a la institución de la policía y separar las funciones de la Comisión de la labor del Jefe de la Policía, que bajo la nueva ley ha de llamarse Superintendente.[277]

En esta ley se enfatiza la naturaleza civil de la institución, disponiendo el Artículo 3 lo siguiente:

> Se crea en el Estado Libre Asociado de Puerto Rico un organismo civil de orden público que se denominará "Policía de Puerto Rico" y cuya obligación será proteger a las personas y a la propiedad,

> mantener y conservar el orden público, prevenir, descubrir y perseguir el delito y, dentro de la esfera de sus atribuciones, compeler obediencia a las leyes y ordenanzas municipales, y reglamentos que conforme a éstas se promulguen.

El Artículo 4 cambia la denominación del jefe policíaco, disponiendo:

> La autoridad suprema en cuanto a la dirección de la Policía residirá en el Gobernador, pero la administración, superintendencia y dirección inmediata de la organización estará bajo el gobierno de un Superintendente, cargo que se crea por la presente.

Intendencia es la dirección, cuidado y gobierno de una cosa. *Intendente* identifica a un jefe superior, encargado de dirigir, de encaminar. En el Ejército y la Marina de los países del Derecho civil es el jefe superior de la administración militar, y cuya categoría jerárquica está asimilada a la de general de división o de brigada.[278] *Superintendente* se define entonces como la persona a cuyo cargo está la dirección y cuidado de una cosa o función, con superioridad a las demás que sirven en ella.

La ley dispuso expresamente que el "Gobernador nombrará al Superintendente *con el consejo y consentimiento del Senado.*"[279] Para ocupar ese puesto, el Gobernador de entonces nombró a Ramón Torres Braschi, quien ocupaba entonces, en 1956, la Dirección de la Oficina de Personal del gobierno de Puerto Rico.

Esta ley deja todo el proceso de reclutamiento en manos de la dirección de la Policía. El Superintendente, nombrado por el Gobernador como autoridad suprema del Cuerpo, nombrará todo el personal, aunque se dispone que por reglamento se determinará cuales oficiales, deben ser nombrados por el Gobernador.[280] Este puede aumentar la fuerza con nombramientos de guardias especiales. También se le reconoce autoridad al Superintendente para contratar guardias especiales en circunstancias que lo ameriten mediante contrato con los municipios. Todos los miembros, con excepción del que ostenta el rango de Coronel, están sujetos a un período probatorio de dos años.[281] El Superintendente tendrá facultad para imponer sanciones a los agentes por infracciones graves al Reglamento de la Policía. Las sanciones pueden ser de suspensión sin sueldo, degradación o expulsión.[282] Los demás oficiales pueden imponer sanciones por faltas leves. El Reglamento puede determinar cuales sanciones por faltas leves serán revisables por el Superintendente. En ningún caso se podrá imponer el pago de multa.[283]

Los salarios se establecen conforme a una escala de pago mínimo mensual, con diversos aumentos pequeños que denominan "pasos." Nótese que existe la clasificación de detectives. Esta escala, sin los *pasos,* es la siguiente:[284]

	Salario mensual
Coronel	$800
Teniente Coronel	600
Inspector General	525
Comandante	475
Capitán	425
Primer Teniente	325
Segundo Teniente	270
Sargento	210
Detective	180
Cabo	170
Guardia	150

Al Superintendente se le asigna un sueldo de $12,000 anuales, equivalente a $1,000 mensuales.[285]A los motociclistas se le añaden dos pasos, o sea, un aumento de $10.00 sobre el mínimo de su rango. Esos aumentos por paso se conceden en base a los años de servicio que acumulan los agentes.

La nueva estructura de la Comisión se convierte en un cuerpo apelativo para oir y resolver todas aquellas apelaciones interpuestas por los miembros de la Policía. La nueva entidad se compone de 5 ciudadanos que no estén relacionados con la Fuerza, nombrados por el Gobernador con el consejo y consentimiento del Senado.[286] Dicha junta tiene facultad para aprobar los reglamentos para las apelaciones.

Expresamente reitera la ley que "ningún municipio organizará, comisionará ni empleará cuerpo alguno de policía municipal."[287]

Esta legislación regula en detalle la jornada de trabajo de los agentes, estableciéndose que no será mayor de 8 horas diarias y 48 horas semanales, excepto en casos de emergencias también señalados en la ley. El exceso de horas trabajadas se atenderá con tiempo compensatorio.[288] Mantiene la Ley la organización de la Banda de la Policía.[289] El uniforme y las insignias son determinadas por el Reglamento de la Policía y deben ser provisto por la agencia libre de costo para el agente.[290]

Es de notar que dicha ley no establece el número de agentes que ha de componer la fuerza.

2. El Cuerpo de Investigación Criminal (CIC)

En octubre de 1964, el Jefe de la Oficina de Operaciones de Campo, ante un reportaje de la Revista *Bohemia* sobre una ola de robos que sacudía a Puerto Rico, declaró al periodista Elmo Torres Pérez sobre cambios en la Policía:

> Hablando a nombre de la Uniformada, el Coronel William Santana, Jefe de la Oficina Central de Operaciones de Campo y segundo en rango solamente al Superintendente, informó que la Policía Estatal tiene bajo estudio la creación de un Cuerpo Especial de Investigaciones, integrado por personal civil y especializado con no menos de 4 años de colegio.[291]

La idea fue aceptada por la Legislatura. Mediante la Ley Núm. 107 del 29 de junio de 1965 se autoriza la creación de un nuevo cuerpo policíaco que habría de traer la peor reputación para la Policía de Puerto Rico en toda su historia. Se trata del Cuerpo de Investigación Criminal. Su jefe en los años setenta será Alejo Maldonado Medina. Dispuso la Ley 107:

> Se autoriza al Superintendente de la Policía de Puerto Rico a organizar un Cuerpo de Investigación Criminal, adscrito a la Policía de Puerto Rico, orientado en las técnicas más modernas de investigación y utilizando para ello personal idóneo. Asimismo, se le autoriza a establecer aquellos sistemas, métodos y organismos técnicos y científicos, necesarios para el mejor funcionamiento de ese Cuerpo, incluyendo, de ser ello necesario, la reorganización de aquellos

> servicios con que ya cuenta la Policía de Puerto Rico, como la División de Identificación Criminal y el Laboratorio de la Policía, todo con el propósito de lograr una mejor coordinación entre todas las labores investigativas de la Policía.
>
> El Superintendente nombrará todo el personal necesario para cumplir con las funciones y obligaciones que esta Ley establece. [292]

Sobre el objetivo de dicha ley, escribió el periodista José Rafael Reguero:

> Para mediados de la década del ´60 don Roberto Sánchez Vilella, que a la sazón había tomado las riendas del gobierno de manos del viejo jerarca Muñoz Marín, firmó la Ley 107 que creaba el Cuerpo de Investigación Criminal. Aquel gobernador honesto se mostró complacido en extremo y lleno de optimismo con el nuevo grupo de jóvenes universitarios que tenían las más altas calificaciones y que fueron especialmente seleccionados para unirse al flamante CIC. Al estampar su rúbrica en el documento el Primer ejecutivo, flanqueado por legisladores, personeros de su gobierno y la alta oficialidad policíaca, afirmó: "El Cuerpo de Investigación Criminal es un organismo capaz de garantizar al máximo la seguridad personal y material de la ciudadanía con la ayuda de las técnicas avanzadas que nos ofrece la criminología moderna."[293]

El nuevo cuerpo se inició con 21 agentes, trabajando bajo la dirección de Eugene Hudders Montes, un ex oficial de inteligencia del Ejército de Estados Unidos, de padre norteamericano y madre puertorriqueña. Inicialmente se pensó que esta unidad funcionara como un brazo del Departamento de Justicia, pero el entonces Superintendente, Coronel Salvador T. Roig, consiguió que fuera adscrito a la Uniformada.[294] Hudders renunció en breve y fue substituido por Luis Maldonado Trinidad, quien llevó al cuerpo a otros policías de uniforme, lo que ha de ahondar la división ya existente entre los agentes.

En el primer grupo que integró el CIC estuvo Alejo Maldonado Medina y los demás agentes bajo su mando que años más tarde formarían la banda de criminales más notorios del país, dentro de la misma Policía.

Al reclutarse jóvenes universitarios, con un sueldo superior al que recibían los agentes corrientes, empezaron las dificultades con la unidad:

> No tardaría mucho, sin embargo, para que el celo profesional asomara el hocico entre los dos bandos: de un lado, los uniformados y antiguos miembros de la Detective, hechos a golpe de yunque y marrón, y del lado contrario aquellos muchachos de grados universitarios que, a decir de su contraparte "pretenden combatir al pillo sin quitarse el gabán". Los de la Detective les lanzaba al rostro: "son unos señoritos que se creen que con diplomas van a limpiar a Puerto Rico de criminales". Los del CIC ripostaban: "esos no sirven nada más que para coger rateros de poca monta y dar denuncias de tránsito. Son gente de no más de octavo grado. Pobres guardias de pito y macana". Los de "pito" cargaron contra los "bonitos" del CIC y un buen día les endilgaron un nuevo nombre con toda la carga de desprecio que sentían hacia éstos. "Son unos... niños de sangre azul". Y así se les conocería por mucho tiempo.[295]

El CIC no sólo tendría a su cargo la investigación de los casos más complicados en la zona metropolitana, sino que también serían enviados a atender ese tipo de caso en las distintas áreas o distritos policiales que fuere necesario. Intervenía en todos los casos que exigían peritaje científico, tales como incendios y explosivos, crímenes de cuello blanco, casos de homicidios y robos que los agentes de la comandancia local no podían resolver en cierto tiempo y hurtos mayores de $10,000.00. Los agentes respondían directamente al Director del Cuerpo y éste al Superintendente, los oficiales de las comandancias de áreas no tenían autoridad sobre dichos funcionarios.[296] El CIC se consideraba "una fuerza élite creada en 1966 para investigar científicamente el crimen. Se requería un bachillerato para ingresar y 'era un orgullo pertenecer' según expresó un veterano."[297]

> "El cambio en la naturaleza del CIC empezó en 1967, cuando Luis Maldonado Trinidad asumió la dirección," según un ex agente. Como Maldonado Trinidad vino de la Uniformada, "empezó a introducir amigos suyos de la Policía regular. Algunos no creían en la investigación científica, en huellas y mediciones. Estaban dispuestos a

seguir utilizando las viejas técnicas, como la fabricación de casos".[298]

3. La Reorganización de 1967

En su mensaje a la Legislatura de febrero de 1966, el Gobernador Roberto Sánchez Vilella señaló un programa de catorce puntos para mejorar los servicios policíacos. Estos eran:

> (1) Evaluar todos los servicios, (2) hacer los cambios que sean necesarios, (3) reducir el horario de trabajo, (4) hacer más exigentes los criterios de selección para el servicio, (5) mejorar el sistema de investigación del crimen, (6) aumentar la vigilancia en las carreteras, (7) aumentar y mejorar los servicios técnicos de laboratorio, (8) mejorar los servicios de identificación, (9) aumentar y mejorar la fuerza de vigilancia preventiva, (10) distinguir entre las funciones de prevención y corrección, (11) incorporar nuevas técnicas y métodos de investigación y operación, (12) aumentar los servicios auxiliares de operación, (13) mejorar los servicios auxiliares de operación y (14) mejorar los procesos de gerencia administrativa.[299]

El 20 de marzo de 1966 el Jefe de la Policía de Puerto Rico, Coronel Salvador T. Roig fue nombrado Ayudante General de Puerto Rico, como Jefe de la Guardia Nacional, por el Gobernador Roberto Sánchez Vilella. Para substituirle en la dirección de la Policía, el Gobernador nombró a Salvador Rodríguez Aponte. Se trataba de un joven de treinta y tres años, que había nacido en Barceloneta. Su padre era supervisor del ferrocarril de caña de la Central Plazuela. Rodríguez Aponte, con una beca por aprovechamiento académico, se había graduado de Bachillerato en Administración Comercial en la Universidad de Puerto Rico, con concentración en contabilidad y finanzas. Tan pronto se graduó empezó a trabajar en el Banco Gubernamental de Fomento, donde estuvo hasta que Sánchez Vilella le nombra Superintendente de la Policía.[300]

El nuevo Superintendente llega con ideas nuevas, con deseos de renovar la agencia, pero no conocía muchas de las interioridades del Cuerpo ni sus mecanismos de autodefensa o de simple ilegalidad. El ex gobernador Rafael Hernández Colón, en su reciente biografía, cuenta una historia preocupante en torno a quien considera uno de sus mejores compañeros en el gabinete:

> Poco después de nombrarme Secretario de Justicia, Sánchez nombró superintendente de la Policía a Salvador Rodríguez Aponte y pidió que, Rodríguez Aponte, Astol Calero y yo revisáramos todas las carpetas de los supuestos subversivos que llevaba la oficina de inteligencia de la Policía. El propósito era depurar todo aquello, de modo que, si ocurría una revuelta como la del 1950, las carpetas que guardaba la policía fueran sólo de sujetos que llevaban a cabo actividades ilegales, como la posesión de armas o de dinamita o cometieran actos de terrorismo. Esto evitará que se conculcaran los derechos civiles de personas inocentes.
>
> Muchas noches pasamos en las oficinas del superintendente, en el viejo cuartel general de la calle Barbosa, con aquellas carpetas separando el grano de paja. Me pude percatar de que, aún cuando para aquella época existía un problema serio de subversión y terrorismo, la Oficina de Inteligencia no estaba llevando a cabo su labor con eficacia ni propiedad. La mayor parte de la información recopilada no era de utilidad alguna. Se eliminaron docenas de carpetas que no contenían información que relacionara a los sujetos sometidos a vigilancia con actos criminales.
>
> Años más tarde, Astol Calero, a quien yo luego nombraría Superintendente de la Policía, me confesó que, cuando Sánchez Vilella ordenó revisar las carpetas que obraban en poder de la Policía, los oficiales de inteligencia sustrajeron para destruirla, una carpeta que llevaban del propio Rodríguez Aponte, antes de que se convirtiera en Superintendente, por considerarlo un sujeto merecedor de vigilancia por algo que escribió en el periódico.[301]

Rodríguez Aponte de inmediato señala que su plan de trabajo en la Policía estará dirigido a cumplir los catorce puntos señalados por el Gobernador. Ordenó a la Academia el readiestramiento de todo el personal, incluyendo los oficiales, tanto en materias básicas como en la preparación técnica sobre investigación criminal, tránsito, patrullaje y delincuencia juvenil; técnicas de supervisión, administración policial y atención al ciudadano. Hizo público que realizaría visitas por sorpresa a los puestos policíacos, incluyendo los lugares más distantes. Esas inspecciones a los cuarteles se realizaban aún en días festivos, como los domingos, y hasta en horas de la madrugada. Era el primero en llegar al Cuartel General y extendía su horario de trabajo hasta pasadas las siete de la noche.[302] Un periodista contaba que si al llegar una noche a un cuartel observaba un termo de café, pedía al agente que le sirviera un poco. La razón era el comentario de que algunos policías no llevaban café en los termos de las horas nocturnas, sino bebidas alcohólicas.

Rodríguez Aponte contrató los servicios de asesores norteamericanos para realizar un estudio sobre la Policía, como el Lic. Courtney Evans, quien había sido Sub-director del FBI por muchos años, en el 1967 era asesor en asuntos de policía y justicia de Ramsey Clark, Secretario de Justicia norteamericano; J. Dean Smith, Director de la División de Estudio y Desarrollo de la Asociación Internacional de Jefe de Policía (IACP), Quinn Tamm, Director Ejecutivo de la IACP, y otros.[303]

Los datos disponibles señalaban alza en los problemas de tránsito, la incidencia criminal y la delincuencia juvenil. El nuevo incumbente dirigió su trabajo hacia dos objetivos: atender los asuntos más urgentes y reorganizar para el futuro. Tomó de inmediato medidas dirigidas a un uso más eficiente del personal y los recursos que habrían de producir ronchas en muchos oficiales, como eliminar la banda de la policía, supresión del servicios de agentes como choferes de oficiales y supervisores, substitución de agentes en servicio de oficinas y mantenimiento por personal civil y el retiro de vehículos oficiales asignados a un gran número de oficiales de la fuerza. "Esto liberó 447 guardias y 31 vehículos que se han utilizado en servicio de vigilancia y protección, con resultado de una economía de $1,500,488.46."[304]

El estudio se extendió por unos doce meses y fue presentado al Superintendente por el señor Quinn Tamm. Bajo la dirección de Rodríguez Aponte se realizó entonces la más importante reorganización del cuerpo policíaco, con marcado progreso técnico, con mayor uso de los incipientes servicios computadorizados. El organigrama de la Policía desarrollado por Rodríguez Aponte exponía con claridad la organización del cuerpo y las líneas de mando. A partir de la oficina del Superintendente, el Cuerpo se organizaba en base a cuatro Negociados –Administración, Operaciones de Campo, Servicios de Inspección y Servicios Técnicos–; varias Divisiones especializadas en cada Negociado, para terminar en la base del sistema constituida por cinco áreas policíacas: Metropolitana, Norte, Sur, Este y Oeste. Es de notar, sin embargo, que la nefasta *División de Inteligencia,* ya ocupaba un lugar prominente muy cerca del Superintendente, pero sin su supervisión real, como el tiempo habría de demostrar.

Este Superintendente aumentó la vigilancia y consiguió un descenso en las estadísticas de la criminalidad. Buscando el uso más eficiente del personal, suprimió la Banda de la Policía. Desarrolló una supervisión más severa de la actuación de los agentes, lo que creó mucho recelo entre los mismos, hasta el punto de que los policías denominaron G-2 a los oficiales investigadores de su desempeño. Un logro muy notable fue la simplificación de los canales de mando y responsabilidad.

Conforme a los nuevos planes, se estableció un sistema centralizado de vigilancia para la Ciudad Capital, con un Centro de Mando y patrullaje las 24 horas al día; la instalación de un teléfono de emergencia para llamadas urgentes de los ciudadanos, el número común 343-2020 para toda la Isla; instalación de un moderno laboratorio criminal en el segundo piso del Cuartel General, entonces en la Avenida Barbosa de Hato Rey, con el asesoramiento del Dr. William Mager, anterior Director de Laboratorio Criminal del FBI y del Dr. Israel Castellano, quien ejerció parecida función en Cuba. En el mismo se atendían análisis químicos, de balística, fotografía y huellas digitales. Se crearon nuevas unidades para atender incendios y explosivos, poligrafía y delineación o examen de documentos dudosos y preparación de gráficas o ilustraciones. Creó la División de Investigaciones Criminales, adscrita al Cuerpo de Investigación Criminal, para coordinar los servicios de las distintas áreas policíacas, así como una unidad de inteligencia criminal. Extendió de 10 a 19 semanas la preparación de agentes en la Academia de la Policía, donde el currículo atendía leyes de tránsito, técnicas de arrestos, drogas y narcóticos e investigación criminal. Durante un año entrenaron más de 1,000 agentes. Se organizó una Unidad de Evaluación y Mejoramiento de la Policía. El servicio de comunicaciones se amplió con el uso de sistemas de teletipo, telex, nuevos canales y frecuencias y el inicio del uso de sistema de *walkie talkie.* Rodríguez Aponte procedió a reorganizar la estructura organizacional de la Fuerza, que se inició en septiembre de 1967, reduciendo el número de oficinas que anteriormente respondían al Superintendente. La nueva estructura básica se componía de cuatro negociados –Administración, Operaciones de Campo, Servicios de Inspección y Servicios Técnicos–, dirigidos por superintendentes auxiliares que respondían al Superintendente. Creó también una División de Planes para guiar el proceso de reorganización. Ya existía una División de Inteligencia. El servicio policíaco de la Isla se dividía en cinco comandancias de Area: Metropolitana, Norte, Sur, Este y Oeste.

Rodríguez Aponte proponía, además, la centralización de todas las funciones policíacas del país, transfiriendo a la Policía la persecución del tráfico ilegal de narcóticos, entonces en manos de una división del Departamento de Hacienda; mejorar los salarios de los agentes para atraer personal con más alta preparación académica; aprobación de leyes para poner en marcha la nueva reorganización; modernización de laboratorios y desarrollo de un Centro de Máquinas Electrónicas y continuar la modernización de la administración de la Policía.

Como era de esperar, las medidas tomadas por el nuevo Superintendente no fueron del agrado de algunos sectores de la Fuerza. Todavía en 1995 José E. Martínez Valentín afirmaba que, aunque se realizó la más importante reorganización y se obtuvo el mayor progreso técnico, "también se deterioró grandemente el espíritu del Cuerpo y se crearon mucho recelo y mucha desconfianza."[305]

Salvador Rodríguez Aponte se retira de la Policía al triunfar el Partido Nuevo Progresista en las elecciones de 1968. Renunció el 6 de noviembre de 1968 y fue substituido por el coronel Astol Calero, quien entonces dirigía la Oficina de Operaciones de Campo. Bajo la nueva administración, el nuevo Superintendente será el Coronel Luis Torres Massa, quien dirigía la Oficina Federal del Servicio Selectivo. Después de dedicarse a diversos negocios, Rodríguez Aponte volverá al gobierno en 1973 como principal ayudante del Gobernador Rafael Hernández Colón, en un puesto llamado Coordinador de Programas de Gobierno, más entendible en inglés como *Chief of Staff.*

4. Persecución del tráfico de drogas llega a la Policía

Antes de 1969, la persecución del tráfico de drogas estaba a cargo de una unidad especial de Agentes de Rentas Internas del Departamento de Hacienda. Nuestra legislación seguía el mismo patrón que la Norteamericana, conocida como la Ley Harrison, que formaba parte del Código de Rentas Internas Federal y era de tipo fiscal, es decir, estaba dirigida a evitar el tráfico de drogas sin pagar determinadas contribuciones al gobierno.[306]

La primera legislación en el campo de las drogas narcóticas en Puerto Rico fue la Ley Núm. 12 de 19 de abril de 1932, que prohibía el tráfico de marihuana. La segunda fue la Ley Núm. 61 de 13 de mayo de 1934, que prohibía el tráfico no autorizado de "cualquier droga narcótica." No es hasta 1959 que se aprueba una ley más completa para perseguir el tráfico de drogas tipificando diversas acciones como delito. Se trata de la Ley Núm. 48 de 18 de junio de 1959.[307] Esta legislación mantenía la persecución en manos de la unidad de agentes de Rentas Internas del Departamento de Hacienda.

Para los años cincuenta y sesenta fue famosa la Oficina de Investigaciones Especiales del Departamento de Hacienda y su director José Núñez Barber.[308] En 1957-58 los agentes de Núñez Barber arrestaron 11 personas. En 1958-59, el total de personas arrestadas subió a 148. En los años siguientes subió a 235, 262, 276, hasta el 1962-63 que subió a la cifra de 354, entonces escandalosa. De éstos, 336 eran hombres y 18 mujeres.[309] El propio Núñez Barber opinaba que las redadas eran inútiles "Coger mil no resuelve el problema." Muchas querellas no se podían investigar por falta de personal. En 1956 hubo 428 querellas; en 1962-63 subieron a 979. La O.I.E. contaba entonces con 55 puestos de agentes en toda la Isla, de los cuales solamente 27 estaban cubiertos. A estos se les pagaba un sueldo de $240.00 mensuales.[310] De los 82 candidatos que se presentaron a examen entre 1963 y 1964, solamente 10 lo pasaron; de éstos, sólo 5 solicitaron empleo y para 1965, sólo quedaba uno de ellos trabajando.[311]

La edad de los adictos iba bajando considerablemente. Los adictos en 1965 se estimaban en 10,000, frente a solamente 4,000 estimados en 1957 y la entrada de drogas al país se estimaba en dos millones de dólares. Las dosis de heroína costaban $5.00. El dinero de los adictos provenían de escalamientos y hurtos. Núñez Barber presentó un Informe a la Legislatura sobre el problema de la droga en 1965. Entre 1962 y 1965 se habían efectuado unos 1,201 arrestos. El 25.5% eran menores de entre 18 y 20 años; el 55% no llegaba a los 35 años. Estimaba que el número de adictos crecía en 1,000 nuevos casos al año. Antes de 1959, los arrestados informaban haber adquirido el vicio en Estados Unidos, especialmente en Nueva York.[312] Pero en 1965, la mayoría de los adictos habían adquirido el vicio en la Isla. Ya se estimaba que el problema le costaba unos $100 millones al país. La técnica de persecución era la compra de drogas mediante agentes encubiertos. Un kilo de cocaína, 2,2 libras, con un 80% de pureza costaba en su origen $3,000; en la venta al detal producía $30,000.00.[313]

Gerardo Delgado, quien fue Alcaide de la Penitenciaria Estatal (El Oso Blanco) por más de 17 años, se inició en el puesto en 1954. En octubre de 1971 declaraba en una entrevista para la Revista *Bohemia* que uno de los problemas mayores que enfrentó en su labor fue el aumento de convictos producidos a partir de la aprobación de la Ley de Drogas de 1959. "Dos años después de aprobada la Ley ya teníamos más de 1,000 reclusos cumpliendo por la Ley de Drogas."[314]

Luis A. López Rojas, profesor de Historia en el Departamento de Humanidades de la Universidad de Puerto Rico, recinto de Humacao, ha señalado recientemente la relación entre el crimen organizado norteamericano y el desarrollo del tráfico de drogas en Puerto Rico entre 1950 y 1970, destacando los enjuiciamientos por esos delitos en el Tribunal Federal de San Juan, entonces con un solo juez: Clemente Ruiz Nazario.[315] Este autor relaciona el desarrollo de la mafia en Puerto Rico con las políticas económicas y sociales del muñocismo, y apunta un dato importante: "El gobierno, para dar la impresión de que tenía el control sobre la situación comenzó una campaña dirigida a arrestar personas conocidas públicamente. Ismael Rivera, Rafael Cortijo, Gilberto Monroig fueron arrestados durante este periodo por consumo y posesión de marihuana."[316]

La Ley Núm. 116 del 28 de junio de 1969 transfirió al Superintendente de la Policía todas las facultades de investigar las violaciones o infracciones relacionadas con el tráfico de drogas narcóticas.[317] Igualmente se transfirieron los agentes, las facilidades, los récords y archivos. De ahí en adelante, la persecución del tráfico estaría a cargo de la Policía de Puerto Rico.

En la actualidad, la cuestión está regulada por una nueva Ley de Sustancias Controladas, la Núm. 4 del 23 de junio de 1971, con numerosas enmiendas.[318] A la altura de 2004, la Policía cuenta con todo un Negociado de Drogas, Narcóticos y Control del Vicio, además del Negociado de Fuerzas Unidas de Rápida Acción (F.U.R.A.), conforme a las reorganizaciones que han tratado de implementar los dos últimos Superintendentes de la Policía.

5. Los Superintendentes Auxiliares de 1974

Después de aprobada la organización del Cuerpo de Investigación Criminal (CIC) antes tratado, mediante la Ley Núm. 26 de 22 de agosto de 1974 se presenta un nuevo intento de reorganización de la Policía de Puerto Rico. Su exposición de motivos la pinta como un gran desarrollo para atender "a las realidades y circunstancias geográficas, sociales, culturales y económicas del Puerto Rico de hoy" a lo cual ya "no responde" la anterior Núm. 77 de 1956. Esta nueva aspira conseguir "el objetivo de instituir una organización policíaca de excelencia, que responda a las exigencias de nuestros tiempos." Sin embargo, dicho texto legal, fuera de añadir la obligación que tiene el cuerpo de "observar y procurar la más absoluta protección de los derechos civiles del ciudadano"[319] y prohibir a los agentes realizar propaganda política,[320] realmente no presenta novedades de gran importancia.

La Ley crea unos puestos de superintendentes auxiliares, que responderán directamente al Superintendente y servirán en sus posiciones a discreción de éste;[321] el Superintendente queda facultado para determinar por reglamento la organización y estructura de cada uno de los negociados. Existirá un Negociado de Operaciones de Campo bajo la dirección de un Coronel.[322] La distribución de responsabilidad jerárquica se hará en base a Divisiones, Zonas, Distritos y Precintos.[323] Se integra a la dirección general el Cuerpo de Investigación Criminal creado por la Ley Núm. 107 de 29 de junio de 1974.[324] Para ciertos rangos se requieren estudios universitarios.[325] Se fija la jornada normal de trabajo en 40 horas.[326] Se permiten las licencias para continuar estudios, con paga o sin paga.[327] Se mantiene la Banda de la Policía,[328] la norma de proveer uniformes a los agentes con cargo al Estado, prohibiendo el uso no autorizado por cualquier otra persona que no sea policía, acto que se tipifica como delito menos grave;[329] en ciertos casos se puede prescindir de algunos requisitos de entrada a la Fuerza;[330] se reconoce clasificación de Agente Investigador I a los detectives; [331] y se provee para la creación de un Cuerpo de Capellanes de la Policía, con representación de todas las creencias religiosas.[332]

Las escalas de sueldos mensuales es la siguiente:[333]

Cadete	$430
Guardia Cadete	440
Guardia II	450
Guardia I	505
Cabo	525
Sargento	550
Teniente II	610
Agente Inv. I	655
Teniente I	670
Capitán	755
Agente Inv. II	805
Comandante	850

Agente Inv. III	855
Agente Inv. IV	905
Agente Inv. V	1,005
Teniente Coronel	1,005
Coronel	1,155

Se provee para conceder ciertos pasos que implican aumentos de sueldos en las diversas categorías, y algunos pagos suplementarios cuando se trata de motociclistas, pilotos, co-pilotos y mecánicos de helicóptero, por servicios especiales y aquellos que deben prestar servicios en ropas civiles.[334]

6. Los asesinatos del Cerro Maravilla

El 25 de julio de 1978, los jóvenes independentistas Arnaldo Darío Rosado y Carlos Soto Arriví, engañados por el agente encubierto Alenjandro González Malavé, quien actuaba bajo órdenes de la División de Inteligencia de la Policía de Puerto Rico que comandaba el oficial Angel Luis Pérez Casilla, fueron asesinados por la Policía en el Cerro Maravilla, ubicado en carretera 143, en la zona montañosa entre Villalba y Jayuya.

Inmediatamente que ocurrieron los hechos, la Policía montó un operativo de encubrimiento que duró varios años. El 23 de febrero de 1981, luego de que el Partido Popular ganó la dirección del Senado de Puerto Rico en las elecciones de 1980, dicho cuerpo aprobó la Resolución Número 91 ordenando a su Comisión de lo Jurídico investigar lo ocurrido en Maravilla. Como investigador se nombró al Lic. Héctor Rivera Cruz. Tras dos años de trabajo, se iniciaron vista públicas televisadas a todo el país. Allí surgió con toda claridad que la Policía asesinó a los jóvenes después de haberse entregado y mientras estaban esposados.[335]

Conforme al Informe Final de la Comisión Senatorial y de la Comisión de Derechos Civiles de Puerto Rico, los hechos fueron los siguientes: los tres jóvenes, dirigiendo González Malavé, habían secuestrado al conductor de vehículos públicos Julio Ortiz Molina y le obligaron a llevarlos a las facilidades de la televisora Rikavisión, donde el grueso de agentes esperaba desde el día

Los sucesos del Cerro Maravilla

El proceso de las vistas senatoriales del Cerro Maravilla sacó a relucir los prejuicios contra los independentistas que prevalecían en algunas esferas oficiales y la práctica de mantener expedientes de ciudadanos por razones ideológicas

El agente Miguel Cartagena Flores, derecha, no puede contener el llanto al dar su versión de los sucesos de Cerro Maravilla, arriba, y afirma que los jóvenes Arnaldo Dario Rosado y Carlos Soto Arriví estaban con vida, arrodillados, cuando fueron acribillados. Arriba, derecha, Alejandro González Malavé.

1978 - 1983

AL ASUMIR la gobernación Carlos Romero Barceló en 1976, la sociedad puertorriqueña se vio inmersa en varios incidentes de polarización política. El 25 de julio de 1978, mientras el gobierno central celebraba las festividades oficiales del día, tres jóvenes se preparaban para una acción tan osada como peligrosa.

En Ponce, Carlos Soto Arriví, Arnaldo Darío Rosado y Alejandro González Malavé secuestraron a un chofer con su carro público y le obligaron a dirigirse al Cerro Maravilla en Villalba. En el tope de la montaña existían unas torres de comunicaciones que los jóvenes aparentemente intentarían vandalizar. Sin embargo, uno de ellos, González Malavé, resulto ser confidente y había informado los planes de antemano a la Policía. Al llegar al lugar de los hechos Soto Arriví y Rosado fueron muertos por la Policía.

Durante un tiempo el gobierno argumentó que los jóvenes habían muerto en el intercambio de disparos y que la Policía actuó en legítima defensa. Sin embargo, a comienzos de los 80 se iniciaron unas vistas senatoriales encaminadas a esclarecer la verdad de los hechos. Encabezadas por el investigador Héctor Rivera Cruz, las vistas se convirtieron en uno de los eventos de mayor audiencia en la historia televisiva de la isla.

MEDIANTE UN persistente interrogatorio y desfile de pruebas comprometedoras, el fiscal desmontó la versión oficial y sacó a relucir unos hechos hasta entonces desconocidos. Con asombro y estupor los ciudadanos se enteraron que ambos jóvenes habían sido entrampados y asesinados a sangre fría mientras estaban desarmados, y que aún cuando hubo la oportunidad de ponerlos bajo arresto, los policías involucrados optaron por darles muerte.

La gravedad de lo revelado conmovió la conciencia de muchos puertorriqueños. El proceso de las vistas senatoriales del Cerro Maravilla sacó a relucir los prejuicios contra los independentistas que prevalecían en algunas esferas oficiales y la práctica de la División de Inteligencia de la Policía -declarada posteriormente ilegal- de mantener expedientes de ciudadanos por razones ideológicas.

Fotos / Archivo

anterior. González Malavé resultó herido de bala por la propia Policía. El conductor Ortiz Molina fue agredido por los agentes. Los jóvenes Rosado y Soto fueron detenidos, esposados; uno fue acostado boca abajo y el otro quedó en cuclillas. Después de llevarse al agente herido hacia Jayuya, los agentes que arrestaron a los jóvenes y otros que llegaron después los rodearon. Mientras unos los insultaban otros los agredían en la cara y dándole patadas, empujones y golpes con las manos y con las armas. A un empleado de Rikavisión que miraba desde el edificio donde estaba el trasmisor de la televisora, le fue ordenado por el agente José Ríos Polanco que se retirara de la ventana. Mientras los jóvenes eran agredidos, alguien ordenó al agente Miguel Cartagena Flores que llevara al chofer Ortiz Molina a la cercana torre de comunicaciones de la Policía. El comandante Pérez Casillas, oficial de más alto rango presente, esposó a Carlos Soto Arriví. Este oficial y el Teniente Antonio Méndez comenzaron a alejarse del área. Pérez Casilla tenía instrucciones de "darle un escarmiento a estos terroristas." Les alcanzó el agente José Manuel Montañez. Los jóvenes quedaron en el lugar arrodillados, agredidos y rodeados de policías, entre los cuales estaban Luis Reverón Martínez, Rafael Torres Marrero, Rafael Moreno Morales y Bruno González. El agente Nelson González dio órdenes de disparar contra los jóvenes. Rafael Torres Marrero tardaba en hacerlo y Rafael Moreno le quitó la Mágnum 357 de las manos y disparó directamente contra Carlos Soto Arriví. Luego de dar muerte ilegal a los jóvenes, los agentes alteraron la escena del crimen y conspiraron para ocultarlo.

Al descubrirse la verdad sobre el asesinato político perpetrado, los agentes fueron expulsados de la Policía y acusados ante los tribunales de Puerto Rico y el Tribunal Federal, resultando convictos. Se les impusieron largas condenas de cárcel en los Tribunales de Puerto Rico. Los casos en el Tribunal Federal se celebraron en la sala de la juez Vargas de Cerezo en febrero de

EL NUEVO día 35¢

Apresan barco con cargamento de marihuana

VEASE PAGINA 6

PUERTO RICO VENCE A PANAMA

Condenan a tres policías por los sucesos de Maravilla

30 años de cárcel a Pérez Casillas

Recuerdos atormentan a sobrevivientes del Dupont Pág. 28

EL MUNDO

50¢

EDICION FINAL 50c ★★ SAN JUAN, PUERTO RICO, DOMINGO 22 DE FEBRERO 1987 TELEFONO 758-3000

DOMINICAL

Alejo y su ganga

Alejo Maldonado

Anatomía de una organización cuyos miembros llevaban vidas dobles: eran 'honestos' policías... y también unos depravados y crueles criminales.

Información en las páginas 2, 3 y 4

Hoy: ensayo ganador de 'Nuestro deber es recordar' Página 72

1985. El jurado declaró culpable a diez agentes de 45 cargos por mentir para encubrir el asesinato. Pérez Casilla recibió una pena de 30 años de cárcel. Rafael Torres Marrero fue sentenciado a 20 años; Rafael Moreno Morales recibió una pena de 30 años. También fueron sentenciados el ex capitán Jaime Quiles, Juan Bruno González, William Colón Berríos, José Ríos Polanco, Nelson Gonzalez Pérez y Nazario Mateo Espada.[336]

7. La banda de Alejo Maldonado Medina

El agente más destacado del grupo que formó el Cuerpo de Investigación Criminal en sus inicios fue Alejo Maldonado Medina. Allí alcanzó el rango de Agente V, equivalente a Teniente Coronel. En septiembre de 1982 fue arrestado por agentes federales y de Puerto Rico, por su participación en el secuestro de Mario Consuegra, hijo de un joyero de la capital de nombre Francisco Consuegra. La detención abrió una verdadera *Caja de Pandora* sobre un increíble nivel de corrupción policíaca, demostrando una gran cantidad de oficiales y agentes participando en innumerables crímenes, como el asesinato, robo, torturas, fabricación de casos, sobornos, conspiración y otros.

Alejo Maldonado Medina contaba unos 27 años cuando ingresó al CIC en 1966. Se había graduado con honores de bachiller en Administración Comercial en la Universidad de Puerto Rico y luego trabajó unos tres años como inspector de pesas y medidas. "Leyendo *El Mundo* vi un anuncio solicitando candidatos para el CIC. Me gustaba el trabajo investigativo, solicité y me aceptaron. El pago de $450 al mes era buen dinero para empezar, ya que entonces los policías regulares empezaban en $190." [337]

Desde principio se especializó en la investigación de homicidios. Muchos de sus compañeros señalaban que "era el mejor investigador de Homicidios en la Uniformada, a tal punto que regularmente dictaba las conferencias sobre la materia en la Academia de la Policía, y además dio conferencias en el Negociado de Investigaciones Criminales del Departamento de Justicia."[338]

La vida criminal de Maldonado y un gran número de oficiales y agentes quedó al descubierto al ser declarado convicto por el secuestro de Mario Consuegra. En la mañana del 1ro. de septiembre de 1982, el joyero Francisco Consuegra encontró una nota de rescate por su hijo en la puerta de su joyería ubicada en el número 208 de la calle San Francisco del Viejo San Juan. Le reclamaban $200 mil en efectivo y $300 mil en cadenas de oro por la devolución del hijo.[339] Dio cuenta del pedido a su vecino Angelo

...y Anduze

Carlos Ramírez Fiol

...tor Acevedo Ramos

Ernesto Gil Arzola

...or Ramos Acevedo

Félix Ortiz Juan

Alejo confiesa 12 asesinatos

Por WALDO D. COVAS QUEVEDO
De El Nuevo Día

EL NOTORIO convicto Alejo Maldonado Medina participó en por lo menos 58 crímenes, incluyendo 12 asesinatos, mientras pertenecía a la Policía, según declaró ayer en el caso contra el abogado y ex policía Angel Torres López.

Maldonado, cuyo testimonio duró aproximadamente siete horas, dijo que se inició en la vida criminal con el fiscal de Humacao Miguel Rivera García, quien le propuso intervenir ilegalmente con un grupo de prostitutas argentinas.

El ex Teniente Coronel, quien extingue condena de 40 años de prisión por el secuestro de Mario Consuegra para extorsionar al padre de éste, el joyero Francisco Consuegra, admitió haber participado en asesinatos, incendios maliciosos, encubrimientos, conspiraciones para asesinar, robos, sobornos, fraudes y otros delitos.

Maldonado dijo que participó en doce asesinatos –haló el gatillo en cuatro de ellos– cobró dinero por nueve crímenes en los que no participó pero fue informado al respecto, en dos incendios maliciosos, en seis encubrimientos, en nueve conspiraciones para cometer asesinatos que no se realizaron, 15 conspiraciones para robos que no se efectuaron, cuatro fraudes, dos sobornos y en la compra de jurados y jueces.

Narró que el licenciado César Rivera diseñó un plan para robar un camión blindado pero no se pudo cometer el delito.

Agregó que conspiró con el joyero Héctor Acevedo Ramos para secuestrar al presidente o vicepresidente de la cadena de supermercados Pueblo pero que luego optaron por secuestrar a Consuegra.

Dijo que conspiró con el coronel Miguel A. Rivera Medina para mentir en unas deposiciones en el Tribunal Federal relacionadas a una demanda civil contra varios agentes del Cuerpo de Investigaciones Criminales a quienes se les imputaba la violación de derechos civiles.

MALDONADO admitió haber asesinado de un disparo a Angel Joaquín "Paso Fino" Juliá Vilá porque era el principal sospechoso de haber asesinado a un Policía.

Explicó que Juliá Vilá era miembro de la ganga de Rafi Dones y el principal testigo contra éste en un caso de narcotráfico era un policía que fue asesinado. Cuando fueron a arrestar a "Paso Fino," éste hizo un amague de sacar un arma de fuego y Maldonado le golpeó en la espalda con un rifle M-16, el cual se disparó e hirió a Juliá Vila en el hombro.

Cuando numerosos policías llevaban a Juliá Vilá a un hospital, éste le dijo a Maldonado: "esto me lo pagas tú, tu mujer y tus hijos," y el ex teniente coronel lo mató de un disparo.

También confesó haber asesinado de un disparo en la cabeza a Félix Edgardo Reyes, quien alegadamente asesinó al policía Félix Cruz y era buscado por aproximadamente 1,000 policías.

Dijo que conspiró para asesinar a Toledo Tristani pero no ejecutó el plan, y que éste fue asesinado posteriormente por dos personas contratadas por el abogado Víctor Ramos Acevedo.

Afirmó que tampoco asesinaron al ex juez Cortez Ostolazu, a pesar de haber conspirado con el joyero Héctor Acevedo Ramos.

Maldonado dijo que cobró parte del botín obtenido por los miembros de su ganga mediante los robos de una nómina en Toa Alta, una joyería en Plaza las Américas, un depósito de García Comercial, a una banda de dominicanos terroristas que robaban bancos, tres guaguas cargadas de cigarrillos y a un joyero de la urbanización El Señorial.

Aseguró que también obtuvo parte del dinero que devengó de la venta del motel Impala el abogado Carmelo Pestaña Segovia.

EL EX TENIENTE coronel dijo que recibió dinero de un soborno al comerciante Domingo Domínguez luego de que los joyeros Luis Gómez Ferreiro y Guillermo Torres Verdú le confrontaran con documentos sobre la compra-venta de cigarrillos robados.

Añadió que le pagaron $7,000 luego de que César Caballero y otros integrantes de su ganga robaran un cargamento de relojes Timex que posteriormente vendieron Gómez Ferreiro y Torres Verdú.

Maldonado vinculó a Angel Torres López en los asesinatos de Francisco Rivera Pitre, Eric Barrios y Luis Rolón, en la quema de la fábrica de ropa Riviera Casuals, el robo a la Cooperativa de la Policía y en la obstrucción de justicia al amenazar a los joyeros Gómez Ferreiro y Torres Verdú.

Alejo Maldonado narra su participación en 12 asesinatos, halando el gatillo en cuatro de estos

Class, supervisor del Negociado Federal de Investigaciones. Dicho agente y otros del Negociado de Investigaciones Especiales montaron un operativo para grabar las llamadas telefónicas y seguir la pista de los secuestradores. Se unieron a la pesquisa Ismael Cintrón y Borges Vélez Collado del NIE y Angelo Class, Jeffrey Hill, y otros agentes del FBI. El secuestrado era mantenido en cautiverio, esposado, dentro de un guagua "van", vigilado por tres cómplices de Maldonado. El 4 de septiembre, desde el primer puente en el sector de autopista entre Caguas y Río Piedras, el padre del secuestrado lanzó tres fundas con el dinero y las prendas de rescate. Alejo y otro cómplice, César Caballero, lo recogieron y volvieron al Centro Comercial Bairoa, de Caguas, donde Maldonado tomó su automóvil Mustang para regresar a su residencia. Casi llegando a ella, una caravana de autos oficiales se acercó con las luces de emergencia encendidas y le ordenaron detenerse. El Agente Borges Vélez, del NIE, apuntándole con su arma de reglamento, le ordenó bajar del auto. Un grupo de unos veinte agentes rodearon la escena, casi todos del FBI. Ante un movimiento de Alejo, Borges disparó su arma. La explosión afectó el oído derecho de Maldonado. Fue arrestado y esposado. Se le imputó el secuestro de Consuegra. El 5 de septiembre un Gran Jurado federal formuló acusación. El magistrado Justo Arenas le fijó una fianza de $500,000, que fue prestada por el joyero Héctor Acevedo, posteriormente acusado y convicto también ante el Tribunal Federal de crímenes relacionados con la banda de Alejo. Para principios de 1983 ya habían sido arrestados todos los participantes en el secuestro. César Caballero, hijo de un propietario del negocio de picas de fiestas patronales, era vecino y amigo de Alejo; así como otros delincuentes que tampoco eran agentes, como Jorge David Casanova, Roberto Stevenson Louis y Juan "Payo" Fuentes. Stevenson, arrestado en Miami, había dejado una huella en el automóvil de Consuegra. Alejo fue juzgado por los delitos de conspiración y extorsión. Stevenson y Fuentes se hicieron testigos de los fiscales.

El proceso en sus méritos comenzó el 3 de mayo de 1983 en la sala del Juez Gilberto Gierbolini.[340] Se extendió por más de un mes. El primer día se inició con la fase de escoger el jurado correspondiente. Maldonado era representado por los abogados Harry Anduze Montaño y Carlos García Gutiérrez; los abogados de César Caballero eran Wilfredo Figueroa Vélez y Pedro Pereira; José Añeses lo era de Wilman Suárez Garay; también intervinieron el Lic. Joseph Laws y Gerardo Ortiz del Rivero, Jefe de la Oficina del Defensor Público Federal, en representación de Jorge David Casanova. Por la fiscalía federal estaban los norteamericanos Dana Biehl y James Walker, quienes llegaron desde Washington, así

EDICION FINAL

el Reportero de Puerto Rico

25¢

Miércoles 4 de febrero de 1987 San Juan, Puerto Rico Vol. VI Núm. 2036

Darán portación permanente a guardias municipales pág. 6

Carlos López Feliciano

Fuerzas navales se dirigen hacia Líbano pág. 10

Confiesa torturas

Ex integrante de la ganga de Alejo testifica que torturaban a sus víctimas antes de matarlas pág. 3

Sigue controversia en la Playa Picúa pág. 2

FREDDIE TOLEDO/EL REPORTERO

El convicto Francisco Rivera Pitre, quien según otro testigo fue víctima de tortura por la ganga de Alejo Maldonado cuando ésta estaba en su apogeo, es custodiado por alguaciles después de testificar en el Tribunal Federal de San Juan.

como Salixto Medina Malavé, José Quiles y Guillermo Gil, éste último reclutado del NIE por haber sido el fiscal a cargo de la investigación doméstica contra Maldonado. Todavía no contaba con experiencia en ese campo federal y su inglés era muy pobre.

En el juicio se presentó prueba de otro secuestro efectuado por Maldonado y su ganga el 28 de marzo de 1982, cuando obtuvieron un rescate de $200,000 pagados por Julio *(Julito Manatí)* Cortés, un bolitero de Caguas, padre de Julio Cortes Meléndez. Esto era importante para demostrar el *modus operandi,* el patrón operacional, de la ganga. Los agentes declararon sobre todo el montaje del operativo. Pero los momentos culminantes se dieron cuando trajeron a declarar desde una prisión de Miami a Roberto Stevenson Louis y, luego, a *Payo* Fuentes. Stevenson explicó toda la planificación y la realización de ambos secuestros, señalando la participación de los acusados y otros agentes que no estaba acusados, los lugares de reunión, la vigilancia de los movimientos de las víctimas. Declaró que luego de cobrar el rescate, dejaron a Julio Cortés en una calle solitaria de Puerto Nuevo. En cuanto al caso de Consuegra, declaró que el dinero lo guardó César Caballero y que le entregó solamente $30,000 de los $50,000 ofrecidos, después del arresto de Maldonado, porque hubo que incurrir en otros gastos, incluyendo pagar al dueño de una gasolinera donde escondieron la guagua *Van.*

Juan *Payo* Fuentes declaró durante tres días. Había obtenido inmunidad por otros 36 casos graves a cambio de su declaración. La defensa, a través del Lic. Harry Anduze que representaba a Maldonado, sacó a relucir todo el ancho expediente criminal, incluyendo la participación de él, pero también de Maldonado, en los asesinatos del joyero Abraham Shafizadeh, del director funerario Pedrito Rivera, de Caguas; el de Juan Rafael Caballero, un organizador laboral de la Unión de Tronquitas que fue secuestrado y torturado; del robo de camiones cargados de cigarrillos; de un robo a la Cooperativa de la Policía, de un cargamento de diamantes, los lingotes de oro que se robaron de un avión de Iberia por unos $2 millones de dólares, y otros delitos. Explicó minuciosamente cómo se planificaron y se realizaron los secuestros del hijo de *Julito Manatí* y de Mario Consuegra, organizados ambos por Alejo Maldonado Medina. En cuanto a Cortés, hubo dos intentos de secuestro. A Consuegra lo secuestraron cerca del Parque Muñoz Rivera, utilizando un automóvil Dodge que había pertenecido a la policía de Nueva York, con biombo y sirena. En ambos casos, los secuestradores se hicieron pasar por policías. A Cortés lo mantuvieron en una casa en construcción propiedad del testigo en el barrio Cañaboncito de

Caguas; a Consuegra en la guagua *Van*, también de su propiedad. Como era de esperar, Maldonado fue encontrado culpable. El Juez Gierbolini lo sentenció a una pena de cuarenta años de cárcel.[341] Con los abonos carcelarios de ese tiempo, la pena resultaba pequeña frente a los delitos cometidos.

Después de su convicción y desde la cárcel donde cumplía en Estados Unidos, Alejo Maldonado Medina empezó a confesar sus delitos a los agentes federales, culminando con una narración detallada ante el Tribunal en febrero de 1987.

La escalada criminal de Maldonado Medina parece haberse iniciado en los primeros años setenta del siglo pasado. En febrero de 1987, Maldonado admitió bajo juramento ante el Tribunal Federal un ancho historial delictual que fue recogido por los periódicos de esos días, en muchas ocasiones como noticias de portada.[342] Los periodistas Miguel Rivera Puig, de *El Vocero*, y Waldo D. Covas Quevedo, de *El Nuevo Día*, publicaron amplia información desde el 7 de febrero de 1987 hasta finales de ese mes. Covas resumió la gestión criminal bajo el titular "Alejo confiesa 12 asesinatos", indicando que durante cerca de siete horas el ex agente narró su participación en más de 58 crímenes graves, su participación en doce asesinatos, especificando que en cuatro de ellos mató personalmente a las víctimas.[343] Rivera Puig, citando informes del FBI sobre las declaraciones de Maldonado en una cárcel federal de Chicago en diciembre de 1985, ubica el inicio de la actividad criminal en grande en el 1973 con la fabricación de evidencia contra otro delincuente, Francisco Rivera Pitre, imputado de dar muerte a los esposos Ramón Cacho y Ana María Tossas en Manatí,[344] dueños de la empresa Cacho & Cía, productora de los desaparecidos *Café Cacho* y *Tabacos Cacho*. Estos esposos, de cerca de 80 años de edad, fueron asaltados y asesinados en su residencia. Las declaraciones detalladas de cómo se fabricó la prueba, incluyendo datos de pagos efectuados por familiares de las víctimas para la solución del mismo, las resume así el periodista de *El Vocero:*

> Al avanzar el relato, Alejo dice que ante la falta de corroboraciones que pedía el fiscal del caso, decidieron usar un reloj de la víctima que dio el hijo para colocarlo en la casa de uno de los

sospechosos. También escalaron la residencia de Rivera Pitre para hurtar unos zapatos en orden a crear unas huellas frente a la vivienda de los Cacho para sacar unos moldes de yeso y utilizarlos como evidencia. Según Maldonado al escalar la casa de Rivera Pitre encontraron unos $2 mil y señaló que Pacheco, Torres López, Vázquez, él y otros agentes se apropiaron del dinero.[345]

Nilka Estrada Resto, de *El Nuevo Día*, amplía la información:

Perpetuas con pruebas fabricadas

Para la época en que los esposos Cacho fueron asesinados durante un asalto en su hogar, hubo una racha de robos a residencias, en los cuales los asaltantes violaron o mataron a varias mujeres. Los agentes del Cuerpo de Investigaciones Criminales (CIC), que habían identificado a Rivera Pitre como el principal sospechoso por estos atracos, fueron muy presionados a resolver este caso ya que los esposos Cacho eran amigos personales de Raúl Latoni y de Rafael Hernández Colón.

Mientras los agentes del CIC se encontraban investigando en la residencia de los Cacho, el doctor Josie Cacho les ofreció pagar lo que fuera necesario para ayudar a resolver el doble asesinato. Por medio de Ramona "Moncha la Grilla" Sánchez conocieron a Miguel "Guelo" Salinas González, quien les pidió $50,000 a cambio de conducirlos hasta uno de los participantes en el crimen (nunca identificado por su nombre en el informe) pero les advirtió que tenían que arrestarlos a ambos si querían obtener una confesión del individuo.

Tras los arrestos de "Guelo" Salinas González y del individuo, este último confesó su participación en el asesinato del matrimonio y reveló que sus cómplices fueron Francisco Rivera Pitre, Luis Meléndez Maldonado, y otra persona de Mayagüez de quien dijo no recordar su nombre. Sin embargo, al llevar al informante ante un fiscal de Distrito de Bayamón, sólo identificado por el apellido Feliciano en el informe, éste les indicó no podía radicarle cargos a los sospechosos hasta tener pruebas que corroboraran su testimonio.

En una reunión entre Maldonado Medina; el subdirector del CIC, William Pacheco; el director de la división de robos del CIC, Angel Torres López; el agente a cargo de investigar el crimen de los Cacho,

Reinaldo Vásquez; y otros policías se planificó la forma de fabricar las pruebas de corroboración. Decidieron colocar una esfera de la antorcha de acetileno usada por los asaltantes para cortar las rejas en la casa del matrimonio en un bar propiedad de Meléndez Maldonado. El doctor Cacho le había ofrecido un viejo reloj de su padre para que lo pusieran en la casa de otro de los sospechosos y los policías se encargaron de robar un par de zapatos (y de paso, dinero que encontraron en una cama) de la residencia de Rivera Pitre.

Al día siguiente fueron a la casa de los Cacho para hacer huellas con los zapatos robados a Rivera Pitre y luego usaron un vidrio que tomaron al romper la esfera de la antorcha de acetileno y los colocaron en la ventana que rompieron los asaltantes para entrar a la residencia del matrimonio. Un agente de la División de Servicios Técnicos del CIC, Alfredo Fuentes Sosa, tomó fotos Polaroid (para que no hubiera fecha del revelado) de ambas "evidencia" , las cuales identificaron con la fecha del crimen.

Con la información que ofreció el informante, el agente Vázquez obtuvo tres órdenes para allanar el bar de Meléndez Maldonado en Vega Baja, la casa de Rivera Pitre en San Sebastián y la residencia del sospechoso de Mayagüez. Maldonado Medina fue al negocio de Meléndez Maldonado a colocar allí, en la parte de atrás del bar la antorcha de acetileno y levantó un inventario que el comerciante no quiso firmar. Torres López le dijo que él colocó el reloj de Ramón Cacho en la casa del sospechoso en Mayagüez mientras que Vázquez le dijo que él devolvió los zapatos robados a la casa de Rivera Pitre para luego realizar el allanamiento.

Las pruebas de corroboración así obtenidas fueron analizadas en los Estados Unidos, donde dieron positivo. Los sospechosos fueron posteriormente acusados de asesinato en primer grado y violaciones a la Ley de Armas por la muerte de los esposos Cacho, encontrados culpables, y sentenciados a cumplir cadenas perpetuas.[346]

Estos casos de fabricación de evidencia no son los únicos. El Lic. José de la Texera, en su muy interesante libro *El Aprendiz,* donde narra sus experiencias como abogado de lo criminal, describe un caso de mucha seriedad ocurrido en los años setenta en

Guayama, en el que, sostiene, estuvo envuelto el entonces agente O´Neill González, quien llegó luego al grado de Coronel de la Policía, y el Fiscal de Distrito Edgardo Lloréns. [347] Cuenta el autor que el joven Hipólito Valdés Falcón fue acusado de una tentativa de hurto mayor, alegándose que intentó hurtar una guagua poniéndola "directa". La prueba principal que tenían la Policía y Fiscalía para relacionar al acusado con el delito era un *tennis* ocupado en el lugar de los hechos cuando el sospechoso huía. El abogado examinó la pieza de evidencia en Fiscalía y tomó una impresión en papel del tamaño de la suela. Cuando visitó a su cliente en la cárcel, pudo comprobar que su pie era mucho más grande que la impresión tomada. "Era imposible que se le pudiera calzar el *tenis* que se hallaba en Fiscalía." Al inicio del juicio, el acusado se negó a aceptar la rebaja de calificación del delito con una pena de tres meses, que ya había cumplido. Insistía en su inocencia. Durante el juicio en sus méritos, el abogado exigió que se le probara el tenis presentado en evidencia. Para su sorpresa, "le quedó perfecto."[348] El letrado se enfureció y le imputó al Fiscal haber cambiado el *tennis.* Hubo un fuerte intercambio de acusaciones entre abogado y fiscal. El abogado llegó a pensar que podía haber cometido un error. Sometido el caso, el acusado fue declarado culpable. Fue sentenciado a cumplir una pena de dos y medio a cinco años de presidio. A los varios meses, un guardia penal informó al abogado que el convicto tenía mucho coraje con él, que había proferido amenazas. Hipólito se fugó del penal en dos ocasiones, se batió con los guardias penales y resultó muerto.

Tiempo después, el Lic. De la Texera se encontró en Fiscalía con O´Neill González, quien ya había ascendido a Sargento. Recordando viejos tiempos, González le dijo al abogado: "Te acuerdas del caso del *tenis*, que bautizamos como 'El Ceniciento'?" Ante la afirmación del abogado, González le dice:

> "Si tú supieras ... que el *tenis* se desapareció de Fiscalía, se perdió, y el fiscal Lloréns me instruyó que tenía que buscar un *tenis* similar a como diera lugar. Recorrí las tiendas de zapatos de Salinas, luego las de Cayey y finalmente lo vine a conseguir en una tienda en Caguas. Y para que aparentara ser viejo, lo lavábamos y lo ensuciábamos, lo lavábamos y lo ensuciábamos..." [349]

El abogado lo interrumpe y le dice gravemente: "tú sabes que eso le costó la vida a Hipólito?" El agente sólo dijo "No me digas!" El autor añade: "O´Neill llegó a ser coronel de la policía y Edgardo Lloréns volvió a ser fiscal de distrito de Guayama cuando ganó la pava en 1986…".[350]

Como puede apreciarse, esa grave corrupción tiene un efecto detrimental para la persecución del crimen en el país. Pone en entredicho la prueba que se presenta ante los tribunales y crea un estado de desconfianza en todo el sistema. Al final de las declaraciones de Maldonado, el semanario *Claridad* resumía en su edición del 6 al 12 de febrero de 1987 "algunas de las fechorías cometidas por Alejo y su ganga", enumerando una serie de delitos, entre los que destacan:

1973- Robo armado y secuestro de Francisco Rivera Pitre, en Aguadilla

7 de febrero de 1974- Secuestro, robo y asesinato del comerciante en joyas Leo Bershowitz.

3 de agosto de 1974- Secuestro, robo y asesinato del comerciante en joyas Howar Block.

10 de agosto de 1976- Robo del cargamento de relojes *Timex.*

16 de diciembre de 1976- Robo armado a la nómina de la Cooperativa de la Policía.

28 de julio de 1977- Secuestro, robo y asesinato del comerciante en joyas Abraham Shafizadeth.

14 de septiembre de 1978- Asesinato de Miguel Quiles mientras se cometía un robo contra Carlos López.

7 de noviembre de 1979- Asesinato por contrato de Luis Rolón

28 de noviembre de 1979- Asesinato de Eric Barrios

18 de abril de 1980- Robo armado a la joyería Gordons en Río Piedras.

1 de agosto de 1980- Robo armado a los comerciantes de oro Peter Sainz y Serafín Rodríguez.

20 de marzo de 1981- Robo armado y secuestro del gerente de la fábrica de diamantes *Tailex.*

29 de mayo de 1981- Robo armado a la Joyería Consuegra en Mayagüez.

1 de septiembre de 1982 -Extorsión y secuestro de Mario

Consuegra.

Todavía faltan delitos en esa lista, como el asesinato del organizador sindical Rafael Caballero, el secuestro del hijo de Julio Cortés Parés, la extorsión y soborno de éste por muchos años, el asesinato de Ángel Joaquín, *Joaco* Juliá Vilá y Rigoberto, *Paso Fino,* Cintrón y otros más.

Es de notar que todos esos delitos fueron admitidos bajo juramento por Maldonado en las salas del Tribunal Federal, aunque algunos de ellos no fueron dilucidados en el Tribunal contra otras personas que menciona en su amplia confesión: El periodista Waldo D. Covas Quevedo, bajo el título "Dantescos relatos de Maldonado", publicó la siguiente información en *El Nuevo Día* del 7 de febrero de 1987:

> En cuanto al doctor Criado, Maldonado dijo que superiores le instruyeron a encubrir el asesinato de un tal "Papo Bolsa", quien había sido arrestado por asesinato y robo y murió después que un agente del CIC lo pateara.
>
> Explicó que existía un memorando en el CIC, así como instrucciones verbales de sus superiores, de que los agentes vinculados a un asesinato no hablaran hasta que Maldonado les instruyera sobre cómo encubrir el caso.
>
> Dijo que Criado visitó el Cuartel General de la Policía para ver el lugar donde torturaron a "Papo Bolsa" y "cuadrar el caso".
>
> Añadió que cuando el joyero Acevedo asesinó a su colega norteamericano Abraham Shafizadeh, el socio de Maldonado, César Caballero tiró el cadáver entre Ciales y Manatí.
>
> Declaró que Acevedo "bajó todos los santos del cielo", sugirió que confundieran la autopsia y su abogado Víctor Ramos Acevedo se comunicó con Criado, para quien todos los vinculados al asesinato hicieron una colecta para pagarle por sus servicios.
>
> "Criado siempre diría que podría ser el cadáver o no" le dijo Acevedo a Maldonado años después del asesinato, refiriéndose a que el patólogo declararía a favor de un acusado por el asesinato de Shafizadeth y que nunca se verificaría la identidad del cadáver porque fue incinerado en Israel.
>
> El ex teniente coronel dijo que también conspiró con el juez

superior Félix Ortiz Juan, el abogado Felipe "El Gordo" Benicio Sánchez y el ex policía Ernesto Gil Arzola para favorecer al Dr. González Mañon, acusado por la muerte de Juanita Lugo, esposa del Coronel Lugo, mientras le realizaba un aborto ilegal.

Maldonado sostuvo que se inició en la criminalidad realizando intervenciones ilegales con prostitutas argentinas junto con el fiscal de Humacao, Miguel Rivera García.

Añadió que en una ocasión conspiró con el ex-fiscal William Pacheco Nieves para arreglar el caso de un aborto criminal y que éste también participó en la conspiración para robar y asesinar a Francisco Rivera Pitre en 1973, quien a su vez había asesinado al matrimonio Cacho en Manatí.

Dijo que el coronel Enrique "Quique" Sánchez, entonces subalterno de Lugo en el CIC, le ofreció el nombre y la dirección de un confidente del FBI que declararía sobre la muerte de Shafizadeh y que éste lograría el arresto de Acevedo por haber robado el expediente del caso. Hace pocos días cuatro testigos aseguraron en el tribunal federal que Acevedo había comprado ese expediente en unos $7,000. En ese proceso de 1979 el jurado no llegó a un veredicto. Luego, en una de sus comparecencias ante el tribunal, Maldonado revelaría que el acusado había comprado ese jurado por $60,000.

Confesó haber estado presente cuando los policías Cátulo Martínez y Enrique "Kiko" Ramos Rosa, el comerciante Braulio Mercader y Millo Medina, guardaespaldas del líder Tronquista Rafael Caballero, torturaron y asesinaron al sindicalista.

Explicó que Mercader, uno de los fundadores de los Tronquistas que pensó que "rompiendo huelgas" le harían ganar mas dinero, había sido víctima a su vez de un atentado tras el cual identificó a Caballero. Quería obtener los nombres de los otros participantes y torturó a éste con un aguijón eléctrico en algún lugar de Aibonito. Agregó que en camino hacia Gurabo, Mercader apretó una soga en el cuello a Caballero para obtener más información y lo metió en el baúl del carro cuando se acercaba un vehículo. Se dirigieron entonces hacia El Yunque, donde al abrir el baúl Caballero estaba sin vida. Maldonado admitió haber participado en una conspiración junto a los joyeros Luis "Luisito" Bared y Luis Gómez Ferreiro para asesinar a la esposa de un

> tal Johnny Bravo, de Mayagüez. Dijo que el florista Julito Labatud le pago para que desapareciera dos de sus automoviles y cobrar el seguro por robo. Afirmó que Herbert Kaplan, Ernesto Gil Arzola y él conspiraron para aumentar el inventario de Grand Autoparts y cobrar más dinero en la póliza de seguro. Relato que cuando fue arrestado por el secuestro de Mario Consuegra, se reunió en El Merendero en Santurce, lo que describió como un "prostíbulo perfumado," con sus abogados Carlos "Cao" Ramírez Fiol, Víctor Ramos Acevedo y Carmelo Pestaña Segovia, quienes discutieron que podrían sobornar al jurado y al juez superior que verían el caso.

Como puede verse, se trata de acusaciones graves. *Claridad* publicó en su edición del 6 al 12 de febrero de 1987 lo que llamó la composición de la Pandilla de Alejo Maldonado: Agentes: Alejo Maldonado, Carlos Zamalot, Enrique "Kiko" Ramos, Félix Aldea, Hiram Vázquez, Jorge "Chichí" Derieux, Emeterio Ortiz, Héctor Jaime Robles, Luis Ramos Grateroles, Ángel Torres López, Julio César Andrades, Carlos Rodríguez, William Pacheco, Manuel Parrilla, Víctor Franco, Miguel Rivera, Obdulio Martínez, Máximo Rivera, Fidel Rijos, Eugenio Rivera, Ernesto Gil Arbola, Gilberto Adorno Cantres y Enrique Ramos. Otros que no eran agentes, según *Claridad*, fueron Héctor Acevedo, Luis Gómez Ferreiro, Julito Labatud, César Caballero, Guillermo Torres Verdú y Ángel Rosado Nater. Muchas de estas personas fueron enjuiciadas y declaradas convictas en diversos juicios ante el Tribunal Federal, como puede verse en el libro de Guillermo A. Baralt.[351]

De manera particular hay que mencionar la práctica de torturas, que la banda indicada practicaba utilizando una picana eléctrica, capaz de mover a un toro de 1,500 libras, que introducían en el ano y los genitales de las víctimas, como ocurrió en el caso de Rafael Caballero y de Francisco Rivera Pitre. Además de Maldonado, otro convicto, Jorge *"Chichí"* Derieux también lo admitió bajo juramento en juicio, sosteniendo que tanto él como los agentes Ángel Torres y Fidel Rijos realizaron los actos de tortura con la picana, que era propiedad del agente Ángel Torres López.[352] El propio Rivera Pitre ante el Tribunal Federal declaró sobre las torturas que sufrió. [353]

En cuanto a las muertes de Rigoberto Cintrón *(Paso Fino),* y Angel Joaquín Juliá Vilá *(Joaco),* realizadas personalmente por Maldonado, aparecen descritas en el libro de José Rafael Reguero,[354] y se mencionan en el caso de *Pueblo v. Dones Arroyo.*[355] Ocurrieron una tarde de abril de 1975. Maldonado y un grupo de sus agentes –Angel Torres, Emeterio Ortiz, Carlos Samalot, Luis Ramos Grateroles, Hirám Vázquez– detuvieron en la calle Villamil de Trastalleres, Santurce, una guagua *Camino* en donde iban Cintrón y Juliá con el confidente Salvatore Lombardo. Habían salido de la residencia de la madre de Rafael Dones Arroyo. No parece haber duda de que Cintrón y Juliá asesinaron, mediante un disparo de rifle de largo alcance, al agente encubierto Pablo N. Padilla el 14 de diciembre de 1974, tres días antes de estar señalado para declarar en un juicio contra Dones Arroyo.[356] Los agentes agredieron a los detenidos con sus puños y las culatas de sus armas. Uno de ellos golpeó en la frente con la culata de una escopeta a *Paso Fino*, que cayó al piso sangrando. Murmuró entonces: "¡Alejo, me las va a pagar, tú y tu familia!" Maldonado le disparó por detrás con un rifle. Lo puso al lado y expresó: "¿Así que ahora les ha dado por tumbar policías? ¡So hijos de puta!" Los agentes montaron a los detenidos esposados en los vehículos. Uno de ellos era un pequeño Volkswagen. Se movieron hasta un solar yermo, donde bajaron a *Paso Fino.* El agente Rafael Angueira, que no formaba parte de la banda, quedó en el Volkswagen custodiando a *Joaco* Juliá. Los agentes formaron un semicírculo alrededor de *Paso Fino*, en forma de herradura. Alejo Maldonado le dio una patada por el trasero y el detenido cayó de bruces. Cuando intentaba levantarse, "el Jefe le apuntó con su AR-15 y le disparó a la cabeza. El cráneo quedó como si fuera de galleta", declaró años después bajo juramento Luis Ramos Grateroles.[357] Alejo volvió al Volkswagen. Se sentó a lado del conductor, Ángel Torres. Cuando se inicia la marcha, Alejo estiró el brazo hacia atrás y puso su pistola en la cabeza de *Joaco*. Quería que el detenido los condujera donde estaba Rafy Dones. Alejo no le creyó su promesa de cooperación. Movió la pistola al frente, "la cargó, volvió a estirar el brazo hacia atrás y le colocó el cañón bajo el mentón a Joaco. Disparó y la sangre y los sesos del hombre" cayeron encima del agente Angueira.[358] Este sufrió un ataque de histeria y vomitó. Los demás agentes "tuvieron un ataque de risa."[359]

El asesinato de la testigo Grisselle González Ortiz (Jessica), por el Comandante Emeterio Ortiz, quien estaba a cargo de protegerla, no impidió la convicción de José Luis Lebrón González (Tito Camaro).[360] En cambio, produjo la convicción de los que conspiraron para matarla: Ernesto Gil Arzola, Emeterio Ortiz, José L. Lebrón González, Eduardo Rodríguez Padilla y el Lic. Raymond Cátala Fonfrías. El juicio se inició el 21 de mayo de 1985 en la sala del Juez Pérez Jiménez. Ortiz se convirtió en testigo de la fiscalía. Al resultar convictos los imputados, fueron sentenciados a dos cadenas perpetuas cada uno, con excepción de Eduardo Rodríguez Padilla, con una pena de 50 años, y Emeterio Ortiz, con una de doce.[361]

Dale Carneguie, en su exitoso libro *Cómo ganar amigos e influir sobre las personas,* señala que todos los seres humanos tienen una visión idealizada de ellos mismos, que no son dados a reconocer sus defectos o debilidades. Pone como ejemplo las declaraciones de algunos famosos criminales de la época de la Prohibición en Estados Unidos, como Al Capone, Crowley y Dutch Schultz, quienes se consideraban hombres muy buenos, a pesar de su largo historial criminal.[362] Alejo Maldonado Medina parece confirmar la tesis de Carneguie. En declaraciones que hizo para Maggie Bobb, del periódico *El Mundo,* correspondiente a su edición del 22 de marzo de 1987, declara: "No soy un monstruo" … "me han puesto como un monstruo que mataba allí y mataba allá, pero no soy así."[363] Más grave aún es lo que añade:

> En cuanto al CIC, "no llevamos la corrupción a la Policía, llegamos y encontramos corrupción dentro de ella. Ha habido corrupción en la Policía toda la vida."
>
> "Protección a prostíbulos y casas de juegos, toda la vida. Robar a traficantes y vender las drogas, toda la vida. Quedarse con dinero de evidencia, toda la vida", afirmó.
>
> "Me di cuenta de todo esto como a los dos años de haber ingresado en la Policía, como en 1968 o 1969."[364]

Maldonado también justifica sus crímenes por su trabajo de catorce años en la investigación de homicidios:

> Dicen que hablé fríamente de estos asesinatos, pero se olvidan de que estuve 14 años bregando con cadáveres, como investigador de la División de Homicidios.
>
> ... Al principio (de mi trabajo en Homicidios), yo no podía ni acercarme a un muerto porque me causaba –la palabra no es la correcta, pero– me causaba repugnancia. No es igual ir a una funeraria donde el muerto está embalsamado. En Homicidios uno se enfrenta a un cadáver en condiciones malas, sangrando, cadáveres desmembrados.
>
> Luego de tantos años de bregar con cadáveres, llega un momento en que la muerte es tan familiar a uno, que no siente rechazo.
>
> Creo que eso no es saludable, tener una persona en este tipo de trabajo, que se debe cambiar los agentes periódicamente. Hay muchas recomendaciones que se puede hacer. Quizás, aunque parece increíble, yo pueda dar unas sugerencias, a base de mi experiencia en el trabajo y el haber estado también al otro lado.[365]

8. La convicción del Coronel Miguel Rivera Medina

En su larga confesión bajo juramento del 6 de febrero de 1987 en una sala del Tribunal Federal en Puerto Rico, Alejo Maldonado Medina confesó que había conspirado con el Coronel Miguel A. Rivera Medina para mentir en unas deposiciones relacionadas con una demanda civil contra varios agentes del Cuerpo de Investigaciones Criminales, a quienes se les imputaba la violación de derechos civiles.[366] El 12 de febrero de ese año, Maldonado se declaró culpable en ese mismo Tribunal de un cargo de extorsión del bolitero Julio Cortés Parés "y señaló al coronel suspendido, y abogado, Miguel Rivera Medina, Director del N.I.C., como su cómplice en la protección ilegal que supuestamente brindaron a Cortés."[367] El agente Ernesto Gil Arzola, convicto por la muerte de Griselle "Jessica" González, fue quien puso a Maldonado en contacto con Cortés, conocido como *Julito Manatí.* Este pedía el traslado de dos agentes de la División de Control de Vicio de Caguas que investigaban su banca. Maldonado trasmitió el pedido al Coronel Miguel Rivera, entonces segundo en mando en el Negociado de Investigaciones Criminales (N.I.C.). Maldonado y Rivera recibían pagos mensuales ilegales de $600.00 originalmente, en 1978, que llegaron a subir a $1,000 mensuales cuando terminaron en 1982. Maldonado también implicó a Rivera en protección ilegal de prostíbulos en Mayagüez y Arecibo.

El 25 de febrero de 1987, el Gran Jurado federal aprobó una acusación enmendada contra Rivera Medina por el delito de extorsión.[368] Era representado por el Lic. Julio Morales Sanchez y enfrentaba una pena de 20 años de cárcel. Cuando se le acusa, Rivera ya ocupaba el puesto de Director del N.I.C. Fue juzgado en la misma sala del juez Gierbolini Ortiz, resultando convicto. La sentencia impuesta fue confirmada por el Primer Circuito.[369]

9. El Coronel ya tiene quien le escriba

Gabriel García Márquez, el premio Nobel de Literatura que produjo en español ese hermoso *Apocalipsis de América* que es *Cien Años de Soledad,* publicó en 1961 su segunda novela, escrita en 1957, bajo el título *El Coronel no tiene quien le escriba.* Nos cuenta allí las tantas cartas de un Coronel del ejército colombiano, de las muchas guerras civiles de ese país, retirado y amnistiado, que espera inútilmente su pensión. Sus cartas se pierden en la burocracia gubernamental. La esperanza y el futuro lo ponen él y su poblado en las patas de un gallo de pelea. Un crítico literario, Ramón Medina, ha dicho que "es probablemente la obra más perfecta de García Márquez."[370] Un Coronel de la Policía de Puerto Rico publicó en el año 2000 un libro, una larga *carta,* que refleja la crisis de nuestra Policía, bajo el título *La Injusticia de la Justicia.* Pero éste tuvo quien le escribiera

En la tarde del martes 31 de diciembre de 1991, el país se preparaba para las fiestas de despedida del año. En el Club Caribe del Hotel Caribe Hilton estaba anunciada una Gran Cena de Gala con el show de Iris Chacón, Jossie Esteban y la Patrulla 15, Jacinto y su Orquesta, la Orquesta de César Concepción y la animación de Eddie Miró. Luciano Pavarotti estaba anunciado para presentarse

PORTADA

EL VOCERO, San Juan, Martes 22 de febrero de 2005

Pena que no termina

Por Miguel Rivera Puig
Redactor – EL VOCERO

Despues de 21 años y medio extinguiendo una condena que al ser dictada era de 40 años de cárcel, el ex teniente coronel Alejo Maldonado Medina, para muchos sinónimo de la corrupción policiaca, **regresó a Puerto Rico y espera que la sociedad entienda que pagó por sus delitos, aunque está preparado para el rechazo.**

"Participamos en hechos sumamente graves, que casi todos se pudieran haber evitado, y a través de todos estos años asumí la responsabilidad, que recibí el castigo las autoridades entendieron que merecía, y que cumplí la pena hasta la que la misma ley permitió que yo saliera. Quiero decir con esto que en un periódico citaron una carta del fiscal Guillermo Gil para una liberación temprana, pero no se validó esa petición", dijo al mostrar las evaluaciones de la Junta de Libertad que vio su caso en el 2003.

"Me bajaron dos años de la pena. Tengo un récord perfecto en la prisión que posiblemente nadie lo había logrado. Nunca tuve una querella o 'incident report'. Tomé cursos y obtuve sobre 50 diplomas y certificados, por eso es que la Junta lo reconoce, por un ajuste institucional excelente", contó.

Al no estar conforme con la Junta, apeló, pero no logró que le acreditaran los más de cinco años que entiende había ganado en créditos para su libertad, de los que sólo le reconocieron dos años. Según Maldonado Medina, tuvo que acatar la decisión de la Junta, que entendía injusta, y en la que no se acogió la recomendación de rebaja de condena que hizo Gil, al reconocer su cooperación.

En la primera entrevista que ofrece después de haber sido liberado, habla del tiempo que pasó encarcelado, "toda una vida", mientras mira desde un ventanal en un piso alto el soleado paisaje urbano en algún lugar del Area Metropolitana, de quizá la primera mañana cálida de este invierno en el trópico, el jueves 17 de febrero del 2005, a poco más de dos meses de haber salido en libertad.

EL VOCERO / Ingrid Torres

Alejo Maldonado lamenta que no se le reconozca el esfuerzo que hizo por rehabilitarse durante sus años en prisión.

Lamentable la criminalidad

"La situación de criminalidad es lamentable, sin lugar a dudas. Yo te diría cinco o seis veces más que la que había cuando salí de Puerto Rico", dice al advertir que su comentario levantara voces de censura por su pasado, pero que es obligado el hacerlo, convencido de que la Policía paso de una situación de ofensiva contra el crimen a una defensiva, donde los criminales dominan la sociedad.

El 8 de diciembre del 2004 salió de la cárcel federal en Butner, Carolina del Norte, donde pasó 15 años, de los 21 y medio que la Junta de Libertad Bajo Palabra Federal (Parole Board) resolvió hace varios años que tenía que cumplir de la condena que le dictó el juez federal Gilberto Gierbolini Ortiz. Ya libre, Maldonado Medina se quedó con parte de la familia, varios de sus hijos y algunos de sus 20 nietos en Estados Unidos. Regresó a Puerto Rico antes de la Nochebuena, ocasión que quería celebrar acá.

Desde su salida de la cárcel ha perdido unas 20 libras de peso, pero a sus 66 años de edad goza de una excelente salud. Mientras hace sus ajustes ha tenido buenas noticias a su regreso. Una mujer, que no identificó, lo aguardó por todos estos años "igual de bella" que cuando partió a prisión, y hoy cuando este artículo sea publicado Maldonado Medina estará iniciándose en un nuevo trabajo.

Este hombre, después de su arresto el 4 de septiembre de 1982, en medio del secuestro de Mario Consuegra, hijo de un joyero cubano radicado hace casi cuatro décadas en el Viejo San Juan, dejó al descubierto actos insólitos de corrup-

Continúa en Pág. 4

en el Coliseo Roberto Clemente el 4 de enero del 1992. Una Comisión del gobierno preparaba la celebración del Quinto Centenario del Descubrimiento de América en 1992. Ese 31 de diciembre moría en San Juan el banquero Rafael "Papi" Carrión, padre del Presidente del Banco Popular, Richard Carrión. Rafael Hernández Colón gobernaba el país desde el Palacio de Santa

Catalina.

Como a las 10:00 de la mañana, varios periodistas entrevistaban al Coronel Enrique Meliá León, Superintendente Auxiliar de Tránsito de la Policía de Puerto Rico, sobre las medidas de seguridad de tránsito para esa noche de fin de año. El Coronel lucía su vistoso uniforme con los botones de su rango en oro de 18 kilates con brillantes. Eran famosos sus uniformes blancos de gala en todo el Cuerpo de la Policía, que estuvieron de moda hasta los años cuarenta. Se los confeccionaba la sastrería de Santos (El Negro) Ortiz en Cabo Rojo. A eso de la 1:00 de la tarde, el Coronel se retira a su residencia en la exclusiva urbanización *Encantada*, de Trujillo Alto. Había declinado despedir el año con otros familiares en la casa veraniega de la familia Salicetti en Adjuntas.

Al llegar a su residencia, Meliá León se cambia de ropa y decide dormir un rato. Se proponía llevar a la familia esa noche al Viejo San Juan para ver las carabelas del Quinto Centenario ancladas en los muelles. Cerca de las tres de la tarde, cuando está cogiendo el sueño, su esposa, Gloria, le dice que alguien toca en la puerta y ella no ha de abrir. Desde las habitaciones del segundo piso, el Coronel domina la entrada de la residencia. Observa al Comandante Angel Rodríguez Meléndez, Director del Negociado de Drogas y Vicio de la Policía. Este luce corbata obscura y espejuelos de sol claros. Le acompañan otros hombres, algunos con guayabera blanca y otros con gorras que dicen N.I.E. El agente Alicea luce ropas de camuflaje.

Meliá cree que el grupo de agentes estaba localizando a alguna persona en la urbanización y al saber que residía en el lugar, se acercan para buscar información. Se puso un mahón obscuro y bajó, descalzo y sin camisa, para abrir la puerta principal de la residencia. Cuando la abre, estrecha la mano a la primera persona que encuentra, el Inspector Alicea, del Negociado de Investigaciones Especiales del Departamento de Justicia. Este le dice entonces: "Coronel Meliá, está arrestado." De inmediato éste pregunta: "¿Por qué carajo?." Pero el oficial se limita a decirle: "Acompáñeme al Departamento de Justicia. Tiene derecho a mantener silencio y todo lo que usted diga puede ser utilizado en su contra." El Comandante Ángel Rodríguez pide que se le espose y pongan cadenas en los pies, como a cualquier otro detenido. El Inspector Alicea replica que no es necesario. Ese Comandante sería asesinado el 30 de abril de 1993 por el policía Antonio Morales Rosario en la Comandancia de Bayamón. Le disparó por la espalda.

El periodista Miguel Rivera Puig, de *El Vocero,* cubre la detención para su periódico. Rafael Ángel Rivera toma fotografías para la historia. Desde temprano ese día corría el rumor del inminente arresto en los medios de prensa. Hubo información de que se intentó realizarlo en una gasolinera de Hato Rey, pero los agentes perdieron la pista. En realidad parece ser que los agentes intentaron arrestarle en el Cuartel General como a las dos de la tarde, pero Meliá León ya se había retirado.

El Coronel arrestado indica que ha de subir para ponerse camisa y zapatos. Varios agentes intentan acompañarlo al segundo piso. La esposa del Coronel se opone tenazmente, porque arriba duermen los dos hijos del matrimonio, Gustavo Enrique y Rosa Cristina.

Cuando baja, al oficial le requieren su arma de reglamento. En la calle hay toda una caravana de vehículos oficiales y medios de prensa. Meliá la busca debajo del asiento del conductor de su vehículo oficial. Se trata de un Mágnum 357. La descarga y la entrega. Los agentes no solicitan otras armas oficiales que hay en poder del detenido. En su residencia guarda una carabina y otra pistola de nueve milímetros. Ambas eran niqueladas. La pistola había sido ocupada hacía muchos años "a un grupo de nacionalistas" en el barrio Rocha, de Moca, y fue confiscada.[371]

Meliá León fue conducido al Centro Judicial de Hato Rey. Se le imputaba una violación al inciso "c" del artículo 3 de la Ley Núm. 33 de 13 de julio de 1978, conocida como Ley Contra el Crimen Organizado, y tres cargos por soborno agravado. Se le fijó una fianza de $425,000. Meliá León tuvo de inmediato amigos disponibles para prestar la fianza con "propiedades y millones de dólares en Certificados de Depósitos." El magistrado exigía la presencia de los oficiales bancarios que expidieron los certificados. Se negó a rebajar la fianza. El Coronel fue encarcelado en la Cárcel

Regional de Bayamón. Allí despediría el año y estaría varios días en los que se consiguió una rebaja de fianza y se aceptó la misma. Las emisoras de radio y televisión interrumpieron sus programas para dar la noticia.

El operativo en relación con Meliá León había empezado el lunes 30 de diciembre. En un negocio de comidas rápidas de la ciudad de Ponce fue arrestado el ex patrullero de Tránsito del Área Sur, Jaime Torres Vargas, para esa fecha asignado a la Unidad Marítima de la Policía. En un Restaurante McDonald, el agente encubierto Edgar Candelaria Soto, del Negociado de Drogas y Narcóticos de Mayagüez, le hizo entrega de $11,000 en efectivo al patrullero, indicando que $5,000 era para él, $5,000 para el Coronel Meliá, y $1,000 que dejaba a discreción del patrullero. El encubierto salió del negocio y entraron los agentes del Negociado de Investigaciones Especiales y arrestaron al patrullero. Lo mantienen incomunicado y llamaron al cuartel donde prestaba servicios. Lo excusaron por enfermedad. También fueron arrestados Ernesto Figueroa Ramos, su hija Evelyn Figueroa Rodríguez y Overt Elena Orengo.

Los casos contra Meliá León fueron sometidos en ausencia del acusado ante un juez del área norte del país el 20 de diciembre de 1991. El acusado se queja de que para ese final del 1991, su amigo, el Gobernador Hernández Colón y su jefe inmediato, el Lcdo. Ismael Betancourt Lebrón sabían de la radicación, y que, el 26 de diciembre, Ivonne Iraola, una de los ayudantes de Betancourt Lebrón, le pidió que aportara un lechón asado para una fiesta a celebrarse en una casa de veraneo de Betancourt Lebrón en Naguabo. El lechón lo regaló el *Cano* Ortega, amigo de Meliá León. En la actividad, Meliá León escribe, habló a solas con Betancourt sobre varios temas, sin que le informaran de la acusación, "para preparar la fianza."[372] El Coronel se expresa con dolor: "Yo era un perro leal del partido en el poder, así como de Ismael Betancourt y Lebrón. 'Hipócritas'".[373]

En las oficinas del Coronel en el noveno piso del Cuartel General, los agentes y fiscales ocuparon su maletín de trabajo. Allí les esperaba una sorpresa: una fotografía del oficial parcialmente

Ricachón rapta y abusa esposa de primo

(Inf. Pág. 3)

EL VOCERO DE PUERTO RICO

COPYRIGHT. CARIBBEAN INTERNATIONAL NEWS. CORP. 1992

VOL. 8 NUM. 6360 SAN JUAN, P.R.
JUEVES 2 DE ENERO DE 1992

30¢

Fallece el banquero Rafael 'Papi' Carrión

(Inf. Pág. 4) CARRION

Sin 'vaqueros' ni parrandas

MELIA DESPIDE AÑO EN PRISION

Arresto alto oficial sacude la Policía

(Inf. Pág. 3)

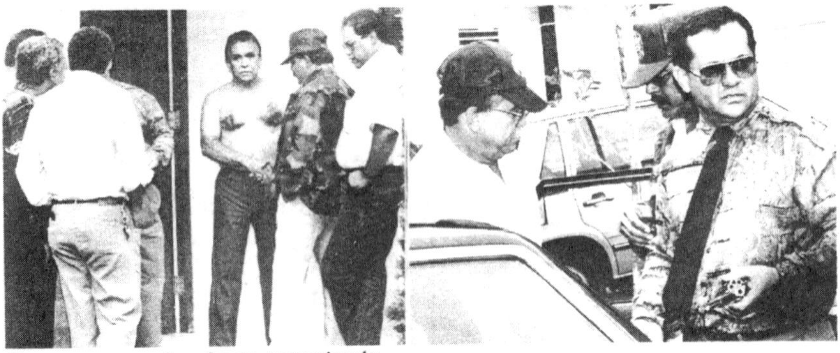

Graves cargos de crimen organizado

El superintendente auxiliar de Tránsito, teniente coronel Enrique Meliá León en los momentos en que salió sin camisa y descalzo al portal de su lujosa residencia en la Urb. Encantada, de Trujillo Alto, a recibir a los agentes del NIE y del Negociado de Narcóticos de la Policía. Fue arrestado el martes por la tarde con cargos de crimen organizado, por alegadamente dar protección a cargamentos de drogas contrabandeadas a Puerto Rico. A la derecha, el comandante Angel Rodríguez, jefe del Negociado de Narcóticos de la Policía, mientras ocupaba el arma de reglamento de Meliá León. (Fotos EL VOCERO por Rafael Angel Rivera) (INFORMACION Y OTRAS FOTOS EN PAG. 3)

desnudo, mostrando sus genitales, con una dama también desnuda, tomada siete años antes en un condominio de Isla Verde.[374] Meliá León explicaría luego que se trataba de una modelo a quien un amigo suyo había prestado el apartamiento para fotografías al desnudo.[375] Esa fotografía fue luego filtrada a la prensa durante los días anteriores al inicio del proceso, provocando un gran despliegue periodístico y de televisión,[376] lo que constituye un gran atentado contra el derecho a juicio justo que tenía el oficial policiaco. No se habló del recipiente de *Ginseng,* la raíz coreana o china que se decía acostumbraba tener en un pote enorme de la oficina, ni de su uso como estimulante sexual.

La noticia del arresto de Meliá León sacudió a la Policía y gran parte de un país que todavía no salía de su asombro ante la historia criminal de la banda de Alejo Maldonado Medina y el descubrimiento de los asesinatos del Cerro Maravilla. Las primeras en divulgarla fueron las emisoras de radios y canales de televisión. El primero de enero no circulan los periódicos, pero el titular de *El Vocero* del jueves 2 de enero de 1992 decía en grandes letras rojas de pulgada y media: "Meliá despide el año en Prisión." Los subtitulares añadían: "Sin 'vaqueros' ni parrandas"; "Arresto alto oficial sacude la Policía." Las fotografías, presentando a Meliá sin camisa en la puerta de su casa y entregando su arma de reglamento acompañaban el gran titular.

Hasta ese momento, Meliá León gozaba de gran respeto público. El alto oficial había entrado a la Policía como agente en 1957, subiendo las escala de rango hasta Coronel. En sus inicios, su sueldo era de $150.00 al mes, que con los descuentos de nómina, le dejaban disponible $128.00. Para entonces, residía en su pueblo de nacimiento, Guaynabo y no tenía automóvil propio. Cuando trabajaba de noche, salía a las 4:00 de la mañana y tras viajar en *pon* hasta el sector Buchanan, tomaba el camino Alejandrino, de poco más de un kilómetro, entonces en medio de cañaverales. En los años sesenta estudia Administración Comercial en el Instituto Comercial de Puerto Rico. Allí fue compañero de Rafael Ithier, el Director de El Gran Combo de Puerto Rico. Los exámenes de ascenso para ese tiempo eran cada cuatro años. En el que tomó para Sargento ocupó el octavo lugar. Llegó más tarde al rango de Primer Teniente, cuando en 1968 fue enviado a estudiar en el Instituto de Tránsito de la Northwestern University en Illinois. Cuando en ese año el Partido Nuevo Progresista gana las elecciones, llega a Fortaleza don Luis A. Ferré como Gobernador. Poco tiempo después éste asciende a Meliá al grado de Capitán cuando llevaba 13 años en la Fuerza. Dos años después le asciende a Comandante.

En 1973, el nuevo Gobernador Rafael Hernández Colón lo asciende a Teniente Coronel. Para 1985 está como Superintendente de la Policía Andrés García Arache. A éste le substituye Carlos López Feliciano. Meliá León fue transferido para dirigir la comandancia de Carolina. En 1987 visita Mar del Plata, en Argentina.

En la comandancia de Carolina recibe una llamada del Lic. López Feliciano en la noche del 31 de diciembre de 1987. Le informa que el Gobernador ha aprobado la creación de una Superintendencia Auxiliar en Tránsito y Meliá León es el candidato para ocuparla, con el grado de Coronel. Allí inicia su organización en los primeros meses de 1988.[377] Antes y después Meliá asistió a cursos especializados en materia de tránsito en Estados Unidos.

En 1989, llega como nuevo Superintendente el Lic. Ismael Betancourt Lebrón. Ya a los patrulleros de Meliá les llamaban "los *vaqueros* de Meliá", especialmente por el sombrero que utilizaban. Desarrollaron toda una campaña para imponer el uso del cinturón de seguridad. Igualmente utilizaban los bloqueos de carreteras para detectar violaciones a la legislación de tránsito. En 1991 Meliá León viaja a Amsterdan, en Holanda, en unión a otros funcionarios, para prepararse para la Gran Regata Cristóbal Colón de 1992.[378] El arresto lo ha de sacar de la carrera. Verá la Regata en ropas de civil.

Los casos contra Meliá y los demás coacusados fueron sometidos ante un magistrado originalmente en ausencia de los imputados. Tras las celebración de una vista preliminar que confirmo la determinación original de causa para procesarles, el juicio en sus méritos se inició el 5 de octubre de 1992 en una sala de Mayagüez del Tribunal Superior. Presidía el proceso el Juez Hiram Torres Rigual, un ex magistrado del Tribunal Supremo retirado del mismo que actuaba entonces como juez superior. Ese día los coacusados Ernesto Figueroa Ramos y Evelyn Figueroa Rodríguez renunciaron su derecho a juicio por jurado e hicieron alegación de culpabilidad. Ella fue sentenciada a 15 años de cárcel. El proceso continuó contra Meliá, Jaime Torres Vargas y Overt Elena Orengo. El abogado de Meliá era el Lic. José M. Sagardía. Representaban al Ministerio Público los fiscales Miguel Corona Muñoz y Andrés Rodríguez Elías. Todos los directores de área de los Negociados de Drogas de la Isla estuvieron presentes como observadores. Meliá señala que esa presencia fue coordinadas por los fiscales y el Comandante Angel Rodríguez.[379]

Para esos días en que el juicio se iniciaba, alguien filtró a la prensa la fotografía al desnudo que antes indicamos. Meliá sostiene que fueron los fiscales. El 30 de septiembre de 1992, el Canal 11 de televisión inició una serie titulada "El Coronel Meliá al desnudo." El fiscal Miguel Corona Muñoz compareció en el reportaje.[380] Uno de los diarios publicó la fotografía. La defensa de Meliá solicitó la posposición del juicio ante el clima público creado. Le fue denegada. Ante esa situación y pensando que los posibles jurados se habían contaminado, el acusado y su abogado, Lic. José M. Sagardía Pérez, renunciaron al juicio por jurado. El caso sería resuelto por el magistrado.

La prueba desfilada, conforme fue admitida por el juez Torres Rigual y luego aceptada por el Tribunal Supremo demostró, según este Tribunal, lo siguiente:[381]

(a) En enero de 1991 un grupo policial de trabajo *(Task Force)* realizó una investigación sobre el trasiego de cocaína por una organización criminal que operaba en el área suroeste de Puerto Rico. Formaban el grupo el Negociado de Investigaciones Especiales (N.I.E.) del Departamento de Justicia y el Servicio de Aduana Federal en Mayagüez. Lograron infiltrar en dicha organización al agente encubierto Edgar Candelaria Soto, del Negociado de Drogas y Narcóticos de la Policía en Mayagüez. La organización criminal estaba bajo la jefatura de Israel Sanabria y uno de sus integrantes era Ernesto Figueroa Ramos, conocido por *Nesty El Gruero.* Candelaria Soto se presentaba como un capitán de embarcaciones dedicado al contrabando de drogas, armas e indocumentados. La primera operación en la que participa Candelaria Soto es la entrada ilegal a Puerto Rico, desde aguas de la República Dominicana, de una persona de nombre Alcides Weisman, que se identifica como un colombiano representante del Cartel de drogas de Medellín.

(b) En una reunión con Weisman y Candelaria, Figueroa Ramos indica que para futuras gestiones de tráfico de drogas "tenía

Policías con vínculos con el bajo mundo

1983 - 1991

LA DETENCIÓN y condena del teniente coronel Alejo Maldonado, implicado en el secuestro del hijo de un joyero de San Juan, confirmó en realidad lo que hasta entonces parecía una fantasía reporteril: el vínculo de altos oficiales de la uniformada con el bajo mundo.

En un histórico juicio, Maldonado junto a sus compinches César Caballero y Jorge David Casanova fueron hallados culpables por un jurado federal de conspiración y extorsión para afectar el comercio interestatal con relación al secuestro de Mario Consuegra, hijo. En 1983, el ex director del desaparecido Negociado de Investigaciones Criminales (NIC), fue sentenciado a 40 años de prisión en dos condenas consecutivas. Once años más tarde sería juzgado nuevamente, esta vez por el secuestro, tortura y asesinato del organizador tronquista Juan Rafael Caballero Santana en 1977. Aunque el caso de Maldonado sentó un precedente, el arresto del teniente coronel Enrique Meliá León sacudió los cimientos del Departamento de la Policía.

Meliá, con 33 años en la fuerza, fue arrestado en la tarde del 31 de diciembre de 1991, acusado en tres cargos de soborno agravado y uno de crimen organizado. Las acusaciones se relacionaban con la supuesta asesoría que proporcionaba Meliá a una organización de narcotraficantes sobre cómo transportar cargamentos de drogas y armas por las vías públicas del país. El juez Hiram Torres Rigual lo encontró culpable el 7 de noviembre de 1992, por un cargo de crimen organizado y tres de soborno agravado. Fue sentenciado a 15 años de cárcel. En 1996, salió en libertad bajo palabra tras cumplir cuatro años de condena.

Archivo

El ex teniente coronel de la policía Alejo Maldonado mientras abandonaba el Tribunal federal acompañado de su esposa.

Archivo / José Ismael Fernández

El arresto del teniente coronel Enrique Meliá León sacudió los cimientos de la Policía

Enrique Meliá León, arrestado en 1991, por darles protección a narcotraficantes, fue sentenciado a 15 años de cárcel.

los contactos en Puerto Rico porque conocía a un sargento de la Policía de Puerto Rico que es compadre del Coronel Meliá, que es persona con mucho poder y que ambos bregan."[382] El vocablo "bregan" dentro de ese contexto quiere decir que podían ser sobornados por su colaboración en el tráfico ilegal de drogas. El "sargento" aludido era Jaime Torres Vargas, adscrito a la División de Tránsito, Área de Ponce. Meliá escribirá luego "que no era sargento de la policía, ni compadre mío."[383] Esta es la primera vez que surge el nombre de Meliá en la investigación.

(c) El 14 de septiembre de 1991 Candelario, el encubierto, organiza el transporte de un cargamento de armas al pueblo de Cataño. En esa ocasión participaron Figueroa Ramos y Jaime Torres. Al otro día, el encubierto le paga a cada uno la suma de $4,000.00. Les anuncia además que tenía planes de introducir mil kilos de cocaína, pero necesitaba garantías de transportación. El policía Jaime Torres le indica que para futuras operaciones podía dar esas garantías "con el Coronel Meliá."

(d) El 28 de septiembre de 1991 Candelaria acudió al *Pichis Convention Center* en Guayanilla para conocer a Meliá León, según lo había acordado con Figueroa Ramos. Se alega que antes de la reunión, Figueroa Ramos le dice a Candelaria que le iba a presentar a Meliá pero que tenían que hablar en clave: los cargamentos se llamarían "camiones"; la marihuana sería "cajas de guineo" y el dinero sería "plumas". Cuando el encubierto acude al lugar, allí estaban el Coronel Meliá León, vestido con su uniforme de Policía; el policía Jaime Torres; el policía Pascual Rosa Vega, que era chofer de Meliá; y otra persona de nombre Toño Pérez. Figueroa Ramos le dijo a Candelaria que no tratara el asunto directamente en esa reunión, que habría otra. Candelaria le expresó a Meliá León que tenía un negocio de camiones.

(e) El 4 de octubre Candelaria se reunió con Jaime Torres, Ernesto Figueroa y la hija de éste de nombre Evelyn Figueroa. Llevaba un maletín con $13,400.00. Informó que tenía planes de introducir 1,200 kilos de cocaína al país. Torres le indicó que "Meliá estaba al tanto de todo." Candelaria solicitó de Torres que llamara a Meliá. Torres tenía dos números apuntados bajo "residencia de Meliá" y "celular de Meliá". Llamó a los dos, sin lograr comunicación. Luego llamó a un tercer número, un "beeper" en el cual dejó el mensaje "Que llame a Jaime" y dejó el número de celular de Candelaria. Figueroa Ramos, su hija y Jaime se fueron del lugar. Veinte minutos más tarde Candelaria recibió una llamada en su celular, de una voz de hombre que preguntó por Jaime. Contestó que no estaba. No se habló nada más.

(f) El 8 de octubre de 1991 Candelaria vuelve a reunirse con Figueroa Ramos y el policía Torres para coordinar la introducción del supuesto cargamento de 1,200 kilos.

(g) El 12 de octubre Candelaria se reúne de nuevo en el Restaurante *La Guardarraya,* de Yauco, con Meliá León, Figueroa Ramos, Evelyn Figueroa, y los policías Jaime Torres y Pascual Rosa, el chofer de Meliá. Meliá León preguntó a Candelaria cuántos camiones tenía. No aparece la respuesta. Ese día Candelaria regaló a Meliá una pipa italiana de fumar, que le había ofrecido en la reunión anterior, marca Aldo Velatti, valorada en $175.00, comprada con dinero de las autoridades. Meliá la aceptó. En esa reunión Figueroa Ramos le dice a Meliá León que tenían unos viajes pendientes y necesitaban su ayuda. Candelaria declaró que "Meliá aceptó cooperar con ellos." Jaime y Nesty serían los choferes. También declaró que cuando se retiran, Jaime Torres dice que Meliá estaba dispuesto a aceptar "un regalito después de mover el cargamento."

(h) El 22 de octubre, Candelaria, siguiendo instrucciones del N.I.E., invita a Figueroa Ramos a quedarse varias noches en el Hotel San Juan para esperar una llamada sobre la fecha de llegada del cargamento. Le acompaña "como guardaespaldas" el agente especial del N.I.E. Rafael Valle. La llamada simulada se recibe el 24 de octubre, indicando que el cargamento llegaba el próximo viernes. Figueroa Ramos trata de comunicarse con Jaime Torres, sin éxito. Candelaria le sugiere que llame a Meliá, lo que hace desde el celular de Candelaria. Al ser contestada la llamada, Figueroa Ramos dice: "Te acuerdas de la mudanza que te dije, la vamos a hacer de viernes a sábado." Acuerdan reunirse al día siguiente con Meliá León en el Hotel Days Inn de Ponce. Esa reunión no se efectuó porque Meliá León "estaba con unos agentes."

(i) El 26 de octubre Meliá León estaba en gestiones oficiales en Vega Baja. Jaime, Figueroa Ramos y Candelaria le dejan mensaje para almorzar en el Restaurante *El Fogón* de esa municipalidad. Candelaria tenía instrucciones de entregar a Meliá un reloj *Rolex President*, con un valor de $12,000, a Meliá como "agradecimiento por su apoyo y asesoramiento." Cuando Candelaria llega al Restaurante, ya estaba Meliá sentado en una mesa con Rosa, su chofer. Fuera del negocio le esperaba Figueroa Ramos, quien le dice que Meliá necesitaba $5,000.00. Candelaria le contesta que tenía $3,000.00. [No está claro si ese dinero se le entregó a Meliá]. Candelaria le entregó el reloj y Meliá lo aceptó.

(j) El día siguiente, 27 de octubre, Candelaria se reúne de nuevo con Figueroa Ramos, el policía Torres, Meliá León y su chofer, en el Restaurante *Los Hornos,* de Lajas. Candelaria dice que tenía unas piezas que entregar esa noche a un cliente de Bayamón. Meliá le comentó que "bregara con Jaime, que era bien querido en la Policía y que no iba a tener problemas." Candelaria se levantó de la mesa con la excusa de ir al baño para encender su grabadora, pero "creyendo que la prendía, la apagó." Candelaria declaró que luego habló aparte con Meliá sobre el supuesto material a transportar y que éste le dijo "no hay problemas, tú tienes todos mis teléfonos." Le dijo a Meliá que le tenía un regalito, fue a su auto, sacó una bolsa de McDonalds[384] que contenía $2,000 en efectivo y se lo entregó a Meliá. El policía Juan Aponte Quiñones corroboró la entrega de la bolsa por Candelaria a Meliá. Este se fue del lugar.

Esa noche, Candelaria se reunió en el centro comercial K-Mart de Mayagüez con Figueroa Ramos y el policía Jaime Torres. También estaba dos agentes del N.I.E. y dos del F.B.I. De allí iniciaron la marcha hacia Bayamón en varios vehículos transportando un supuesto cargamento de drogas y armas. Candelaria viajaba con Torres en una guagua Mitsubischi donde iba el material delictivo, suministrado por las autoridades. Los demás ocupaban otros vehículos. Salieron a la 1:15 de la madrugada. Llegaron a Río Hondo, Bayamón a las 3:30. Candelaria declaró que en el trayecto Torres expresó que Meliá le había dicho que no introdujeran cargamentos de domingo a lunes porque FURA estaba bien activa. En el trayecto no vieron ninguna patrulla, no llamaron a Meliá porque "todo fluyó bien."

(k) El 30 de octubre, declaró Candelaria, recibió instrucciones de acudir al Victory Shopping Center de Bayamón, con dos kilos de cocaína, propiedad del D.E.A. y unos rifles, propiedad del N.I.E. Una vez allí, debía llamar a Meliá y pedirle ayuda para transportarlos al Norte Shopping Center, de Santurce. De allí, acompañado por otros agentes, llamó a Meliá León y le dijo que estaba perdido, que tenía "dos paquetes"; que Meliá le preguntó ¿Paquetes de qué? Contestó que eran de prendas y diamantes; que Meliá le dijo que no lo podía ayudar, que tenía que ir al cuartel de la Policía más cercano para que lo orientaran; que llamaría al Cuartel General para que le enviaran una patrulla al lugar donde se encontraba; que allí llegó una patrulla y le preguntó si la había enviado Meliá, pero le contestaron que no. Esta fue la última vez que Candelaria habló con Meliá antes del arresto.

(l) La fiscalía presentó como testigo adicional a Rosa Vega, el chofer de Meliá, quien confirmó las reuniones en el *Pichis, La Guardarraya, El Fogón* y *Los Hornos*; que Meliá le enseñó una pipa de fumar que le habían regalado y que en *El Fogón* vió sobre la mesa un reloj.

(m) La prueba de defensa consistió del testimonio de varios

oficiales a cargo de las divisiones de tránsito y de Patrullas de Carreteras, quienes declararon que Meliá jamás les pidió que protegieran o no intervinieran con vehículo o persona alguna. Meliá no declaró.

Sometido el caso, el 6 de noviembre de 1992, el Juez Torres Rigual declaró culpables a los acusados. Condenó a Meliá León a penas concurrentes de 12 años en cada uno de los casos de soborno y a 15 años por infracción a la Ley Contra el Crimen Organizado. Jaime Torres Vargas fue sentenciado a una pena consecutiva que sumaba 35 años. De inmediato Meliá fue esposado y se le colocaron cadenas en los pies. Se le condujo primero a la cárcel de Aguadilla y luego al Superpresidio de Mayagüez. Aquí, los confinados le dieron un aplauso de bienvenida. Algunos se adelantaron para ofrecer seguridad, "pues no creían en la seguridad oficial."[385] Es colocado en un calabozo. El 8 de noviembre se le traslada a la Cárcel de la Parada 8 en San Juan. A lo largo de la autopista número 2, de Mayagúez a Ponce, y por la 52 de Ponce a San Juan, Meliá puede "observar muchas patrullas que me saludaban militarmente." Por todo el camino les siguió un helicóptero de prensa. Llegó al anochecer a la cárcel de San Juan.[386]

Meliá León publica en su libro una carta del coacusado Ernesto Figueroa, *Nesty el Gruero,* en la cual éste le narra que el conocimiento de unos planes criminales de introducción de drogas al país lo conocía otro encubierto que no era Candelaria; que él y Jaime Torres usaron su nombre para darse importancia en la gestión criminal; que todo el proceso contra Meliá fue una fabricación.[387] Meliá León también explica cómo estas personas lo utilizaron invitándolo a varios almuerzos, especialmente Jaime Torres, quien ni era sargento ni era su compadre; que apenas lo había conocido cuando trabajó en la División de Tránsito en la zona metropolitana.[388] Igualmente sostiene que la fabricación, especialmente en lo referente al alegado dinero pagado, el regalo de la pipa y el reloj, fue un montaje de Excel Quiñones, un supervisor del N. I. E.[389] Sostiene que el verdadero objetivo de la fabricación era conseguir que Jaime Torres Vargas llevara dos kilos de cocaína al estacionamiento de la mansión del Gobernador, entonces Hernández Colón, que Torres Vargas lo llamara para encontrarse en dicho lugar y causar un escándalo que manchara al Gobernador.[390]

Martínez Valentín añade unos datos adicionales sobre este caso que no aparecen en la evidencia aceptada por el Tribunal Supremo como correcta. Hace referencia a una reunión del agente Candelaria Soto con Meliá y otros delincuentes en el Restaurante *El Avispón Verde*, de Aguada, donde aparentemente ocurre el primer contacto con el Coronel Meliá. El encubierto y otros agentes fueron al día siguiente al Cuartel General y sufrieron un susto por una equivocación en la identificación de otro coronel, Agustín Cartagena, que confundieron con Meliá. [391] Añade este autor otras intervenciones de Meliá en las actuaciones ilegales y admitiendo que Jaime Torres era hombre de su confianza;[392] que se estaba grabando y filmando todo lo que hacía Meliá[393] –evidencia que no fue presentada en el juicio– así como la participación del fiscal Corona. Hace referencia también a una alegada reunión conspirativa entre el encubierto y Meliá León el 30 de diciembre en un lugar cercano a *Las Tetas de Cayey,* que tampoco aparece en la narración del caso por el Tribunal Supremo, en la cual se acordó un pago de $25,000.00 a Meliá León por la protección de un cargamento de drogas.[394] Reitera que sobre este caso "había cientos de pies de películas y grabaciones."[395] Señala que el 29 de diciembre hubo una reunión de todos los envueltos en la investigación contra Meliá y el Fiscal Corona para organizar los arrestos; que se citó a Jaime Torres al Restaurant McDonald para entregarle "los 25 mil dólares" que habían "convenido con 'el Vaquero.'" Y que al ser arrestado, Jaime Torres "decidió cooperar con la Policía;"[396] y hasta dio una declaración jurada de cinco horas de duración.[397] Sin embargo, Torres no fue presentado como testigo en contra de Meliá León. La prueba de cargo estuvo constituida por los testimonios de los agentes Excel Quiñones Hernández, Edwin L. Hernández, Edgar Candelaria Soto, José Pascual Rosa Vega, Francisco Carbó Martín y Juan Aponte Quiñones.[398] La indicada ¨reunión¨ del 30 de diciembre en Cayey no tiene explicación, toda vez que ese fue el día en que arrestaron a Torres, es decir, el arresto fue primero, por lo que no puede justificarse la referencia a los $25,000.00. Sin embargo, Martínez Valentín aclara que ha cambiado algunos nombres de personas y lugares para proteger el *modus operandi* de algunos agentes y que incluye alguna evidencia que "nunca se permitió ser presentada en corte, al igual que información basada en varias declaraciones juradas."[399]

El caso fue apelado. El 29 de diciembre de 1992, la esposa de Meliá León lleva a las oficinas del Gobernador una petición de clemencia ejecutiva, que nunca es contestada.[400] El 28 de enero de 2000, Meliá León se enterará por la prensa que Rafael Hernández Colón había concedido 162 clemencias ejecutivas en sus términos como Gobernador, entre ellas siete por asesinato en primer y segundo grado, que se dividen en cuatro indultos totales, dos condicionales y una conmutación del mínimo de la sentencia.[401] El 30 de junio de 1997, el Tribunal Supremo confirma las condenas. Ya, el 11 de junio de 1996, Melía había salido en libertad bajo palabra. Le espera a la salida su compadre el "Cano de Naranjito". Cuando abren el portón principal, besa la tierra y aborda el vehículo de su compadre. Se dirigen al barrio Frailes, sector Los Meliá, de Guaynabo, a casa de sus hermanos. Su esposa se había mudado a Orlando, Florida, con sus dos hijos, donde había aprobado los exámenes en farmacia.

Cuando termina el texto principal de su libro el 15 de noviembre de 1999, Meliá escribe: "Me llevaré a la tumba un secreto que pudo haber sido el escándalo del siglo."[402] Y que "el caso Meliá no ha terminado."[403]

V. Organización actual de la Policía de Puerto Rico

A la altura del 2005, la organización de la Policía de Puerto Rico se rige por la Ley Núm. 53 del 10 de junio de 1996, 25 LPRA secciones 3101-3138.

Durante las últimas dos décadas, el aumento de la actividad criminal en el país ha sido incontrolable. La ciudadanía es víctima del delito en proporciones alarmantes. La cuestión ha sido tema obligado de las campañas políticas, lo que ha producido la manipulación de la información y la opinión pública, entre otras consecuencias. Al sentido de alarma se ha unido la prensa del país, especialmente los noticiarios televisivos, que solían ser más parcos o conservadores en años anteriores. La lucha por la atracción de audiencia marca la tónica informativa. Escuchar programas de radio y televisión se ha convertido en una aventura al mundo de la violencia y el delito. Los partidos políticos y las administraciones públicas se muestran muy conscientes de esa realidad.

En 1992 entró una nueva administración política en el control del gobierno que montó su propaganda de lucha contra la delincuencia bajo el lema de *Mano Dura contra el Crimen.* En el período pre-eleccionario de 1996, la Legislatura aprobó la Ley Núm. 53 indicada en cuya exposición de motivos se utilizan los informes estadísticos del crimen para dar grandes loas al programa indicado, que se presenta como un gran éxito en la lucha contra la criminalidad. Para justificar la nueva legislación, se dice:

> No empece a los logros antes mencionados y otros, resulta necesario una nueva ley para la Policía de Puerto Rico que se ajuste a las necesidades administrativas y operacionales presentes y futuras. La ley vigente corresponde al año 1974. Durante los últimos 22 años es evidente que la Policía ha crecido sustancialmente en la cantidad de sus miembros y en el ámbito de sus operaciones.
>
> A esos fines, la presente legislación persigue los propósitos de darle uniformidad a la estructura operacional de la Policía para hacer más ágil su administración y la utilización de sus recursos. Como parte de ese empeño adoptamos la Ley de la Policía de Puerto Rico de 1996.

La Ley que tratamos en realidad mantiene la organización anterior de la Policía, pero contiene algunas novedades de importancia. Estimamos que son éstas las siguientes:

1. Se suprimen los rangos establecidos por la ley que creó el Cuerpo de Investigación Criminal (CIC) en 1974. Esto responde evidentemente a la gravedad de la crisis planteada por la corrupción policíaca desarrollada, los crímenes cometidos y las largas condenas impuestas a numerosos agentes durante la época en que

lo dirigió el agente Alejo Maldonado Medina. Aquella clasificación, Agente Investigador I hasta el número V han sido substituidos por los grados equivalentes que van desde sargento hasta Teniente Coronel.[404] Igualmente se eliminan los rangos iniciales de Guardia y Guardia Cadete, substituyendo el primero por el grado de Agente de la Policía.[405]

2. Se crea el puesto de Superintendente Asociado, que nombra el Superintendente en propiedad, con el consentimiento del Gobernador, para ayudarle en las funciones administrativas y operacionales y substituirle en su ausencia.[406]

3. Se crean los puestos de Superintendentes Auxiliares, que responden directamente al Superintendente, sirviendo a discreción de éste y ostentan el rango de Coronel.[407]

4. Se autoriza al Superintendente a realizar gestiones para convertir la Academia de la Policía en una institución de educación superior con autoridad para conferir grados universitarios, así como para establecer un programa de estudios.[408] Este objetivo se concretará luego mediante la Ley Núm. 155 del 17 de julio de 1999 que establece el Colegio Universitario de Justicia Criminal, bajo la presidencia del Superintendente.[409]

El Colegio fue acreditado por el Consejo de Educación Superior en diciembre de 1997. En febrero de 1998, el Coronel Jesús M. García, Superintendente Auxiliar en Educación y Adiestramiento, actuaba como Rector. García declaró que el nuevo Colegio estaría organizado bajo una estructura similar a la de una institución de educación superior, contando con una facultad de 62 miembros, de naturaleza permanente. "De éstos, tres poseen Juris Doctor, uno Doctorado, 26 Maestría, 16 bachillerato y 16 son especialistas en cursos técnicos."[410] Para principios de 1998 comenzaban los cursos conducentes a un Grado Asociado, con un grupo de mil nuevos cadetes, quienes tenían que aprobar 78 créditos durante un período de nueve meses.[411] Pedro Toledo, entonces Superintendente de la Policía, afirmaba:

> La Academia de la Policía es ahora el Colegio Universitario de Justicia Criminal de Puerto Rico, lo que significa que para ser

aceptados los cadetes deben tomar el "College Board" y salir de la Academia con un Grado Asociado en Justicia Criminal. Para el año 2000 se va a requerir el grado académico de Bachillerato para poder alcanzar ascenso de Capitán a Comandante, y de Maestría para ascender de Teniente Coronel a Coronel.[412]

Por otra parte, mediante la Ley Núm. 155 del 17 de julio de 1999, enmendada por la Ley Núm. 5 del 4 de enero de 2000, se reitera la creación por la Policía de un Colegio de Justicia Criminal.[413] El art. 1 de la indicada ley 155, enmendado por la Ley Núm. 321 del 2 de septiembre de 2000, dispone: "Con el propósito de lograr una independencia académica y operacional, se establece el Colegio Universitario de Justicia Criminal... como una institución de educación superior facultadas para otorgar grados universitarios." Los objetivos de la institución los señala la ley de la siguiente forma:

El Colegio, tiene como misión alcanzar los siguientes objetivos:

(a) Proveer una formación técnica, científica y humanística a los profesionales que intervendrán en las áreas de seguridad pública, tanto a nivel gubernamental como privado.

(b) Ofrecer grados en ciencias policiales, justicia criminal y áreas relacionadas con un currículo que refleje las últimas y más desarrolladas técnicas.

(c) Proveer al estudiante los conocimientos y destrezas, tanto en áreas generales y especializadas, que le permitan desempeñarse en una más amplia gama de servicios en la lucha contra el crimen y la seguridad pública.

(d) Proveer al estudiante una visión integrada de los componentes del sistema de justicia en Puerto Rico.

(e) Concienciar al estudiante de que el problema del crimen en Puerto Rico afecta a todos los sectores de la sociedad, y ello requiere a su vez un interés humano, realista y científico, así como soluciones rápidas y efectivas.

(f) Desarrollar en el estudiante los más altos valores morales, de disciplina y profesionalismo indispensables en el desempeño efectivo como agente del orden público.

(g) Mantener un programa de educación continua en Justicia

Criminal y Seguridad Pública.[414]

El gobierno de dicho Colegio está en una Junta de Directores integrada por nueve miembros, de los cuales ocho serán nombrados por el Gobernador. Se les requiere un nivel académico mínimo de bachillerato y por lo menos uno de ellos debe ser "experto en Justicia Criminal."[415] El noveno miembro de la Junta, con carácter *ex officio,* será el Superintendente de la Policía, quien actuará como Presidente de la misma.[416]

5. Se prohíbe expresamente la confección, distribución o venta de uniformes de la Policía o tan parecidos que puedan dar lugar a confusiones y se tipifica como delitos varios actos relacionados.[417] Con demasiado frecuencia la prensa informa del uso ilegal de uniformes de la Policía por los delincuentes que les facilita sus crímenes y abonan al desarrollo de la falta de confianza pública en la Policía.

6. Se señala que la Policía estará constituida por un sistema de organización unificada en el cual el Superintendente determina el mejor uso de los recursos humanos.[418]

7. La escala de rangos aparece con mayor claridad y se señalan los aumentos de sueldos a los agentes con los pasos que implican aumentos. Estos rangos y salarios iniciales son los siguientes:[419]

Coronel	$2,318
Teniente Coronel	2,104
Comandante	1,928
Inspector	1,825
Capitán	1,765
Teniente I	1,554
Teniente II	1,439
Sargento	1,357
Agente	1,275
Cadete	737

En cuantos a los pilotos, se señala la siguiente escala:[420]

Piloto V	2,128
Piloto IV	1,965
Piloto III	1,754
Piloto II	1,639
Piloto I	1,557

Los salarios máximos van desde el cadete, que puede llegar a $759.00, y el Coronel que puede alcanzar $2,936.00. Se establecen igualmente otros pagos suplementarios contemplados por la legislación anterior para motociclistas, pilotos, co-pilotos, mecánicos de naves aéreas, para los servicios de alto riesgo y para los que se ven obligados a vestir de civil, calculados en *pasos* o en ciertas sumas de dinero.[421] Se autorizan pagos mayores, de hasta una vez y media del sueldo máximo asignado al rango para los agentes encubiertos.[422]

8. Se imponen mayores obligaciones de protección de los agentes encubiertos y expresamente se prohíbe la participación de encubiertos en actividades o investigaciones que no sean de naturaleza criminal: "Solamente se podrá utilizar a los agentes encubiertos para investigaciones de estricto orden criminal. Queda totalmente prohibida la participación o intervención de agentes encubiertos, al igual que de los demás miembros de la Policía, en investigaciones o actividades que no sean de estricto orden criminal."[423] Esta norma evidentemente es resultado del gran repudio público por los actos criminales del Cerro Maravilla en 1978.

9. Se reconoce mayor autoridad al Superintendente en materia de ascensos.[424]

10. Se establecen requisitos académicos mayores para la alta oficialidad, como grados de bachiller, disponiendo que a partir de enero del 2000 será requisito para alcanzar los grados de Teniente Coronel y Coronel poseer grado de Maestría o su equivalente otorgado por colegio o universidad acreditada por el Consejo de Educación Superior.[425]

11. Expresamente se establece la obligación de la Fuerza de prestar servicios de protección al Gobernador, el Superintendente y

otros funcionarios y ex funcionarios públicos, hasta por cuatro años posteriores a la terminación de sus funciones públicas.[426]

12. Se dispone para la creación de los llamados Consejos Comunitarios de Seguridad, integrados por vecinos que se ofrecen en forma voluntaria.[427]

13. Se provee para la autorización de licencias sin sueldo para los miembros de la Policía que resulten electos Presidente o Vicepresidente de organizaciones bonafide que representen a los agentes o empleados civiles de la Policía.[428] En algunas de éstas, es de conocimiento público, han surgido casos graves de corrupción recientemente, resultando convictos y encarcelados esos oficiales.

14. La Ley expresamente prohíbe la organización de otros cuerpos de policía por los municipios u otras divisiones públicas, pero se contempla la excepción que actualmente permite la Ley de Municipios Autónomos: "Ningún municipio, departamento, agencia o instrumentalidad podrá organizar, ni comisionar cuerpo alguno de Policía, excepto en los casos autorizados por la Ley de Municipios Autónomos."

Es importante señalar que, ante repetidos incidentes de violencia doméstica y de violación de derechos civiles en donde están envueltos agentes de la Policía, mediante enmiendas de los años 1999 y 2000 se ha determinado establecer una Unidad de Tratamiento y Evaluación Sico-Social en cada área policial.[429] Las unidades deben evaluar periódicamente a todos los agentes para diagnosticar sobre el particular y brindarles consejería y tratamiento. En casos de condiciones crónicas, que pongan en riesgo la seguridad ciudadana, las de sus compañeros de trabajo, familia o ellos mismos, el Superintendente debe decretar la separación del agente del Cuerpo de la Policía.[430]

El 31 de diciembre de 2003, el entonces Superintendente de la Policía Víctor M. Rivera González, dictó la Orden General Núm. 2003-1 Rev. 1, disponiendo sobre la Reorganización de la Policía, que habría de ser efectiva el 7 de enero de 2004. El objetivo de la misma era la simplificación de la estructura organizacional, la eliminación, transferencia y fusiones de unidades de trabajo y agrupar las que tienen funciones afines y pertinentes a objetivos comunes. Se acompaña dicha orden con un nuevo organigrama de la Policía que, ciertamente, parece bastante confuso, especialmente en los canales de mando y responsabilidad. Apenas llegado el nuevo Superintendente, Agustín Cartagena, introdujo enmiendas a dicho organigrama, aumentando, a nuestro juicio, la confusión. La unidad fundamental de todo el aparato policial son, ciertamente, las comandancias de distrito o de área. Es decir, para fines funcionales, la Policía es organizada internamente a base de una división geográfica de la Isla en un determinado número de Comandancias de Áreas.[431] En el diagrama de organización de Rivera González se mencionan y identifican en conjunto; en el de Cartagena Díaz se identifican en detalle las trece existentes. Sin embargo, la cadena de mando y responsabilidad señalados no aparece con la claridad que debían tener; no se simplifica ese orden estructural. Aunque la Policía en este momento tiene muchos miles adicionales de agentes, podría compararse con la simplificación que presenta el organigrama que presentó Rodríguez Aponte en 1967. La situación se da particularmente en la relación referente a las operaciones de campo con las comandancias de distrito, cuando se atiende a la existencia de otras unidades especializadas con diversos grados de autoridad sobre las investigaciones. Esa situación puede producir los problemas que se plantearon cuando el CIC era también una unidad autónoma.

De este problema también se ha percatado la Sra. Melba Acosta, de la Oficina de Gerencia y Presupuesto (OGP) del gobierno de Puerto Rico, en una ponencia ante la Comisión de Integridad Pública de la Cámara de Representantes en julio de 2004:

> La Policía está fragmentada en una gran cantidad de unidades administrativas, factor que puede dificultar la administración de la agencia y reducir su efectividad, dijo ayer la directora de la Oficina de Gerencia y Presupuesto (OGP), Melba Acosta.
>
> Acosta dijo, en una ponencia por escrito, a la Comisión de Integridad Pública de la Cámara de Representantes que investigara la Policía y las estrategias gubernamentales contra el crimen que los

> servicios relacionados con la ciudadanía o la comunidad y los relacionados con auditoría e investigaciones internas se encuentran "altamente" fragmentados en toda la estructura organizacional a través de juntas, negociados, divisiones y oficinas. "Esto ejemplifica la cantidad de unidades realizando funciones similares que existen dispensas a través de la agencia", señaló Acosta.
>
> Colberg Toro solicitó a la representante de Acosta que leyó la ponencia, Mayra Rivera Febo, que la OGP someta, no más tarde del 31 de agosto, unas propuestas de reestructuración de la Policía, conducente a la mejor utilización de sus recursos. [432]

Otro problema que se plantea es la falta de estabilidad en la dirección del Cuerpo de la Policía en los últimos cuatro años. Ha tenido cuatro Superintendentes: el Lic. Pierre Vivoni, de enero a diciembre de 2001; Lic. Miguel Pereira, de diciembre de 2001 a diciembre de 2002; Lic. Víctor M. Rivera, de diciembre de 2002 a enero de 2004; Agustín Cartagena, desde enero de 2004 a enero de 2005, cuando el gobernador Anibal Acevedo nombre a Toledo Dávila.[433]

Desde sus inicios, el Lic. Vivoni expresaba que estaría cuatro años en la Policía. Substituía al Lic. Pedro Toledo Dávila, que ocupó el puesto por los ocho años de la administración del gobernador Pedro Roselló. Su primera encomienda fue sacar la Fuerza de Choque de la Policía de Vieques. Su primer nombramiento fue el del Coronel Carlos Haddock Román, con 32 años en la Uniformada, como Superintendente Auxiliar en Operaciones de Campo. Vivoni no llegó a completar el año en su puesto. El principio del fin fue la publicación de una información del periodista Miguel Rivera Puig en la página 29 del periódico *El Vocero* del 7 de noviembre de 2001. Rivera Puig lleva muchos años destacado en el Cuartel General y conoce el sistema de información interno de la Uniformada y los mecanismos de investigación de las querellas que se radican en todos los cuarteles del área. Informaba que un alegado operativo de la Policía que había producido la ocupación y exhibición de unas 40 armas de fuego era totalmente falso. El periodista descubrió que en las querellas oficiales de intervención ese día en toda el Área de San Juan se daba cuenta de tan sólo un arma ocupada. Lo demás era un montaje de relaciones públicas con información falsa. El incidente fue recogido por otros periódicos y se le llamó el *Operativo Fatulo.* El Superintendente, Lic. Pierre Vivoni se había presentado ante la prensa frente a las 40 armas alegadamente ocupadas en el operativo relámpago. El mismo día 7 de noviembre el Superintendente exigió explicación al Teniente Coronel Teófilo García, comandante del Area de San Juan, y al Coronel Carlos Haddock Román.[434] Indicaba el Jefe de la Policía que "la situación planteada amerita una explicación detallada, pues la credibilidad de la Policía está cuestionada." Los oficiales rindieron un informe de más de 150 páginas. La verdad era que se habían recogido armas previamente ocupadas para montar el llamado operativo. Esto planteaba problemas serios para la prueba de cadena de evidencia necesaria en los casos criminales pendientes. Había evidencia de violaciones a la ley por oficiales de policía. El 12 de noviembre los coroneles indicados fueron relevados de sus cargos. El 26 de noviembre el Superintendente, Lic. Pierre Vivoni, abandonaba el cargo para ocupar un puesto en el Tribunal de Apelaciones.

El Lic. Miguel Pereira era un ex fiscal federal que laboraba en la Autoridad de Puertos. Estaba casado con la Directora de la Oficina del F.B.I. en Puerto Rico. Presentó un plan anticrimen a través de un voluminoso documento que nunca fue puesto en práctica. Ante las duras críticas a su trabajo, fue trasladado a la jefatura de la Administración de Corrección en diciembre de 2002.

El Lic. Víctor M. Rivera fue intercambiado por Pereira para asumir la dirección de la Policía. Se trataba de un ex juez superior, de carácter afable, que llegó con buenas ideas de reforma. Abandonó el puesto el 13 de enero de 2004, en medio de una controversia con la Gobernadora en torno a un aumento de sueldo para su puesto. Entre sus logros estuvo el plan de reorganización que antes hemos señalado.

El Coronel Agustín Cartagena tomó el mando el 16 de enero de 2004. Al momento del nombramiento por la Gobernadora, ocupaba la dirección del Cuerpo de Bomberos. Cuenta con más de 34 años de experiencia y había subido en la Policía desde policía raso hasta el grado de Coronel.[435] Era el primer miembro de la oficialidad de la Policía en asumir el cargo en más de dos décadas. El alza incontrolable de la criminalidad para julio de 2004 le llevó a reclutar la ayuda de la Guardia Nacional de Puerto Rico. El 2 de agosto de 2004 compareció a una vista de la Comisión de Integridad Pública de la Cámara de Representantes. Informó que la Policía incautó 1,191.9 kilos de cocaína y 636.36 libras de marihuana, con un valor de más de veintidós millones de dólares en el primer semestre del año 2004.[436] Destacó que en el cuatrienio se han ocupado 17,771 armas ilegales; que se habían efectuado 69,036 arrestos en ese término, de los cuales 43,014 correspondían a violaciones de la ley de Armas y las leyes de drogas. Sin embargo, confirmó que la Policía "no cuenta con una tecnología avanzada para agilizar la protección, vigilancia y esclarecimiento de casos y que, en efecto, hay un serio problema de protección de las costas, puertos y aeropuertos."[437]

Un detalle que debemos mencionar: en 2002 había 20,130 policías en Puerto Rico.[438] En el 2000 hubo 18,389. Se estima que para el 2010, subirá la cifra a 33,276.[439] En el 2004, un policía ganaba como $9.38 la hora como salario promedio.[440]

Debemos señalar varios aspectos adicionales en torno a la institución de la Policía. El sistema de llamadas de emergencias mediante el teléfono 842-2020 fue cambiado en la década de los años noventa al sistema 9-1-1. Este sistema tiene como finalidad transferir las llamadas de emergencia a las agencias públicas afectadas, como la propia Policía, Bomberos, Rescate, Emergencias Médicas, Defensa Civil y otras. En lo esencial, sirve como intermediario para múltiples agencias en situaciones de emergencia. El mismo ofrece servicios a los 78 municipios, incluyendo Vieques y Culebra. En Estados Unidos el sistema fue iniciado en los años sesenta, pero en la Isla empezó en los primeros años de los noventa. Todas las llamadas quedan registradas, apareciendo en la pantalla de computadoras de un teleoperador el número del teléfono de donde se esté haciendo la llamada y la ubicación.

En la Policía existen también organizaciones voluntarias de asistencia mutua, como la Asociación de Miembros de la Policía, organizada en 1934. La misma cuenta con varias casas capitulares, desarrolla proyectos de vivienda para la Policía y ha construido distintas égidas, como las de Trujillo Alto y Ponce. Su lucha principal se centraliza en promover y conseguir mejores salarios, beneficios marginales, y mejores condiciones de empleo para sus miembros. También existe la Federación Puertorriqueña de Policías, con los mismos objetivos. Una tercera entidad denominada Frente Unido de Policías Organizados (FUPO), fue organizada con finalidades semejantes, pero el 12 de agosto de 2003, un Gran Jurado Federal acusó a sus altos líderes, el Presidente José De Jesús Serrano y el Vicepresidente Rafael Morales Rodríguez, de apropiarse ilegalmente de más de $2.7 millones de las cuotas de los policías miembros para su uso personal.[441] El presidente hizo alegación de culpabilidad y fue sentenciado a una pena de cinco años de cárcel; el vicepresidente fue declarado culpable en un juicio por jurado en el 2004. Fue sentenciado al doble, unos diez años de presidio.

El 22 de abril de 1943, el entonces Jefe de la Policía de Puerto Rico, Coronel Luis Ramírez Brau, inició el programa de la Liga Atlética Policíaca. Había conocido esta institución en la policía de Nueva York. Su objetivo es prevenir la delincuencia juvenil ofreciendo a los jóvenes actividades creativas y deportistas en sus horas libres. Entre los jóvenes destacados que en su niñez fueron parte de la institución están Roberto Clemente, Bernie Williams y Miguel A. Pérez (Marota). La Liga contaba en 1997 con una matrícula de 16,819 socios en 147 capítulos a través de toda la Isla. Uno de ellos, el de la Escuela Ludovico Costoso, de Bayamón, está dedicada a niños con impedimentos físicos. Durante el año 1997 la Liga llevó a cabo 15,612 actividades deportivas, 10,783 recreativas y 9,600 educativas.[442] En el Diagrama de Organización de la Policía de 2004, bajo la administración del Superintendente Agustín Cartagena, como lo estuvo antes bajo los anteriores superintendentes, se incluye una División y Negociado de Liga Atlética Policíaca bajo la Superintendencia Auxiliar en Relaciones con la Comunidad. La Policía celebra también unas Justas de Atletismo de la Policía, llamadas Policiadas, que llevan más de 20 celebradas, en las que participan más de 800 miembros de la Fuerza.[443]

Por otra parte, debemos señalar dos aspectos adicionales en el tema central de la Policía de Puerto Rico.

(a) En octubre de 1983 el Tribunal Supremo resolvió el importante caso *Carle García v. Supte. De la Policía.*[444] Aunque se trata de una Resolución denegando una solicitud de Certiorari, las ideas expresadas por el Juez Negrón García constituyen hoy la reglas aplicables en cuanto a los traslados de los agentes dentro del Cuerpo de la Policía. Los hechos son lo siguientes: Juan Carle García, nacido en Vieques, ingresó en la Policía en diciembre de 1958. Durante el transcurso del tiempo desempeñó su trabajo en Vieques y otras municipalidades. Desde 1976 ocupaba el puesto de Comandante del Distrito de Vieques. En 1977 alcanzó el rango de Teniente Primero. Residía en Vieques, era estimado por sus compueblanos, sus ejecutorias eran excelentes y las evaluaciones muy buenas. Se desempeñó eficientemente en los momentos en que hubo protestas por las prácticas de la Marina. Carle se identificaba con el Partido Popular. Para 1980, el alcade de Vieques era Radamés Tirado, del Partido Nuevo Progresista. No existían las mejores relaciones entre el alcalde y el Teniente. Dicho alcalde manifestó en varias fechas y lugares distintos su desagrado ante la presencia de Carle y su intención de que agotaría todos los medios a su alcance para lograr su traslado de la isla.

Dos meses antes de las elecciones de 1980, el Superintendente de la Policía, Desiderio Cartagena, con el Gobernador Carlos Romero Barceló visitaron Vieques. Estuvieron reunidos con el alcalde Tirado. Días después, el 19 de agosto, desde el Cuartel General ordenaron el traslado de Carle García al Area de Humacao. Invocaron como razón "exigencias del servicio." Luego se reveló la "necesidad de elevar a capitán el rango de comandante de Distrito en Vieques." Para substituir a Carle, nombraron al Capitán Víctor Ortiz Lebrón, recién ascendido y quien prestaba servicios y vivía en Caguas. También trasladaron a Vieques al Teniente

Marrero, quien vivía en Ceiba y prestaba servicios en Caguas y había solicitado traslado a Humacao o a su pueblo de Ceiba. Con posterioridad al traslado, Carle García sufrió un severo ataque de alta presión y se encontraba en licencia por enfermedad y bajo tratamiento.

Carle García apeló el traslado a la Junta de Apelaciones del Sistema de Personal. Esta lo confirmó. Acudió entonces al Tribunal Superior, el cual revocó el traslado. Sostuvo el Tribunal que el traslado fue arbitrario y caprichoso, motivado por razones políticas. El Superintendente acude al Tribunal Supremo y éste se niega a intervenir, sosteniendo de esa forma lo resuelto por el Tribunal Superior. El Juez Negrón García expone una opinión concurrente en la cual señala: (1) Ciertamente el Superintendente de la Policía puede efectuar traslado por necesidades del servicio. Se trata de una facultad de contenido pragmático, de carácter relativamente flexible. Las exigencias pueden clasificarse como razonables, prácticas, económicas. La fuerza policíaca tiene que contar con la mayor elasticidad operacional posible. Al determinar el traslado, es preciso tomar en cuenta los derechos constitucionales de los policías y los gravámenes u onerosidad que el cambio puede producir. No puede utilizarse el traslado como una medida disciplinaria. Se toma en cuenta el área de trabajo, la posición y el rango del agente. Hay amplia discreción gerencial, conforme a las variadas necesidades del servicio. Sin embargo, el traslado no puede ser arbitrario o caprichoso. En este caso, es evidente que las razones políticas influyeron en el traslado. Nótese que se mantuvo otra plaza de Teniente en Vieques. El Tribunal se pregunta, ¿si no se podía ascender a Carle García, qué impedía mantenerlo en Vieques en la plaza de Teniente?.

El magistrado señala que constituye delito menos grave el uso de influencias políticas para obtener ascensos, traslados, despido, descenso, ingreso o reingreso en la Fuerza, de conformidad con la propia Ley de la Policía. Sin embargo, el ex coronel Enrique A. Meliá escribe en su libro: "... las intrigas dentro de la Policía siempre han existido. ... Muchos oficiales han utilizado políticos para adelantar sus causas en ascensos y traslados. Fue en el pasado, en el presente y en el futuro a menos que se cambien unos criterios."[445]

La doctrina expuesta por Negrón García es confirmada en 1986 *en Torres Arzola v. Policía de Puerto Rico,*[446] en el cual se sostiene la validez del traslado de un técnico en huellas digitales porque "no se debió a razones políticas." Además, el técnico en realidad estaba asignado a Mayagüez, no a Ponce, donde pretendía trabajar. En este caso, el Juez Rebollo, en voto explicativo concurriendo con la resolución del Tribunal, manifiesta: "el Pueblo de Puerto Rico ha sido, y es, testigo del poco éxito obtenido en las últimas dos décadas por las personas que han ocupado el cargo de Superintendente de nuestra Policía. ¿Se debe ello acaso a que las diferentes personas que ha decidido emprender el gran sacrificio personal y económico que representa aceptar dicho cargo han sido todas personas incompetentes? No lo creemos así." Considera que la mejor prueba de ello es que esas personas han triunfado en otras encomiendas.[447] El juez encuentra la causa de ese fracaso a que "cada cuatro años ocurre un 'desplazamiento' de miembros de la fuerza policíaca hacia posiciones de poder o de insignificancia dentro de la misma", es decir, por razones políticas al cambiar la superintendencia.[448] Sugiere el magistrado como solución el nombramiento del Superintendente por un término fijo de 10 años, como el Contralor, para sacarlo de las influencias políticas.

(b) En 1980 el Tribunal Supremo de Puerto Rico resolvió, *en Pueblo v. Caro González,*[449] que un policía tiene derecho a la protección constitucional de su dignidad, su paz y tranquilidad contra el insulto gratuito y obsceno. Se trató en el caso de unos agentes que acuden a una residencia por querellas de una esposa por desavenencias con su esposo. Cuando la Policía toca fuertemente en la puerta de la residencia, al darse cuenta de su presencia, el esposo dice: "La policía que se vaya al carajo, ustedes son unos pendejos. Suban arriba, que les voy a entrar a palos." Uno de los policías se querelló y la persona fue acusada y convicta por alteración a la paz. Se le impuso una multa de $100.00. En apelación la defensa alega que ese delito no puede darse cuando se trata de un policía, dado que éste debe estar especialmente entrenado para entender y solventar situaciones difíciles, con un grado de tolerancia mayor que el común de la ciudadanía, que su epidermis emocional no deber ser tan sensitiva que se irrite al menor ataque verbal que se le infrinja. El Tribunal Supremo confirma la convicción, señalando que no se excluye totalmente la aplicación del artículo 260 del Código Penal por el hecho de que la víctima sea un policía; que es cierto que debe tener un mayor grado de tolerancia, pero aquí se trataba de palabras de riñas, ofensivas, hirientes, irritantes, que atentaban contra su dignidad, por lo que el delito fue cometido. Se apunta el riesgo de que la Policía puede utilizar esta alegación de alterar la paz para abusos, arbitrariedades o como pretexto para arrestar cuando no tuviere ningún motivo válido para hacerlo."[450] Pero, atendido el lenguaje del artículo y los hechos concretos imputados, sostiene que se configuró el delito. El Juez Rigau utiliza la metáfora de que aún cuando el cirujano está entrenado para no desmayarse cuando ve sangre, ello no autoriza a cortar a los cirujanos impunemente, [451] y añade: "La Constitución y las leyes de Puerto Rico le exigen al policía una conducta civilizada, pero también le protegen a él de la conducta incivil de las demás personas."[452] El Juez Díaz Cruz recuerda que en 1926, en *Pueblo v. Delgado*, el tribunal sostuvo la validez de una condena por alterar la paz por el uso de lenguaje impropio dentro de una cárcel.[453] No nos parece que esa doctrina, en cuanto a la cárcel, se sostendría también hoy.

VI. Reglamentación de la Policía

Un reglamento es una colección ordenada de reglas aprobadas por una autoridad competente para la ejecución de una ley. Es parecido a la ley, pero de una categoría jurídica inferior, contiene normas subordinadas al contenido de una ley ordinaria. Se aprueba para regular un asunto de forma más detallada, más minuciosa. Pero no puede estar en conflicto con la ley que lo autoriza. Su fin es facilitar la aplicación de una ley.

Diversos artículos de la Ley de la Policía vigente reconocen la autoridad del Superintendente y de la institución para aprobar reglamentos con fuerza de ley. El art. 5, por ejemplo, dispone expresamente que el Superintendente tendrá facultad para determinar por reglamento la organización y administración de la Policía, las obligaciones y responsabilidades y conducta de sus miembros, empleados civiles, policías auxiliares, reservistas, concejales y cualquier otro asunto necesario para el funcionamiento del Cuerpo. Se incluye también autoridad para reglamentar los requisitos de reclutamiento, adiestramiento, y la organización y estructura de cada una de las superintendencias auxiliares y de los negociados. [454] Otros artículos de la Ley de la Policía, y otras leyes, generalmente relacionadas con la persecución del delito, confieren autoridad al Superintendente para aprobar reglamentos. A tono con dichas disposiciones legales, para el 2004 encontramos más de 25 reglamentos vigentes en la Policía. Entre ellos podemos señalar los siguientes:[455]

1. Procedimientos Adjudicativos
2. Certificados de Antecedentes Penales
3. Términos para tramitar permisos, endosos y autorizaciones similares
4. Informes policíacos
5. Detectives privados
6. Inspección de vehículos comprados en subasta
7. Tarifas por Inspecciones a vehículos requeridas por ley
8. Normas y procedimientos para disponer de vehículos advenidos a la Policía
9. Drogas Narcóticas I
10. Drogas Narcóticas II
11. Solicitud, Registro, Traspaso y Revocación de Licencias e Inscripción y Disposición de Armas de Fuego.
12. Concesión de Licencias para Portar Armas de Fuego bajo la Facultad del Superintendente de la Policía de Puerto Rico
13. Administración, Aplicación y Supervisión de la Ley de Explosivos de Puerto Rico
14. Expedición de Permisos para la Manufactura, Uso,

Posesión, Almacenaje, Venta, Traspaso, Transportación y Disposición de Explosivos
15. Recompensas
16. Aceptación, Recibo y Disposición de Fondos, Bienes o Servicios Donados, Cedidos, Traspasados y Aportados a la Policía.
17. Fiscalización del Uso y Disposición del Donativo Asignado a Entidades e Instituciones Sin Fines de Lucro Administradas por la Policía
18. Voluntarios en la Policía de Puerto Rico
19. Consejos de Vecindad
20. Reserva de la Policía de Puerto Rico
21. Práctica Supervisada en la Policía de Puerto Rico
22. Becas a Hijos de Miembros de la Policía Muertos en el Cumplimiento de su Deber
23. Facilidades Deportivas y Recreativas de la Liga Atlética Policíaca de Villalba
24. Pronto Pago a los Proveedores de Bienes y Servicios a la Policía de Puerto Rico
25. Reglamento de Personal
26. Investigación de Querellas a Nivel Administrativo
27. Querellas sobre Hostigamiento Sexual en el Empleo.

Entre esos reglamentos probablemente el más importante y más utilizado es el de Personal de la Policía de Puerto Rico, aprobado el 11 de mayo de 1990, que se identifica en la Policía como el número 4216.[456] Este Reglamento es particularmente importante porque trata de la disciplina contra los agentes por faltas graves y leves, y el procedimiento para tomar medidas disciplinarias. Entre las faltas graves se incluyen desde demostrar incapacidad manifiesta, ineptitud, hasta el descuido o negligencia en el desempeño de los deberes del policía. Algunas llaman la atención, como el uso excesivo de bebidas alcohólicas, uso de drogas, criticar las actuaciones de los miembros de la fuerza con autoridad para emitir órdenes, hacer apuestas en hipódromos, galleras u otros lugares, hacer manifestaciones públicas que pongan en duda la integridad, honradez o competencia de otros funcionarios públicos, procrear hijos fuera de matrimonio, vivir en concubinato, visitar casas de prostitución, poseer o utilizar instrumentos de torturas, viajar fuera de Puerto Rico sin notificar a sus superiores, participar en piquetes contra la Policía, y otras.[457] Probablemente algunas disposiciones de estos reglamentos violan las normas constitucionales vigentes, pero el asunto no se ha planteado. Otros también tienen importancia particular, como los referentes a los registros de convictos por violar las leyes de drogas o los que tienen que ver con explosivos o armas. Los que tienen que ver con el hostigamiento sexual en el empleo tienen hoy una gran importancia penal y civil.

VII. La Policía Municipal

Para el año 2004, el Municipio de Ponce contaba con una Policía Municipal de 261 agentes.[458] Uno de los candidatos a alcalde en las elecciones del 2004 propuso subir el número a 500.[459] En Bayamón, la Policía Municipal estaba integrada ese año por 153 policías, además del uso de unas 120 cámaras de vigilancia en el casco urbano y el Paseo Lineal Río Bayamón.[460] En la actualidad, en casi todos los pueblos de la Isla está funcionando una Policía Municipal, encargada principalmente de poner en ejecución los nuevos Códigos de Orden Público. Pero este desarrollo es reciente.

A través de este libro hemos visto la importancia que tuvo la Policía Municipal durante la dominación española. También vimos que la Policía Insular fue creada en 1899 para intervenir en las zonas rurales del país. En la legislación de 1901 y 1902 empieza a limitarse el uso de policía municipal a los municipios más grandes, con población urbana superior a los 6,000 o 10,000 habitantes. La sec. 40 de la Ley de 1908 elimina totalmente la policía municipal.

Aún el art. 26 de la Ley de la Policía de 1996 vigente dispone: "Ningún municipio, departamento, agencia o instrumentalidad podrá organizar, comisionar cuerpo alguno de Policía, excepto en los casos autorizados por la Ley de Municipios Autónomos."

Sin embargo, antes de esa ley de Municipios Autónomos, en 1977 se aprobó la Ley Núm. 19 del 12 de mayo de ese año autorizando a los municipios para establecer un cuerpo de vigilancia y protección pública cuya obligación sería compeler la obediencia a las ordenanzas y reglamentos municipales, las disposiciones sobre estacionamiento ilegal y para descubrir y perseguir los delitos que se cometieran en su presencia *dentro de los límites jurisdiccionales* del municipio.[461] Expresamente se incluyó entre sus poderes y responsabilidades el "hacer cumplir la ley, proteger la vida y propiedad de los ciudadanos, velar por la seguridad y el orden público, prevenir la comisión de actos delictivos y perseguir los delitos que se cometan en su presencia y aquellos que se le sometan por información y creencia en estrecha coordinación con la Policía Estatal."[462] La Ley Núm. 12 del 18 de junio de 1991 extendió esa jurisdicción al establecer que podía actuar aún fuera de los límites municipales "cuando sea necesario para culminar una intervención iniciada en el municipio de su jurisdicción." Expresamente se ha resuelto que un policía municipal puede culminar una intervención en otra jurisdicción aún cuando ella no se originó por la comisión de un delito en su presencia.[463] El policía municipal puede realizar arrestos en los mismos casos que la policía estatal o como un ciudadano particular, dependiendo de los hechos del caso.[464] Mediante la Ley Núm. 45 de 22 de mayo de 1996, conocida como Ley de la Policía Municipal, se cambió el nombre de este cuerpo de seguridad a Policía Municipal y se le concedió a los guardias municipales la misma autoridad y facultad como agentes de orden público que tiene la Policía estatal.[465] Esto se da, de manera especial, en todo lo relacionado con la ley sobre vehículos y tránsito.[466]

El 30 de agosto de 1991 se aprobó la Ley Núm. 81 que permite la creación de municipios autónomos, ligeramente distintos de los corrientes. Bajo dicha legislación se considera municipio autónomo aquel que cubre una determinada demarcación geográfica del país, con nombre particular y regida por un gobierno local, como todos los existentes, pero que, además, alcanza "la máxima estabilidad fiscal, cumpliendo con el requisito de mantener presupuestos equilibrados, tenga un Plan de Clasificación y Retribución aprobado y actualizado, tenga un Plan de Ordenamiento Territorial, Planes de Ensanche y de Áreas con las debidas delegaciones y tenga su contabilidad al día y maneje consistentemente su Sistema de Contabilidad Mecanizada."[467] Como puede verse, volvemos a los requisitos de principios del siglo XX en cuanto a que solamente los municipios con recursos económicos y estabilidad fiscal gozan de un tratamiento especial en nuestro gobierno, especialmente en materia de policía municipal. Esta Ley expresamente reconoce a los Municipios Autónomos la facultad de "organizar y sostener un Cuerpo de Policías Municipales en conformidad con lo establecido... en la Ley de Policía Municipal."[468]

Esta policía municipal se creó con la finalidad de aliviar el trabajo de la Policía Estatal y, evidentemente, dividir el costo de estos servicios de seguridad entre todos los municipios. El Tribunal Supremo ha señalado que fue creada "con el objetivo de aliviar el incremento en la carga de trabajo de la Policía Estatal que, según la Legislatura, es consecuencia del aumento en la incidencia criminal en todo el país. Aunque la ley no mencionaba expresamente que la Guardia Municipal tendría la facultad para arrestar, el lenguaje utilizado, en unión a los propósitos que guiaron al legislador a adoptar el estatuto, son indicativos de que esa fue la intención."[469] Y añade el Tribunal: "debemos recordar que la Guardia Municipal fue creada con el propósito de complementar la labor de la Policía Estatal, objetivo que naturalmente requiere una comunicación constante y fluida entre ambos Cuerpos de orden público."[470]

Sin embargo, un dato importante es que la propia ley impide a la policía municipal intervenir en o prestar servicios como tal en los conflictos huelgarios u obreros patronales.[471]

La autoridad máxima sobre dicha guardia municipal es el alcalde, el cual está autorizado para nombrar un Comisionado a cargo de la dirección inmediata y supervisión de los agentes.[472] El alcalde debe establecer la coordinación necesaria con la Policía Estatal.[473] En *Pueblo v. Andino Tosas*, 141 DPR 652 (1996), el Tribunal Supremo señala que "si bien la jurisdicción de la Policía

Estatal tiene primacía sobre la correspondiente a la Guardia Municipal, dentro de los límites territoriales de cada municipio, ambas funcionan de forma concurrente."[474]

Por "su importancia y por su encomienda", señaló el Tribunal Supremo, "este cuerpo de vigilancia a nivel municipal por disposición de ley tiene un sistema de personal muy parecido al de la Policía de Puerto Rico con clasificación a base de rango y con el concepto de sanciones, de faltas leves y graves. También establece un procedimiento disciplinario que en los casos de faltas graves provee al afectado una oportunidad de ser oído con un recurso de 'apelación' al Tribunal Superior de la decisión adversa del alcalde."[475] Sin embargo, dicho Tribunal resolvió que la apelación de un Policía municipal destituido de su cargo por faltas graves debe presentarse ante la Junta de Apelaciones del Sistema de Administración de Personal (J.A.S.A.P.), no ante el Tribunal Superior.

Los municipios no tienen autoridad para asignar policías municipales para prestar servicios mediante paga privada a los residentes de un sector particular dentro de su jurisdicción.[476] Los policías municipales que aprueben el entrenamiento sobre manejo y uso de armas que ofrece la Academia de la Policía, ahora Colegio, pueden tener, poseer y portar armas de reglamento, mediante la correspondiente autorización del Superintendente de la Policía.[477] Se les prohíbe toda actividad política, excepto el sufragio; tampoco pueden organizar uniones obreras.[478]

VIII. Entre el cumplimiento del deber, la corrupción y el abuso

1. Imagen pública de la Policía

Pensamos que hay dos visiones diametralmente opuestas sobre la Policía de Puerto Rico y el cumplimiento de sus funciones. Una, promovida por algunos policías y algún panegirista, la ve como protectora del orden, la propiedad y las personas; que esa Policía históricamente ha sido víctima de atentados por fuerzas políticas de izquierda o del crimen. Otra la asocia de manera constante con el abuso y la corrupción. Lamentablemente, la segunda cuenta con evidencia enorme. Es necesario que se conozcan los detalles, por duros que puedan parecer, porque se aplica el mismo principio de la medicina: si no hay certeza en el diagnóstico, es imposible curar el mal. No se resuelve la situación con una idealización del hacer policiaco que no responde a la realidad. Tampoco se soluciona con mirar a los que señalan los problemas como enemigos de la policía. La solución está en conocer realmente los problemas y tomar medidas serias para resolverlos. Veamos los hechos.

La primera imagen de la policía es particularmente sostenida por José E. Martínez Valentín en su libro *La Presencia de la Policía en la Historia de Puerto Rico, 1898-1995*, publicado en 1995. El prólogo de la misma lo escribe Juan Sánchez Colón, Coronel de la Policía de Puerto Rico. Para 1995 el autor llevaba doce años como Bibliotecario de la Academia de la Policía. Sobre el confrontamiento entre la policía y el nacionalismo o el independentismo puertorriqueños, Martínez Valentín alega que "muchos nacionalistas ingresaron (en la Policía) y sirvieron por largos años. La misión de ellos era mantener a los miembros de su partido informados de todo movimiento en su contra."[479] Y añade este autor:

> Se da la impresión de que los nacionalistas eran gente pacífica, que no mataban una mosca. Un sector de nuestra sociedad se ha encargado de llevar el mensaje de que en la isla hay dos grupos, el de los malos, que es el de la Policía y el de los buenos, que es el de los que abogan por la independencia. En nuestros días, si usted se quiere enterar de las atrocidades cometidas por este último sector, tendría que buscar los periódicos de las décadas entre 1930 y 1970. De otra forma, jamás se enterará porque todos aquellos eventos han quedado sepultados en nuestra historia.[480]

Sostiene Martínez Valentín que fueron los nacionalistas los que dejaron una estela de muerte en Puerto Rico:

> Esta estela de muerte y destrucción dejó en Puerto Rico a su paso otra docena de policías asesinados en ataques sorpresa. En Ponce, cerca de la fábrica de cemento, el cabo Aurelio Miranda, de 50 años de edad,

> con 25 de servicio y natural de Ciales, fue abatido a balazos por un grupo de nacionalistas que iba en un auto. El 31 de octubre de 1950 otro grupo de nacionalistas asesinó al guardia Luis Rivera Cardona en la calle Washington, de Utuado. Rivera Cardona, natural del barrio Callejones, de Lares y padre de cuatro hijos fue víctima de aquellos que le quitaron la vida en nombre de la patria.
>
> ...
>
> Uno de los hombres que más sufrió a causa de las balas nacionalistas fue el capitán Francisco Vélez, quien fue tiroteado en Utuado junto al Policía Antonio Barrios. El capitán Vélez fue herido el mismo día en que fue asesinado el coronel Francis Riggs. Un balazo en el rostro le fracturó la mandíbula haciéndole perder todos los molares superiores. ...[481]

En cuanto a la Masacre de Ponce, el autor afirma que se inició con disparos de nacionalistas desde lo alto de un edificio contiguo:

> A los nacionalistas no se les pudo probar que ellos dieran muerte a los policías allí asesinados. A los arrestados, que habían participado de la marcha de protesta, no se les ocupó ni tan siquiera un cortaplumas. Eso siempre estuvo diáfanamente claro, sobre todo, cuando las fotos demuestran que los disparos contra la Policía provenían desde lo alto de un edificio contiguo al lugar de los hechos. Las personas que dispararon nunca fueron arrestadas y la defensa de los nacionalistas se basó en que los policías muertos habían caído por las balas del fuego cruzado de sus propios compañeros.[482]

El autor citado afirma que la historia del país sólo la escriben los independentistas, que "no son objetivos":

> ... Uno de los serios problemas que tenemos los puertorriqueños es que a la hora de recoger por escrito la historia de la Policía, esto se lo hemos dejado al sector independentista, de cuyos miembros ninguno ha sido objetivo. Siempre la Policía de Puerto Rico ha estado marginada y ni los propios oficiales de alto rango conocen su historia. Es un mal de fondo porque ni en la misma Academia de la Policía se incluía en su currículo algún curso sobre el origen y el desarrollo de la institución. Aquí se nos ocurre preguntar, cómo es posible que un guardia quiera,

ame, respete y sienta orgullo de una institución que no conoce? [483]

Martínez Valentín sostiene que de 1932 a 1936, "un total de 13 policías fueron asesinados; "[484] y de 1937 a 1950, "36 uniformados fueron asesinados mientras se desempeñaban en labores oficiales."[485] Igualmente afirma un dato que luce totalmente incorrecto: "Han muerto más policías de Puerto Rico en el desempeño de sus funciones que soldados en algunas de las guerras en que hemos participado desde la invasión norteamericana."[486]

Este autor opina que Puerto Rico no es un país de gente pacífica; que "todavía la sociedad puertorriqueña no ha logrado superar la tendencia a la violencia *congénita* que nos ha caracterizado por lo menos por más de dos siglos;" y añade: "Puerto Rico siempre ha sido un pueblo violento."[487] La raíz de ese mal la encuentra el autor en que los puertorriqueños somos descendientes de presidiarios y mujeres de mal vivir.[488] (Énfasis añadido).

El 16 de febrero de 1998, con motivo de celebrarse la *Semana de la Policía*, el entonces Gobernador, Pedro Roselló, publicaba un mensaje a la Fuerza que decía: "Nuevamente hacemos un alto para reconocer de manera especial la incansable labor que realizan día a día ofreciendo a todas las familias de esta tierra seguridad, protección, y sobre todo, paz."[489] El Superintendente de la Policía en ese tiempo, Lic. Pedro Toledo Dávila afirmaba: "Tengo fe en ustedes, que son la mejor Policía del mundo."[490] Pocas veces se aprecian gestos de agradecimiento a la labor policial, como fue el caso el 17 de octubre de 2004 que las autoridades municipales de Cataño publicaron esquelas a tal fin en ocasión de la muerte de dos policías municipales en un accidente de tránsito.[491]

Sobre el enfoque en sentido contrario, a través de este trabajo hemos podido ver una historia con elementos distintos.

Personalmente pudimos constatar una conducta abusiva de un grupo de agentes adscritos al Cuartel de la Rambla, de Ponce el viernes 19 de marzo de 2004. Esa noche, un grupo de tres policías detuvo ilegalmente a dos jóvenes universitarios, un varón y su novia, por una alegada infracción menor de tránsito, un viraje hacia una carretera de tres carriles. En realidad, la patrulla estaba actuando para complacer a algunos residentes de la prominente urbanización La Alhambra, de esa ciudad, que se quejaban de la presencia de personas que no conocían en las calles de su urbanización. La misma no está cerrada al tránsito. Los jóvenes salían de la urbanización después de hablar con sus padres, que asistían a una fiesta. Un policía dirige la luz de su linterna de mano a la cara de la joven. Otro pregunta al conductor: "¿Qué *carajo*

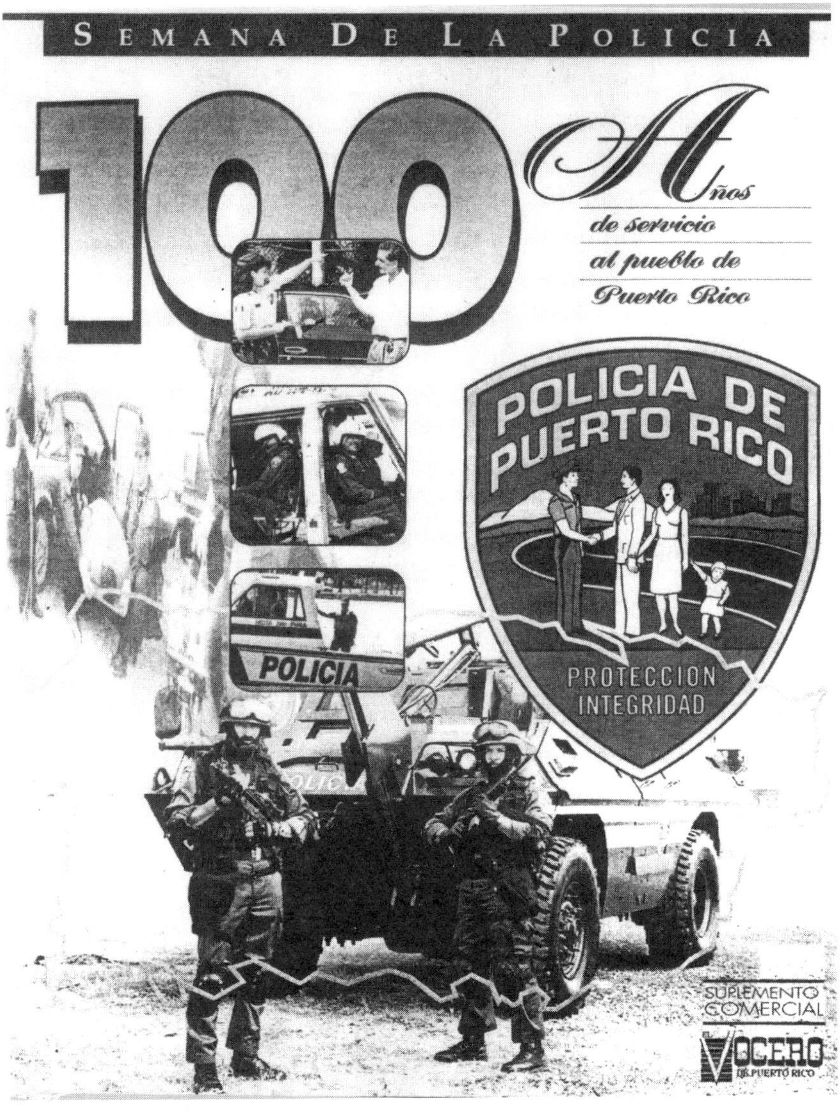

hacían ustedes en La Alhambra?" El joven conductor de 20 años de edad, es estudiante de Ciencias Políticas en la Universidad Interamericana, y es hijo de un Profesor de Derecho Constitucional y Penal, datos que la policía no conocía al iniciar su intervención. El joven contesta: "Yo puedo hacer en La Alhambra lo que me de la gana, porque soy un ciudadano libre y no he cometido ningún delito." ¡Para que fue eso! Otro de los policía dijo "Mira, éste es bravo, bájalo aquí mismo y vamos a llevárnoslo." Los jóvenes fueron bajados de la guagua Nissan, modelo 2002; empujados, esposados y llevados al Cuartel de La Rambla.[492] De allí los rescataron sus padres esa noche. Luego se le extendió un boleto por viraje ilegal. En la vista en sus méritos, fue exonerado en el Tribunal, a pesar de que uno de los policías compareció y ofreció una declaración falsa. Pero la agresión y el abuso policiaco marcaron la vida de estos jóvenes.

Podría decirse que ese ha sido un *caso aislado,* que no debe identificar a toda la policía. Pero veamos los titulares de nuestros periódicos en apenas el último lustro, los últimos cinco años:

"A tiro limpio" –*El Nuevo Día*, 2 de enero de 2000, p. 2; [493]; "Trae cola exoneración oficial Policía (Caso de Hostigamiento)", –*El Vocero*, 2 de febrero de 2000, p. 23; "Arrestan a policía que recibía sobornos" –*El Vocero*, 24 de febrero de 2000, p. 3; "Huellas de horror de la represión", –*El Nuevo Día,* 28 de mayo de 2000, págs. 30-31;[494] "Indignación en la Fuerza" –*El Nuevo Día*, 18 de junio de 2000, p. 45[495]; "Denuncian agresión de policía municipal" –*El Nuevo Día,* 29 de junio de 2000, p. 51; "Causa por perjurio contra 3 de los 'Fabricantes'" –*El Vocero*, 6 de julio de 2000, p. 3[496]; Aflora chantaje en la Policía, por supuestos víctimas de acoso sexual" –*El Vocero,* 12 de julio de 2000, p. 11; "Arrestan policía por robo $20 mil", –*El Vocero,* 25 de agosto de 2000, p. 12.

"Excesos en 'limpieza' de los deambulantes", *Primera Hora*, 8 de mayo de 2001, p. 4; "Vivoni traslada a agentes por macanazos en un cumpleaños", –*El Nuevo Día*, 21 de junio de 2001, p. 50; "Relatan caso de brutalidad policiaca", –*Primera Hora*, 26 de junio de 2001; "Vivoni suspende uniformados tras incidente en Utuado", –*Primera Hora*, 26 de junio de 2001, p. 31; "Loíza censura violencia policial", *–El Nuevo Día*, 24 de junio de 2001, p. 56; "Expulsan un policía y suspenden otros 6", *El Vocero*, 22 de junio de 2001, p. 15.

"Matan guardia de SJ trabajaba en bar"; *–El Vocero*, 24 de junio de 2002, p. 25; "Detenido un guardia ebrio", *El Nuevo Día*, 30 de agosto de 2002, p. 45; "Denuncian acciones policiales ilegales", *–El Vocero*, 6 de septiembre de 2002, p. 27; "Policía herido con su arma de reglamento", *–El Star*, 23 de octubre de 2002; "Público el informe de la muerte de un agente", *–El Nuevo Día*, 26 de octubre de 2002, p. 52; "Simulacro para hallar Soplones", "Piden expulsión de cadete que amenazó a su esposa con el arma de reglamento", "Investigan Teniente que declaró a favor de los líderes novoprogresistas", *–Primera Hora*, 6 de diciembre de 1902, p. 37.

"Arrestan agente vinculado a ganga de enmascarados", *–Primera Hora*, 25 de enero de 2003, p. 21; "Saga de fallas policiales tras crimen de trompetista", "Los 17 errores de la noche fatal", *–Primera Hora*, 31 de octubre de 2003, portada; "Escena salpicada de incumplimiento", *–Primera Hora*, 31 de octubre de 2003, p. 2; "Agentes suspendidos y otros bajo investigación", *Primera Hora*, 1 de noviembre de 2003, p. 5; "Expulsan a sargento impúdico, abusó de menor en cuartel" *–Primera Hora*, 5 de diciembre de 2003, p. 3; "Le leen la cartilla al Jefe Policial", *–Primera Hora*, 5 de diciembre de 2003, p. 3.

"Duro castigo a líder del FUPO (5 años de cárcel y restitución de dinero robado al gremio)", *–Primera Hora*, 14 de enero de 2004, portada y p. 2; "Otra cirugía al cuerpo policial", *–El Nuevo Día*, 8 de abril de 2004, portada y págs. 4 y 5; "Policías en la red del bajo mundo, FBI arresta a 14 por venta de armas, drogas y protección", *–El Nuevo Día*, 21 de enero de 2004; "Atropello policial que no halla razón", *–El Nuevo Día*, 10 de febrero de 2004, p. 44; "Tiros en el Cuartel, cuatro heridos por arma que se dispara", *–Primera Hora*, 10 de marzo de 2004, p. 2; "Agente FURA y policía caen tráfico de drogas", *El Vocero*, 12 de mayo de 2004, p. 25; "Ex agentes narcos", *–Primera Hora*, 12 de mayo de 2004, p. 26; "(Policías) Vinculados al narcotráfico", *El Nuevo Día*, 15 de mayo de 2004, p. 46; "No removerá a los agentes malcriados", *–Primera hora*, 22 de mayo de 2004, p. 20; "Querella contra dos policías", *–El Nuevo Día*, 3 de junio de 2004, p. 24; "Agentes agreden estudiante y principal, en escuela de Río Piedras; *–Primera Hora,* 3 de junio de 2004, p. 9; "Arrestan ex agente robó en una joyería", *El Vocero,* 17 de junio de 2004, p. 24; "Reconoce el Súper queja contra oficial", *–El Vocero*, 18 de junio de 204, p. 29; "Arrestan a dos policías corruptos", *–Primera Hora*, 23 de junio de 2004, p. 39; "Arrestan agente que hurtaba por drogas", *–El Vocero*, 25 de junio de 2004; "Acusan a ex policía de violar a hijastra", *–Primera Hora*, 17 de julio de 2004, p. 23; "Ex policías de cumpleaños en Loíza, Probatoria por los macanazos", *–Primera Hora*, 17 de julio de 2004, p. 4; "A prestar vigilancia la Guardia Nacional", –"*El Nuevo Día,* 19 de julio de 2004, p. 4; "Se roban armas del cuartel de Dorado", *–Primera Hora*, 27 de julio de 2004, p. 28; "Expulsan capitán auxiliar de OPA, *–El Vocero*, 28 de julio de 2004; "Incidente entre policía estatal y municipal SJ", *El Vocero*, 23 de agosto de 2004, p. 18; "Libre agente que disparó a estudiante, presta fianza de $100 mil", *–El Vocero*, 23 de agosto de 2004, p. 22; "Presta fianza $100 Mil, Libre el agente que disparó a estudiante", "Investigan posible brutalidad policiaca", *Primera Hora,* 25 de agosto de 2004, p. 34; , 23 de agosto de 2004, p. 22; "Policías investigados por brutalidad", *Primera Hora*, 26 de agosto de 2004, p. 2' "Denuncian atropellos en Policía", *El Vocero,* 27 de agosto de 2004, p. 27; "Sorprenden policía bebiendo", *El Vocero,* 26 de agosto de 2004, p. 23; "Seis meses para rendir Informe por presunta brutalidad policial en Cataño", *Primera Hora,* 27 de agosto de 2004, p. 3; "Policía mató a su primo; humillado un agente tras el fatal suceso", *Primera Hora*, 30 de agosto de 2004, p. 17; "Perla opacada por operativo", *Primera Hora,* 2 de septiembre de 2004, p. 4; "Sentencian Ex policía a tres años en probatoria", *Primera Hora*, 4 de septiembre de 2004, p. 2; "Desfile de testigos en el caso contra policía:, *–El Nuevo Día*, 14 de septiembre de 2004, p. 52; "Cae policía que operaba un punto (en Aguadilla)", *–Primera Hora*, 21 de septiembre de 2004, p. 35;[497] "Continúa el juicio contra mujer policía", *–Primera Hora*, 24 de

septiembre de 2004, p. 42;[498] "10 años de cárcel a ex de FUPO", –*El Vocero*, 25 de septiembre de 2004, p. 18;[499] "Mujer policía resulta herida con su arma de reglamento en extrañas circunstancias", –*Primera Hora*, 25 de septiembre de 2004, p. 15; "Un policía mata a balazos a joven", –*El Nuevo Día*, 12 de octubre de 2004, p. 53; "Caen tres agentes del orden público", –*El Vocero*, 16 de octubre de 2004, p. 14. (A uno de ellos se le cayó al suelo una bolsa de marihuana mientras realizaba prácticas de tiro en el polígono de la Policía; otro estaba en un grupo al cual se le ocuparon 149 cápsulas de crack y 100 *decks* de heroína; y el tercero fue acusado por el robo de un vehículo);[500] "Imputan robo a

miembro de la Uniformada", –*El Vocero*, 21 de octubre de 2004, p. 29; "Orden de cárcel a un policía por homicidio involuntario", –*El Nuevo Día*, 22 de octubre de 2004, p. 34; "Causa para arresto por violencia doméstica contra un jefe policial", –*Primera Hora*, 26 de octubre de 2004, p. 4.

"Acusan a policía de más de 20 robos", Primera Hora, 30 de octubre de 2004, p. 18; "Abogada identifica a policía que la baleó", Primera Hora, 10 de noviembre de 2004, p. 19.

El año 2005 no empezó con buenos augurios en este aspecto. El 2 de enero un titular de El Nuevo Día informa: "Muere un joven a manos de un agente." (p. 48). El 6 de enero de 2005, en las fiestas de Reyes de Juana Díaz, el nuevo gobernador Aníbal Acevedo Vilá anunció el nombramiento del Lic. Pedro Toledo para volver a dirigir la Policía. Toledo había sido Superintendente durante ocho años, bajo la administración del Dr. Pedro Roselló, de 1993 al 2000. La prensa señaló que Toledo "salió de la Policía bajo una lluvia de críticas a su administración por la manipulación de las estadísticas de asesinatos, que fue eje de una investigación senatorial; la confección de carpetas; el haber despojado a los policías de los beneficios del Fondo del Seguro del Estado; un escándalo de hostigamiento en su escolta y su estrecha relación con el ex presidente del Frente Unido de Policías Organizados, José de Jesús Serrano, ahora convicto por fraude federal.¨(Maribel Hernández Pérez, Primera Hora, 6 de enero de 2005, p. 5). Añade la periodista que también "fue de los jefes de agencia de la Administración Roselló que apareció en actividades políticas". Un comité del Instituto de Ciencias Forenses detectó diferencias de entre 150 y 180 en las estadísticas de asesinato comparadas con las informadas por la Policía. En marzo de 2001, "tres mujeres policías asignadas a la escolta del ex superintendente solicitaron la reubicación por sentirse hostigadas sexualmente durante el desempeño de sus labores". Se indica, además, que en ese mes también se ordenó la incautación de un centenar de carpetas, de unas 1,500 alegadamente levantadas bajo la administración de Toledo por un grupo de agentes denominados "los Escorpiones," en las cuales "se incluía las preferencias ideológicas de los carpeteados." El nombramiento se hizo "a pesar de una avalancha de llamadas de rechazo recibidas... en La Fortaleza." Líderes de la Policía han señalado que la ocupación de residenciales públicos bajo su dirección fue un fracaso y un desperdicio de los fondos públicos.

Toledo ha negado los cargos y señaló que hay muchos oficiales en la Fuerza que lo critican porque que no quieren trabajar y que bajo su nueva administración tendrán que hacerlo. Entre los casos de corrupción policiaca que encontró en su administración, declaró que un agente estudio medicina en República Dominicana mientras estaba reportado enfermo al Fondo del Seguro del Estado y que dicha agencia "pagó esos estudios".[501]

2. Lo que debe ser

Nos parece desacertado partir de que la sociedad puertorriqueña es violenta; si la policía lo cree así, estará a la ofensiva, se destruye la alternativa del diálogo. Los fundamentos del autor que antes citamos, no creemos que se sostienen ni histórica ni científicamente. Ciertamente la Policía está llamada a unas funciones esenciales en toda sociedad civilizada: el mantenimiento de la paz, el orden y la protección de vidas y propiedades. Es cierto que en ese proceso corre grave riesgo para su salud y vida en incontables ocasiones, cuando menos se lo esperan. El 6 de agosto de 1989, en Patillas, dos policías de tránsito montaron en el asiento trasero de su patrulla a Pedro Rivera Sánchez, de 69 años de edad, un principal de escuelas retirado, a quien habían detenido por guiar en estado de embriaguez. A la altura del kilómetro 189.8 de la carretera entre Patillas y Guayama, en el sector conocido como la *Curva del Matadero*, el ex maestro disparó contra los policías con un revólver calibre 38, causando la muerte de los dos agentes.[502]

En el 2002 y el 2003 murieron cuatro policías cada año mientras cumplían con sus deberes como agentes.[503] De los cuatro que murieron en el 2003, tres de ellos fallecieron en accidentes de tránsito y uno mientras realizaba una intervención en un caso de drogas. En julio de 2004, el joven policía Santos Silva Laboy, de apenas 22 años de edad, fue asesinado mientras atendía la escena de un asalto y asesinato en Puerto Nuevo.[504] El viernes 13 de agosto de 2004, el agente Carlos Concepción Quiñones, de 27 años de edad y padre de tres niños, fue asesinado de 13 balazos en un negocio de Río Piedras, cuando, franco de servicio, intervino con un dominicano armado de una pistola.[505]

Esas tragedias no cambian la norma que rige su conducta: los policías tienen que cumplir su función observando "la más absoluta protección de los derechos civiles del ciudadano¨, como exige la propia ley que permite su creación.[506] Cuando no lo hacen, ocurren hechos como La Masacre de Río Piedras, La Masacre de Ponce, los asesinatos del Cerro Maravilla y los numerosos abusos que hemos visto a través de su historia. Como señalaba Toledo Dávila en 1998, "es imperativo desarrollar al Policía del Nuevo Milenio..., que no es tratar de cambiar la imagen; es de hecho, cambiarla... Sin embargo, lo más difícil es cambiar las actitudes."[507] Su misión es, fundamentalmente, servir de escudo entre la sociedad, el ciudadano respetuoso de la ley, y el delincuente.[508]

---

[1] **Diccionario Enciclopédico Abreviado**. Madrid: Espasa-Calpe, S. A., 1978, Tomo VI, págs. 662-664.

[2] Guido Gómez de Silva, **Breve Diccionario Etimológico de la Lengua Española.** México: Fondo de Cultura Económica, 1991, p. 550

[3] 25 LPRA sec. 3102.

[4] Párrafo Núm. 3 de la Orden Núm. 25.

[5] Ibid.

[6] Ley Núm. 38 del 13 de julio de 1978, según enmendada; 3 LPRA sec. 138c.

[7] Ley Núm. 1 del 29 de junio de 1977, según enmendada; 12 LPRA secs. 1204 y 1205

[8] Aunque no se utiliza en la ley la denominación de policía militar, véase las leyes sobre dichas fuerzas militares en el Código Militar de Puerto Rico, Ley Núm. 62 del 23de junio de 1969, 25 LPRA secs. 2001-2813.

[9] 1 LPRA sec. 172.

[10] Ley dela Guardia Municipal, Núm. 19 del 12 de mayo de 1977, 21 LPRA sec. 1061-1078.

[11] Coll y Toste, **Bol. Hist.,** Tomo IV, p. 304; Tomo X, p. 185

[12] Ibid.

[13] Parece claro en la actualidad que se debió a un accidente interno en la propia nave. Resulta evidente que la voladura de esa nave precipitaría la guerra.

[14] **Libro Rojo. Tratado de Paris.** Río Piedras, P.R.: Editorial de la UPR, 1988, p. 198.

[15] Rivero, ob. cit., p. 562.

[16] Ibid., p. 563.

[17] Javier Figueroa, "Diccionario Histórico Biográfico", en **La Gran Enciclopedia de Puerto Rico**. San Juan, P. R.: Puerto Rico en la Mano y La Gran Enciclopedia de Puerto Rico, Inc., 1976, p. 241. Para detalles de ese momento histórico, véase Fernando Picó, **Historia General de Puerto Rico.** Río Piedras, P. R.: Ediciones Huracán, 1986, págs. 221-228; Francisco A. Scarano, **Puerto Rico, Cinco Siglos de Historia.** Bogotá: McGraw-Hill Interamericana, S. A, 1993, págs. 547-571; Trías Monge, **Historia Constitucional de Puert Rico.** Págs. 140-180; Blanca G. Silvestrini y María Dolores Luque de Sánchez, **Historia de Puerto Rico: Trayectoria de un Pueblo.** San Juan, P. R.: Cultural Puertorriqueña, Inc. 1987, págs. 276-387, entre muchos otros.

[18] Ob. cit., p. 574.

[19] Trías Monge, ob. cit., págs. 165-166.

[20] José Trías Monge, **El sistema judicial de Puerto Rico.** Río Piedras: Editorial Universitaria, 1978, págs. 48-49.

[21] Véase el texto en Carmen Ramos de Santiago**, El desarrollo Constitucional de Puerto Rico.** Río Piedras: Editorial Universitaria, 1979, págs. 32-38, y en 1 LPRA, Documentos Históricos, 1999, págs. 16-23.

[22] Trías Monge, **El sistema**..., ob. cit., p. 49.

[23] Ibid., págs. 50-53.

[24] Coll y Toste, **Bol. Hist**., Tomo IX, p. 356.

[25] Ibid., Tomo VI, p. 109

[26] Rivero, ob. cit., págs. 6-7

[27] Véase José E. Martínez Valentín, **La Presencia de la Policía en la Historia de Puerto Rico, 1898-1995.** Caguas, P. R.: edición del autor, 1995, p. 7.

[28] Coll y Toste, **BOL. HIST.**Tomo VI, p. 116

[29] José E. Martínez Valentín, **La Presencia...,** p. 69.

[30] Ibid., págs. 70, 71.

[31] Ibid., p. 71.

[32] Ibid.

[33] Ibid., págs. 8,15.

[34] Ibid, págs. 8 y 32.

[35] Mariano Negrón Portillo, **Las turbas republicanas, 1900-1904.** Río Piedras, P. R.: Ediciones Huracán, 1990, p. 211.

[36] Ibid., págs. 212-213.

[37] Martínez Valetín, ob. cit., p. 19.

[38] Ibid., p. 20.

[39] Ibid, p. 22; José Martínez Valentín, **Cien Años de Carpeteo en Puerto Rico**. Caguas: edición del autor, 2001, págs. 12, 15.

[40] **Cien años**..., ob. cit., p. 13.

[41] Ibid., p. 78.

[42] Ibid., p. 30.

[43] Ibid, págs. 30, 31.

[44] José Ché Paralitici, **Sentencia Impuesta (100 años de Encarcelamientos por la Independencia de Puerto Rico.** San Juan, P. R.: Ediciones Puerto Rico Histórico,

2004.

[45] **La Presencia**..., ob. cit., p. 30.

[46] **Album Histórico de Ponce,** Luis Fortuño Janeiro, editor, (1934), págs. 211, 213, 374; (1963), p. 371

[47] Martínez Valentín, **La presencia**..., ob. cit., p. 16.

[48] E. Fernández García, editor, **El Libro de Puerto Rico.** San Juan, P. R.: El Libro Azul Publishing Co, 1923, p. 272

[49] Ibid., págs. 8 y 24.

[50] Los que Martínez Valentín indica en **La Presencia**..., ob. cit., a la p. 24 son los de la Ley del 31 de enero de 1901, sec. 11.

[51] Ibid., págs. 8,16, 20 y 70.

[52] Ibid., p. 70.

[53] Néstor Rigual, **Reseña de los Mensajes de los Gobernadores de Puerto Rico, 1900-1930.** San Juan, P. R.: Editorial Universitaria, 1967, p. 72.

[54] Martínez Valentín, **La presencia**..., ob. cit., p. 8

[55] Ibid.

[56] Sec. 13 de la Ley del 31 de enero de 1901.

[57] **La presencia**..., ob. cit., págs. 10-11.

[58] Véase nuestro libro **Derechos y Libertades Constitucionales en Puerto Rico.** Ponce, P. R.: Ediciones Lorena, 2003, págs. 270-272, Ex Parte Acevedo, 1 DPR 275 (1902), y Jacobo Córdova Chirino, **Los que murieron en la horca**. San Juan, P. R.: Editorial Cordillera, 1975, págs. 68-87;

[59] Ob. cit., p. 11.

[60] Angel Rivero, ob. cit., p. 689.

[61] El Parte Acevedo, 1 DPR 275 (1902), a la p. 279.

[62] Córdova Chirino, ob. cit. Este autor, que reproduce unos artículos de periódicos publicados en El Imparcial durante 1948-49, trata el caso de las págs. 33 a la 46 y admite que por ello en el contenido "se utilizó... por su índole periodística" un estilo "un poco rimbombante." (p. 7). Pero una cosa es el estilo y otra la fidelidad histórica.

[63] Ibid., p. 38.

[64] Ibid.

[65] Pueblo v. Kent, 10 DPR 343 (1906); Martínez Nadal v. Saldaña, 38 DPR 446 (1928); Arjona v. Winship, Gobernador, 49 DPR 53 (1935); Pueblo v. Avilés, 54 DPR 272 (1939).

[66] Ley Foraker, de 12 de abril de 1900, sec. 17, 31 Stat. 81. 1 LPRA Documentos Históricos, sec. 17.

[67] Ley Foraker, de 12 de abril de 1900, secciones 18, 26 y 27; 31 Stat. 81, 82, 1LPRA Documentos Históricos, secs. 18, 26 y 27.

[68] Ibid., sec. 27.

[69] Ibid., sec. 30.

[70] Ibid., secciones 15 y 27.

[71] Ibid., sec. 31.

[72] Ibid., sec. 33.

[73] Ibid.

[74] Ibid., sec. 16.
[75] Ibid., sec. 34.
[76] Ibid., sec. 7.
[77] Ibid.
[78] De Lima v. Bidwell, 182 US 1 (1901); Downes v. Bidwell, 182 US 244 (1901); Dooley v. United States, 183 US 151 (1901); González v. Williams, 192 US 1, 48 L. Ed. 317 (1904)
[79] Pedro Malavet Vega, **De las Bandas al Trío Borinquen (1900-1927).** Ponce, P. R.: Ediciones Lorena, 2003, págs. 201-203; Fernando Bayron Toro, **Elecciones y Partidos Políticos de Puerto Rico**. Mayagüez, P. R.: Editorial Isla, Inc., 1989, p. 107.
[80] Mariano Negrón Portillo, **Las turbas republicanas, 1900-1904**. Río Piedras: Ediciones Huracán, 1990; Bayron Toro, ob. cit., págs. 113-120; Juan Angel Silén, **Historia de la Nación Puertorriqueña.** Río Piedras: Editorial Edil, 1980, págs. 197-210; Blanca G. Silvestrini y María Dolores Luque de Sánchez, **Historia de Puerto Rico: trayectoria de un pueblo.** San Juan: Cultural Puertorriqueña, Inc., 1987, págs. 400-403.
[81] Juan Diez de Andino, **Desde Mi Rascacielos**. San Juan, Puerto Rico, 1963, págs. 218-219.
[82] Ex Parte Mauleón, 4 DPR 128 (1903); Carmen Cecilia Mauleón Benítez, **Las Turbas: Mauleón, políticos y patriotas.** Río Piedras: Editorial Cultural, 1990.
[83] Malavet Vega, **De las Bandas**..., ob. cit., págs. 201 y ss.
[84] Néstor Rigual, ob. cit., p. 20.
[85] Sección 1 de la Ley de 31 de enero de 1901.
[86] Sección 4.
[87] Secciones 2 y 3 de la Ley.
[88] Sec. 16.
[89] Ibid.
[90] Sec. 2.
[91] Sec. 3.
[92] Ibid.
[93] Sec. 9.
[94] Sec. 14.
[95] Sec. 9.
[96] Sec. 15.
[97] Sec. 8.
[98] Sec. 5.
[99] Ibid.
[100] Sec. 10.
[101] Ibid.
[102] Sec. 15.
[103] Martínez Valentín, ob. cit., págs. 31, 74, 97, 98.
[104] Sec. 12.
[105] Sec. 11.

[106] Rigual, ob. cit., p. 27.
[107] Ibid.
[108] Ley de 1 de marzo de 1902, "Proveyendo lo necesario para el Reglamento y Gobierno de la Policía Insular de Puerto Rico", sec. 9.
[109] Ibid., sec. 32.
[110] Ibid., sec. 36.
[111] Ibid., sec. 6.
[112] Ibid., sec. 35.
[113] En el **Libro de Puerto Rico**, ob. cit., p. 272.
[114] Ley de 1902, citada, sec. 4.
[115] Ibid., sec. 7.
[116] Ibid.
[117] Ibid. secs. 7, 8, .
[118] Ibid., sec. 18.
[119] Ibid., sec. 20.
[120] Ibid., sec. 27.
[121] Ibid.
[122] Ibid., secs. 33 y 34.
[123] Ibid., sec. 22.
[124] Ibid., sec. 23.
[125] Pedro Malavet Vega, **Derechos y** ..., ob. cit., págs. 127-128, 506.
[126] Ibid., p. 506.
[127] Véase el Art. 116 de la referida Ley de Enjuiciamiento Criminal de 1902, ahora derogada por las Reglas de Procedimiento Criminal de 1963, y Pueblo v. Rodríguez, 48 DPR 395 (1935), a la p. 400, entre cientos de casos; Pedro Malavet Vega, **El Procedimiento Penal en el Derecho de Puerto Rico**. Ponce, P. R.: Ediciones Lorena, 2000, págs. 179-188.
[128] Martínez Valentín, **La presencia**..., ob. cit., p. 70.
[129] Ibid., págs. 14 y 31.
[130] Rigual, ob. cit., p. 40.
[131] Ibid., p. 49.
[132] Martínez Valentín, **La presencia**..., ob. cit., p. 37.
[133] Ley de 8 de marzo de 1906, sec. 1.
[134] Ibid., sec.2.
[135] Ibid., sec. 3
[136] Ibid., sec. 4.
[137] Ibid, sec. 5. Dicho artículo 93 castigaba la negligencia o negativa del cumplimiento del deber por un funcionario público. (Ex Parte Correa, 8 DPR 251 (1905); Pueblo v. Rivera, 25 DPR 612 (1917); Pueblo v. Grau, 29 DPR 624 (1921); Pueblo v. Aparicio, 34 DPR 5 (1925).
[138] Ibid., sec. 7
[139] Ibid., sec. 6.
[140] Ibid., sec. 8.
[141] Rigual, ob. cit., p. 50.

[142] Ibid., p. 53. [Parece haber error en la fecha del mensaje.]
[143] Ibid., p. 55.
[144] Pedro Malavet Vega, **De las Bandas**..., ob. cit., págs. 81-85.
[145] Rigual, ob. cit. Págs. 60-61.
[146] Ley de 8 de marzo de 1906, sec. 12, p. 16.
[147] Ibid., secs. 13 y 14.
[148] Ibid., sec. 25.
[149] Ibid., sec. 32.
[150] Rigual, ob. cit., p. 72.
[151] Ibid.
[152] Ibid.
[153] Ley de la Policía Insular de 12 de marzo de 1908, sec. 5.
[154] Ibid. secs. 5 y 6.
[155] Ibid., sec. 15.
[156] Ibid., sec. 19.
[157] Ibid., sec. 20.
[158] Ibid., sec. 28.
[159] Ibid., sec. 36.
[160] Ibid., sec. 40.
[161] Ibid., sec. 17.
[162] Ibid., sec. 14.
[163] Ibid., sec. 5.
[164] Ibid, sec. 6.
[165] Ibid., sec. 8
[166] Ibid., sec. 14.
[167] Ibid., sec.15.
[168] Pueblo v. Cruz, 60 DPR 116 (1942). Llama la atención que uno de los abogados del acusado fue el Lic. Rafael Hernández Matos, luego Juez del Tribunal Supremo de Puerto Rico y padre del ex gobernador Lic. Rafael Hernández Colón.
[169] Ley citada, sec. 21.
[170] Ibid., sec. 28.
[171] Ibid. sec. 36.
[172] Ibid., sec. 40.
[173] Rigual, ob. cit., págs. 80-81.
[174] Rigual, ob. cit., p. 102.
[175] Rigual p. 111.
[176] Rigual, p. 145.
[177] Pedro Malavet Vega, **Evolución del Derecho Constitucional en Puerto Rico**. Ponce, P. R.: Ediciones Lorena, 1998, p. 98.
[178] Pedro Malavet Vega, **De las Bandas**..., págs. 180-183.
[179] Rigual, ob. cit., p. 153.
[180] Rigual, ob. cit., p. 168.
[181] La práctica de nombrar *policías especiales* se había iniciado a principios del siglo. En marzo de 1910 se aprobó un proyecto de ley que permitía al gobierno proveer policías especiales a los hacendados y las corporaciones azucareras. No debe sorprender

que José de Diego, entonces Presidente de la Cámara, bajó de la presidencia para apoyar esa ley. Era abogado de esas corporaciones. Un joven abogado y poeta, Luis Lloréns Torres, representante por Ponce, pronunció un discurso en oposición al proyecto. Pero el mismo fue aprobado. (A. G. Quintero Rivera, **Lucha Obrera en Puerto Rico**. Río Piedras, P. R.: Cerep, 1972, p. 45.)

[182] Ibid.

[183] Ibid.

[184] Ibid., p. 169.

[185] Ibid., p. 174.

[186] José Martínez Valentín, **Cien años**..., ob. cit., p. 40.

[187] Roberto H. Todd, **Desfile de Gobernadores.** San Juan: edición del autor, 1943, p. 21

[188] Juan Angel Silén, **Apuntes para la Historia del Movimiento Obrero Puertorriqueño.** Río Piedras: Editorial Cultural, Inc.1978, p. 66.

[189] Ibid.

[190] Guillermo A. Baralt, **Historia del Tribunal Federal en Puerto Rico: 1899-1999.** Hato Rey, P. R.: Publicaciones Puertorriqueñas, Inc. y Tribunal Federal de Puerto Rico, 2004, págs. 217-218.

[191] Ibid., p. 79.

[192] Ibid., p. 83.

[193] Reece B. Bothwell González, **Puerto Rico: Cien Años de Lucha Política.** Río Piedras, Editorial Universitaria, 1979, Vol. I-1, págs. 425, 458 y otras.

[194] Bothwell González, ob. cit., Vol. I-1, p. 379.

[195] Ibid., p. 183.

[196] Ibid., p. 74; Burns y otros, ob. cit., p. 37.

[197] Ob. cit., págs. 70-71.

[198] Baralt, ob. cit., págs. 242-244.

[199] Ob. cit., p. 38.

[200] Roberto H. Todd, ob. cit., p. 74.

[201] Jiménez v. Reiley, 30 DPR 626 (1922); Pedro Malavet Vega, **Evolución**..., ,ob. cit., p. 101.

[202] E. Fernández García, editor, **El Libro de Puerto Rico. San Juan,** P. R.: El Libro Azul Publishing Co., 1923.

[203] Ibid., págs. 272-278.

[204] Ibid., págs. 273-274.

[205] Ibid., p. 274.

[206] Ibid., p. 278.

[207] Rigual, ob. cit., p. 200.

[208] Ibid., p. 205.

[209] Rigual, ob. cit,, págs. 220-221.

[210] Rigual, ob. cit., págs. 225-226.

[211] Rigual, ob. cit., p. 253.

[212] Pedro Malavet Vega, **De las Bandas**..., ob. cit., págs. 36-37. En cuanto a las escuelas privadas, cotéjese los desayunos "en inglés" en el Colegio de las Madres, Santurce, a principios de siglo. (María Rosa Vidal, **Una Vida en Contrapunto**. San Juan,

P. R.: 1987, p. 16).

[213] Este proceso seguido en las primeras décadas del siglo aparece minuciosamente expuesto por Aída Negrón de Montilla en **La americanización en Puerto Rico y el sistema de Instrucción Pública 1900/1930.** Universidad de Puerto Rico: Editorial Universitaria, 1977; José Juan Beauchamps, "Colonialismo, agresión y cambio cultural perturbador en Puerto Rico." **La agresión cultural norteamericana en Puerto Rico**, editado por José Luis Méndez. México: Grijalbo, 1980; Rafael L. Ramírez, "El cambio, la modernización y la cuestión cultural", en Eduardo Rivera Medina y Rafael L. Ramírez, **Del cañaveral a la fábrica. (Cambio social en Puerto Rico).** Río Piedras: Ediciones Huracán, 1985, págs. 9-54.

[214] Negrón de Montilla, ob. cit.

[215] *Annual Report of the Commissioner*, 1901, p. 72, citado por Negrón de Montilla, ob. cit., p. 63.

[216] Anuario de la Ponce High School, 1910, p. 13,

[217] Editorial Cultural, Inc., 1983, págs. 114-118.

[218] Malavet Vega, **De las Bandas**, ob. cit., p. 61. Cuenta Jorge Ruiz Rosaly que todavía en 1959 en la Escuela Intermedia Central de la Calle Salud en Ponce se imponía a los niños cantar el himno nacional de Puerto Rico en inglés; una alumna, compañera de Jorge, quien poseía una voz de soprano estupenda, parecida a la de Xiomara Alfaro, entonces de moda, lo cantó así en la inauguración de la temporada de béisbol en el Parque Paquito Montaner, provocando reacciones en la ciudad.

[219] Manuel Rivera Matos, "La Conferencia de Albizu Campos en la Universidad sobre la Instrucción Pública en Puerto Rico, Tesis que desarrolló." *El Mundo,* 7 de abril de 1931, págs. 6 y 12, citado por en **Pedro Albizu Campos, Obras Escogidas,** recopilación de J. Benjamín Torres. San Juan: Editorial Jelofe, 1975, p. 190.

[220] Juan Angel Silén, **Historia de la Nación Puertorriqueña.** Río Piedras: Editorial Edil, 1980, p. 209.

[221] Ibid.

[222] Roberto H. Todd, ob. cit. p. 65 y ss.

[223] Carmelo Delgado Cintrón, **Historia Política de Puerto Rico,** en La Gran Enciclopedia de Puerto Rico. Madrid: Ediciones R, 1976, Tomo 2, págs. 148-149.

[224] Ibid., p. 149.

[225] J. Benjamín Torres sostiene que fue el 29 de junio de 1893. (**Pedro Albizu Campos, Obras Escogidas**. San Juan, P. R.: Editorial Jelofe, 1975, p. 8.)

[226] Carmelo Delgado Cintrón, "El Derecho en Pedro Albizu Campos: Formación Jurídica y Abogacía", 53 **Rev. Col. De Abo.** Núm. 1, Enero-Marzo 1992, p. 5.

[227] Manuel Maldonado Denis, Pedro Albizu Campos**, La Conciencia Nacional Puertorriqueña.** San Juan , P. R.: Ediciones Compromiso, 1984, p. 13.

[228] Roberto Resach Benítez, "Pedro Albizu Campos, Leyenda y Realidad", *Bohemia,* 9 de mayo de 1965, p. 29 –A; publicado aparte antes como folleto por Publicaciones Coquí, 1961.

[229] Charleston, S. C.: Arcadia Publishing, 2001, p. 102.

[230] Rexach Benitez, loc. cit.

[231] Ibid.

[232] 32 DPR, p. xl.

[233] 35 DPR, p. xlvii.

[234] Pueblo v. Velásquez, 45 DPR 905 (1933); People v. Velásquez, 77 F 2nd. 431 (1935); Pueblo v. Velásquez, 296 US 602 (1935).

[235] Ferrao, ob. cit., págs. 152-153.

[236] Ferrao, ob. cit., pags. 157-158; [237] Juan Angel Silén, **Pedro Albizu Campos.** Río Piedras, Editorial Antillana, 1976, p. 52.

[238] Richard K. Spottswood, **Ethnic Music on Record.** Chicago: University of Illinois Press, 1990, Vol. IV., p. 1730.

[239] Pueblo v. Sarria, 57 DPR 882 (1941).

[240] Pueblo v. Berdecía, 59 DPR 318 (1941).

[241] Ferrao, ob. cit., p. 161.

[242] Ibid., p. 53

[243] Miguel Ángel y Félix Echevarría Alvarado**, La Masacre del Santo Domingo de Ramos en Ponce, relatada por dos sobrevivientes.** Río Piedras: Jay-Ce Printing, 1993, págs. 63-64. Los autores no identifican al autor o autores del pasodoble indicado. Es posible que en realidad se trate de la canción andaluza *Canta Guitarra,* composición de M. Bolaños, A. Jofre y A. Ortiz de Villajos.

[244] Raúl Medina Vázquez, **Verdadera Historia de la Masacre de Ponce.** Ponce: Instituto de Cultura Puertorriqueña, 2001, págs. 27-29.

[245] Ibid., p. 82.

[246] Pueblo v. Escobar, 55 DPR 505 (1939); Pueblo v. Berenger, 59 DPR 81 (1941); Pueblo v. González, 59 DPR 97 (1941).

[247] Pueblo v. González, 59 DPR 97 (1941).

[248] Miñi Seijo, **La Insurrección Nacionalista en Puerto Rico, 1950.** Río Piedras, P. R.: Editorial Edil, Inc., 1989, p. 18.

[249] Ramón Medina Ramírez, **El Movimiento Libertador en la Historia de Puerto Rico**, Tomo I, p. 152, nota al calce; José Martínez Valentín, **1901-2000: Cien Años de Carpeteo en Puerto Rico**, Carolina, P. R.: Esmaco, 2001, p. 87.

[250] Martínez Valentín, **La presencia...,** ob. cit., págs. 98-99.

[251] Ibd., p. 183.

[252] Véase Blanca Canales, **La Constitución es la Revolución.** San Juan, P. R.: Congreso Nacional Hostosiano, 1997.

[253] Miñi Seijo Bruno, **La Insurrección Nacionalista en Puerto Rico**, 1950. Río Piedras, P. R.: Editorial Edil, 1989, p. 73.

[254] *El Mundo*, 28 de octubre de 1950, p. 1.

[255] *El Imparcial*, sábado 28 de octubre de 1950, p. 2; *El Mundo*, 28 de octubre de 1950, p. 1.

[256] **El Movimiento Libertador en la Historia de Puerto Rico,** p. 277.

[257] *El Mundo*, lunes 30 de octubre de 1950, p. 1.

[258] Ibid., p. 24.

[259] Ver Pueblo v. Muñiz, 77 DPR 464 (1954).

[260] Pueblo v. Hernández, 77 DPR 464 (1954).

[261] Pueblo v. Negrón, 77 DPR 782 (1954).

[262] *El Mundo*, 1 de noviembre de 1950, p. 1.

[263] Pueblo v. Hernández, 77 DPR 464 (1954).

[264] Medina Ramírez, **El Movimiento Libertador**..., Tomo II, p. 285.

[265] **Informes de la Comisión de Derechos Civiles**, 1959, CDC 001, p. 89.

[266] *El Mundo*, 2 de noviembre de 1950, p. 1.

[267] *El Mundo*, 3 de noviembre de 1950, págs. 1 y 20.

[268] Pueblo v. Albizu, 77 DPR 888 (1955); Pueblo v. Albizu, 77 DPR 896 (1955).

[269] Heriberto Marín, **Coabey, el Valle heroico**, 1995, p. 136; Pedro Aponte Vázquez, **Albizu, su persecución por el FBI**. San Juan, P. R.: publicaciones René, 2000, págs. 194 y ss.

[270] Aponte, ob. cit., p. 239.

[271] Ibid., p. 252.

[272] Ibid., págs. 269 y 275.

[273] Rosa Meneses, "Algunos recuerdos alrededor del 21 de abril de 1965", **en Huracán del Caribe, Vida y obra del insigne puertorriqueño Don Pedro Albizu Campos**, (Aline Frambes-Buxeda, Editora) Río Piedras, P. R.: Universidad Interamericana, 1993, p. 103.

[274] Federico Rives Tovar, **Albizu Campos, el Revolucionario**. Nueva York: Plus Ultra Educational Publishers, Inc., 1975, p. 388.

[275] Ver 1 LPRA LP 600.

[276] Ver Pedro Malavet Vega, **Derechos y Libertades Constitucionales en Puerto Rico.** Ponce, P. R.: Ediciones Lorena, 2003.

[277] Pueblo v. Adorno, 81 DPR 518 (1959), págs. 548-549.

[278] Ibid., p. 532.

[279] Ley Núm. 77 del 22 de junio de 1956, Art. 4. Este cambio de nomenclatura en los apartados de la ley, que antes se denominaban "secciones", como se acostumbra en el Derecho norteamericano, y que bajo la nueva ley se llaman "artículos", como se acostumbra en los países del Derecho civil, parece acentuar el tono civilista que se le piensa dar a la Fuerza.

[280] **Diccionario de la Lengua Española.** Madrid: Espasa Calpe, S. A., 1984, Tomo II, p. 780.

[281] Ibid., art. 6 (a). (Énfasis añadido).

[282] Ibid., art. 6

[283] Ibid., art. 7.

[284] Ibid., art. 12.

[285] Ibid., art. 12 (2).

[286] Ibid., art. 9.

[287] Ibid., art. 7c.

[288] Ibid., art. 11.

[289] Ibid., art. 15

[290] Ibid., arts. 16 y 17.

[291] Ibid., art. 18.

[292] Ibid., art. 19.

[293] Elmo Torres Pérez, ¨Habla la Jefatura de la Policía sobre la ola de robos en Puerto Rico¨, *Bohemia*, 25 de octubre de 1964, p. 3-A.

[294] Ley Núm. 107 de 20 de junio de 1965, Art. 1.

[295] José Rafael Reguero, **Alejo y Los Niños de Sangre Azul.** Río Piedras: Editorial Cultural, 1989, págs. 15-16.

[296] Ibid., págs. 20-21.

[297] Ibid., p.16.

[298] Maggie Bobb, *El Mundo*, 22 de febrero de 1987, p. 4.

[299] Ibid., p. 2.

[300] Ibid., p. 4.

[301] E. Pérez Gómez, "Serán readiestrados todos los policías y oficiales", *Bohemia*, 22 de mayo de 1966, p. 51.

[302] A. Quiñones Calderón, "Rodríguez Aponte no conoce el lloriqueo", *Bohemia*, 25 de junio al 1 de julio de 1973, p. 6.

[303] Rafael Hernández Colón, **Vientos de Cambio, Memorias**. pág 24. Sorprende que, a la altura de 1965, solamente se descarten "docenas de carpetas", cuando la Policía llegó a tener más de 25,000 carpetas y unas 75,000 personas listadas. (Ramón Bosque Pérez, "Carpetas y persecución política en Puerto Rico: la dimensión federal", en **Las Carpetas**. Río Piedras, P. R.: CIPDC, Inc., 1997, p. 41.)

[304] Quiñones Calderón, loc. cit.

[305] Salvador Rodríguez Aponte, "La Policía de Puerto Rico en su función presente y futura", *Bohemia,* 28 de julio de 1968, págs. 48-55.

[306] Ibid., p. 49.

[307] Ob. cit., p. 48.

[308] Pueblo v. Pellot Pérez, 92 DPR 812 (1965).

[309] Ibid.

[310] Antonio Canales, "Las redadas de drogas resultan inútiles en Puerto Rico", *Bohemia,* 19 de enero de 1964, págs. 16-A-18-A; Enrique Pizza Galindo, "La verdad sobre el tráfico de drogas", *Bohemia,* 2 de mayo de 1965, págs. 9-A, 45-A-46-A.

[311] Ibid., 19 de enero de 1964, págs. 16-A-17-A.

[312] Ibid., p. 45-A.

[313] Ibid.

[314] *Bohemia*, 2 de mayo de 1965, loc. cit.

[315] Ibid.

[316] Ada Nivia Guerra, "Gerardo Delgado: 17 años en la Penitenciaría Estatal", Bohemia, 25 a 31 de octubre de 1971, p. 5.

[317] Luis A. López Rojas, **La mafia en Puerto Rico**. San Juan, P. R.: Editorial Isla Negra, 2004, especialmente en las págs. 47-56; 63-71.

[318] Ibid., p. 68.

[319] Véase el historial en 24 LPRA Secciones 971-974, derogadas.

[320] 24 LPRA secs. 2101-2607. Nótese que ese título cubre las leyes sobre Salud y Sanidad. Es decir, la materia no está cubierta por el Código Penal, sino por este ley especial.

[321] Ley Núm. 26 de 22 de agosto de 1974, art. 3.

[322] Ibid., art. 24.

[323] Ibid., art. 5.

[324] Ibid., art. 6.

[325] Ibid., art. 7.

[326] Ibid., art. 4 (c)

[327] Ibid., art. 8.

[328] Ibid., art. 18.

[329] Ibid., art. 19.

[330] Ibid., art. 20.

[331] Ibid., art. 21

[332] Ibid., art. 23.

[333] Ibid., art. 25.

[334] Ibid., art. 28.

[335] Ibid., art. 11.

[336] Ibid.

[337] Ver Soto v. Srio. de Justicia, 112 DPR 477 (1982); Peña Clos v. Cartagena Ortiz, 114 DPR 576 (1983); Romero Barceló v. Hernández Agosto, 115 DPR 368 (1984); Pueblo v. González Malavé, 116 DPR 578 (1985); Pueblo v. Pérez Casillas, 117 DPR 380 (1986); Pueblo v. Pérez Casillas, 126 DPR 702 (1990); In re Colton Fontán, 128 DPR 1 (1991); Brunet Justiniano v. Gobernador, 130 DPR 248 (1992).

[338] Barralt, ob. cit., págs. 514-515; El Mundo, 18 de mayo de 1985, p. 3. Martínez Valentín trata el tema a las páginas 139-156. Encuentra "la razón de ser del Cerro Maravilla" en la anterior persecución contra el nacionalismo. (págs. 157-206).

[339] *El Mundo*, 22 de marzo de 1987, p. 4.

[340] Ibid., p. 2.

[341] Reguero, ob. cit., p. 35.

[342] Barralt, ob. cit., p. 4º2. Reguero afirma que se inició el 10 de mayo de 1983, después del Día de las Madres. (ob. cit., p. 177). El Día de las Madres en 1983 fue el 8 de mayo.

[343] Una fuente cercana al proceso ha indicado que durante el mismo hubo amenazas contra familiares del magistrado, Giberto Gierbolini. Este aspecto no se ha hecho público.

[344] Véase los periódicos *El Vocero, El Nuevo Día* y *El Reportero* entre el 7 y el 15 de febrero de 1987; El Reportero, 7 de febrero de 1987, p. 3.

[345] *El Nuevo Día*, 7 de febrero de *1987, págs. 4 y 5.*

[346] *El Vocero,* 14 de febrero de 1987, pags. 3 y 34.

[347] Ibid., p. 34.

[348] *El Nuevo Día*, 14 de febrero de 1987, p. 7.

[349] José A. de la Texera Barnés, **El Aprendiz.** Aibonito, P. R.: Editorial Espuela, Inc., 2001, págs. 39-47.

[350] Ibid., p. 43.

[351] Ibid., págs. 46-47.

[352] Ibid., p. 47.

[353] Ob. cit., págs. 491-497. Todos los periódicos de ese mes de febrero de 1987 publicaron amplia información de las declaraciones de Maldonado y los nombres de todas las personas que involucró en sus correrías.

[354] Eugenio Hopgood Dávila, "Descargas eléctricas en el cuerpo", *El Reportero*, 4 de febrero de 1987, p. 3.

[355] Ibid.

[356] Ob. cit., págs. 41-53.

[357] 106 DPR 303 (1977). En ese caso el Tribunal hace una expresión que la historia demostró incorrecta: "improbables promesas por el CIC a Ana Delia que la protegerían eliminando a Juliá y Paso Fino." (p. 313).

[358] Pueblo v. Dones Arroyo, 106 DPR 303 (1977).

[359] Reguero, ob. cit., p. 50.

[360] Ibid., p. 51.

[361] Ibid.

[362] Pueblo v. Lebrón González, 113 DPR 72 (1982).

[363] Baralt, ob. cit., págs. 494-496.

[364] El capítulo se repite en el libro **Cómo disfrutar de la vida y del trabajo.** Buenos Aires: Editorial Sudamericana, S. A., 1989, págs. 61-63.

[365] *El Mundo*, 22 de marzo de 1987, p. 2.

[366] Ibid., p. 4.

[367] Ibid., p. 2.

[368] Covas, "Alejo confiesa 12 asesinatos", *El Nuevo Día*, 7 de febrero de 1987, p. 5.

[369] Eugenio Hopgood Dávila, "Se declara culpable por extorsión", *El Reportero,* 13 de febrero de 1987, p. 3.

[370] Juan R. Ramos López, "Remontan hechos al 1978", El Mundo, 26 de febrero de 1987, p. 3.

[371] Barralt, ob. cit., p. 497; U.S. v. Rivera Medina, 845 F.2d. 12 (1st circ. 1988).

[372] **Diccionario de Literatura Sopena,** 1989, Tomo 2, p. 893.

[373] Enrique Meliá León, **La Injusticia de la Justicia. Caso (Coronel Meliá).** Hato Rey, P. R.: sin editor, 2000, p. 233.

[374] Ibid., págs. 42-43.

[375] Ibid., p. 43.

[376] Ibid., p. 111.

[377] Ibid., p. 112.

[378] Ibid., p. 111.

[379] Ibid., p. 224.

[380] Ibid., p. 227.

[381] Ibid., p. 76.

[382] Ibid., p. 119.

[383] Pueblo v. Meliá León, 143 DPR 708 (1992), de la pág. 714 a la pág. 725. El caso es reproducido en el libro de Meliá León, de la pág. 329 a la 374.

[384] Ibid.

[385] Ob. cit., p. 126.

[386] Martínez Valentín dice que bolsa era de Burger King, no McDonald. (Ob. cit., págs. 255, 257).

[387] Meliá León, ob. cit., p. 18.

[388] Ibid., págs. 18-19.
[389] Ibid., págs. 95-103.
[390] Ibid., p. 104 y ss.
[391] Ibid., p. 130 y ss.
[392] Ibid., p. 141.
[393] **La presencia**, ob. cit., págs. 240-244.
[394] Ibid., p. 252.
[395] Ibid., p. 253.
[396] Ibid., p. 259.
[397] Ibid., p. 258.
[398] Ibid., págs. 260-261.
[399] Ibid., p. 262.
[400] Pueblo v. Meliá León, 143 DPR 714 (1997), p. 708, nota (1).
[401] Martínez Valentín, **La presencia**, ob. cit., págs. 272-272.
[402] Meliá León, ob. cit., p. 311.
[403] Ibid., y 314.
[404] Ibid., p. 310.
[405] Ibid.
[406] Ley Núm. 53 de 10 de Junio de 1996, Art. 38, relacionado con el art. 13, 25 LPRA sec. 3137.
[407] Ibid., art. 38.
[408] Ibid., art. 7
[409] Ibid., art. 8.
[410] Ibid., art. 6 (e).
[411] 25 LPRA secs. 3351-3356 (Suplemento del tomo principal de 2002).
[412] Suplemento comercial, "Semana de la Policía, 100 años de servicio al pueblo de Puerto Rico", *El Vocero*, 16 de febrero de 1998, p. S-12.
[413] Ibid.
[414] Ibid., p. S-3. El requisito de grado universitario no será aplicable a los miembros de la Fuerza que hubieren ingresado antes del 31 de diciembre de 1994, según dispuso la Ley Núm. 145 del 11 de junio de 2004.
[415] 25 LPRA secs. 3351-3356.
[416] Ibid., sec. 3351.
[417] Ley Núm. 155 de 17 de julio de 1999, enmendado por la Núm. 321de 2 de septiembre de 2000, 25 LPRA sec. 3353.
[418] Ibid.
[419] Ibid., art. 11.
[420] Ibid., art. 12.
[421] Ibid., art. 13.
[422] Ibid.
[423] Ibid., art. 14
[424] Ibid., art. 27.
[425] Ibid., art. 27.
[426] Ibid., art. 15.

[427] Ibid., art. 38.
[428] Ibid., arts. 29 y 30.
[429] Ibid., art. 33.
[430] Ibid., art. 18.
[431] Leyes Núm. 48 de 1999 y Núm. 186 de 24 de agosto de 2000, 25 LPRA secs. 3117 y 3118[a].
[432] Ley Núm. 186 de 24 de agosto de 2000, 25 LPRA sec. 3117.
[433] Ver Carle García v. Supte. De la Policía, 114 DPR 667, 672 (1983), opinión concurrente del Juez Negrón García.
[434] Magdalys Rodríguez, *El Nuevo Día*, 23 de julio de 2004, p. 50.
[435] El Nuevo Día, 8 de abril de 204, p. 4.
[436] Cartas oficiales identificadas como OS-1-3-324 y OS-1-3-325.
[437] Pedro Malavet Vega, **El día que murió Churumba.** Ponce, P. R.: Ediciones Lorena, 2004, p. 68.
[438] *Primera Hora*, 3 de agosto de 2004, p. 31.
[439] Ibid.
[440] *Primera Hora*, 30 de agosto de 2004, p. 2.
[441] Ibid., p. 5.
[442] Ibid.
[443] Ibid., p. 78.
[444] Sup. 100 años de Policía, *El Vocero,* 1998, citado, págs. S-10-S-11.
[445] Ibid., p. S-8.
[446] 114 DPR 667 (1983).
[447] Meliá, ob. cit., p. 72.
[448] 117 DPR 204 (1986).
[449] Ibid., p. 219.
[450] Ibid., p. 220.
[451] 110 DPR 536 (1980).
[452] Ibib., p. 527.
[453] Ibid., p. 531.
[454] Ibid., p. 533.
[455] 35 DPR 176 (1926).
[456] 25 LPRA sec. 3104.
[457] Véase *Reglamentos del Estado Libre Asociado de Puerto Rico*, Michie de Puerto Rico, 1996, Título 25, Vol. 782 y ss.
[458] Ibid., Cap. 140, secciones 1401-1491.
[459] Reglamentos de Puerto Rico, 25 R. P.R., sec. 1401-1491; Reglamento de la Policía Número 4216.
[460] Para el 1995, se informaba que dicho Cuerpo contaba con 351 oficiales. (Suplemento comercial de 20 de diciembre de 1995, p. S-10.)
[461] *Primera Hora,* 31 de julio de 2004, p. 22.
[462] *El Vocero,* Suplemento Especial sobre Bayamón, 31 de agosto de 2004, p. 6.
[463] 21 LPRA sec. 1063.
[464] Ibid., sec. 1066.

465 Ibid., pags. 661-662.

466 Pueblo v. Andino Tosas, 141 DPR 652 (1996); Pueblo v. Cruz Calderón, 2002 TSPR 5; Ley Núm. 45 de 22 de mayo de 1996.

467 Pueblo v. Andino Tosas, 141 DPR 652 (1996), a la pág. 656, nota (1).

468 21 LPRA sec. 1066.

469 21 LPRA sec. 4001

470 Ibid., sec. 4054 (d).

471 Ibid., p. 658.

472 Ibid., p. 660.

473 21 LPRA sec. 1066 (g).

474 21 LPRA sec. 1064.

475 Ibid., sec. 1076. Véase una situación dónde esto se plantea en Pueblo v. Andino Tosas, 141 DPR 652 (1996), a partir de la pág. 660.

476 Pág. 660.

477 Díaz Marín v. Mun. De San Juan, 117 DPR 334 (1986).

478 Opinión del Secretario de Justicia Núm. 23 de 1985.

479 21 LPRA sec. 1074.

480 Ibid., sec.1075.

481 **La presencia**..., ob. cit., p. 168.

482 Ibid., p. 168.

483 Ibid., págs. 168-169.

484 Ibid., p. 170.

485 Ibid., p. 169.

486 Ibid., p. 304.

487 Ibid., p. 306.

488 Ibid., p. 308.

489 Ibid., págs. 273-276.

490 Ibid., p. 274.

491 *El Vocero,* 16 de febrero de 1998, Suplemento Semana de la Policía, p. 2.

492 Ibid.

493 *El Nuevo Día,* 17 de octubre de 2004, p. 109.

494 Este es el cuartel que en artículo de prensa y fotografía presentó *El Nuevo Día* del 15 de enero de 2004 bajo el título ¨Policías de La Rambla en Ponce, temen que cuartel se les caiga encima.¨, p. 60.

495 P. 2. Se trata de la muerte de un joven de 17 años en un operativo de la Policía en el Residencial Monte Park, de Río Piedras.

496 Págs. 30-31. Se refiere a un antiguo caso de 1950, en el cual Deusdedit Marrero Nazario fue acusado y convicto injustamente, cuando la Revuelta Nacionalista, sólo por sus ideas; se le abrió carpeta por la policía desde 1943; cumplió 22 meses de cárcel y sufrió problemas de incapacidad mental; fue despedido de su empleo como trabajador social. El Tribunal Supremo revocó la convicción en octubre de 1956. Para el año 2000 era un tímido deambulante por decisión propia en la zona de Río Piedras.

497 El Presidente de la Federación de Policías relaciona el hostigamiento sexual en la Policía a que las mujeres policías asocian armas con símbolos sexuales.

[498] Se refiere a tres ex agentes de la División de Drogas de San Germán acusados de fabricar casos a personas inocentes.

[499] Se repite en *El Vocero*, 21 de septiembre de 2004, p. 22, y en *El Nuevo Día*, de igual fecha, p. 52.

[500] La mujer policía estaba acusada de encubrimiento y omisión en el cumplimento del deber, por convivir con un convicto de asesinato que estaba prófugo y que se suicidó cuando iba a ser arrestado en la residencia que compartía con la acusada. El 8 de octubre fue declarada absuelta por prueba insuficiente. (Primera Hora, 9 de octubre de 2004, p. 24.)

[501] Tomás de Jesús Mangual, Vuelve la 'mano dura'", El Vocero, 7 de enero de 2005, p.2.

[502] La noticia se repite en *El Nuevo Día*, 25 de septiembre de 2004, p. 50, y en *Primera Hora*, del mismo día, p. 2.

[503] Repetida la noticia en *El Vocero*, 16 de octubre de 2004, p. 14.

[504] *El Mundo,* Suplemento Especial, 30 de diciembre de 1989, p. 19.

[505] El Nuevo Día, 19 de julio de 2004, p. 4.

[506] Ibid.

[507] Miguel Rivera Puig, "Matan agente mientras compraba comida", *El Vocero*, 16 de a gosto de 2004, p. 20.

[508] Art. 3 de la Ley Núm. 53 de 10 de junio de 1996, 25 LPRA sec. 3102.

Departamento de Justicia

V

I. Funciones del Departamento de Justicia

El Secretario de Justicia es el funcionario a cargo de representar el gobierno del Estado Libre Asociado en todos los procesos civiles y criminales en tribunales y agencias y de asesorar a sus funcionarios en todo asunto jurídico.[1] Es el abogado y representante legal de la Rama Ejecutiva y expresa sus opiniones en derecho para la Legislatura y los municipios.

El Secretario es miembro, con rango constitucional,[2] del gabinete del Gobernador y es el funcionario de mayor jerarquía en su Departamento. Por disposición constitucional, desde 1952 es nombrado por el Gobernador, con el consejo y consentimiento del Senado de Puerto Rico. Se requiere que sea abogado. Sus responsabilidades legales y administrativas son numerosas, incluyendo presidir la Comisión para Combatir el Crimen, la Comisión Codificadora de las leyes de Puerto Rico, es miembro del Consejo Judicial y de numerosas juntas y comités encargados de poner en práctica un conjunto de políticas públicas del Estado.

Tiene autoridad para emitir opiniones jurídicas y publicar las que estime de interés general. Actúa como consejero legal de otras agencias del gobierno.[3] Es el segundo sucesor del Gobernador en los casos en que simultáneamente, de forma permanente, quede vacante dicho cargo y el del Secretario de Estado, o se produzca en ambos una ausencia de carácter transitorio, como cuando el Primer Ejecutivo y el Secretario de Estado se encuentran fuera del país.[4]

En materia de justicia criminal, es la autoridad máxima de las oficinas y funcionarios del Ministerio Público, es decir, fiscales y procuradores que representan al gobierno en los asuntos criminales o de menores delincuentes;[5] del Negociado de Investigaciones Especiales; de la División de Protección a Víctimas y Testigos;[6] dirige las actividades contra el crimen organizado;[7] investiga e informa al Gobernador sobre todas las peticiones de indulto,[8] es la autoridad superior en el funcionamiento de la oficina del Procurador General, quien representa al gobierno en los procesos criminales en apelación;[9] preside la Junta Directiva del Instituto de Ciencias Forenses,[10] es miembro de la Junta Asesora del Programa de Justicia Juvenil;[11] tiene a su cargo la dirección de la Oficina de Estadísticas Judiciales y Criminales;[12] y otras responsabilidades misceláneas. Corresponde al Secretario, a través de la Oficina de Compensación a Víctimas de Delito, administrar y distribuir un fondo creado con esos fines, mediante la Ley Núm. 183 del 29 de julio de 1998. Está limitado el número de delitos que pueden generar la compensación.[13] También corresponde al Secretario llevar a cabo una investigación preliminar y determinar someter al asunto a un Fiscal Especial Independiente en ciertos casos de violación a derechos civiles o delito grave realizado por determinados funcionarios públicos.[14]

Aunque el Departamento de Justicia de Puerto Rico sigue la tradición norteamericana, se estima que el modelo nuestro es más amplio.[15] Como funcionario a cargo de poner en vigor las políticas públicas en su ancho campo de acción, es normal que los incumbentes tengan visiones administrativas y criterios jurídicos distintos, conforme a las distintas administraciones políticas que ejercen el poder. Sin embargo, las obligaciones impuestas por la

Constitución no varían; aunque el Secretario posee amplia discreción, la misma no es absoluta.[16]

II. Evolución histórica

El Departamento de Justicia en Puerto Rico ha seguido una evolución histórica que se resume en tres etapas: el Secretariado de Gracia y Justicia en 1897, el *Attorney General* bajo la dominación norteamericana, y el Secretario de Justicia a partir de la Constitución del Estado Libre Asociado de Puerto Rico de 1952.

1. Época española

Como se sabe, Puerto Rico fue colonia española hasta 1898, gobernada por un Capitán General o Gobernador y sin asomo de un sistema republicano de gobierno.

Durante los cuatro siglos de dominio español no existieron las Secretarías de Gabinete que hoy son comunes, hasta el intento de la Carta Autonómica de 1897. Sin embargo, en 1832 se creó el primer tribunal apelativo, instituyendo la Real Audiencia de Puerto Rico. Mediante un Real Decreto del 30 de enero de 1855, se reorganizaron los tribunales y, por primera vez, se institucionaliza el Ministerio Fiscal, separado de la Judicatura como tal. Como reconoce el Tribunal Supremo, todavía a mitad del siglo XIX no existía el puesto de promotor fiscal en nuestros tribunales.[17]

Los tribunales de primera instancia en ese tiempo, como tratamos más adelante en detalle en el capítulo VI, eran fundamentalmente las llamadas Alcaldías Mayores. En este Decreto de 1855 se dispuso que, en adición al Fiscal y al Teniente Fiscal de la Real Audiencia, cada Alcaldía Mayor contaría con un promotor fiscal.[18]

El 9 de noviembre de 1897 el Consejo de Ministros de España aprobó tres decretos para la reforma del régimen político, económico y administrativo de Puerto Rico.[19] El primero de ellos extendía a Puerto Rico los derechos y libertades del Art. I de la Constitución de la Monarquía.[20] El segundo hacía extensiva a Puerto Rico la Ley Electoral de la Península de 26 de julio de

1896.[21] El tercero disponía el establecimiento en Puerto Rico de un gobierno colonial de carácter autonómico.[22] El 25 de noviembre la Monarquía, de acuerdo con el Consejo de Ministros, por decreto aprobó la Carta Autonómica de 1897. Se publicó en *La Gaceta de Puerto Rico* en los días 16, 17 y 18 de diciembre de 1897.[23] Esta Carta aunque mantenía la facultad de nombramiento del Gobernador por las autoridades españolas,[24] creaba un parlamento colonial para atender todo aquello que no hubiese sido "especial y taxativamente reservado a las Cortes del Reino o al Gobierno central."[25] En España el nombre "las Cortes" identifica al Parlamento. Los Tribunales son llamados de esa forma, Audiencias o juzgados.

El Parlamento estaba integrado por dos cuerpos: una Cámara de Representantes y un Consejo de Administración. El art. 45 de la misma proveía para la creación de una Secretaría de Gracia, Justicia y Gobernación.[26] El art. 34 disponía:

> Aun cuando las leyes relativas a la administración de justicia y de organización de los tribunales son de carácter general, y obligatorias, por tanto, para la colonia, el Parlamento colonial podrá con sujeción a ellas dictar las reglas o proponer al Gobierno central las medidas que faciliten el ingreso, conservación y ascenso en los tribunales locales, de los naturales de la isla, o de lo que en ella ejerzan la profesión de abogado.
>
> Al Gobernador General en Consejo corresponden las facultades que, respecto al nombramiento de los funcionarios, subalternos y auxiliares del orden judicial y demás asuntos con la Administración de Justicia relacionados, ejerce hoy el Ministro de Ultramar, en cuanto a la Isla de Puerto Rico se refiere.

Las funciones de esta Secretaría serían semejantes a ese mismo tipo de Ministerio en España. Vale indicar que en sus orígenes españoles, a partir de un Real Decreto del 30 de noviembre de 1714,[27] esta Secretaría tenía a su cargo todo lo relacionado con asuntos eclesiásticos y de justicia, por lo que de ella dependían los asuntos del clero.[28] Quizás por eso se utiliza el nombre indicado y y porque por *gracia* se entiende corrientemente la facultad del gobernante para perdonar penas total o parcialmente, cuyas formas clásicas son el indulto y la conmutación. Es precisamente una función típica de los departamentos de justicia evaluar y recomendar al Primer Ejecutivo sobre esos aspectos. De ahí, pues, creemos que se origina el nombre histórico de Secretaría de Gracia y Justicia.

Se dispuso para un nombramiento provisional para las carteras de gabinete en tanto se celebraban las elecciones que establecía la propia Carta. El 9 de febrero de 1898 el General Manuel Macías Casado, entonces Gobernador General de Puerto Rico, dio a conocer un Decreto en el cual, bajo el tópico de "Plantilla número 3" señalaba el campo de autoridad de la Secretaría de Gracia, Justicia y Gobernación. Le correspondían los asuntos de la magistratura y judicatura, nombramientos de orden judicial y demás asuntos relacionados con jueces y tribunales, es decir, con la administración de justicia; llevar la dirección del penal y cárceles de la Isla, nombramientos de alcaldes, cuentas del presidio, libertad de confinados; nombramientos en materia de orden público y policía; así como censura de obras y colección de la prensa del país.[29]

Al día siguiente el Gobernador nombró para ese puesto, entonces con carácter provisional como dijimos, a Luis Muñoz Rivera, quien juró su cargo el 12 de febrero. Como subsecretario fue designado el Lcdo. José de Diego, quien realmente administraba la Secretaría toda vez que Muñoz Rivera no era abogado. Este empieza su función de inmediato con un presupuesto de 30,955 pesos españoles. Pero en abril estalla el conflicto bélico iniciado por Estados Unidos contra España.

Después de las elecciones bajo la Carta Autonómica, instalado el Parlamento Insular, el 20 de julio de 1898 las Cámaras aprueban un Estatuto Colonial, reduciendo las Secretarías de Despacho del Gobernador a cuatro, separando la Gobernación de la de Gracia y Justicia. En cuanto a ésta, expresamente se indica que pertenece "a la Secretaría de Gracia y Justicia, jurisdicción análoga a la del Centro Ministerial organizado con el mismo nombre en la península, salvo las facultades reservadas al Gobernador en

Consejo por el Artículo 34 de la Constitución de 25 de noviembre de 1897." Muñoz Rivera, jefe del Partido Liberal Autonomista que gana las elecciones, ha de ocupar el Ministerio de Gobernación. El Gobernador debía nombrar a los del Consejo de Secretarios del partido que tuviese mayoría en el Parlamento, por lo que el 21 de julio nombra al abogado Juan Hernández López, también líder del Liberal Autonomista, para la Secretaría permanente de Gracia y Justicia.

Como indicamos, el 25 de julio de 1898 los norteamericanos invaden a Puerto Rico y en octubre instituyen un gobierno militar. Tras la breve colaboración de Muñoz Rivera con el General Brooke, el General Henry lo deja fuera del grupo de trabajo y coloca al Lcdo. Herminio Díaz Navarro en un "Departamento de Justicia."

Con anterioridad a esta Secretaría de Gracia y Justicia que murió al nacer, terminando el siglo XIX, existían los puestos de fiscales y tenientes fiscales en la Audiencia Territorial, así como los jueces de instrucción que investigaban los asuntos penales,[30] y los fiscales de las Alcaldías Mayores, aunque no existía un Departamento de Justicia.

2. *Attorney General* o Procurador General

Como hemos indicado, en 1900 el Congreso Federal aprueba la Ley Foraker para establecer un gobierno civil en Puerto Rico. La sec. 18 de la Ley dispuso que el Presidente de Estados Unidos nombraría un Secretario de Justicia bajo el nombre de *Attorney General*, semejante al existente al nivel federal. El nombramiento se haría por un término de cuatro años, con el consejo y consentimiento del Senado federal y sería realmente el funcionario más poderoso de la administración colonial norteamericana en la Isla. La sec. 21 de la Ley expresamente señalaba que dicho funcionario "tendrá todas las atribuciones y ejercerá todas las funciones que por la ley corresponde a un fiscal de Territorio en los Estados Unidos." Debía rendir informes, por conducto del Gobernador, al Fiscal General de los Estados Unidos.

El primero en ocupar ese puesto fue John A. Russel, en 1900, al que siguieron James S. Harlan, William Sweet, A. G. Steward,[31] Frank Feuille, y una serie adicional de norteamericanos, hasta que en 1920 se nombra el primer puertorriqueño, Salvador Mestre Caparrós. En 1923 vuelven los norteamericanos con Herbert P. Coats, al que han de seguir George C. Butte, James R. Beverly, Charles E. Winter, y Benjamín J. Horton, quien ocupa el cargo en 1933.[32] En 1935 el Presidente Roosevelt nombró a otro puertorriqueño, el Lic. Benigno Fernández García, quien lo ocupa hasta 1939.

En 1902 la Legislatura de Puerto Rico aprueba el Código Político, dirigido a regular la organización del gobierno, de conformidad con la Ley Foraker. El art. 4 del mismo reconoce al Gobierno de la Isla el derecho a castigar por delitos, arrestar y encarcelar para la protección o mantenimiento de la paz o salud pública o de la vida o seguridad individual.[33] Los artículos 63 al 78 regulan minuciosamente los poderes, autoridad y deberes del *Attorney General*. Estos son:

> Representar al gobierno de Puerto Rico en todo proceso criminal o civil ante los tribunales.
>
> Opinar sobre todo asunto jurídico para el Ejecutivo, la Asamblea Legislativa y los municipios.
>
> Dirigir el sistema de tribunales del país.
>
> Nombrar dos fiscales auxiliares, uno de ellos para el Tribunal Supremo.
>
> Dirigir las actuaciones de los fiscales de las Cortes de Distrito.
>
> Investigar y acusar a los jueces de primera instancia ante el Tribunal supremo por faltas graves o conducta inmoral.
>
> Dirigir el sistema de prisiones del país.
>
> Investigar e informar al Gobernador sobre toda petición de indulto.
>
> Publicar sus dictámenes que estime de interés general.
>
> Enjuiciar a las corporaciones que incurran en actos

ilegales.

Intervenir en asuntos relativos a usurpación de terrenos, propiedades embargadas, y bienes raíces sin herederos.

Informar, a través del Gobernador, al *Attorney General* de Estados Unidos, sobre sus actuaciones.

Durante cincuenta años, este funcionario dirige el funcionamiento interno del gobierno del país, especialmente por su dominio del sistema de tribunales. Será él quien determinará la organización de los tribunales, la apertura de nuevas salas, la composición del tribunal, el nombramiento de los funcionarios, las reglas jurídicas a aplicarse en materia procesal y de evidencia, la codificación de nuestro derecho, el funcionamiento del juicio por jurado y las enmiendas a la legislación. Un ejemplo de ello puede constatarse en su Informe al Gobernador del 1 de julio de 1905, en el cual el *Attorney General* opina sobre multiplicidad de asuntos. Para entonces, las Cortes de Distrito, en el año fiscal de 1904 a 1905 atendieron 1,077 casos criminales, en los cuales hubo 691 convicciones y 386 absoluciones.[34] Las Cortes Municipales resolvieron unos 19,457 casos criminales, con 12,565 convicciones y 6,802 absoluciones.[35] Un dato importante que señala el *Attorney General* de entonces, Frank Feuille, es la anomalía de que los jueces de Distrito eran nombrados por cuatro años, pero las secretarias y alguaciles del tribunal eran electos, como también lo eran los jueces municipales. Recomienda el Procurador se elimine ese proceso eleccionario.[36]

Para 1909 el *Attorney General* concurre a una Asamblea integrada por jueces, fiscales, abogados y otras personas para discutir la revisión general de las leyes del país.[37]

En 1917, como dijimos, se aprueba la segunda Ley Orgánica para organizar el gobierno civil de Puerto Rico. El art. 13 confiere facultad al gobernador para nombrar los miembros de su gabinete, con excepción del *Attorney General* y el Comisionado de Instrucción, los cuales seguían siendo nombrados por el Presidente de Estados Unidos por cuatro años.[38] El art. 14 de la misma mantiene la institución del *Attorney General,* con funciones similares a las establecidas en la Ley Foraker.[39]

El 25 de abril de 1920, el Gobernador interino José E. Benedicto pide a la Legislatura que se aprueben dos nuevos cargos de procuradores generales auxiliares.[40] En realidad está preocupado por una gran huelga general que requirió reclutar 200 policías especiales.[41] Por ello, solicita que ese funcionario utilice a los oficiales jurídicos como fiscales.[42]

En 1921 se produce un incidente demostrativo de la alternativa de lucha por el poder que podía darse entre el *Attorney General* y el Gobernador que nombra el Presidente de Estados Unidos. Veamos.

El 4 de marzo de 1920, el abogado puertorriqueño Salvador Mestre Caparrós, unionista, nacido en Mayagüez en 1882, fue nombrado *Attorney General* o Procurador General, por el Presidente Wilson (demócrata).[43] Fue el primer boricua designado para ese puesto. Lo ocupará hasta el 24 de marzo de 1923. En las elecciones de 1920, el Partido Republicano y su candidato a Presidente Warren G. Harding, ganaron las elecciones en Estados Unidos. El 6 de mayo de 1921 Harding nombró a su amigo E. Montgomery Reily, un simple asistente postal de Kansas City, como Gobernador de Puerto Rico. Reily desató una política de hostilidad contra el Partido Unión de Puerto Rico, que entonces dominaba la política del país y los puestos públicos, y contra su presidente, Antonio R. Barceló.[44] Reily se vanagloria de sus triunfos contra Barceló en cartas a Frank E. McIntyre, del Negociado de Asuntos Insulares en Washington.[45]

El 16 de octubre de 1921, Reily destituyó a un juez municipal, sin que hubiese vencido el término de cuatro años para el cual fue nombrado, sin formulación de cargos y sin seguir procedimiento de ley alguno.[46]

El 6 de marzo de 1922, un prominente unionista de nombre Tomás Lamela presentó cargos contra el Gobernador ante un Gran Jurado del Distrito de San Juan[47] por mal uso de fondos públicos.[48] Dicho jurado, compuesto de hombres de ambos partidos políticos de Puerto Rico, determinó la existencia de causa probable contra el Gobernador. Se le imputaba usar fondos públicos para pagar (a) sus cuentas privadas de sostenimiento de él y su familia; (b) los gastos de un viaje de él y sus amigos a Washington y (c) los gastos de una excursión a varias ciudades de Puerto Rico, acompañado de sus amigos políticos.[49] El 9 de marzo de 1922, el Gran Jurado ordenó al Fiscal de Distrito de San Juan que formulase acusación contra el Gobernador, el Auditor y el Secretario del Gobernador. El fiscal de San Juan era Ramón Díaz Collazo. Algunos días después, Reily destituyó al fiscal Díaz Collazo y nombró en su puesto a Rafael Arrillaga Urrutia. Mestre, el *Attorney General,* se hizo cargo del asunto del Gran Jurado.[50] A fines de abril o principios de mayo, el Gobernador llama a su oficina a Martín Travieso, destacado abogado republicano que años después será juez del Tribunal Supremo, para pedirle que, junto a José E. Benedicto, Tesorero de Puerto Rico, y el Senador Hernández López, estudiaran la prueba examinada por el Gran Jurado e hicieran un informe "exonerándole de toda responsabilidad".[51] Les dice que el *Attorney General* archivaría la causa si el grupo hacía ese Informe. Travieso alega haberle contestado que estaba en disposición de hacer el examen, pero que si la prueba estaba en contra del gobernador, no rendiría un informe exonerándolo. El Senador Hernández López se negó a participar.

Travieso examinó los documentos en presencia del *Attorney General*, sus dos ayudantes y del nuevo Fiscal de San Juan, Arrillaga. "Cuando terminé el examen de la prueba le dije al *Attorney General* ... que la prueba presentaba un caso *prima facie* contra el Gobernador; y que creía que era su deber como *Attorney General* cumplir las órdenes del Gran Jurado, presentando acusaciones de acuerdo con la prueba. Los dos auxiliares del *Attorney General,* el Sr. Benedicto y el Fiscal de San Juan, Sr. Arrillaga expresaron la misma opinión."[52] Al día siguiente, Travieso informó al Gobernador de su posición, y procedió a cortar sus relaciones con él. El 3 de junio de 1922, Travieso se reúne con el Presidente Harding en Washington. Le detalla lo ocurrido y la prueba. Pide que suspenda a Reily, para que se le pueda enjuiciar. Como Gobernador, Reily podía remover a cualquier fiscal que llevara el proceso. Travieso convino con el Presidente en pedirle al

Attorney General que no diera ningún paso para tramitar el juicio. El 8 de junio de 1922, Travieso le envió un cable a Mestre pidiendo que no actuase hasta recibir una carta suya. Travieso sometió su proyecto de carta al Presidente, quien le hizo ligeras correcciones. Realmente la carta de Travieso le recomienda al *Attorney General* (nombramiento demócrata) que no actúe contra el Gobernador (un nombramiento republicano). El *Attorney General* le contesta que no puede ignorar la prueba de la comisión de delitos.[53] Travieso envía esa contestación al Presidente.

El 27 de diciembre de 1922, Travieso escribe una carta al Presidente. (Parece evidente que estaba haciendo un record histórico para protegerse.) En esa carta Travieso, después de hacer referencia a su reunión del 3 de junio, "confiesa" su desencanto porque el Presidente no suspendió a Reily. El Presidente creía que lo adecuado era que el *Attorney General* ordenara el sobreseimiento del caso y luego él sacaba a Reily del cargo.[54] Resume lo ocurrido con el gobernador y señala que la situación es la misma en esa fecha: el *Attorney General* insiste que su deber es acusar. Travieso le dice al Presidente que solo hay dos caminos: o acusar al gobernador o destituir al *Attorney General* y nombrar otro "con una conciencia más flexible" que esté dispuesto a archivar el caso.[55] Cuenta, además, que cuando se le llamó a Fortaleza, el Gobernador utilizó un documento sosteniendo que era un Informe de Arrillaga indicando que no había prueba suficiente. Luego lo colocó boca abajo en el escritorio, pero Travieso en algún momento lo levantó y vio que no estaba firmado por Arrillaga. Este le informó a Travieso que él no había preparado ni firmado tal documento.[56]

Mientras tanto, el 13 de julio de 1922, el Tribunal Supremo de Puerto Rico resolvió el caso *El Pueblo y Atty. Gen. v. Corte de Dist. De San Juan,* 30 DPR 936 (1922). El nuevo Fiscal de San Juan, Rafael Arrillaga Urrutia, el 2 de junio de 1922, presentó ante el Tribunal de Distrito de San Juan una moción solicitando se le entregara el informe del Gran Jurado contra Reily, alegando que el 5 de abril de 1922 ese Tribunal ordenó que el informe quedara bajo la custodia de él; que el mismo se encuentra en poder del *Attorney*

General y que éste se niega a entregarlo al Fiscal Arrillaga. El 31 de mayo de 1922, hemos dicho, el Lic. Mestre, haciendo uso de su autoridad como Procurador General, trasladó a Arrillaga a Mayagüez y nombró a Domingo Massari como Fiscal de Distrito de San Juan.[57] El mismo día, 2 de junio de 1922, Massari presenta moción desistiendo de la moción de Arrillaga. Este presenta otra moción alegando que la orden de traslado no tiene ningún efecto, que sigue siendo el Fiscal de San Juan, y que el Tribunal resuelva su moción anterior. El juez norteamericano, Charles H. Foote, [que era juez de Distrito en P. R., no federal] sin citación ni audiencia alguna, ordenó al *Attorney General* que entregara al fiscal los documentos y *motu proprio* le apercibió con castigarlo por desacato.[58] El caso es sometido al Tribunal Supremo por Certiorari. Ese Tribunal resuelve que el de Distrito no tenía jurisdicción para dictar la orden que dictó y la deja sin efecto.

Ese mismo día, 13 de julio de 1922, se resuelve otro caso relacionado: *El Pueblo et al. v. Arrillaga*.[59] Los hechos que se repiten son los siguientes: En marzo de 1922, cuando el Gobernador destituyó al Fiscal de San Juan, nombró a Rafael Arrillaga Urrutia a ese puesto (el dato no lo dice el caso). Ya dijimos que el 31 de mayo de 1922, Mestre trasladó a Arrillaga a Mayagüez y nombró a Domingo Massari como Fiscal de Distrito de San Juan.[60] El 2 de junio de 1922 Arrillaga pide la orden contra Mestre para la entrega del expediente del Gran Jurado contra Reily, a pesar de que ya había sido trasladado el 31 de mayo. Es decir, Arrillaga se coloca en abierto desafió a la orden del Procurador General.[61] El 6 de junio de 1922, el Gobernador Reily dicta una orden dejando sin efecto el traslado de Arrillaga ordenado por Mestre.[62] Entonces el *Attorney General* presenta ante el Tribunal Supremo una petición de Mandamus para que se ordene a Arrillaga cumplir con su orden de traslado a Mayagüez. El Tribunal Supremo deniega la petición del Procurador General. Es decir, no provee el apoyo judicial para obligar a Arrillaga a trasladarse a Mayagüez. (Ese mismo día había resuelto que tampoco Arrillaga tenía derecho a examinar el expediente contra Reily.) Hay opiniones concurrentes importantes, que, en resumen, indican que se trata de una cuestión interna del poder ejecutivo, de si el Fiscal tiene que obedecer la orden del Procurador o la del Gobernador que la deja sin efecto. Se trata de un asunto de otras ramas de gobierno que el Poder Judicial no puede resolver. Es decir, sin indicarlo, el Tribunal aplica la doctrina de la *cuestión política*.

El 5 de marzo de 1923, Riley renunció. El 3 de mayo de 1923 fue nombrado Horace M. Towner como Gobernador de Puerto Rico. Ocupará el puesto hasta el 26 de septiembre de 1929.

Como indicamos, de 1935 al 1939 actúa como Procurador General el Lic. Fernández García. En 1940 se inicia el dominio político del Partido Popular Democrático. El 5 de agosto de 1947 el Congreso Federal aprueba legislación permitiendo a los puertorriqueños elegir su Gobernador.[63]

III. El Departamento de Justicia bajo el Estado Libre Asociado (1952-2004)

1. Nacimiento y desarrollo

En las elecciones de 1948, Luis Muñoz Marín resulta electo Gobernador de Puerto Rico. Se inicia entonces un proceso dirigido a conseguir mayor autonomía en los asuntos del país. Como indicamos antes, en 1950 se aprueba la Ley Federal 600 que permite la creación de una Constitución para la Isla, lo que realiza una Convención Constituyente organizada para esos fines. El texto constitucional fue aprobado el 6 de febrero de 1952. Conforme al mismo, se crea una nueva entidad política, el Estado Libre Asociado de Puerto Rico. El nombramiento de los jueces del Tribunal Supremo de Puerto Rico y del Secretario de Justicia será facultad del Gobernador de la Isla. Se cambia el nombre de *Attorney General* o Procurador General por el de Secretario de Justicia. El 3 de julio de 1952 el Congreso Federal, mediante la Ley Pública 447, aprueba la Constitución.

Durante ese proceso de creación constitucional, el Gobernador Muñoz Marín envió a nuestra Legislatura el Plan de Reorganización Núm. 8 de 1950, de acuerdo con una Ley de

Reorganización aprobada por la misma en 1949.[64] Todavía se utilizaba la denominación de Procurador General. Mediante dicho plan, se colocaba la Corporación de Industrias de Prisiones y la Junta de Libertad Bajo Palabra bajo la dirección y supervisión de dicho Procurador.

Entre 1949 y 1951 era Procurador General o *Attorney General* el Lic. Vicente Géigel Polanco. Como Subprocurador ejercía el Lic. José Trías Monge. El 1 de febrero de 1951, por discrepancias políticas, Luis Muñoz Marín destituyó a Géigel Polanco, mediante carta que fundamenta en un incidente en torno al nombramiento de un alcaide interino del Presidio Insular, que hiciera el Procurador General. Muñoz le escribe: "He solicitado y aceptado tu renuncia efectiva en esta fecha del cargo de Procurador General de Puerto Rico."[65] Meses antes, el 28 de octubre de 1950, había ocurrido la fuga de cientos de confinados. El Gobernador imputa que la conducta del Procurador ha podido "soliviantar a la parte perversa de los presos, contra los llamados a custodiarlos." Géigel contesta la carta el mismo día señalando:

> Como Procurador General, no era función mía "corregir" los defectos del personal de custodia –tarea que mas bien corresponde al Alcaide de la institución. Más de una vez expliqué a usted el estado de corrupción prevaleciente en el Presidio, que alcanzaba desde los jefes hasta los guardias penales, con la contada excepción de algunos empleados honrados. A la corrupción se sumó la inhumana y abusiva golpiza de que fueron objetos la mayoría de los prófugos al regresar al Penal, por parte de 10 o 12 miembros de la guardia. Usted objetó que estos guardias fueran destituidos, y haciendo buena su disposición se les trasladó a la cárcel de distrito de San Juan. Ordené entonces una investigación minuciosa de las condiciones y las prácticas legales.
>
> Tanto usted como el país conocen el cuadro que puso de manifiesto la investigación. En las raterías y negocios ilícitos venían participando por igual funcionarios, empleados y confinados. He venido adoptando todas las medidas de ley para poner término a semejante intolerable situación.
>
> . . . los líderes de las pandillas que organizaron la fuga en masa el 28 de octubre último se encuentran en los calabozos más seguros de las

> cárceles de Distrito de Ponce, Humacao, Arecibo, San Juan y la misma Penitenciaría. Evidentemente, ha llegado a usted información falsa, a la cual ha dado crédito sin cerciorarse de la verdad.[66]

El Alcaide interino nombrado fue Conrad M. Kaye y el mismo se hizo con la anuencia de Muñoz Marín. Pero una investigación realizada por el FBI demostró que había realizados actividades comunistas hasta el año 1943, y de inmediato, por órdenes de Muñoz Marín, fue relevado del cargo.

Cuando se aprueba la Constitución de 1952, creando el puesto de Secretario de Justicia, el mismo lo ocupará José Trías Monge, de 1953 a 1957.

A partir de las elecciones de 1968, se alternan en la administración del país los partidos Popular Democrático y Nuevo Progresista, cuyos gobernadores nombran al Secretario de Justicia correspondiente.

Para el 1964 actuaba como Secretario de Justicia el Lic. Hiram Cancio y como Fiscal General el Lcdo. José C. Aponte. Cancio presidía la recién creada Comisión Para Combatir el Crimen y la preocupación mayor en ese momento era la alta incidencia de incendios maliciosos en el país y la necesidad de aumentar el número de policías.[67] En julio de 1968 era Secretario José C. Aponte. El Departamento funcionaba mediante las Divisiones de Investigaciones Criminales, de Corrección, de Casos Contributivos, de Legislación y Codificación, de Litigios Generales, de Opiniones y de Casos de Tierra; así como las Oficinas del Procurador, de Asuntos Monopolísticos, la Junta de Libertad bajo Palabra y una sección que atendía los asuntos del Registro de la Propiedad.[68] Nótese que todavía la Junta de Libertad Bajo Palabra y las cárceles del país estaban bajo la dirección del Secretario de Justicia.

Una División de gran importancia es la de Opiniones.[69] Las mismas se publican en una colección que se cita por su número y el año en que se redacta. Atiende a la interpretación legal o reglamentaria de las leyes y reglamentos del país, pero no se extiende a cuestiones de hecho, ni a asuntos normativos, ni a cuestiones que no requieren la actuación del funcionario que formula la consulta, ni a las políticas internas de las agencias. Es decir, se trata de opiniones en el campo estrictamente jurídico.

En octubre de 1972, el Secretario, Wallace González Oliver, proponía una amplia reforma penitenciaria.[70] Consideraba entre sus logros haber conseguido la aprobación de la Ley Núm. 4 de 23 de junio de 1971, conocida como Ley de Sustancias Controladas. En 1969 el Departamento había creado la Oficina de Justicia Criminal; en 1970, un Comité Especial de Acción Interdepartamental contra el Crimen Organizado; y en 1971 el Centro de Información de Estadística Criminal. Pero el crimen seguía subiendo. En el Mensaje Especial a la Legislatura del Gobernador Hernández Colón del 18 de febrero de 1992 señalaba que "el Sistema de Información de Justicia Criminal (del Departamento de Justicia) estuvo abandonado a pesar de haberse invertido aproximadamente doce millones de dólares desde su creación en 1984. Entre su propósitos se busca que el juez, así como el fiscal y el investigador tenga por medios computadorizados toda la información y antecedentes criminales sobre el individuo intervenido. Nuevamente vitalizamos el sistema programándolo para la entrada de la información para el que fue creado. A partir de octubre de 1987, el sistema mantiene en computador la información de los trámites judiciales hasta el presente."[71]

Para 1974, un Estudio del Sistema de Corrección preparado por los licenciados Luis F. Negrón García y Arturo Negrón García, aceptado por el Secretario de Justicia de entonces, Francisco De Jesús Schuck, planteaba la necesidad de separar la sección de Corrección de Justicia y crear un Departamento de Corrección independiente.[72]

2. El Ministerio Público

La fuerza de choque contra la criminalidad del Departamento de Justicia está constituida por el conjunto de fiscales que representan el ministerio público a través de toda la Isla. *Ministerio público* es la institución, el conjunto de fiscales. Su deber es "procesar a todos los delincuentes por crímenes que puedan conocer bajo la autoridad del Estado Libre Asociado de Puerto Rico."[73] Los fiscales están bajo supervisión administrativa del Secretario de Justicia, [74]

Además de *Ministerio Público*, a esta institución se le denomina también *Ministerio Fiscal*. El nombre que ha perdurado en su desarrollo histórico para denominar a sus funcionarios ha sido el de *fiscal*, también llamado acusador público. La razón de ello está en que su función principal en sus orígenes era representar al Rey o Reina en el reclamo de rentas, derechos y toda reclamación sobre fincas, es decir, asuntos del fisco, que debían revertir a la Corona.[75] Algunos autores sostenían que la denominación ya era inadecuada por haber trascendido esa función original, y hasta se propuso llamarle Ministerio Público, como en las legislaciones italianas y francesas, o como Promotor de Justicia. Serra Domínguez opina, con acierto a nuestro juicio, que debe mantenerse la denominación de Ministerio Fiscal "en aras a su tradición",[76] Por las mismas razones creemos que debe mantenerse el nombre de *fiscal*: la historia del Derecho ya ha definido con exactitud el contenido de ese nombre para denominar al acusador público, especialmente desde la aparición del sistema procesal mixto en donde la primera fase investigativa está a cargo de un funcionario de gobierno.

De conformidad con las leyes vigentes en Puerto Rico, en cuanto al Ministerio Público, para el 2002, cxistían los siguientes puestos:

1 Fiscal General
13 Fiscales Auxiliares III
13 Fiscales de Distrito
130 Fiscales Auxiliares
107 Fiscales Auxiliares I
41 Procuradores para Asuntos de Menores
28 Procuradores Especiales de Relaciones de Familia.

La ley autorizaba al Gobernador la creación de más de 50 puestos de fiscales adicionales.[77] Igualmente se reconoce autoridad al Secretario de Justicia para nombrar como fiscales especiales algunos abogados del Departamento del Trabajo, de Hacienda u otras agencias.[78] Los puestos más altos de fiscalía –de Distrito; Auxiliares III y II; los de Asuntos de Menores, y otros– requieren nombramiento por el Gobernador, con el consejo y consentimiento del Senado.[79] Los fiscales ejercen su cargo por un término de 12 años,[80] salvo que sean suspendidos por conducta inmoral, incompetencia, convicción por delito grave o menos grave que implique depravación moral, insubordinación o abandono de sus deberes.[81] Para algunos de esos cargos se requiere ciertos años de experiencia, que varía entre 1 y 6.[82] Salvo en representación del Estado en asuntos civiles, les está prohibido ejercer la profesión de abogado en otras gestiones que no sean su función como fiscales.[83]

El 30 de noviembre de 1987, mediante la Orden Administrativa 87-12, el Secretario de Justicia estableció el Centro Metropolitano de Investigaciones y Denuncias. Respondía la acción administrativa a la necesidad de corregir dos fallas en el proceso previo de determinación de causa probable: lentitud y limitaciones en la evaluación del derecho aplicable. El Centro contaría con un equipo de fiscales, taquígrafos y agentes de orden público para prestar servicios las 24 horas del día, los siete días a la semana.[84] Cubriría las jurisdicciones de la zona metropolitana, Bayamón y Carolina. Atiende casos graves y los menos graves relacionados, así como conducir bajo los efectos de bebidas embriagantes. Entre 1987 y junio de 1991, ese Centro atendió 109,258 casos, imputados a 31,169 personas.[85]

En mayo de 2001 se propuso la creación mediante legislación del cargo de Fiscal General de Puerto Rico, separado del Departamento de Justicia. Incluso se anunció que dicho puesto lo ocuparía el Lic. Hiram Sánchez, juez del Tribunal de Apelaciones.[86] Sin embargo, hubo oposición del Departamento porque el proyecto, se aducía, quitaba funcionas constitucionales a dicho Departamento. La idea no prosperó, aunque en la práctica existe un Fiscal General a cargó de todas las fiscalías de la Isla, pero subordinado al Secretario de Justicia. Durante los últimos años, esa posición la ocupa el fiscal Pedro Gerónimo Goyco Amador.

El salario más alto lo recibe el Fiscal Especial General. Para el 2002, recibía la suma de $67,000 al año o el 102.5% del sueldo del Fiscal de Distrito, lo que fuere mayor. Dicho Fiscal de Distrito, quien es el jefe de la fiscalía en las distintas secciones del Tribunal de Primera Instancia, recibía $65,000, o el sueldo de un Juez Superior[87], cual fuere mayor. El Fiscal Especial I recibía un sueldo de $62,000 o el 95% del de un Fiscal de Distrito, cual fuere mayor. Los otros fiscales recibían un sueldo de $60,000 al año, excepto los de la categoría de Fiscal Auxiliar I, cuyo sueldo estaba en $58,000.[88] De conformidad con el Art. 7.001, de la Ley de la Judicatura, la Núm. 201 del 22 de agosto de 2003, los jueces del país tenían la siguiente escala salarial:

Juez Presidente Tribunal Supremo	$125,000
Jueces Asociados	120,000
Jueces Apelaciones	90,000
Jueces Superiores	80,000
Jueces Municipales	60,000

Terminando agosto de 2004, la Gobernadora firmó una ley estableciendo los salarios de jueces. Los municipales recibirían $69,600; los Superiores, $89,600 y los del Tribunal de Apelaciones, $105,000 anuales.[89]

La actuación de los fiscales que intervinieron en la investigación de las muertes en el Cerro Maravilla propició el encubrimiento de los asesinatos cometidos por la Policía. Esa conducta dio lugar al desaforo de un grupo de fiscales: Pedro Colton Fontán, Osvaldo Villanueva Díaz, Aurelio Miró Carrión, Ángel Figueroa Vivas y Juan E. Brunet Justiniano.[90] Las sanciones fueron desde suspensión provisional por tres años hasta la separación permanente de dos fiscales. Sin embargo, Coltón Foltán fue reinstalado en el 2001.[91] Se señala en el caso que es consustancial al cargo de fiscal estar comprometido con el

Fiscales repasan cómo se investiga un asesinato

MARIBEL HERNÁNDEZ
PRIMERA HORA

DE VUELTA al salón de clases.

La Oficina del Fiscal General citó ayer a 100 fiscales de toda la Isla a un seminario interagencial sobre investigaciones de escenas violentas que se escenificó en el Colegio Universitario de Justicia Criminal de la Policía en Gurabo, con el propósito de repasar el trabajo que se espera lleven a cabo en coordinación con la Policía y el Instituto de Ciencias Forenses (ICF).

Durante tres horas, los participantes observaron cómo se investiga una escena de asesinato desde que la Policía recibe la llamada informando sobre la comisión del delito, cómo se debe acordonar el lugar de los hechos para preservar la evidencia, el trabajo de los fiscales, los investigadores de Homicidios y la coordinación con los técnicos del ICF.

La Escuela de Investigación Criminal de la Academia de la Policía se transformó ayer en la escena del crimen ocurrido frente al "Tito's Bar" del área conocida como El Pueblito.

Allí, con un maniquí, simularon el asesinato de un hombre que le había faltado el respeto a una mujer y fue golpeado en la cabeza con un taco de billar, lo que degeneró en un tiroteo.

Lo primero que hicieron los investigadores y el fiscal asignado fue localizar la evidencia que había en la parte exterior de la escena del crimen, los casquillos de bala, las marcas de gomas de autos en el fango, un arma de fuego en la mano del occiso y un sobre con aparente picadura de marihuana en un bolsillo del pantalón del cadáver.

Luego levantaron la evidencia en el interior del local y establecieron las características del cadáver a ser examinado, las heridas de bala, contusiones, posición en la que se encontró y abrasiones.

Los asistentes repasaron cuál es la responsabilidad del primer agente que llega a la escena, que tiene que ayudar a las víctimas, detener al sospechoso, retener los testigos y mantenerlos separados de las víctimas, proteger la escena, velar por que nadie ajeno al grupo de investigación entre en el lugar y notificar a las agencias correspondientes para que cada una asuma su rol.

También discutieron la labor del investigador de la escena, del investigador forense y del fiscal, de quien se recalcó debe estar siempre accesible cuando sea llamado a acudir a una escena.

"El objetivo de la actividad era que todos vieran el trabajo en conjunto que hay que hacer entre la Policía, fiscalía y el Instituto de Ciencias Forenses. Surgieron muchas preguntas al ICF sobre el propósito de establecer trayectoria de las balas", indicó el superintendente auxiliar en Investigaciones Criminales, coronel José L. Caldero López.

Los fiscales también observaron una demostración de los nuevos equipos adquiridos por la Policía para realizar trabajos de vigilancia y de grabación.

También se mostró el vídeo de una autopsia practicada por el patólogo forense Francisco Cortés a un cadáver con el cráneo destrozado, cuyo procedimiento fue explicado paso por paso por la patóloga Edda González.

El ICF ofreció información sobre los laboratorios de criminalística, de ADN, de sustancias controladas, química forense, detección de sustancias controladas, poligrafía, documentos dudosos y la sección de evidencia digital.

● La Escuela de Investigación Criminal de la Academia de la Policía se transformó ayer en la escena del crimen ocurrido frente al "Tito's Bar" del área conocida como El Pueblito

PRIMERA HORA / Vanessa Serra

esclarecimiento de la verdad; que el Ministerio Público se vincula al problema de las libertades fundamentales de la persona frente al Estado; que muchas veces la labor del fiscal no es públicamente comprendida, ya que no puede realizar un buen trabajo sin provocar enojos; que en razón de ello se le reconoce cierta inmunidad condicionadas por sus actuaciones, por sus investigaciones y presentación de causas criminales, pero dicha inmunidad no incluye actuaciones dolosas, fraudulentas, maliciosas o delictivas en las que puedan incurrir los fiscales o el propio Secretario de Justicia.[92] Se apunta que aunque de ordinario los fiscales confían en las investigaciones de la policía, tienen la obligación de ir más allá cuando investigan actividades sospechosas de ilegalidad. "En resumen, al Fiscal, como a todo abogado, ha de animarle el esclarecimiento de la verdad y el procurar que se haga justicia."[93] Precisamente por ese deber, los fiscales no pueden ocultar a un acusado prueba exculpatoria que descubran en su proceso investigativo.

En los últimos años se han dado situaciones en las cuales se cuestiona las actuaciones de los fiscales. En unas, se ha imputado participación en la fabricación de prueba en algunos casos;[94] en otros se ha planteado fallas o negligencias en la presentación de prueba, produciendo absoluciones o revocaciones de convicciones por tribunales apelativos.[95] El caso más reciente, en agosto de 2004, parece ser la absolución de Melvin Méndez Gonzalez, cuya confesión de haber dado muerte al joven trompetista Ricardo Morales fue rechazada en juicio por una juez en base a que, al momento de tomarla, ni la policía ni la fiscal que intervenía en la investigación notificaron a la abogada del acusado. El 10 de agosto de 2004, se informaba que el Fiscal General, Pedro Gerónimo Goyco, estudiaba la posibilidad de apelar el fallo absolutorio en base a que se trata de una cuestión de derecho.[96]

Se ha señalado que es conducta censurable en un fiscal el que permita que la prensa publique detalles de la confesión que haya dado ante él un acusado y que la prensa tome fotografías del acto de la firma de tal confesión, así como practicar una investigación en presencia de redactores o fotógrafos de la prensa o de personas extrañas al proceso.[97]

En ocasiones ha habido suspensiones o sanciones por conducta impropia o negligencia.[98] El 5 de junio de 1991 se presentaron dos denuncias contra un fiscal en funciones: por el delito de soborno agravado y por infracción al Art. 3(c) de la Ley Contra el Crimen Organizado, por alegadamente recibir la suma de $14,000.00 en un caso y $2,000.00 en otro.[99] Tenemos información de que en sus méritos, el fiscal fue declarado no culpable.

También se ha demostrado el peligro de la función. En los años ochenta, un fiscal de Ponce fue asesinado por los integrantes de una banda de delincuentes. Este riesgo, aunque no por bandas de delincuentes, no es nuevo.

En 1932 la Isla sufrió el ataque del huracán San Ciprián. Causó serios daños en muchos pueblos, especialmente en Humacao. Aquí se solicitó la ayuda de la Guardia Nacional. Desde Fajardo enviaron un destacamento a cargo del Capitán Eduardo Méndez Bass. En un incidente "por motivos de faltas y roces en la línea de responsabilidad, sugieron discrepancias con un cabo de la Policía de apellido Burgos. En el mismo, el capitán Méndez Bass realiza unos disparos que han de producir la muerte de un fiscal y un oficial de la policía, y heridas en un brazo al cabo Burgos. Salvador Abreu-Vega describe el incidente de esta forma:

> El Capitán se acercó al cuartel a querellarse de la conducta del Cabo. Alguien envió por éste último así como por el fiscal de turno, Pesquera. El ambiente se había cargado y el Fiscal ordenó desarmaran al Capitán. Todos eran hombres enérgicos. Ninguno cedía en su posición. Ante la orden, el oficial militar apagó de un tiro el farol (eran las nueve de la noche) y siguió disparando a todos los presentes, cayendo mortalmente heridos el Fiscal, el cabo Sotero y cabo Burgos con una herida en un brazo.[100]

El caso contra el capitán Méndez Bass fue celebrado en Caguas, "resultando absuelto. Estuvo representado por el Lcdo. Arturo Aponte."

3. El Negociado de Investigaciones Especiales (N.I.E.)

El 13 de julio de 1978 se creó el Negociado de Investigaciones Especiales (N.I.E.), adscrito al Departamento de Justicia. Su objetivo fundamental es contar con un organismo, distinto de la Policía, para investigar los actos relativos al crimen organizado, los delitos que cometen los funcionarios públicos, la corrupción gubernamental, violaciones a la Ley Antimonopolista, y el abuso de autoridad de los miembros de la Policía de Puerto Rico.[101]

Su director tiene que ser un abogado admitido a la práctica, con no menos de 3 años de experiencia.[102] Debe contar con un Subdirector del Negociado, quien puede ser un abogado o una persona con Maestría en Justicia Criminal y con no menos de diez años de experiencia investigativa en el campo criminal.[103] Los agentes deben contar con un grado de Bachiller autorizado por una universidad reconocida, y pasan por un período probatorio de dos años.[104] Les nombra el Secretario de Justicia. El personal investigador tiene autoridad para investigar, denunciar, arrestar, diligenciar órdenes de los tribunales, poseer y portar arma de fuego y tomar juramentos.[105] Tiene derecho a inspeccionar los archivos y récord de las agencias del gobierno.[106]

Como ejemplo de intervención del N.I.E., se informaba el 19 de junio de 2000 que habían iniciado una investigación de un alegado escándalo producido por actos ilegales de alguaciles del Tribunal de Aguadilla;[107] el 29 de julio de 2004 se refería a este Negociado la investigación de la muerte de una persona por la Policía durante la intervención de la División de Drogas de Carolina en un supuesto punto de drogas de Canóvanas.[108] Conocimos antes su intervención el caso del Coronel Meliá León.

4. El Fiscal Especial Independiente

El Secretario de Justicia cumple una función esencial en el nombramiento de un Fiscal Independiente para investigar y enjuiciar a funcionarios públicos que cometen delitos en violación de los derechos civiles de los ciudadanos o cualquier otro tipo de delito grave.[109] Dicho Fiscal no queda ni está bajo la autoridad del Secretario, ejerce su función en forma independiente,[110] pero el proceso lo inicia el Secretario. Esta institución se originó en Estados Unidos con motivo del *Escándalo de Watergate*[111] y se desarrolló en Puerto Rico a partir de la investigación senatorial que descubrió los asesinatos de dos jóvenes independentistas en el

Cerro Maravilla. Debe recordarse que la función común, corriente, de enjuiciar por actos criminales descansa en el Secretario de Justicia y los fiscales de su oficina. Por tratarse de funcionarios públicos imputados, esta nueva institución busca un sentido de total independencia de la oficina también pública, que es el Departamento, para conseguir la mayor objetividad y dinamismo en la persecución de determinados delitos cometidos por funcionarios públicos en el desempeño de sus funciones en exceso de o en abierta violación a sus deberes. En el caso *Watergate* se demostró que los propios funcionarios del Departamento de Justicia Federal, o ex funcionarios, el Presidente y sus principales ayudantes, estaban envueltos en acciones criminales y que, lógicamente, no podían investigarse ellos mismos.

Watergate es el nombre de un edificio en Washington, D. C., que alberga un hotel, oficinas y apartamientos, frente al río Potomac, no muy lejos de la Casa Blanca. Para junio de 1972, en ese edificio estaban las oficinas del Comité Nacional del Partido Demócrata que habría de trabajar ese año eleccionario en la campaña de su candidato a Presidente. En la madrugada del 17 de junio de 1972, Frank Wills, el guardián nocturno del edificio, se percató de que un pedazo de *tape* que había puesto en una puerta exterior, estaba roto. Llamó a la Policía. Esta llegó en cinco minutos y arrestó a cinco personas dentro de las oficinas del Comité Demócrata. El líder del grupo de escaladores y espías era James McCord, un ex agente de la CIA, encargado de la Seguridad del Comité para la Reelección del Presidente Nixon. Los otros cuatros eran dos exiliados cubanos y otros dos norteamericanos de Miami. El proceso judicial contra los escaladores y la campaña presidencial de Richard Nixon, continuaron su curso normal, terminando el año 1972. Nixon fue reelecto por una abrumadora mayoría. Derrotó a George McGovern con un 60.8% de los votos y con 520 del total de 537 votos electorales. Pero dos periodistas del *Washington Post*, Bob Woodward y Carl Bernstein, seguían la pista del escalamiento. Estaban en la antesala de la fama.

La acusación se extendió a otras dos personas: Gordon Liddy, un abogado, ex agente del FBI y ex fiscal federal, y E. Howard

24 Panorama jueves 15 de julio de 2004
PRIMERA HORA

Eliminan disposición defendida por Anabelle Rodríguez

Aprueban nueva ley orgánica del Departamento de Justicia

Oscar J. Serrano
PRIMERA HORA

SIN CONCENTRACIÓN de poderes para los secretarios de Justicia.

La Legislatura aprobó la nueva ley orgánica del Departamento de Justicia eliminándole la disposición defendida por la secretaria Anabelle Rodríguez que convertiría las opiniones de los secretarios de Justicia en ley vinculante para todo el Ejecutivo en vez de sólo para la agencia que originó la consulta, como es ahora.

La aprobación del proyecto el lunes se dio sin debate ni vistas públicas adicionales mediante el mecanismo de aprobar el informe de conferencia, que ya eliminaba la disposición. La eliminación de la obligatoriedad de las decisiones para todo el Ejecutivo causó que Rodríguez se personara a las afueras del hemiciclo cameral en el último día de sesión ordinaria para increpar al propulsor de la enmienda, el representante Charlie Hernández.

La disposición en controversia le hubiera dado el poder a cualquier secretario de Justicia futuro de influenciar las actuaciones de todo el Ejecutivo a través de las opiniones. Actualmente, las opiniones sólo obligan a la agencia que la pidió, quien somete su duda acompañada de una relación de hechos específicos y de un memorándum de sus abogados.

Rodríguez, quien no comentó sobre su intervención personal en apoyo de la disposición, argumentó que esto sólo reconocía el "estado de derecho vigente". Sin embargo, el Código Político y una serie de opiniones de anteriores secretarios de Justicia adelantan la posición de que las opiniones son sólo de aplicación directa a la agencia que las pide.

"El proyecto (aprobado) mantuvo el estado de derecho presente... yo espero que (la Gobernadora) lo apruebe porque es un buen proyecto", comentó Hernández ayer, al tiempo que el presidente de la Comisión de lo Jurídico del Senado, Eudaldo Báez Galib, no anticipó oposición de La Fortaleza a la enmienda sobre las opiniones porque se trata sólo de un asunto "aislado" entre muchos que la ley orgánica adelanta.

Rodríguez no contestó llamadas de **PRIMERA HORA** para conocer su opinión sobre la versión del proyecto aprobada, pero la semana pasada, cuando este diario reveló los problemas que enfrentaba la disposición, la funcionaria la calificó como "muy importante para la eficiencia en el manejo de los asuntos de política pública del Ejecutivo".

En la exposición de motivos del proyecto se describe la nueva ley orgánica como "un estatuto que integra, precisa y actualiza todas aquellas disposiciones de ley que atañen a las atribuciones y deberes del Secretario de Justicia y de sus funcionarios y empleados, y al funcionamiento administrativo del Departamento".

Contiene apartados sobre las funciones y deberes del Secretario, la concesión de inmunidad, la obligación de mantener un registro de demandas civiles en las que participe el gobierno y de convictos por corrupción, las reglas de manejo de personal, lo relativo a las oficinas del Fiscal General, Asuntos del Contralor, Asuntos de Menores y Familia, Litigios Generales, Asuntos Monopolísticos, Procurador General y Auditoría Interna además de lo relativo al nombramiento, funciones y deberes de los fiscales, incluyendo el procedimiento para disciplinarios y la prohibición de que intervengan en gestiones o actividades de naturaleza político partidista.

Archivo/PRIMERA HORA

Rodríguez no contestó llamadas de PRIMERA HORA para conocer su opinión sobre la versión del proyecto aprobada.

Hunt, otro funcionario de la CIA, ambos trabajando para el Comité de Reelección de Nixon. Al inicio del proceso, Hunt, Liddy y otros tres acusados hicieron alegación de culpabilidad. El 30 de enero de 1973, los últimos dos acusados fueron declarados convictos en la sala del juez John J. Sirica, del Tribunal Federal de Washington. Mientras Sirica evaluaba la sentencia que iba a imponer, el 20 de marzo de 1972, James McCord se presentó a su oficina y entregó a Richard Azzaro, oficial jurídico del juez, un sobre con dos cartas. Una de ellas denunciaba que hubo presión política para que los acusados se declararan culpables, que hubo declaraciones falsas en el proceso y que había otras personas envueltas en la operación de *Watergate* que no habían sido identificadas.[112] El 23 de marzo, el Juez Sirica leyó en sala la carta de McCord, haciéndola de dominio público. Sentenció a los acusados al máximo posible, de seis años y medio hasta 40 años de prisión.[113] En noviembre de 1973, Sirica redujo considerablemente las penas impuestas, variando entre un año y cinco años de cárcel. La pena más larga fue la de Gordon Liddy, quien llegó a cumplir cinco años de prisión, hasta que el Presidente Carter le conmutó la pena en 1978.[114]

Mientras tanto, se daba otro desarrollo del caso Watergate. El Senado nombró un Comité Selecto para investigar el escándalo, presidido por el viejo abogado Sam Ervin. Las vistas fueron televisadas a todo el país. Se descubrió todo un plan de encubrimiento desde las oficinas del propio Presidente Nixon, con promesas de pago a los acusados para que guardaran silencio, en el que estaban envueltos el Presidente y sus principales ayudantes, así como la grabación ilegal de comunicaciones de los oponentes políticos, robo de documentos, declaraciones falsas ante el Gran Jurado, persecución de la prensa, entrada ilegal a las oficinas de médicos siquiatras y grandes contribuciones ilegales para las campañas políticas y otros actos criminales contra el proceso democrático. En mayo de 1973, Nixon, presionado por la prensa, nombró un Fiscal Especial Independiente para investigar el escándalo. El nombramiento recayó en Archibald Cox, Profesor de Derecho de la Universidad de Harvard. En el proceso se descubrió que el Presidente Nixon grababa todas las conversaciones que ocurrían en su oficina.

El Fiscal Especial Independiente, originalmente Archibald Cox, luego Leon Jaworski, obtuvo un *subpoena duces tecum* contra el Presidente expedido por el juez federal John J. Sirica para obtener dichas grabaciones y usarlas en un proceso criminal contra siete ayudantes del Presidente acusados por un Gran Jurado de conspiración y obstrucción de la justicia. Se imputaba al Presidente haber participado en la conspiración, pero no fue acusado. El Presidente alegó que dichas grabaciones no estaban disponibles para el Tribunal por estar protegidas por el privilegio ejecutivo.[115]

El Tribunal Supremo, mediante decisión unánime de ocho jueces participantes, en la cual fue ponente el Juez Presidente Burger, rechazó el planteamiento, confirmando la orden de entrega.[116] Aunque el Tribunal señala que el Presidente goza de un privilegio condicionado, con base constitucional, en algunos asuntos, es función del Poder Judicial determinar su extensión. No se aplica el mismo en asuntos de naturaleza criminal. El fundamento constitucional del privilegio limitado se encuentra en la doctrina de separación de poderes y la necesidad que tiene el Poder Ejecutivo de mantener cierta confidencialidad en las comunicaciones de alto nivel. Vale indicar que dicha disponibilidad no supone la divulgación irrestricta. Puede limitarse el conocimiento al Juez *en cámara,* es decir en su oficina, no en sala. La situación es distinta cuando se trata de asuntos militares, diplomáticos o relativos a la seguridad nacional.

El 10 de octubre de 1973, el Vicepresidente Agnew se vio obligado a renunciar por un escándalo en relación con el recibo de sobornos cuando era Gobernador de Maryland. Fue acusado e hizo alegación de *"nolo contendere"*. Se le impuso una multa de $10,000.00 y una pena de tres años de cárcel a cumplirse en probatoria. Nixon nombró vicepresidente a Gerard R. Ford, líder de los republicanos en la Cámara de Representantes. Esto requirió la aprobación de ambas cámaras del Congreso. Nixon a su vez fue obligado a renunciar por su activa participación en el encubrimiento del escándalo de Watergate y otras acciones ilegales que produjeron el inicio de un procedimiento de residenciamiento. Renunció el 8 de agosto de 1974. Ford asumió la presidencia y, el 20 de agosto de 1974, nombró vicepresidente a Nelson Rockefeller, Gobernador republicano de Nueva York. Se dio entonces el caso de que ni el Presidente ni el Vicepresidente habían sido electos para esos puestos por el voto popular. En septiembre de 1974, Ford indultó a Nixon por toda responsabilidad que pudiere tener en la comisión de cualquier delito en los escándalos en que estuvo envuelto.

En las elecciones de 1976, los votantes escogieron un demócrata como su Presidente: Jimmy Carter.

Los procesos criminales produjeron convicciones de los más altos funcionarios del gobierno de Richard Nixon. Fueron condenados a prisión John Mitchel, ex Secretario de Justicia; los consejeros presidenciales John Erlichman y Robert Haldeman; el abogado asesor del Presidente, John Dean, así como Robert Mardian y Charles Colson. Otros, como Patrick Gray, Director del FBI, y Richard Kleindienst, Secretario de Justicia, tuvieron que renunciar a sus puestos. Woodward y Bernstein publicaron dos libros estupendos sobre el tema: *All The President´s Men* y *The Final Days*. El primero fue llevado al cine con el mismo título.

Watergate, en la política de Estados Unidos, ha venido a significar escándalo de gobierno de grandes proporciones en las altas esferas.

Con motivo del descubrimiento de los asesinatos del Cerro Maravilla, y con el trasfondo histórico de Watergate, el gobierno de Puerto Rico decidió en 1988 crear el cargo de Fiscal Especial Independiente en la Isla, especialmente para procesar a los envueltos en las muertes de Maravilla.

Dicha ley dispone que el Secretario de Justicia debe iniciar una investigación preliminar cuando reciba información bajo juramento de un posible delito contra los derechos civiles, la función o el erario público por el Gobernador, los Secretarios de Departamentos, jefe o subjefes de agencias, directores ejecutivos de corporaciones públicas, alcaldes, miembros de la Asamblea Legislativa, asesores o ayudantes del Gobernador o jueces.[117] Se extiende la facultad a otros funcionarios o ex funcionarios públicos.[118] La Ley crea un Panel de ex jueces para decidir el nombramiento del Fiscal Especial Independiente.[119] Ese nombramiento priva completamente al Secretario de Justicia de jurisdicción sobre la investigación.[120] Compareciendo ante la Comisión de Hacienda de la Cámara de Representantes, la Lic. Crisanta González, Presidenta del Panel sobre Fiscal Especial Independiente para el 2003, expresaba: "El propósito de aprobar esta ley (del FEI) fue precisamente sacar del Departamento de Justicia las investigaciones de casos de determinados funcionarios públicos mediante una ley especial, para darle unas garantías al pueblo, pero también darle unas garantías a ese funcionario."[121]

El Panel puede aceptar el nombramiento de un Fiscal Especial Independiente o puede decidirlo en contra de una opinión adversa del Secretario. Este fiscal tiene entonces la obligación de culminar la investigación y radicar acusaciones si procede, así como enjuiciar a los imputados.

Entre julio de 2002 a marzo de 2003, informaba la Lic. Rodríguez que se le sometieron al F.E.I. 16 investigaciones preliminares, realizadas por el Departamento de Justicia; que había cinco querellas ante la consideración del Panel; que se habían sometido 24 denuncias contra seis funcionarios; y que había 78 acusaciones pendientes de juicio en los tribunales.[122]

El nombramiento expira cuando el referido fiscal rinde su informe final.[123]

---

[1] In re Secretario de Justicia, 118 DPR 827, 846 (1987).

[2] Creado por la sec. 6 del Art. IV de la Constitución de Puerto Rico.

[3] Constitución de Puerto Rico, Art. IV, sec. 6; Código Político de 1902, art. 63, 3 LPRA sec. 71 y ss., In re Secretario de Justicia, 118 DPR 827 (1987); In re Secretario de Justicia, 119 DPR 363 (1987).

[4] 3 LPRA sec. 8.

[5] 3 LPRA sec. 98, así como la 90 y ss.

[6] 25 LPRA secs. 972-973.

[7] 25 LPRA sec. 971.

[8] 3 LPRA sec. 80.

[9] Ibid., sec. 84

[10] 34 LPRA sec. 3004

[11] 23 LPRA sec. 1061k.

[12] 4 LPRA sec. 661.

[13] Son asesinato, sodomía, homicidio, robo de menores, actos lascivos, imprudencia crasa, violencia doméstica, violación, maltrato de menores, secuestro, incesto y mutilación.

[14] Ley Núm. 2 de 23 de febrero de 1988, 3 LPRA sec. 99k y ss.

[15] In re Secretario de Justicia, 118 DPR 827 (1987), a la pág. 846, nota (11).

[16] Ibid.

[17] Pueblo v. Pabón, 102 DPR 436 (1974).

[18] José Trías Monge, **El Sistema Judicial de Puerto Rico**. Río Piedras, P. R.: Editorial Universitaria, 1978, p. 32.

[19] Lidio Cruz Monclova, **Historia de Puerto Rico (Siglo XIX).** Río Piedras, P. R.: Editorial Universitaria, 1979, Tomo III, Tercera Parte, p. 96.

[20] Ibid.

[21] Ibid., p. 99.

[22] Ibid; Carmen Ramos de Santiago, **El gobierno de Puerto Rico.** Río Piedras, P. R.: Editorial Universitaria, 1979, p. 40 y ss.

[23] Carmelo Delgado Cintrón, **Derecho y Colonialismo.** Río Piedras, P. R.: Editorial Edil, Inc., 1988, p.147, nota 1.

[24] 1 LPRA, Documentos Históricos, Carta Autonómica de 1897, Art. 41.

[25] Ibid., Art. 32

[26] Ibid.

[27] Ley 4, Tít. VI, L. III de la Novísima Recopilación.

[28] **Enciclopedia Jurídica Española**. Barcelona: Francisco Seix, Editor, Tomo Vigésimo Segundo, p. 470.

[29] Delgado Cintrón, ob. cit., p. 148.

[30] José Trías Monge, **El sistema** ..., ob. cit., págs. 37-39; Delgado Cintrón, ob. cit., págs. 150-152.

[31] *Anuario de Puerto Rico*, 1935, págs. 66-67.

[32] Ibid.

[33] 1 LPRA, sec. 1.

[34] *Annual Report Goverrnor of Porto Rico,* 1905, p. 67.

[35] Ibid., p. 68.

[36] Ibid., págs. 60, 61

[37] Informe del Gobernador George R. Colton, en Néstor Rigual, **Reseña de los mensajes de los gobernadores de Puerto Rico, 1900-1930.** Río Piedras, P. R.: Editorial Universitaria, 1967, p. 99.

[38] Carmen Ramos de Santiago, **El desarrollo Constitucional de Puerto Rico, documentos y casos.** Río Piedras, P. R.: Editorial Universitaria, 1979, p. 88; Carmen Ramos de Santiago**, El Gobierno**..., ob. cit., p. 82.

[39] 1 LPRA sec. 14.

[40] Rigual, ob. cit., p. 170.

[41] Ibid., p. 168.

[42] Ibid., p. 174.

[43] 30 DPR iii (1922).

[44] Roberto H. Todd, **Desfile de Gobernadores de Puerto Rico, 1898 a 1943.** San Juan, P. R.: sin editor, 1943, págs. 65-85.

[45] Reece B. Bothwell González, Puerto Rico: **Cien años de Lucha Política,** Río Piedras, Editorial Universitaria, Tomo II, 1979, págs. 316-321.

[46] Jiménez v. Reily, 30 DPR 626 (1922); Pedro Malavet Vega, **Evolución del Derecho Constitucional Puertorriqueño.** Ponce, P. R.: Ediciones Lorena, 1998, p. 101.

[47] El Gran Jurado en Puerto Rico fue establecido mediante ley de 1919. (El Pueblo et al. V. Arrillaga, 30 DPR 940, 943, (1922). No está en uso.

[48] Todd, ob. cit., p. 78.

[49] Bolthwell González, ob. cit. p. 333.

[50] Carta de Travieso al Presidente Harding, del 27 de diciembre de 1922, en Bothwell, ob. cit., p. 333.

[51] Ibid., p. 334.

[52] Ibid.

[53] Ibid., p. 336.

[54] Una conocida y repetida práctica política de "salvar cara".

[55] Ibid.

[56] Ibid., págs. 336-337.

[57] El Pueblo et. At. v. Arrillaga, 30 DPR 940, 941-941 (1922).

[58] Ibid., p. 938.

[59] 30 DPR 936 (1922); Malavet Vega, **Evolución**, ob. cit., p. 101.

[60] El Pueblo et. At. v. Arrillaga, 30 DPR 940, 941-941 (1922).

[61] Ibid., Opinión de Franco Soto, p. 953.

[62] Ibid., p. 945.

[63] 64 Stat. 320.

[64] Véase "Historial" sobre las leyes que rigen el Departamento de Justicia, bajo 3 LPRA sec. 71.

[65] Bothwell González, **Puerto Rico: Cien**…, ob. cit., Tomo IV, p. 3

[66] Ibid., págs. 6-7.

[67] *Bohemia,* 27 de diciembre de 1964, págs. 6-A-7-A.

[68] *Bohemia,* 28 de julio de 1968, págs. 40-41.

[69] 3 LPRA sec. 71.

[70] *Bohemia*, 22 de octubre de 1972, págs. 198-199.

[71] Mensaje Especial del Gobernador del Estado Libre Asociado de Puerto Rico, Hon. Rafael Hernández Colón sobre la Droga y la Criminalidad a la Undécima Asamblea Legislativa en su Séptima Sesión Ordinaria, 18 de febrero de 1992, Anejo 1, págs. 35-36.

[72]*Avance*, 11 de marzo de 1974, p. 18.

[73] 3 LPRA sec. 95.

[74] Ibid., sec. 98

[75] Manuel Serra Domínguez, "Ministerio Fiscal", **en Nueva Enciclopedia Jurídica**. Barcelona: Editorial Francisco Seix, S. A., 1978, Tomo XVI, p. 404.

[76] Ibid.

[77] 3 LPRA, sec. 90.

[78] Ibid., secs. 88a; 89a.

[79] Ibid., sec. 92.

[80] Ibid., sec. 93.

[81] Ibid., sec. 93a.

[82] Ibid., sec. 94.

[83] Ibid., sec. 97.

[84] Informe del Gobernador de 1992, citado, p. 34.

[85] Ibid., p. 35.

[86] *El Nuevo Día*, 9 de mayo de 2001, p. 41.

[87] Los sueldos de los jueces aparecen en 4 LPRA sec. 231.

[88] Todas las escalas aparecen 3 LPRA sec. 133b.

[89] *El Vocero,* 31 de agosto de 2004, p. 13.

[90] In re Colton Fontán, 128 DPR 1 (1991); In re Figueroa Vivas, 99 JTS 164.

[91] Ramón Arbona, "Supremo golpe de la camarilla PNP", *Claridad*, 29 de junio de 2001, p. 3.

[92] In re Colton, citado, págs. 7-8.

[93] Ibid., p. 9.

[94] Obed Betancourt, "Fiscales y Policías, por fama y gloria fabrican caso Barbarita", *El Vocero*, 14 de marzo de 2000, p. 3. Antes conocimos la fabricación narrada por el Lic. De La Texera en su obra **El Aprendiz.**

[95] Andrea Martínez, "Le imputan fallas a Vivoni y López Mulero", *El Nuevo Día*, 8 de marzo de 2001, p. 48.

[96] Primera Hora, 10 de agosto de 2004, págs. 2-3.

[97] Pueblo v. Dumas, 82 DPR 416 (1961).

[98] "Suspenden a dos fiscales", *El Vocero*, 19 de enero de 2002, p. 9.

[99] Pueblo v. Santiago Feliciano, 139 DPR 360 (1995).

[100] Salvador Abreu-Vega, **Apuntes para la historia de Humacao**, Humacao, P. R.:, 1984, p. 205

[101] Ley Núm. 38 del 13 de julio de 1978, 3 LPRA secs. 138(a) a 138 (r).

[102] 3 LPRA sec. 138e.

[103] Ibid., sec. 138g.

[104] Ibid., sec. 138i.

[105] Ibid., sec. 138d.

[106] Ibid., sec. 138k.

[107] *El Vocero*, 19 de junio de 2000, p. 10.

[108] *Primera Hora,* 29 de julio de 2004, p. 34.

[109] Ley Núm. 2 de 23 de febrero de 1988, 3 LPRA secs. 99j y ss.

[110] 3 LPRA sec. 99u.

[111] Véase opinión de Rebollo López en Silva Iglesia v. F. E. I., 137 DPR 821 (1995), a la pág. 851.

[112] John J. Sirica, **To set the record straight.** New York: W.W. Norton / Company, 1979, p. 98.

[113] Ibid., págs. 118-119.

[114] Ibid., p. 120.

[115] Puede verse el trámite inicial, trasfondo histórico, discusión y alegatos en el libro de Sirica citado.

[116] United States v. Nixon, 418 US 683, 94 S.Ct. 3090, 41 L. Ed 2d 1039 (1974).

[117] 3 LPRA sec. 99k; Silva Iglesia v. F.E.I., 137 DPR 821 (1995).

[118] Ibid., sec. 99l.

[119] Ibid., sec. 99q.

[120] Ibid., sec. 99s.

[121] *Primera Hora*, 23 de mayo de 2003, p. 28.

[122] Ibid.

[123] 3 LPRA sec. 99y.

El Sistema de Tribunales de Puerto Rico y la Justicia Criminal

VI

I. Epoca española

1. Los tribunales

A. Gobernadores, Alcaldes, Tenientes a Guerra

Como se sabe, la España colonizadora, a partir del descubrimiento de Cristóbal Colón en el 1492, trasplantó a América –que administrativamente llamaba *Ultramar*– sus instituciones de gobierno, como las autoridades administrativas o judiciales, conocidas como gobernadores, alcaldes, regidores, tenientes,[1] justicias y audiencias. Esa América será conocida como *Reinos de Indias*. El sistema de gobierno municipal de Castilla, con sus cabildos o consejos, regidores, alcaldes o justicias, pasó intacto a La Española y Puerto Rico.

Como para entonces no existía la división de poderes que hoy se conoce bajo un sistema de gobierno republicano, los funcionarios que actuaban como gobernadores, alcaldes o justicias realizaban funciones mixtas, de tipo administrativo, ejecutivo, incluso como policías, y judiciales.

Además del gobernador, España utilizará otros funcionarios identificados como Alcaldes Mayores, Alcaldes Ordinarios, Corregidores, Alcaldes de la Hermandad, Alcaldes del Crimen, Justicias Mayores y Tenientes a Guerra. Además de estos principales, había también Alcaldes Alamines, de Corregidores, de Alzadas, de Barrio, de Casa y Corte, de Cuartel, de Hijosdalgo, de Indios, de Cuadrilla y otros.[2]

El término *alcalde* se deriva del árabe *Cadí,* qvue identifica al juez o gobernador, con la adición del artículo *al, el*. Se refería al juez ordinario que administraba la justicia en un pueblo y presidía el Concejo.[3] La institución como tal, no el nombre, encuentra su origen en los municipios romanos. Durante la dominación española, existieron diversos tipos de alcaldes, identificados, entre los cuales están relacionados con la justicia criminal los llamados Alcaldes Mayores, Ordinarios, de la Santa Hermandad y del Crimen. En la recopilación de Las Leyes de Indias y en diversas disposiciones reales o de los gobernadores, se regulan las funciones de esos representantes de la Corona, como es el caso del Directorio General del gobernador Miguel de Muesas del 22 de marzo de 1770, reiterada su vigencia por el gobernador Miguel de la Torre el 15 de febrero de 1826. [4]

Los *alcaldes mayores* eran jueces letrados que ejercían la jurisdicción ordinaria en algún pueblo o partido. Jurisdicción es la autoridad para atender y resolver casos. En las Provincias Españolas de Ultramar, identificaba al juez de primera instancia que, además de las atribuciones propias de este cargo, ejercía otras gubernativas, administrativas y económicas. *Primera instancia* se refiere al tribunal en donde se atiende un proceso por primera vez. Las *instancias* posteriores se refieren al proceso apelativo o de revisión de ese primer fallo. Los alcaldes *mayores* eran nombrados para las poblaciones más grandes, donde pasaban de trescientos vecinos. Ejercían jurisdicción civil y criminal en primera instancia en unas causas y en apelación en otras. En España se les nombraba por seis años y debían prestar juramento ante el Consejo de

Consejo de Indias
Audiencia de Santo Domingo
Cabildo General
Alcalde Ordinario
Teniente a Guerra
Sistema Judicial Siglo XVII

Castilla. En Ultramar eran de dos clases: por tres años a los naturales del país y por cinco años a los españoles, Debían hacer audiencias en las cárceles. El Título II, libro V de la Recopilación de las Leyes de Indias regulaba a los alcaldes mayores.

Los alcaldes *ordinarios* gobernaban en pueblos más pequeños, ejerciendo la jurisdicción ordinaria en primera instancia.[5] Eran en muchos casos de libre selección y se escogían dos en cada pueblo. Generalmente se nombraba por un año. El Título III, libro V de la Recopilación de las Leyes de Indias regulaba sus facultades y deberes. Después de un término, no podían volver a ser nombrados hasta pasar dos años. En el siglo XVI gobernaban los núcleos urbanos de San Juan y San Germán uno o dos alcaldes ordinarios.[6] Estos alcaldes tenían entre sus funciones velar por el orden público. En 1537, al notificar el Rey la terminación de los derechos de la familia Colón en los asuntos de Indias, el Rey ordena que se elijan dos alcaldes ordinarios en los partidos de la Isla.[7] En el Bando de Policía y Buen Gobierno del Gobernador Miguel de la Torre de 1824, se impone a los alcaldes ordinarios encargarse de los reos remitidos de pueblo en pueblo para las cárceles públicas[8] y rondar sus distritos por la noche.[9]

Los *Alcaldes de Hermandad* fueron establecidos por los Reyes Católicos cuando crearon la Santa Hermandad. Eran los jueces que se nombraban cada año en los pueblos para que conocieran de los delitos y excesos cometidos en el campo, fuera de las ciudades.

Los *Alcaldes del Crimen* eran los que ejercían funciones de alcaldes de cuartel o jueces de provincia en materia criminal.

Los *Corregidores* eran una especie de alcaldes que, con arreglo a cierta legislación municipal, nombraba libremente el rey en algunas poblaciones importantes para presidir el ayuntamiento y ejercer varias funciones gubernativas. Desde los tiempos de Alfonso XI, los reyes españoles enviaban a los pueblos estos funcionarios para que ejercieran en su nombre la jurisdicción y el gobierno. Tanto los alcaldes como los corregidores ejercían jurisdicción civil y criminal, eran jefes administrativos y jefes de la milicia y del Concejo municipal. Como jefes administrativos tenían a su cargo la ejecución de las leyes y el mantenimiento de la paz en área, incluyendo la dirección de lo que será la policía urbana y rural.

Justicias mayores identificaba una especie de magistrados a quienes se comunicaba autoridad real para averiguar los delitos y castigar a los delincuentes.

Teniente, en términos generales, es el que ejerce el cargo o ministerio de otro, y es sustituto suyo. Los *Tenientes a guerra* eran ejecutivos en función de alcaldes, de primera autoridad municipal en los pueblos pequeños o recién fundados. Entre sus funciones se incluía la inspección de las prisiones, remesa de reos y la publicación de las leyes. En Puerto Rico, los primeros fueron nombrados por el Gobernador Arredondo en 1692. [10] En el Directorio General del Gobernador de Puerto Rico, Miguel de Muesas, de 1770, se señala:

> El principal objeto de los Tenientes debe ser celar toda ofensa a Dios nuestro Señor y del Rey, impedir pecados públicos y perseguir los blasfemos, maldicientes y de costumbres escandalosamente relajadas, que al paso que producen mal ejemplo, corrompen y estragan la gente joven.
>
> Y como el abandono de las precisas obligaciones de cristiano, es la raíz de aquellos vicios, cuidará cuanto esté de su parte que entren en el Templo con modestia y con el debido respeto. No consentirá trijanadas,[11] conversaciones, ademanes, ni trages (sic) indecentes dentro del Templo, a cuyo fin dará todo auxilio a los Curas cuando se le pidieren, para corregir y castigar semejantes desórdenes. [12]
>
> ...
>
> Igualmente se le da facultad para que pueda corregir y amonestar verbalmente y mortificar con cárcel, cepo o arresto en las causas y casos que no sean de la mayor criminalidad, como lo son la desobediencia a lo que mandare, desamparo del cuerpo de guardia, falta de respeto y otras semejantes, atendiendo a la calidad de sujetos, por el tiempo que considere justo, con arreglo a la naturaleza de las causas o culpa en todo lo que corresponda a buen gobierno y observancia de los bandos y órdenes, e igualmente a las resultas de la visita general, pero con tal que proceda con moderación, sin ocasionar justo motivo a queja de las partes.[13]

> ...
>
> Los casos en que deberá y podrá proceder el Teniente a procesar criminalmente son todos los delitos que traen pena capital o corporal, o pecuniaria por contravención a las leyes y a los bandos, como son muertes, heridas, desafíos, hurtos de todas clases, alcahueterías, juegos prohibidos, blasfemias, amancebamientos públicos y escandalosos con mugeres solteras, y todos aquellos que se escentúan en esta Instrucción. (sic).[14]

En el referido Directorio se señala la forma de investigar y levantar evidencia en los casos de muerte y otros delitos.[15] Se hace claro que los tenientes a guerra no tienen jurisdicción en cuanto a delitos cometidos por las Milicias Disciplinadas, [16] y deben obedecer lo que demanden los Alcaldes Ordinarios o los de la Santa Hermandad.[17]

B. La Santa Hermandad

En 1605, Miguel de Cervantes Saavedra publica la primera parte de la obra inmortal *Don Quijote de la Mancha*, cuyo primer borrador había hilvanado en una cárcel de Sevilla para el 1602.[18] Cervantes fracasó en su intento de pasar a las Indias. Precisamente en el capítulo XXII de la Primera Parte de la novela más famosa del mundo, donde los galeotes o presos condenados a galera son liberados por el Caballero de la Triste Figura, todos temen encontrarse con la policía rural de entonces llamada la *Santa Hermandad*. Sancho estaba particularmente temeroso.[19] Esta será uno de los tipos de policía que se conocerá en Puerto Rico en los primeros siglos de la colonización.

Nos dice De Hostos:

> En el transcurso del tiempo y a medida que la ciudad iba creciendo en tamaño y en población, los alcaldes, los regidores y los alcalde de la Santa Hermandad, fueron lentamente asumiendo muchas de las obligaciones meramente policíacas que ejercía el gobernador.[20]

A la Santa Hermandad se hace referencia en el Directorio

General de Gobernador Miguel de Muesas de 1770.[21] José Limón de Arce, en su publicación *Arecibo Histórico*, recuerda su vigencia en el Bando de Policía y Buen Gobierno del Cabildo de Arecibo, de 1 de enero de 1803. [22]

La institución en España fue más que policía, constituyó un tribunal con jurisdicción propia, que castigaba los delitos cometidos en despoblado. La Hermandad en su origen fue una cuadrilla o ronda de gente armada, organizada para la persecución de los malhechores y salteadores de caminos, que ya era conocida en tiempos de Enrique II. Al aumentar los delitos en los caminos del reino, –insultos, robos, muertes– Enrique IV ordenó a Diego Enriquez, de Segovia, que buscara los medios para atacar el problema. De ahí se originó una jurisdicción para los despoblados, independiente de los tribunales ordinarios, con la facultad de imponer por sí misma el castigo a los delincuentes, que se empezó a llamar Santa Hermandad. Los Reyes, que estaban ocupados en otras guerras y no tenían tiempo para atender la seguridad en los caminos, aprobaron la organización. A partir de Alfonso el Sabio, la Hermandad queda como institución policíaca y judicial permanente.[23] Desorganizada por un tiempo, se volvió a crear en 1473, casi en vísperas de la epopeya americana. El procedimiento seguido era sumarísimo. En aquellos lejanos tiempos, los detenidos, después de una comida, eran atados a un poste y luego *asaeteados* hasta causarles la muerte. La saeta es un arma arrojadiza, que consiste de un asta delgada y ligera, con punta afilada de hierro en uno de sus extremos. Se premiaba al cuadrillero que acertara dar en el corazón de la víctima.[24] Aunque posteriormente se suprimió el *asaetamiento,* para el tiempo de los Reyes Católicos la conducta de los cuadrilleros era motivo de alarma. Por ello, el proceso cambió, quedando estos oficiales a cargo de perseguir a los delincuentes y presentarlos a los alcaldes para que los juzgasen según los trámites de los jueces ordinarios. Sorprendentemente, en 1534, en tiempo de la Santa Hermandad, se dieron tres ejecuciones en Puerto Rico por *asaetamiento*.[25]

Los Reyes Católicos le dieron particular importancia a la institución nombrando *alcaldes de hermandad*, que eran jueces nombrados cada año en los pueblos para que conocieran de los delitos y excesos cometidos en el campo, con la finalidad de velar por la seguridad de los caminantes, grandemente comprometida por las numerosas partidas de malhechores que infectaban el reino. Conocían casos de robos, hurtos, heridas y demás que se cometían en los yermos y despoblados y aun en los poblados cuando los perpetradores salían al campo después de cometer los delitos y eran cogidos con las cosas robadas. A pesar del desprestigio acumulado por estos oficiales de la policías de la Santa Hermandad, como puede verse en una escena del *Quijote*, la institución se mantuvo hasta bien entrado el siglo XIX, cuando se extinguieron mediante ley del 7 de marzo de 1835.[26] También se extinguió entonces el nombramiento de los *alcaldes de hermandad*. Igual suerte corrió en Puerto Rico.

C. La Audiencia Territorial y Tribunales

Desde los inicios de la colonización y hasta el siglo XIX no existía en Puerto Rico un tribunal de apelación. La revisiones judiciales tenían que llevarse a la Real Audiencia de Santo Domingo. Cuando cesa el dominio de España sobre ese país, a finales del siglo XVIII, la jurisdicción apelativa pasa a la Audiencia de Puerto Príncipe, en Cuba. A principios del siglo XIX continuaba el sistema de justicia nuestro en manos de los Alcaldes mayores, alcaldes ordinarios, Justicias mayores y Tenientes a Guerra. Tras el desarrollo poblacional y económico que propicia la Cédula de Gracias de 1815, llevar los procesos apelativos fuera de Puerto Rico implicaba gastos extraordinarios y pérdida de tiempo. Los Gobernadores pedían al Gobierno de Madrid que se instalara en Puerto Rico una Audiencia. Esto se consiguió cuando el Monarca español Fernando VII aprobó un Real Decreto de 19 de junio de 1831 creando la Real Audiencia de Puerto Rico.[27]

La Audiencia fue instalada y empezó funciones el 13 de julio de 1832. Se le llamó Real Audiencia Territorial de Puerto Rico. Aunque dicho Tribunal habría de atender las apelaciones de tribunales inferiores, todavía conservaba jurisdicción original en

Jueces que componían el Tribunal Supremo en 1901

ciertos casos y funciones de tipo administrativo. Tendría a su cargo también la supervisión e inspección de todo el sistema, de los tribunales inferiores.

La misma Real Cédula que creaba la Audiencia, estableció los demás juzgados que integrarían el sistema. Puerto Rico fue dividido en seis partidos judiciales llamados Alcaldías mayores. Estos eran Aguada, Arecibo, Caguas, Coamo, Humacao y San Germán. No se creó una para San Juan porque esa función la ejercía el Gobernador, quien tenía también el puesto de Alcalde Mayor. Estos funcionarios ejercían funciones mixtas: judiciales y administrativas. En 1835 se substituyó la función del Gobernador con la creación de una Alcaldía Mayor en San Juan. Por Decreto de 10 de octubre de 1859, la Alcaldía Mayor de San Juan se dividió en dos distritos judiciales, llamados *de San Francisco* y el *de la Catedral*. Además de estos funcionarios, realizaban la función judicial los Alcaldes Ordinarios y Tenientes a Guerra, estos últimos en los pueblos en que no había Cabildo.

Para ese tiempo había jurisdicciones o tribunales especiales, como de Comercio, Eclesiásticos o Militares.

Los Alcaldes Mayores eran nombrados por el Rey por un término de 5 años. Podían conocer en primera instancia todos los casos, civiles y criminales. La Real Audiencia atendía, pues, las apelaciones contra las sentencias dictadas por los juzgados inferiores; pero también atendía en primera instancia, tanto en lo civil como en lo criminal, los casos en que el gobierno o sus funcionarios eran parte. Las decisiones de los Teniente a Guerra no eran apelables a la Audiencia, pero podía conseguirse su revisión mediante un auto especial llamado *recurso de nulidad*. En resumen, a partir de 1832 estaban funcionando en primera instancia los Teniente a Guerra, Alcaldes Ordinarios, Alcaldes Mayores y, en algunos casos, la propia Audiencia. En segunda instancia o apelación funcionaba la Real Audiencia.

La próxima reorganización de los tribunales ocurre en 1855, al aprobarse el Real Decreto del 30 de enero de ese año, que reforma las instituciones en uso. Este decreto suprime la jurisdicción de los Tenientes a Guerra y los Tribunales Especiales; y crea la institución

Audiencia Territorial
Audiencia de lo Criminal
Ponce/Mayagüez
Juzgado
de
Primera Instancia
Juzgado de
Instrucción
Juzgados
Municipales
Sistema Judicial 1898

del Ministerio Público, en forma separada de los Tribunales; cada Alcaldía Mayor debía contar con un Procurador Fiscal.[28]

Se recordará que las Alcaldías Mayores atendían casos civiles y criminales. Esta ha de cambiar en 1888. Ese año se crea en Puerto Rico una Audiencia de lo Criminal, con sede en Ponce. Se trata de un tribunal colegiado de primera instancia, es decir, donde en cada caso intervienen varios jueces, para enjuiciar a los imputados de delitos, que seguirán funcionando en los primeros años de la dominación norteamericana. Las Alcaldías Mayores serán llamadas ahora Juzgados de Primera Instancia e Instrucción. La función de *instrucción* consiste en investigar y preparar los expedientes criminales, lo que se llama el *sumario*. Un *juez de instrucción* realiza en realidad la función investigativa que hoy realizan los fiscales. La Audiencia Territorial tenía entonces jurisdicción para atender los casos criminales de su demarcación judicial, que comprendía los juzgados de San Juan, Humacao, Arecibo y Vega Baja. Es decir, en materia criminal, la Isla se divide en dos demarcaciones, la norte con la Audiencia Territorial, y la del Sur, con la Audiencia de lo Criminal en Ponce. En materia civil, los Alcaldes Mayores continúan con su jurisdicción anterior, pero ahora llamados Juzgados de Primera Instancia e Instrucción.

También se establece en 1888 un Servicio de Estadísticas, adscrito a la Dirección General de Gracia y Justicia del Ministerio de Ultramar. La Audiencia Territorial continuaba con sus funciones de Tribunal Supremo del país.

Para los inicios de la última década del siglo XIX se hacía patente la necesidad de compilar, en forma unificada, la legislación referente al funcionamiento de los Tribunales. Por Real Decreto de 5 de enero de 1891 se aprueba el proyecto correspondiente de compilación y unificación de todas las leyes, decretos, y ordenanzas sobre la administración de la justicia en las colonias españolas preparado por la Comisión de Condición de las Provincias de Ultramar,[29] que estará vigente al momento del cambio de soberanía. Este Decreto de 1891 crea otra Audiencia de lo Criminal, esta vez en Mayagüez. Las leyes entonces vigentes disponían que las sentencias de muerte fuesen revisadas por el

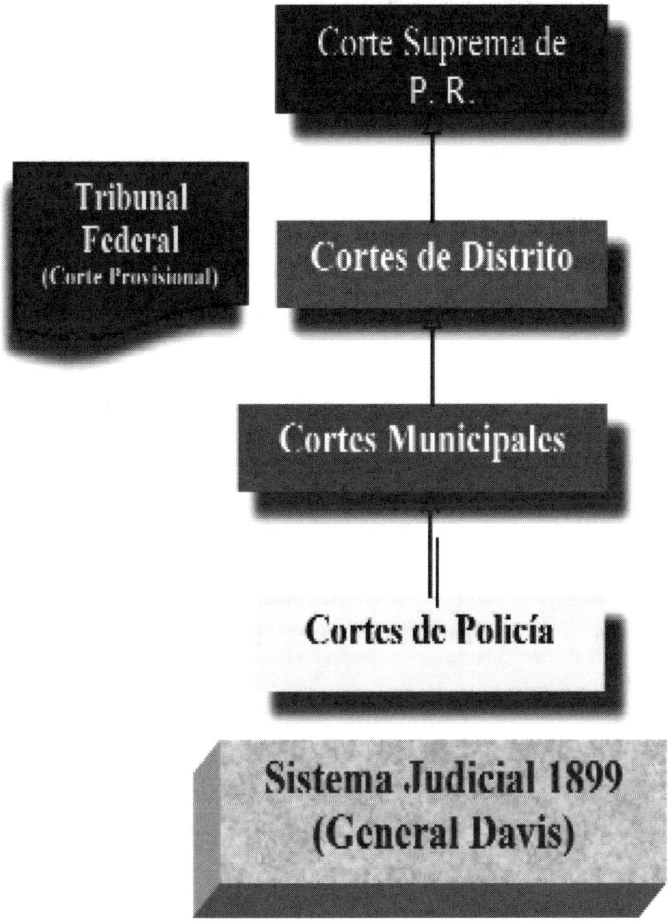
Corte Suprema de P. R.
Tribunal Federal (Corte Provisional)
Cortes de Distrito
Cortes Municipales
Cortes de Policía
Sistema Judicial 1899 (General Davis)

Tribunal Supremo de España. El art. 183 de la Ley Orgánica del Poder Judicial de Ultramar de 1891 estableció los Juzgados Municipales o de Paz.[30] Estos funcionaban en los pueblos donde había Ayuntamiento. Había unos setenta y nueve. Los jueces de este juzgado no eran abogados y no recibían sueldo, sino un arancel y las costas. Practicaban las primeras diligencias en casos criminales cuando no había juez de instrucción. Sus sentencias eran apelables a los Juzgados de Primera Instancia e Instrucción.

Esta organización no fue cambiada por la Carta Autonómica de 1897, por lo que, en resumen, para 1898 el Sistema de Justicia en Puerto Rico estaba integrado por el Juzgado Municipal, el Juzgado de Primera Instancia e Instrucción, las Audiencias de lo Criminal y la Audiencia Territorial de Puerto Rico. La última instancia, en asuntos muy limitados, la tenía el Tribunal Supremo de España.

II. Sistema de Tribunales de 1898 a 1952

1. Las órdenes militares

Recordaremos que de 1898 a 1900, Puerto Rico estuvo bajo un gobierno militar que dirigieron los generales Brooke, Henry y Davis, hasta la aprobación de la Ley Foraker, que dispuso un gobierno civil.

El General Brooke, indicamos antes, suprimió la Audiencia Territorial y creó un Tribunal Supremo semejante a los existentes en Estados Unidos. Disolvió también la Diputación o Cámara de Representantes que estableció la Carta Autonómica. Vimos que reclutó a Muñoz Rivera para mantener por un tiempo el Ministerio de Gracia y Justicia. Aunque mantuvo los tribunales ordinarios de la época española, en un momento dado les privó de entender en casos criminales contra personas acusadas de asesinato o incendios. Estos casos los sometió a tribunales militares.

El general Guy V. Henry fundó la Policía Insular, suprimió el Consejo de Secretarios que había dejado vigente Brooke y creó la posición de Attorney General o Departamento de Justicia, encargada de vigilar a jueces y tribunales, responsabilizándole por

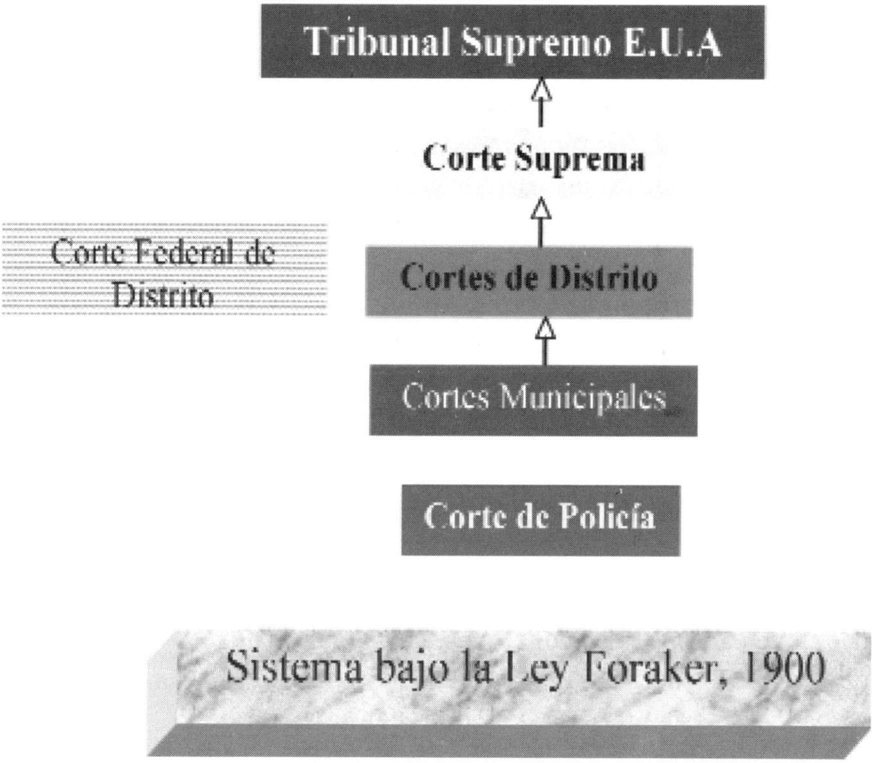
Tribunal Supremo E.U.A
Corte Suprema
Corte Federal de Distrito
Cortes de Distrito
Cortes Municipales
Corte de Policía
Sistema bajo la Ley Foraker, 1900

la administración de justicia en el país.[31]

Davis creó la primera Corte Federal en la Isla, llamada entonces Corte Provisional de los Estados Unidos para el Departamento de Puerto Rico, un foro especial para los norteamericanos. Le concedió jurisdicción para entender en todo caso criminal en que estuviese envuelto un ciudadano de su país. Mantuvo el Tribunal Supremo, pero abolió las Audiencias de lo Criminal y el Juzgado de Primera Instancia e Instrucción. En su lugar creó salas del Tribunal de Distrito, Cortes Municipales y Cortes de Policía. Las Cortes de Distrito seguían colegiadas, compuestas de tres jueces que eran abogados. Dividió la Isla en cinco distritos, con jurisdicción general en materia civil y penal. Las Cortes Municipales tenían jurisdicción en casos menos grave. Las Cortes de Policía, muy en uso para entonces en Estados Unidos, ejercían jurisdicción exclusiva sobre faltas y sus fallos no eran apelables. En resumen, bajo Davis, el sistema judicial se integraba, en orden ascendente por Cortes de Policía, Cortes Municipales, Cortes de Distrito y Corte Suprema. Paralelo a ese sistema, funcionaba el Tribunal Federal Provisional para juzgar a los norteamericanos y sus asuntos.[32]

2. Los Tribunales de 1900 a 1952

La sec. 33 de la Ley Foraker de 1900 mantuvo el sistema de tribunales entonces en funciones, con algunas novedades. Dispuso que los jueces del Tribunal Supremo y el alguacil serían nombrados por el Presidente de Estados Unidos, con el consejo y consentimiento del Senado federal; los de la Corte de Distrito serían nombrados por el Gobernador con el consejo y consentimiento de su Consejo Ejecutivo; los demás podían ser electos; la Asamblea Legislativa tenía autoridad para legislar sobre dicho sistema judicial en cuanto no fuere incompatible con la Ley. Los fallos finales del Tribunal Supremo de Puerto Rico podían, en ciertos casos, ser apelados ante el Tribunal Supremo de Estados Unidos, más o menos igual que se daba en los Estados. Dicha ley

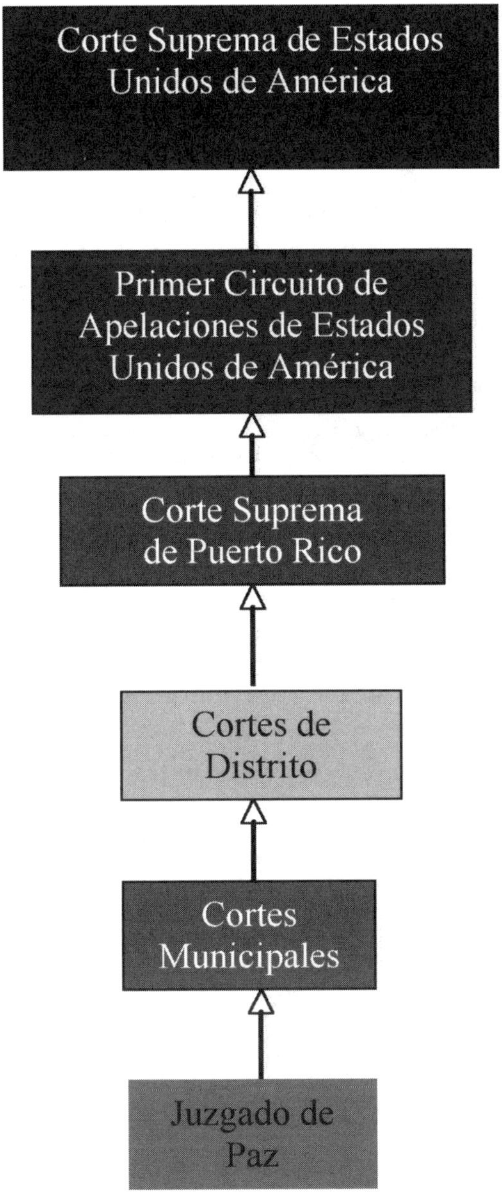

Sistema Judicial
1917-1950

Tribunal Supremo 1938, compuesto por:
Martín Travieso, Adoph G. Wolf, Emilio del Toro, Harvey M. Hutchinson y Angel R. De Jesús

también estableció, ya con carácter permanente, el Tribunal Federal.[33]

El Tribunal Supremo nuestro resolvió en los primeros años que dicha sección establecía el Poder Judicial del país,[34] que nuestros tribunales no tenían el carácter de cortes federales,[35] y que la Asamblea Legislativa tenía facultad para cambiar la jurisdicción, el número de jueces y el procedimiento en nuestros tribunales.[36]

Se inicia en ese tiempo el proceso de trasplante de las instituciones jurídicas norteamericanas a Puerto Rico. Ello incluye la aprobación de nuevos códigos substantivos y procesales.

En 1902 se eliminan las Cortes de Policía. El Código Político de ese año pone todo el sistema judicial bajo la autoridad del *Attorney General* o Secretario de Justicia. En 1904 se aprueba una ley para la reorganización de los tribunales. El Sistema quedaría integrado por un Juzgado de Paz, Cortes Municipales, Cortes de Distrito y el Tribunal Supremo. La Isla se divide en 7 Cortes de Distrito y 24 Cortes Municipales. Las Cortes de Distrito dejaron de ser colegiadas, habría un solo juez por cada sala. Los jueces municipales eran electos por dos años. En 1907, cuando se creó una sala de juez municipal en Vieques, se dispuso que no fuera electo,

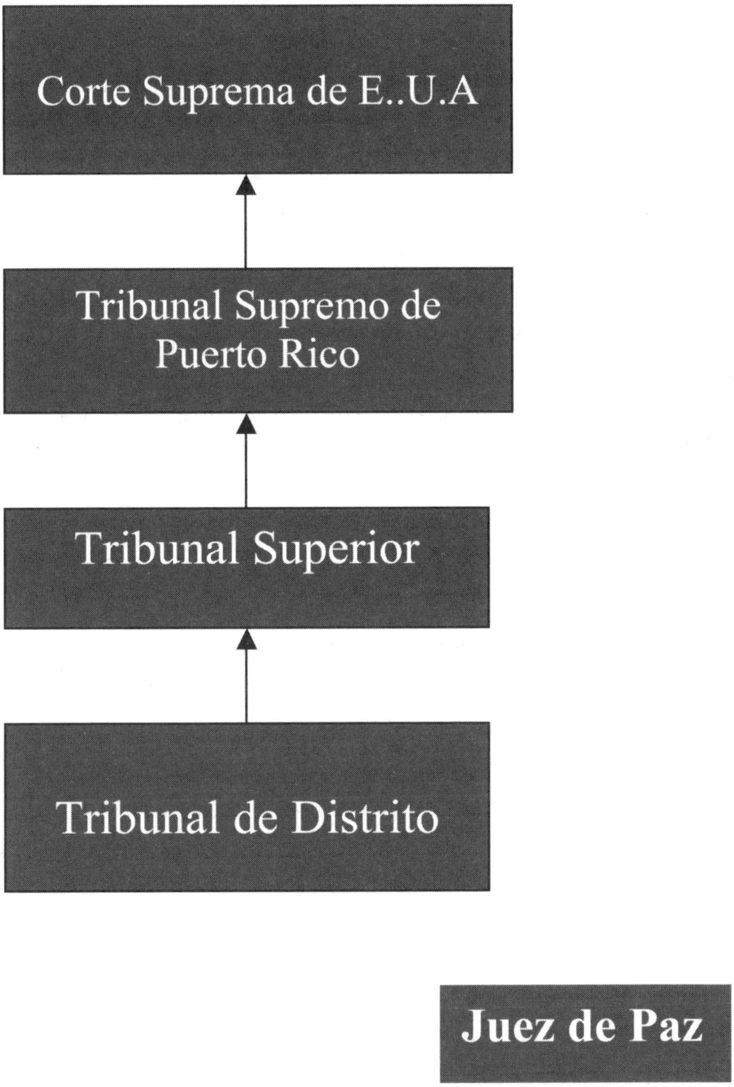

Organización Judicial 1952-1992

sino nombrado. En 1915 se creó una corte juvenil, dentro de las mismas salas de Distrito. Con la Ley Jones de 1917 se termina el sistema de elección de jueces municipales.

El Congreso de Estados Unidos aprueba e impone a Puerto Rico la segunda Carta Orgánica mediante la Ley Jones del 2 de marzo de 1917. Esta crea el Senado de Puerto Rico, establece una Carta de Derechos y la ciudadanía norteamericana. El art. 14 de dicha Ley dispuso que el Attorney General o Procurador General "tendrá a su cargo la administración de la justicia en Puerto Rico." Nótese que la autoridad anterior de este funcionario, que bajo la nueva ley seguía siendo de nombramiento presidencial, se la había concedido el Código Político, pero ahora tenía rango semiconstitucional, dado que la Carta Orgánica hacía las funciones de Constitución en el país. Es decir, el principal litigante y acusador del país era el encargado del sistema de tribunales.

La Ley Jones dejó vigente el sistema de tribunales existente, con la facultad de la Asamblea Legislativa para hacer cambios. Se concedió al Gobernador la autoridad para nombrar todos los jueces, con el consejo y consentimiento del Senado, eliminando los jueces electivos. Las sentencias finales de nuestro Tribunal Supremo eran apelables al Primer Circuito Federal, es decir, el primer nivel revisor del sistema federal, y luego podía llegar al Tribunal Supremo.

Esta organización judicial ha de permanecer hasta 1950. La integran un Juzgado de Paz, Cortes Municipales, Cortes de Distrito (siete) y el Tribunal Supremo de Puerto Rico.

III. Tribunales bajo el Estado Libre Asociado

Como indicamos, en 1948 se elige al primer puertorriqueño que ocupa la gobernación y se inicia un proceso de búsqueda de mayor autoridad autonómica, proceso que ha de culminar con la Constitución de 1952.

Mientras tanto, subsistía en el sistema de tribunales el problema de que cada tribunal se consideraba con una jurisdicción distinta, que no existía un sistema unificado. Para resolver el problema, el

15 de mayo de 1950 se aprobó la *Ley Orgánica de la Judicatura*, la número 432 de ese año. Bajo esta ley se constituye todo el territorio de Puerto Rico en un sólo distrito judicial, integrado por cuatro niveles de tribunales: Juzgado de Paz, Tribunal Municipal, Tribunal de Distrito y Tribunal Supremo. De las sentencias del Juzgado de Paz y del Tribunal Municipal cabía apelación al Tribunal de Distrito, utilizando el mecanismo de *juicio de novo*. Es decir, se repetía el proceso con la misma prueba o con otra. El Tribunal de Distrito incluía salas especializadas, como Tribunal Tutelar de Menores, de Contribuciones, de Expropiaciones y un Tribunal de Apelación de Suministros.

La Constitución de 1952, en su Artículo V, regula la organización de nuestros tribunales. Dispuso que existiría un solo tribunal general de justicia, unificado en cuanto a jurisdicción; con facultad para entender en todo caso civil o criminal. La Asamblea Legislativa tiene autoridad para crear los demás tribunales. Todos los jueces serán nombrados por el Gobernador, con el consejo y consentimiento del Senado puertorriqueño.

Para poner en ejecución el nuevo orden de tribunales contemplado por la Constitución, se aprobó la *Ley de la Judicatura de 1952*, la número 11 del 24 de julio de ese año. El anteproyecto de ley fue preparado por un Comité presidido por el Juez Roberto H. Todd, entonces Juez Presidente del Tribunal Supremo, e integrado por José Trías Monge, Carlos V. Dávila, Víctor Gutiérrez Franqui, Federico Tilén, Francisco Espinosa y la participación de Charles E. Clark, juez de la Corte de Apelaciones para el Segundo Circuito federal y su oficial jurídico William D. Rogers.[37]

De conformidad con la Constitución y dicha Ley de la Judicatura, se afianza la unificación de los tribunales, creando un Tribunal General de Justicia integrado por dos divisiones, el Tribunal Supremo y un Tribunal de Primera Instancia, formado por un Tribunal Superior y un Tribunal de Distrito. Ambos tienen jurisdicción general en materia penal y civil y atienden casos conforme a su complejidad o cantidad económica envuelta. Se suprimen los tribunales especializados. En lo penal, el Tribunal Superior atiende las acusaciones por delito grave y aquellas en casos menos grave que se le haya concedido jurisdicción o competencia específica. El Tribunal de Distrito substituye a los municipales y atiende casos menos grave. Se elimina el juzgado de paz, pero subsiste el juez de paz, sin autoridad para dictar fallos, a cargo de las determinaciones de causa probable y la expedición de órdenes de arresto o registro. Este funcionario, que no tenía que ser abogado, se mantiene en el sistema hasta su cambio en 1974 por jueces municipales con título de abogados.

Como vemos, en Puerto Rico existe un sólo Tribunal General de Justicia. Es un sistema unificado, con *jurisdicción* de tipo general y unas divisiones territoriales que determinan la *competencia* de las diversas salas. Dispone expresamente la sec. 2 del Art. V de nuestra Constitución:

> Los tribunales de Puerto Rico constituirán un sistema judicial *unificado* en lo concerniente a *jurisdicción,* funcionamiento y administración. La Asamblea Legislativa, en cuanto no resulte incompatible con esta Constitución, podrá crear y suprimir tribunales, con excepción del Tribunal Supremo, y determinará su *competencia* y organización. (Enfasis añadido).

Jurisdicción reiteramos, significa el poder o la autoridad general de un tribunal para considerar y decidir casos o controversias.[38]

El vocablo *competencia* identifica el lugar, pueblo o ciudad específica donde un tribunal con jurisdicción puede actuar para resolver un caso planteado. Mediante la unificación del sistema judicial de Puerto Rico por las leyes de la judicatura, se eliminaron las distinciones jurisdiccionales, es decir, la radicación de un caso en una sala sin la competencia territorial contemplada por ley, no produce la desestimación, sino el traslado del caso.[39] Por ejemplo, la radicación de una denuncia de conspiración en el Tribunal de Distrito tiene el mismo efecto que su radicación en el Tribunal Superior: para cumplir con el derecho a juicio rápido, debe presentarse acusación o denuncia dentro del término de sesenta días, a partir de dicha radicación.[40] Otro efecto de esta legislación es que cualquier juez puede actuar en todo el territorio de Puerto

Tribunal Supremo de 1957
De izquierda a derecha: Emilio S. Belaval, Jaime Sifre, Borinquen Marrero, A. Cecil Snyder, Luis Negrón Fernández, Pedro Pérez Pimentel, Lino J. Saldaña.

Rico.[41]

Resumiendo, la Ley de la Judicatura de 1950 constituyó a Puerto Rico en un sólo distrito judicial y dispuso que los tribunales de justicia ejercerían sus funciones sobre la totalidad del único distrito judicial constituido.[42] Todos los jueces del sistema podían actuar como tales. El Juez de paz tenía facultad para intervenir en delitos menos graves castigables con multa no mayor de $ 30.00 o cárcel por no más de 30 días, así como juez instructor en lo penal, intervenir en los asuntos de fianzas y otras funciones relacionadas.[43]

La Ley de la Judicatura de 1952 —4 LPRA sec. 1 y ss.— reorganizó ese poder judicial unificado. Entonces quedó compuesto por un Tribunal Supremo, como Tribunal de última instancia, y el Tribunal de Primera Instancia dividido en dos secciones: Tribunal Superior y Tribunal de Distrito. Estos a su vez, se dividía en salas. Había, por ejemplo, Tribunal Superior de Puerto Rico, Sala de

Ponce, o Sala de Guayama, etc.

El Tribunal *de Distrito* celebraba sesiones en todos los municipios. En lo civil conocía todo asunto en donde la cuantía en controversia no excediera de $2,500, sin incluir costas, intereses u honorarios de abogados. La cuantía jurisdiccional del Distrito se subió primero a $10,000.00 y luego a $ 50,000.00. En lo criminal conocía de toda causa por delito menos grave, de toda infracción de estatutos y de ordenanzas municipales. Sin embargo, hay ciertos delitos menos graves que la propia ley concedía jurisdicción al Tribunal Superior. De las sentencias y resoluciones de este Tribunal se apelaba para ante el tribunal Superior.

El procedimiento para apelar sentencias dictadas por el Tribunal de Distrito en casos criminales para el Tribunal Superior estaba reglamentado por la sec. 19 de la Ley de la Judicatura (4 LPRA sec. 122); la Regla 216 de Procedimiento Criminal (34 LPRA Ap. II, Regla 216) y las Reglas de Apelación del Tribunal de Distrito al Tribunal Superior del primero de octubre de 1979.[44]

El *Tribunal Superior* celebraba sus sesiones en las cabeceras de distritos judiciales. Su competencia en lo civil incluía: 1) todo asunto civil en que la cuantía en controversia, reclamación legal o valor de la propiedad en disputa excediera de $2,500.00 —para 1994 había subido a $50,000.00— sin incluir intereses, costas, y honorarios de abogados. 2) de toda apelación y recurso de revisión contra decisiones, órdenes y resoluciones de agencias administrativas, excepción hecha de aquellos de los cuales podía conocer el Tribunal Supremo; 3) de todo caso, acción, procedimiento o recurso extraordinario relacionado con, o que afectara, la imposición, cobro o pago de toda clase de contribuciones; 4) de toda controversia relacionada con la valoración y justa compensación a ser pagada por bienes expropiados; 5) de todo recurso, acción y procedimiento, incluyendo testamentaría, divorcio y recursos legales especiales y extraordinarios y 6) en las apelaciones de las sentencias y resoluciones dictadas en casos civiles y criminales por el Tribunal de Distrito, incluyendo los juicios de novo y vistas preliminares de novo en casos criminales.

En lo criminal, su jurisdicción cubría toda causa por delito grave y todo caso de delito menos grave en donde la ley le concedía especialmente jurisdicción.

Del Tribunal Superior se apelaba al Tribunal Supremo. Sin embargo, en materia civil la inmensa mayoría de las revisiones solamente tenían disponibles el recurso de *Revisión*, de naturaleza discrecional, lo que impedía en la práctica una adecuada revisión por no ejercer dicho Tribunal Supremo la discreción concedida y despachar los asuntos con un "No ha lugar."[45]

Ninguna ley puede ser declarada inconstitucional por el Tribunal Supremo a no ser por una mayoría del número total de los jueces de que está compuesto.[46] En este momento lo componen siete (7) jueces. Por un tiempo lo integraban nueve (9). El número de jueces sólo puede ser cambiado por ley "a solicitud del propio Tribunal Supremo."[47] Esta disposición fue integrada a nuestra Constitución en razón de conocer la acción del Presidente norteamericano Franklyn Delano Roosevelt, quien en la década de los años treinta, intentó modificar el número de jueces del Tribunal Supremo de Estados Unidos para nombrar nuevos magistrados que aprobaran su programa de gobierno. Dicho intento, conocido como *packing of the Court*, fracasó.[48] En Puerto Rico, la administración del Partido Nuevo Progresista pretendió en 1994 cometer el mismo error, enmendando nuestra Constitución para suprimir el requisito de petición por el propio Tribunal,[49] pero el intento fue rechazado contundentemente por el pueblo en referéndun al efecto.

La Asamblea legislativa no puede suprimir el Tribunal Supremo.[50]

Este es fundamentalmente un tribunal de última instancia. Atendía hasta 1995 básicamente recursos de apelación, revisión y certiorari de las sentencias y resoluciones de los tribunales inferiores y algunas agencias administrativas. Además de la facultad para adoptar reglas de procedimientos, evidencia y administración del Tribunal de primera instancia, su poder de revisión se extendía a las órdenes y resoluciones de algunas agencias administrativas, tales como la Comisión Industrial, Junta de apelaciones sobre Edificaciones y Lotificaciones, Junta Azucarera, Junta de Relaciones del Trabajo, Junta del Salario Mínimo, Comisión para

Ventilar Querellas Municipales. Disponía administrativamente de los Recursos gubernativos que se interponían cuestionando actuaciones de los Registradores de la Propiedad. El Tribunal Supremo también podía entender en solicitudes de autos de mandamus, quo warrantos, inhibitorios, certiorari, habeas corpus e injunctions; destitución y disciplina de jueces; procedimientos para la admisión de aspirantes al ejercicio de la profesión de abogado; desaforo y disciplinas de abogados; y otros.

Esa función ha sufrido importantes cambios con la reorganización de los tribunales. Los cambios han eliminado el recurso de revisión ante el Tribunal Supremo, originalmente aumentó las decisiones de agencias que podían ser apeladas o revisadas y estableció alternativas en los recursos para revisar las actuaciones del Circuito de Apelaciones.

En el Tribunal de Primera Instancia se mantuvo una subsección de Distrito que habría de abolirse en un término de ocho años, a partir de 1994. En dicho Tribunal de Primera Instancia funcionaban tres clases de jueces: Superiores, de Distrito y Municipales.

Llamamos *procedimiento apelativo* al conjunto de recursos mediante los cuales un tribunal de superior jerarquía revisa las decisiones, resoluciones u órdenes de un tribunal de menor jerarquía.

Para lograr que se examinen, se revisen, las sentencias, resoluciones u órdenes de los tribunales de inferior jerarquía, la ley provee para el uso de determinados *recursos*. Un *recurso* es, pues, el mecanismo que concede la ley para que una parte perdidosa en un pleito o asunto pueda acudir en alzada ante otro tribunal de jerarquía superior, con el objetivo de conseguir que se deje sin efecto o se modifique una sentencia, resolución u orden de un juez o tribunal.

Dichos recursos tienen diversos nombres y requisitos procesales. Los más comunes, que puedan relacionarse con la materia penal,[51] son:

1. Apelación
2. Certiorari
3. Certificación

El recurso de *apelación* implica que el tribunal de superior jerarquía está obligado a considerar, a estudiar y resolver en sus méritos el caso planteado. El de *certiorari* deja en libertad a dicho tribunal para entender en el asunto: lo aceptará si entienden que está justificado hacerlo. Es decir, es discrecional. El de *certificación* se usa para traer ante la consideración del tribunal de superior jerarquía, con carácter urgente, un procedimiento apelativo importante pendiente ante otro tribunal o que en su curso normal deba resolver otro tribunal. En Puerto Rico se utiliza también como mecanismo de consulta del Tribunal Federal de Distrito para que nuestro Tribunal Supremo resuelva cuestiones jurídicas sobre el Derecho del país. Estas peticiones federales son atendidas *discrecionalmente* por nuestro Tribunal Supremo, es decir, puede rehusar la consulta jurídica.[52]

Como resultado de la presentación de aquellos recursos que requieren decidir cuestiones previas, interlocutorias[53] o incidentales a los procesos, para los cuales no se requiere una sentencia, los tribunales de superior jerarquía expiden resoluciones fundamentadas que se denominan *auto,* en singular. Así es, por ejemplo, el *auto de certiorari*. La palabra *autos,* en plural, o autos procesales, se refiere, en cambio, al cuerpo de escritos, formados por los documentos aportados por los litigantes y las resoluciones del tribunal, que reflejan el desarrollo o avance del proceso. Se les suele llamar "los autos del caso."

Se denomina *judicatura* al cuerpo constituido por los jueces de un país. Pero este vocablo también tiene otra connotación, otro significado en Puerto Rico. Lo usamos para identificar la organización o estructura, competencia y jurisdicción de los tribunales del país. En este sentido se utiliza cuando nos referimos a *La Ley de la Judicatura*.

IV. Nace el Circuito de Apelaciones en 1992

Durante más de cuatro décadas se fue desarrollando una gran insatisfacción en la comunidad jurídica y la población general en cuanto a los procesos apelativos del país. La inmensa mayoría de los recursos apelativos del Tribunal de Primera Instancia al Tribunal Supremo se resolvían con un simple "No ha lugar", sin explicaciones de clase alguna. Las sentencias del Tribunal de Primera Instancia se convertían así en sentencias finales, sin alternativas de revisión. Varios juristas se expresaron en artículos de revista y periódicos en contra de la situación.[54] La presión pública y profesional obligó a atender el problema.

El 13 de julio de 1992, bajo la administración del Gobernador Rafael Hernández Colón, se aprobó la Ley Núm. 11, estableciendo un nuevo tribunal apelativo intermedio llamado Tribunal de Circuito de Apelaciones, para atender ese reclamo. Fue una buena ley que cayó en la desgracia política del país. Después de las elecciones de ese año, el 20 de noviembre de 1992, Hernández Colón nombró los primeros jueces del nuevo Tribunal. Fueron ellos Lady Alfonso de Cumpiano, Germán J. Brau Ramírez, Liana Fiol Matta, Ángel González Román, Joselyn López Vilanova, José A. Morales Rodríguez,[55] Ramón Negrón Soto, Rafael Ortiz Carrión, Jeannette Ramos Buonomo, Dolores Rodríguez de Oronoz, Gustavo Rodríguez Maldonado, Ángel F. Rossy García, Hiram Sánchez Martínez y Jorge Segarra Olivero.

El Partido Nuevo Progresista, como había amenazado durante la campaña eleccionaria, derogó la Ley Núm. 11 de julio de 1992, suprimiendo el Tribunal de Circuito de Apelaciones. Los jueces de dicho Tribunal ejercieron entonces como jueces superiores. Como era evidentemente el propósito político, en 1994 se aprobó una nueva ley creando nuevamente el Circuito de Apelaciones, pero esta vez duplicando el número de jueces, lo que permitía a la nueva administración política nombrar magistrados adicionales. Esa será la Ley de la Judicatura de 1994. Esta perversión del sistema político ha sido utilizado por ambos partidos de mayoría desde 1948 al presente. Sin embargo, con una experiencia de más de treinta años en el ejercicio profesional, es justo señalar que ese Tribunal de Apelaciones ha realizado una labor encomiable y ejemplar, con un gran sentido de justicia y responsabilidad jurídica, en sus doce años de trabajo.

V. La Ley de la Judicatura de 1994

1. Competencia general

En 1994 se aprobó un nuevo Plan de Reorganización de la Rama Judicial mediante una nueva Ley de La Judicatura, la Núm. 1 del 28 de julio de 1994. Entre sus objetivos fundamentales estaba la uniformidad de la categoría de jueces y el establecimiento de un proceso apelativo para todos los casos civiles como cuestión de derecho, que no dependiera de la discreción del tribunal apelativo.[56]

> A los fines de lograr la pronta consecución de las metas señaladas, esta Ley, mediante un enfoque integral, adopta un sistema vertical que consiste en un Tribunal de Primera Instancia consolidado, de jurisdicción original con competencia unificada para atender todo tipo de casos y causas; de un tribunal intermedio apelativo y del Tribunal Supremo como tribunal de última instancia.[57]

El Tribunal de Primera Instancia se concibe como una sola unidad con jurisdicción general. Se deja en funciones una subsección de Distrito que se proponen abolir en el término de ocho años. Sin embargo, mediante diversas *órdenes administrativas* del Juez Presidente del Tribunal Supremo, y con carácter provisional, se organizó este Tribunal de Primera Instancia con dos tipos de salas: una Superior y otra Municipal.

En realidad, nos parece irreal la aspiración de crear una sola categoría de jueces. Para su funcionamiento armónico, es preciso un orden jerárquico. La práctica lo sigue demostrando a pesar de la nueva Ley de la Judicatura.[58] De 1993 a 2003, actuaban tres clases de jueces en el Tribunal de Primera Instancia: el *Superior,* para atender los casos en sus méritos; el juez *Municipal,* quien ha de ocuparse de casi todos los trámites interlocutorios,[59] preliminares o posteriores al juicio, así como áreas específicas de acción, por delegación de los jueces superiores o por acuerdo entre las partes; y el *de Distrito* en la subsección de ese nombre.

El Tribunal de Primera Instancia tenía una jurisdicción de tipo general, aunque algunos asuntos, se atendían en diferentes salas de la subsección de Distrito que estaba en proceso de abolición. Como regla general, los juicios por delitos graves son atendidos en la "sala" superior de ese tribunal y algunos menos graves que las propias leyes especiales así lo determinaban, de conformidad con las normas administrativas provisionales aprobadas por el Juez Presidente del Tribunal Supremo.

Uno de los objetivos de la Ley fue, repetimos, abolir el Tribunal de Distrito. Expresamente dispuso: "El Tribunal de Distrito quedará abolido en ocho (8) años, a partir de la vigencia de esta ley."[60] Esto también concuerda con el término de nombramiento de un Juez de Distrito. A medida que vencen los nombramientos de jueces de Distrito, se crea entonces una plaza de juez superior que le substituya.[61] Durante el período que cubre el proceso de abolición, la subsección de Distrito del Tribunal de Primera Instancia conservaba la jurisdicción y competencia, aunque concurrente con la sala Superior, en los siguientes asuntos:

a. En lo civil, en toda reclamación o asunto en el cual la cuantía en controversia no exceda los $ 50,000.00; ejecuciones de hipoteca por la vía ordinaria hasta esa suma; retiros de fondos de menores o incapaces hasta $2,500.00; ciertos divorcios; desahucios en donde la renta no exceda los $12,000.00 al año; licencias para portar armas; asuntos testamentarios y declaratorias de herederos; y asuntos bajo el Código de Salud Mental.[62] La Ley de Municipios Autónomos reconoce jurisdicción exclusiva al Tribunal de Distrito en reclamaciones por daños y perjuicios hasta $50,000.00.[63]

b. En lo criminal, en toda causa por delito menos grave e infracciones a estatutos u ordenanzas municipales. La Ley de Municipios Autónomos dispone que "el Tribunal Municipal concurrentemente con el Tribunal de Distrito conocerá de las infracciones a las ordenanzas municipales."[64]

Estaba vigente, además, el recurso de *revisión* de boletos por faltas administrativas de tránsito que dispone la Ley de Vehículos y Tránsito, el cual debía presentarse dentro del término de 30 días de haber recibido la notificación de la multa. (9 LPRA sec. 1873 (f)). Ese proceso continúa de la misma forma. Igualmente habría de atender los delitos menos graves que resultaran de la falta de pago de las multas administrativas por el lanzamiento de desperdicios en sitios públicos y privados.[65]

Ejemplos de las funciones del juez municipal son la de Comisionado especial, examinador, atender estados provisionales de derecho o bajo leyes especiales, como el Código de Salud Mental, Ley de Protección de Menores, Violencia Doméstica, Boletos admininistrativos bajo la Ley de Vehículos y Tránsito, reposesiones, etc. En materia penal, su campo de acción se ubica en determinación de causa, fianzas, vistas preliminares, lectura de acusación, menores, renuncia al juicio por jurado, descubrimiento de prueba, suspensiones, alegaciones de culpabilidad. La labor del juez municipal en materia de juicio en sus méritos ha quedado severamente disminuida. Puede actuar, y sólo por delegación y autorización de un juez superior en dos áreas: reposesiones de bienes muebles y asuntos civiles en donde la cuantía en controversia no exceda de $3,000.00.[66] Aún esta competencia, cesará a los cinco años a partir de la vigencia de esta Ley de la Judicatura.[67] El término concuerda con el del nombramiento del juez municipal.

La extrema limitación en las funciones de los jueces municipales pensamos que debe corregirse en el futuro. Si realmente se quiere tener *una sola categoría de jueces,* no vemos razón alguna para limitar sus funciones. En lo que hay que tomar mayor cuidado, seriedad y responsabilidad es en proceso de nombramiento, que no siga atado a las influencias políticas.

Se espera tener un juez municipal en cada uno de los municipio de la Isla, de conformidad con la Exposición Motivos de la Ley.[68]'

2. Las enmiendas de 1995

Como indicamos, la Ley de la Judicatura de 1994 fue enmendada en aspectos importantes mediante la Ley Núm. 248 del 25 de diciembre de 1995, para empezar a regir el 1ro. de mayo de 1996.[69] Así mismo se aprobaron enmiendas substanciales a las Reglas de Procedimiento Criminal en lo que atañe al proceso apelativo, y nuevos reglamentos para poner en vigor dichas enmiendas, que han sido publicados por el Colegio de Abogados de Puerto Rico a principios de 1996.

En lo fundamental, se suprimen las apelaciones penales al Tribunal Supremo de Puerto Rico, reaparecen las revisiones, pero al nivel del Circuito de Apelaciones para revisar decisiones de agencias. Se limita la jurisdicción del Tribunal Supremo en cuanto al auto de Certificación. Al tratar los temas siguientes tomamos en cuenta dichas enmiendas y reglas.

VI. Ley de la Judicatura de 2003

El 22 de agosto de 2003 se aprobó una nueva Ley de la Judicatura, la Núm. 201, para enmendar las anteriores. Empezó a regir 90 días después de su aprobación, excepto el Artículo 8.001, creando nuevas plazas de jueces, la cual entró en vigor desde la aprobación.

Bajo esta legislación, se mantiene el sistema de tribunales en los tres niveles anteriores. Se provee para la apelación ante el Tribunal Supremo en todo caso en donde se haya dictado sentencias finales en las cuales se haya determinado la inconstitucionalidad de una ley, resolución conjunta, resolución concurrente, regla o reglamento de una agencia o instrumentalidad pública u ordenanza municipal, al amparo de la Constitución de los Estados Unidos de América o la Constitución de Puerto Rico. Nótese que no se limita a asuntos civiles.

El Tribunal de Primera Instancia mantiene su formato actual, disponiéndose que los jueces municipales tendrán facultad para intervenir en procedimientos sobre estados provisionales de derecho, peticiones de ingreso involuntario de personas en hospitales o instituciones bajo la Ley de Salud Mental, órdenes protectoras bajo la Ley para Amparo de Menores en el Siglo XXI, o bajo la Ley para la Prevención e Intervención con la Violencia Doméstica, la Ley Contra el Acecho en Puerto Rico, y revisión de boletos bajo la Ley de Vehículos y Tránsito. Además de ello se les faculta para determinación de causa probable en casos criminales, expedición de órdenes de arresto, citación, registro o allanamiento;

para determinar causa en asuntos de menores y expedir órdenes de aprehensión o detención; determinación sobre fijación y prestación de fianzas en casos criminales; expedición de órdenes de excarcelación; procedimientos bajo la Regla 22 de las de Procedimiento Criminal y en los procedimientos para recibir alegaciones de culpabilidad e imponer sentencia en infracciones a ordenanzas municipales.[70]

Uno de los objetivos importantes de esta nueva legislación es conseguir que el Tribunal de Apelaciones no desestime los recursos por infracciones procesales que pueden corregirse, como no incluir algún determinado documento en los recursos o alguna deficiencia salvable en las notificaciones.

Se incluye al final de este capítulo esquemas gráficos de la organización de nuestros tribunales y el proceso apelativo para 1994 y 2003.

VII. Recursos ante el Tribunal Apelativo

En materia penal el convicto tiene disponibles ante el Tribunal de Apelaciones los recursos de apelación y certiorari. Como paso previo a la presentación del recurso, puede solicitar la reconsideración del fallo y la sentencia, la cual debe hacerse dentro de un término de 15 días de haberse dictado.[71]

Todos los recursos siguen un proceso parecido, dividido en dos etapas: la formalización del recurso y la perfección del mismo. *Formalizar* el recurso significa presentar o radicar el documento original de petición ante la Secretaría del Tribunal que corresponde. *Perfeccionar* el recurso significa cumplir con todos los requisitos procesales necesarios para dejar el asunto sometido finalmente ante la consideración del tribunal apelativo. Es decir, implica la idea de completar cabalmente el proceso de apelación o revisión, de tal forma que solamente faltará para culminar el mismo la decisión, mediante sentencia o resolución, que tome el tribunal que revisa.

Estos procesos se concretan también en forma semejante: se presenta una petición para revisar, mediante apelación, certiorari o certificación, se elevan al tribunal apelativo los autos originales del

Organización Tribunales en Puerto Rico y Proceso Apelativo

(Ley de la Judicatura 2003, 4 LPRA)

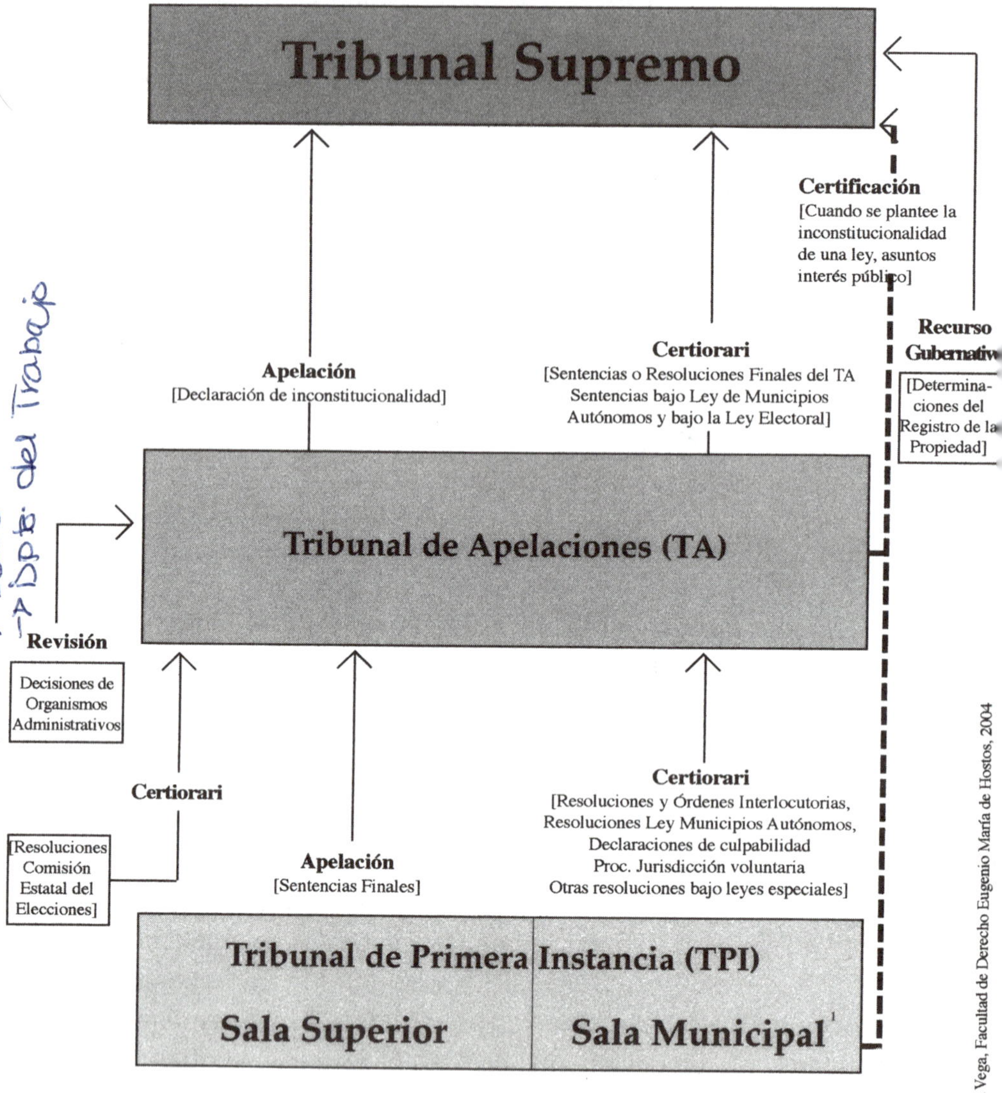

[1] La ley no distingue salas; pero la Orden Administrativa IV del Juez Presidente, de 20 de enero de 1995, las reconoce provisionalmente.

caso con la evidencia disponible, las partes argumentan por escrito sus diferentes posiciones y el tribunal apelativo resuelve las cuestiones planteadas.

El proceso está regulado por la Ley de la Judicatura, las Reglas de Procedimiento Criminal, el Reglamento del Tribunal de Apelaciones y el Reglamento del Tribunal Supremo de Puerto Rico. Dichas normas son, en términos generales, de cumplimiento estricto, sujetas a ciertos términos jurisdiccionales —cuyo incumplimiento da lugar a la desestimación— y ciertos requisitos esenciales para la culminación de dicho proceso. El término para radicar la apelación se ha uniformado con Procedimento civil, y es de 30 días en la actualidad.[72] Dado nuestro sistema procesal adversativo, se requiere la notificación a la parte contraria de todo documento presentado. Son comunes en estos procesos diversas etapas incidentales, entre las cuales destacan por su importancia la prestación de fianza, la disponibilidad de la prueba oral a considerar, la argumentación mediante alegatos escritos y los requisitos formales a los cuales deben sujetarse los documentos a presentarse.

VIII. Recursos ante el Tribunal Supremo

A partir del 1ro. de mayo de 1996, cuando empezó a regir la Ley Núm. 248 del 25 de diciembre de 1995, que enmienda la Ley de la Judicatura de 1994, en materia penal, el Tribunal Supremo solamente podía intervenir en asuntos penales mediante dos vías discrecionales: el auto de Certiorari y el de Certificación. Los convictos ya no tenían a su favor el camino de la apelación. Como observa, con acierto, el compañero Prof. Eduardo Villanueva Muñoz, "ello equivale a darle mayor prominencia al derecho a la propiedad que al derecho a la libertad." En el 2003 se restituyó la apelación cuando se plantea la inconstitucionalidad de normas jurídicas.

El auto de *Certiorari* está disponible para revisar las sentencias o resoluciones finales del Tribunal de Apelaciones.[73] El término es de 30 días para presentarlo y sigue el mismo esquema que hemos tratado para el Tribunal de Apelaciones.

Mediante el auto de *Certificación,* el Tribunal Supremo puede traer ante su consideración un recurso pendiente de resolverse en el Tribunal de Apelaciones.[74] El resultado concreto del proceso de certificación es obviar una etapa apelativa para resolver la cuestión con rapidez en razón de la importancia pública o procesal de las cuestiones planteadas. Un ejemplo de este proceso, bajo la anterior legislación penal y procesal del país lo encontramos en *Pueblo v. Pérez Casillas, 117 DPR 380 (1986),* donde la revisión de una resolución del Tribunal de Distrito de Utuado fue elevada mediante certificación al Supremo mientras estaba pendiente un recurso de Certiorari ante el Tribunal Superior, entonces con jurisdicción para revisar dicha actuación. El Tribunal de Distrito de Utuado resolvió que a ciertos policías acusados por las muertes del Cerro Maravilla no se les podía enjuiciar por perjurio cometido ante un organismo legislativo. El Tribunal Supremo revoca esa determinación, resolviendo que podían ser procesados por dicho delito.

El recurso de Certificación en materia penal se tramita de acuerdo con los procedimientos establecidos en las Reglas de Procedimiento Civil.[75] Allí lo regulan las Reglas 53 y 54.

De conformidad con las nuevas reglas procesales vigentes en 1996, se le denominaban certificaciones "intrajurisdiccionales".[76] Este recurso responde a la importancia o el carácter urgente de la cuestión planteada.[77] Es la excepción, no la regla, en el proceso apelativo. El mismo se había limitado a cuestiones de inconstitucionalidad.

Disponía la Ley de 1995 para la intervención del Tribunal Supremo:

> [M]ediante auto de certificación, a ser expedido discrecionalmente, y sólo en circunstancias urgentes y a solicitud de parte, podrá traer inmediatamente ante sí para considerar y resolver, cualquier caso pendiente ante el Tribunal de Circuito de Apelaciones, cuando se plantee la inconstitucionalidad de una ley, resolución conjunta, resolución concurrente, regla o reglamento de una agencia o instrumentalidad pública, u ordenanza municipal, al amparo de la Constitución del Estado Libre Asociado de Puerto Rico o de la Constitución de los

Estados Unidos.[78]

Bajo la Ley de la Judicatura de 2003 se dispone que el Tribunal Supremo "[m]ediante auto de certificación, a ser expedido discrecionalmente, *motu propio*, o a solicitud de parte, podrá traer inmediatamente ante sí para considerar y resolver cualquier asunto pendiente ante el Tribunal de Primera Instancia o el Tribunal de Apelaciones cuando se plantee la existencia de un conflicto entre decisiones previas del Tribunal de Apelaciones, se planteen cuestiones noveles de derecho, o se planteen cuestiones de alto interés público que incluyan cualquier cuestión constitucional sustancial al amparo de la Constitución del Estado Libre Asociado de Puerto Rico o de la Constitución de Estados Unidos."

Dicho recurso se formaliza presentando una solicitud debidamente fundamentada ante el Tribunal Supremo. No tiene un término para ello, puesto que depende de que el asunto esté planteado ante el Tribunal de Apelaciones. Pero requiere notificar a dicho Circuito dentro de un término de 72 horas luego de haberse presentado al Supremo.[79] La presentación no interrumpe los procedimientos en el Circuito, pero dicho tribunal no podrá dictar sentencia a menos que sea rechazado por el Supremo. Si es aceptado, el caso pasa en su totalidad del Tribunal Supremo.[80]

El contenido de la petición y el proceso es similar al de Certiorari, sin que se permita la presentación de memorando de autoridades en forma separada. Pero está permitida la presentación de alegatos en cuanto a la parte sustantiva de las cuestiones planteadas.[81] Creemos que ésto se aplica si la petición se hace *antes* de la etapa de alegatos.

En cuanto a la disposición de los recursos, el Tribunal Supremo tiene las mismas facultades que el Tribunal de Apelaciones que antes indicamos.

Una vez resuelto el caso por el Tribunal Apelativo, se devuelve al Tribunal de Instancia con un documento denominado *mandato*.[82] Esta es la orden de dicho tribunal dirigida al de menor categoría notificándole la solución que ha dado al caso, con los términos de la sentencia dictada, para ulteriores procedimientos.

IX. Labor de los Tribunales en materia penal

En el capítulo II anterior, al tratar el tema de la incidencia criminal, hemos adelantado parte de las estadísticas de casos ante nuestros tribunales. Hemos visto, por ejemplo, que para 1837 se tramitaron unos 249 casos; en 1841 suben a 302; en 1847 fueron 517 y en 1848 llegaron a 552. Al comparar esos totales con los del siglo XX, la diferencia es abismal. Véamos la labor de nuestros tribunales a partir de la segunda mitad de ese siglo, en años seleccionados.

Debemos tener presente que a partir de 1952, al aprobarse la Constitución, nuestros tribunales se clasifican en Tribunal de Distrito, Superior y Supremo; desde 1992, se establece el Tribunal de Primera Instancia y el Circuito de Apelaciones. Se suprime el de Distrito y se crea el puesto de juez municipal. En el de Apelaciones se atienden las apelaciones de casos civiles y criminales, con una alternativa de recurso de *certiorari* al Tribunal Supremo. Según pasan los años, el número de jueces en cada uno de esos tribunales va en aumento. El 8 de octubre de 2004 tomaron posesión de sus cargos nueve jueces superiores y dos municipales de nuevo nombramiento.[83]

Por otra parte, el entonces Juez Presidente de nuestro Tribunal Supremo, José Trías Monge, informaba, con preocupación, en 1975 que en el Tribunal de Distrito se habían radicado ese año unos 366,997 casos de tránsito.[84] La situación llegó a ser tan alarmante que en 1974 se consideró necesario cambiar numerosos actos ilegales a simples faltas administrativas.[85] El Juez Presidente estimaba que esta medida habría de reducir las radicaciones de casos criminales en una cuarta parte.[86] Para el año 1992-93 el volumen de casos de tránsito en el Tribunal de Distrito fue de 76,550.[87]

Veamos los datos más sobresalientes.

Los casos criminales presentados ante el Tribunal de Distrito entre 1952 y1985[88] nos ofrecen los siguientes datos:

1952-53	Casos	Jueces

Criminal	113,792	53
Tránsito	48,600	
1964-65		
Criminal	60,002	87
Tránsito	233,118	
1975-76		
Criminal	45,751	98
Tránsito	362,966	
1979-80		
Criminal	43,146	99
Tránsito[89]	49,659	
1984-85		
Criminal	38,640	96
Tránsito	109,387	

En el Tribunal Superior, encontramos lo siguiente:

1952-53		
Criminales	8,098	30
1964-65		
Criminales	12,466	41
1974-75		
Criminales[90]	35,103	80
1980-81		
Criminales	21,441	84
1984-85		
Criminales	22,565	93

Para ese mismo tiempo, entre 1952 y 1985, los casos presentados ante el Tribunal Supremo en apelación, que incluía los casos penales, bajaron de 598 en 1952-53 a 117 en 1984-85. Esto se debe al cambio del recurso utilizable: bajo el sistema de apelación dicho Tribunal está obligado a aceptar y resolver los casos; mediante el recurso de *certiorari*, en cambio, se trata de una cuestión discrecional que permitía al Tribunal desestimar, no atender el caso, sin explicación de clase alguna. Este problema ha de justificar la creación del Tribunal de Circuito de Apelaciones.

Para el año fiscal 1997-1998, el Tribunal de Primera Instancia se inicia con 19,599 casos pendientes; se presentaron 48,650 adicionales.[91] Con otros casos misceláneos, se acumuló un total de 72,172 casos a resolver. De éstos, hubo 35,105 convicciones; 2,161 absoluciones; y 11,276 archivos. A junio de 1998, quedaron 22,822 casos pendientes de resolver.[92]

A partir de 1992, el Tribunal de Apelaciones ha de marcar un impacto especial en los procesos penales. Por ejemplo, para el año fiscal 1997-98, nuestro Tribunal Supremo se iniciaba con 12 casos criminales; llegaron en trámite otros 18; de esos 30 casos, resolvió 10.[93]

Sin embargo, ante el entonces Circuito de Apelaciones, en el año fiscal 1992 a 1993 se presentaron 325 casos, de los cuales se resolvieron 289.[94] En ese Tribunal el número de casos presentados entre 1995 subió de 1,293 a 4,202, de los cuales resolvieron 3,886.[95] Entre 1995 y el 2003, el por ciento de modificaciones o revocaciones de sus sentencias por el Tribunal Supremo varió de 9.9% en 1996 a 18.7% en el 2003,[96] lo que sugiere un alto grado de excelencia en dicho Tribunal: por lo menos el 80.2% de sus sentencias fue confirmado.

Como puede verse, la verdadera alternativa de un acusado, cuando está envuelto un valor realmente importante como la libertad, está en el Tribunal de Apelaciones.

X. Enjuiciamiento criminal en el Tribunal Federal

En San Juan, Puerto Rico existe una *Corte Federal* ante la cual

SISTEMA JUDICIAL FEDERAL

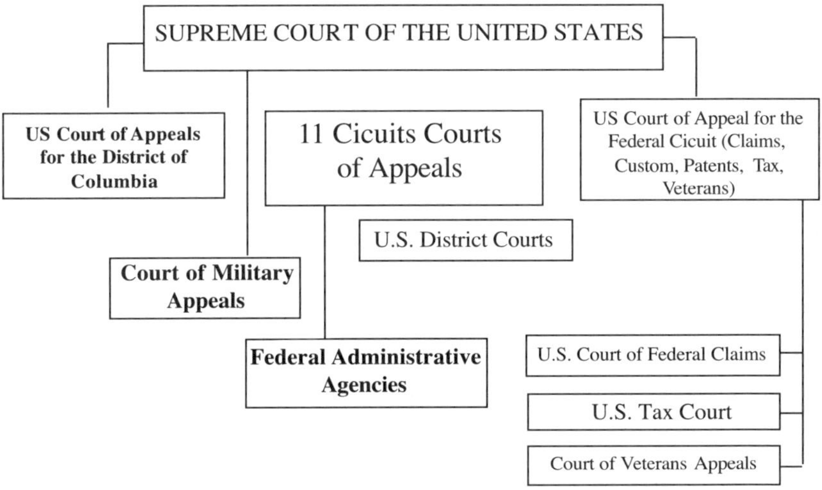

sus sellos o documentos oficiales, por ejemplo. Igualm reconocido una especie de jurisdicción *universal* en ciertos delitos, como es el caso de la piratería y, actualmente, el terrorismo o el uso de la tortura en los procesos políticos.

En Estados Unidos se plantean diversas alternativas en razón de la coexistencia de una soberanía federal y las cincuenta soberanías estatales que conviven dentro de su sistema político. Un problema particular es la jurisdicción de los tribunales federales sobre aquellos territorios adquiridos por Estados Unidos, mediante compra o guerra, en los cuales no existe una soberanía local, como ha sido el caso de Puerto Rico, Islas Vírgenes o Guam, por ejemplo.

Otro problema de gran importancia ha de ser la repetición de enjuiciamientos criminales por unos mismos actos tanto en los tribunales federales como en los estatales o en los de los territorios.

La mayor dosis de jurisdicción federal en materia penal está en la violación de sus leyes federales. La jurisdicción general para enjuiciar criminalmente está concedida a las Cortes de Distrito, el primer escalón en el sistema de justicia federal. Así dispone la legislación federal:

> The district court of the United States shall have original jurisdiction, exclusive of the courts of the States, of all offenses against the laws of the United States. [101]

Nótese la frase "exclusive of the courts of the States".

La fuente del poder del Congreso puede ser de tipo *directo,* como la sec. 8 del Art. I que atiende a los delitos de falsificación, delitos graves cometidos en alta mar, así como infracciones al Derecho internacional; o bien el poder para castigar por traición, según la sec. 3 del Art. III; o la amplia zona para hacer lo que sea *propio y necesario* a los fines de realizar los poderes expresamente conferidos en la Constitución.[102] Esa jurisdicción para enjuiciar criminalmente se da corrientemente cuando se cometen delitos en territorio o instituciones federales, como es el caso de las oficinas de correo, otras oficinas federales y bases militares de todo tipo.

En ocasiones, el Congreso crea una jurisdicción concurrente, como fue el caso de las violaciones a la ley que prohibía la producción y venta de bebidas alcohólicas en las primeras décadas del siglo XX.

Con relación a Puerto Rico, ya hemos citado varias obras, como las de Carmelo Delgado Cintrón y José Trías Monge, en las cuales se cuestiona la legitimidad de esa Corte Federal en el país, que ni es Estado ni tiene representación en el Congreso Federal. Pero en un hecho que existe y enjuicia.

Ahora bien, en cuanto a los delitos cometidos en "territorio federal" es preciso hace una distinción. Cuando el gobierno federal compra o adquiere terrenos en un Estado o en Puerto Rico, ¿adquiere de inmediato y en forma automática jurisdicción penal sobre el mismo? La cuestión se planteó en Puerto Rico en *López v. Corte,* 58 DPR 115 (1941). Los hechos son los siguientes: para ese tiempo Estados Unidos adquirió una finca urbana de 227.193 cuerdas en Río Piedras, a través de su agencia Puerto Rico Reconstruction Administration. Dicha agencia construyó en ese terreno unas 500 viviendas que formaron la Urbanización Eleanor Roosevelt. El proyecto fue aprobado por el Presidente de Estados Unidos bajo el programa de construcción de hogares a bajo costo. Sin embargo, todos los servicios públicos del lugar eran ofrecidos por los gobiernos municipal y estatal de Puerto Rico. Al acusado Lupercio López se le imputó un delito cometido en dicha urbanización y planteó que el Tribunal de Puerto Rico no tenía jurisdicción. El Tribunal Supremo resuelve que en casos como estos no se transfiere automáticamente la jurisdicción al gobierno federal, es preciso que dicho gobierno la acepte. La transferencia automática sólo se da cuando se trata de propiedad adquirida para la construcción de fuertes, almacenes, arsenales, muelles y otros edificios semejantes, de conformidad con el art. I, sección 8, cláusula 17 de la Constitución federal.

Ha quedado establecido que no existen delitos de *common law* en la jurisdicción federal,[103] ni tampoco pueden enjuiciar sus tribunales por delitos contra las leyes de otras naciones o por cualquier otra ley que no sea una ley del Congreso federal.[104] Es decir, para que se pueda acusar y enjuiciar tiene que existir una tipificación delictual, un delito definido por escrito en una ley federal, Esa legislación federal en los tiempos actuales goza de una frondosidad extraordinaria, especialmente en el campo de sustancias controladas, armas, leyes relacionadas con el uso de fondos federales, contribuciones federales, terrorismo, violación de derechos civiles, secuestros, transportación interestatal de vehículos hurtados o mujeres para la prostitución, el uso del correo federal para cometer fraudes u otros delitos, corrupción gubernamental, fraudes en programas federales de Seguro Social, Medicare, fondos de uniones obreras, lavado de dinero, fraudes bancarios en instituciones aseguradas por *la Federal Deposit Insurance Corporation*, así como infracciones a una multitud de reglamentos federales.

Debemos señalar que mediante la Ley Núm. 36 del 12 de mayo de 1980 se facultó al Gobernador de Puerto Rico para "formalizar acuerdos con los Estados Unidos de América sus agencias e instrumentalidades a los fines de establecer jurisdicción concurrente sobre propiedades y terrenos poseídos por los Estados Unidos de América, sus agencias o instrumentalidades en el Estado Libre Asociado de Puerto Rico."[105]

La situación indicada nos lleva a otro problema: ¿Puerto Rico puede enjuiciar a uno de sus habitantes o ciudadanos por los mismos hechos que previamente lo haya enjuiciado el Tribunal Federal? Al tratar esa situación en relación con los Estados, el Tribunal Supremo de Estados Unidos ya había resuelto que el enjuiciamiento federal y estatal por los mismos hechos no viola la cláusula constitucional sobre doble exposición.[106]

En la Isla, la cuestión se planteó en *Pueblo v. Castro García*.[107] Dos imputados habían sido convictos en el Tribunal Federal por la posesión de armas con la serie mutilada bajo la legislación federal (18 USC, secs. 922 (b) (2) y 924 (a)). Por los mismos hechos fueron acusados de nuevo bajo el art. 11 de la ley de Armas de Puerto Rico.[108] Los acusados solicitaron la desestimación bajo el principio de doble exposición, que fue declarada con lugar en el Tribunal Superior, sala de Ponce. El Procurador General presentó recurso de Certiorari ante el Tribunal Supremo de Puerto Rico. Este revoca la desestimación, sosteniendo lo siguiente:

(1) "Puerto Rico está facultado, como si fuera un estado, para aprobar y hacer cumplir un código penal."[109]

(2) "Es doctrina sólidamente arraigada en la jurisprudencia norteamericana que la disposición prohibitoria de la doble exposición consagrada en la Quinta Enmienda de la Constitución de Estados Unidos no impide que los tribunales de un estado y los tribunales federales procesen criminalmente a una persona por delitos surgidos de un mismo acto o curso de conducta." Es decir, ambas entidades soberanas pueden castigar los mismos hechos en forma separada, bajo la teoría de la soberanía dual.

(3) Para efectos de esta doctrina, Puerto Rico se considera un país soberano. "Tanto la jurisprudencia federal, desde los tribunales de distrito hasta el Tribunal Supremo, como la de este Tribunal, han reconocido que desde la aprobación de nuestra Constitución, Puerto Rico advino al ejercicio de una soberanía similar a la de los estados de la Unión en aspectos sumamente fundamentales."[110] El Tribunal añade: "Negarle a Puerto Rico el poder de poner en vigor sus leyes criminales, por el hecho de que el Gobierno federal o un estado ha ganado la carrera a los tribunales, sería chocante y llevaría a una privación de su histórico derecho y obligación de mantener la paz y el orden dentro de su territorio."[111]

Por último, en cuanto a la jurisdicción federal en terrenos o propiedad federal, hemos tenido un caso que plantea la importancia de los principios envueltos. En el inicio de los años treinta, el Tribunal Supremo de Puerto Rico ocupaba el segundo piso del Cuartel de Santo Domingo. El piso bajo lo ocupaba la Comisaría del regimiento local del ejército de los Estados Unidos. Hasta ese segundo piso se llegó el nacionalista Luis F. Velázquez y le propinó una bofetada al Hon. Juez Emilio del Toro, Juez Presidente del Tribunal Supremo de Puerto Rico, entonces de nombramiento presidencial, a causa de ciertas manifestaciones hechas por dicho juez en un acto público.

El acusado fue convicto bajo el Código penal de Puerto Rico y sentenciado a un año de cárcel. El Lic. Don Pedro Albizu Campos representó al acusado en su apelación al Tribunal Supremo de

Tribunal Supremo de Puerto Rico
2005

Federico Hernández Denton
Juez Presidente

Baltasar Corrada del Río

Francisco Rebollo López

Jaime B. Fuster Berlingeri

Efraín E. Rivera Pérez

Liana Fiol Matta

Anabelle Rodríguez Rodríguez

Puerto Rico. Sostenía que nuestros tribunales carecían de jurisdicción por tratarse de hechos ocurridos en un edificio federal. Nuestro Tribunal Supremo no estuvo de acuerdo con el planteamiento y confirmó.[112] Sin embargo, llevado el caso al Primer Circuito Federal, se revocó la convicción por falta de jurisdicción del Tribunal local.[113]

---

[1] El teniente, hemos dicho, es una especie de sustituto, como el teniente gobernador, que substituye al gobernador; que ejerce el cargo de otro que lo tiene en propiedad.

[2] **Enciclopedia Jurídica Española**, Tomo II, p. 516 y ss.

[3] Ibid., Tomo II, p. 513.

[4] Coll y Toste, **Bol. Hist.,** Tomo I, págs. 92-117.

[5] Blanca G. Silvestrini y María Dolores Luque de Sánchez, **Historia de Puerto Rico: Trayectoria de un pueblo**. San Juan, P. R.: Cultural Puertorriqueña, Inc., 1987, p. 124

[6] Ibid., p. 122.

[7] Salvador Brau, **La Colonización de Puerto Rico.** San Juan, P. R.: ICP, 1969, p. 463.

[8] Coll y Toste, **Bol. Hist..** Tomo II, p. 42.

[9] Ibid., págs. 41-42.

[10] De Hostos, **Tesauro**, Tomo V, págs. 471-475.

[11] Reunión de tres personas. (Coll y Toste, B. H., Tomo I, p. 93).

[12] Artículo 1ro.; Coll y Toste, **BOL. HIST.**, Tomo I, págs. 93-94.

[13] Artículo 3ro., inciso 18, Coll y Toste, ob. cit., Tomo I., p. 95.

[14] Artículo 5, inciso 39; Coll y Toste, ob. cit., p. 98.

[15] Ibid., incisos 40-51; Coll y Toste, ob. cit., págs. 98-99.

[16] Artículo 10; Coll y Toste, Tomo I, págs. 103-105.

[17] Artículo 14; Coll y Toste, Tomo I, p. 107

[18] Miguel de Cervantes Saavedra, **Don Quijote de la Mancha**, en **Obras Completas** (Estudio Preliminar por Angel Valbuena Prat). Madrid: Aguilar, S. A. de Ediciones, 1970, págs. 13 y 14.

[19] Ibid., p. 1309. El incidente nos ofrece una síntesis de la justicia criminal de la época, con el uso de tormento para extraer confesiones y penas muy severas por los delitos cometidos.

[20] **San Juan, Ciudad Murada**, ob. cit., p. 147.

[21] Coll y Toste, Bol. Hist., Tomo I, págs. 92, 107.

[22] Manatí, P. R., 1938, Angel Rosado, editor, páginas 49 y 54; De Hostos, **Tesauro**, Tomo V, p. 340.

[23] **Enciclopedia Jurídica Española**. Barcelona: Francisco Seix, Editor. Tomo __ (s. f.) págs. 751-752

[24] Ibid., p. 752.

[25] Jalil Sued-Badillo, **La pena de muerte en Puerto Rico**. Puerto Rico: publicación del autor, 2000, p. 69; Alejandro Tapia, **Biblioteca Histórica,** p. 304; citado también por Salvador Brau, "Las clases jornaleras de Puerto Rico", 1982, publicada en **Ensayos,** Editorial Edil, 1972, p. 17.

[26] **Enciclopedia Jurídica Española**, loc. cit.

[27] Carmelo Delgado Cintrón, **Derecho y colonialismo**. Río Piedras, P. R.: Editorial Edil, Inc., 1988, p. 132; José Trías Monge, **El sistema judicial de Puerto Rico**. Río Piedras, P. R.: Editorial Universitaria, 1978, p. 24.

[28] Trías Monge, ob. cit., p. 32.

[29] Compilación de las disposiciones orgánicas de la administración de justicia en las provincias y posesiones ultramarinas, Ministerio de Ultramar, Madrid, 1891; José Trías Monge, ob. cit., **El Sistema...,** págs. 37-41.

[30] Delgado Cintrón, ob. cit., p. 145.

[31] Trías Monge, **El Sistema**..., ob. cit., págs. 49-50.

[32] Ordenes Generales, la Núm. 118 de 16 de agosto de 1899; Núm. 195 de 29 de noviembre de 1899.

[33] Sección 34.

[34] Mas et al. v. Borinquen Sugar Co., 18 DPR 304 (1912).

[35] Ex Parte Díaz, 7 DPR 153 (1904).

[36] Pueblo v. Acosta, 11 DPR 249 (1906); Pueblo v. Kent, 10 DPR 343 (1906); Ex Parte Rivera, 10 DPR 211 (1906); Ex Parte Dones, 10 DPR 179 (1906).

[37] A través de la historia judicial del país, y también administrativa y política, notamos que, al paso de las generaciones, se repiten los apellidos. Independientemente de la competencia y sabiduría, ¿es acaso lo que ha dicho Juan Manuel García Passalacqua de que algunos puertorriqueños cuando nacen, antes de inscribirlos en el Registro Demográfico, los inscriben en el presupuesto del país?

[38] Brunet Justiniano v. Gobernador, 130 DPR 248 (1992); Gearheart v. Haskell, 87 D PR 57 (1963).

[39] Pueblo v. Carballosa y Balzac, 130 DPR 842 (1992); Pueblo v. De Jesús Gómez, 100 DPR 629, 632 (1972); Gómez Hermanos v. Tribunal Superior, 100 DPR 625 (1972); Pueblo v. Tribunal Superior, 84 DPR 140 (1961).

[40] Pueblo v. Carballosa Vázquez, ibid.

[41] Pueblo v. Tribunal Superior, 80 DPR 504 (1958).

[42] Pueblo v. Tribunal Superior, 80 DPR 504, 507 (1958).

[43] Ibid.

[44] 4 LPRA Ap. III A; Pueblo v. Maisonave Rodríguez, 129 DPR 49 (1991).

[45] Véase Francisco Castro Amy, "La inmoralidad del 'No ha lugar'", **Rev. del C. de A. de P. R.,** Vol. 46, Núms. 1-4, p. 7 (Enero-Diciembre, 1985); Federico E. Virella, "No ha lugar", en **Páginas judiciales**. San Juan, P. R.: Biblioteca de Autores Puertorriqueños", 1984, p. 44; R. Elfren Bernier, "El No Ha Lugar", **Aprobación e Interpetación delas Leyes en Puerto Rico**. San Juan, P. R., 1963, p. 134.

[46] Art. V, sec. 4.

[47] Ibid, sec. 3.

[48] **Equal Justice Under Law, The Supreme Court in American Life.**

Washington, D.C.: The Foundation of the Federal Bar Association, 1965, págs. 82-83; 92-93. (Sin autor).

[49] Berríos Martínez v. Gobernador, I y II, 137 DPR 191 y 195 (1994); P.P.D. v. Gobernador I y II, 136 DPR 860 y 916 (1994).

[50] Constitución de P. R., Art. V., sec. 2.

[51] El Tribunal Supremo atiende otro tipo de recurso llamado *Recurso gubernativo* que sirve para revisar las determinaciones de los Registradores de la Propiedad. (Art. 3.002 de la Ley de la Judicatura de 1994, enmendado por la Ley Núm. 248 del 25 de diciembre de 1995, sec. 1). Ante el Tribunal del Circuito de Apelaciones pueden presentarse recursos discrecionales de *revisión* —utilizado antes de esta nueva legislación en la práctica apelativa ante el Tribunal Supremo— para examinar las decisiones de organismos administrativos. (Art. 4.001 de la Ley de la Judicatura de 1994, enmendado por la Ley Núm. 248 del 25 de diciembre de 1995.

[52] Dapena Thompson v. Colberg Ramírez, 115 DPR 650,652 (1984).

[53] Intermedias, que no resuelven el caso en forma definitiva, cuestiones procesales previas a la sentencia final.

[54] Véase Francisco Castro Amy, "La inmoralidad del 'No ha lugar'", **Rev. del C. de A. de P. R.,** Vol. 46, Núms. 1-4, p. 7 (Enero-Diciembre, 1985); Federico E. Virella, "No ha lugar", en **Páginas judiciales**. San Juan, P. R.: Biblioteca de Autores Puertorriqueños", 1984, p. 44; R. Elfren Bernier, "El No Ha Lugar", **Aprobación e Interpetación de las Leyes en Puerto Rico**. San Juan, P. R., 1963, p. 134; C. Domínguez Rubio, "No Ha Lugar", en *Revista del Colegio de Abogados*, Vol. 1-2, 1935, p. 63.

[55] Conocido como *Beto*, renunció el 31 de marzo de 1993, para aceptar la Presidencia de la Universidad Católica.

[56] Exposición de Motivos de la Ley de la Judicatura de 1994. La ley aparece en 4 LPRA sec. 22. Véase, además, José Julián Álvarez González, "La nueva Ley de la Judicatura y la competencia obligatoria del Supremo: algunas jorobas de un solo camello", **Rev. Jur. UPR,** Vol. 65, Núm. 1, (1996); Francisco Castro Amy, "La inmoralidad del 'No ha lugar'", **Rev. del C. A. de P. R.,** Vol. 46, Núms. 1-4 (Enero-Diciembre, 1985); Antonio J. Amadeo Murga, "La Justicia Apelativa en Puerto Rico: una crisis crónica", **Rev. del C. A. de P. R.,** Vol. 55, Núm. 2 (Abril-Junio 1993).

[57] Ibid.

[58] Véase en ese sentido lo ocurrido en Pueblo v. Lebrón, 141 DPR 736 (1996), especialmente la opinión concurrente del Juez Negrón García, a la p. 738.

[59] Art. 5.0004 y ss. de la Ley, (4 LPRA sec. 22p). Se llama *interlocutoria* a cualquier resolución o trámite anterior a la sentencia definitiva.

[60] Art. 9.001.

[61] Art. 9.002

[62] Art. 9,1003.

[63] Art. 15001, 21 LPRA sec. 4701.

[64] Art. 15,001, 21 LPRA sec. 4701.

[65] 33 LPRA sec. 1403.

[66] Art. 5.004, incisos 6 y 7

[67] Art. 9.001.

[68] Art. 5.005, in fine.

[69] Véase el texto en Servicio Legislativo de Puerto Rico, Avanzadas, 1995-4, publicado por Michie Butterworth (1996).

[70] Art. 5.0004.

[71] Regla 194 de Procedimiento Criminal, enmendada en 1995.

[72] Pueblo v. Cortés Rivera, 97 JTS 4.

[73] Art. 3.002 (d) de la Ley de la Judicatura de 1994, según enmendada por la Ley Núm. 248 del 25 de diciembre de 1995.

[74] También se usa esa denominación para las solicitudes de tribunales federales en cuanto a la interpretación del derecho puertorriqueño por nuestro Tribunal Supremo. (Regla 25 del Reglamento del Tribunal Supremo, según enmendado.)

[75] Regla 215 de Procedimiento Criminal.

[76] Regla 23 del Reglamento del Tribunal Supremo. Esto los distingue de las consultas de la Corte Federal para el Distrito de Puerto Rico.

[77] A finales de octubre de 1996 el Tribunal Supremo admitió este tipo de recurso para determinar el derecho de un ciudadano puertorriqueño que renuncia la ciudadanía norteamericana (el Lic. Juan Mari Brás) a votar en las elecciones de nuestro país.

[78] Art. 3.002 (g) de la Ley de la Judicatura de 1994, según enmendada por la Ley Núm. 248 del 25 de diciembre de 1995.

[79] Regla 23 (b) (1) del Reglamento del Tribunal Supremo.

[80] Ibid, Regla 23 (b) (2).

[81] Regla 26.

[82] Regla 214 de Procedimiento Criminal.

[83] *El Vocero*, 9 de octubre de 2004, p. 9; *Primera Hora*, 9 de octubre de 2004, p. 13. Se repiten los apellidos de otros jueces en ejercicio.

[84] José Trías Monge, "La Congestión de los Calendarios", palabras ante la Asociación de Banqueros Hipotecarios el 2 de octubre de 1975, incluido en **Sociedad, Derecho y Justicia.** Río Piedras, Editorial de la Universidad de Puerto Rico, 1986, p. 129.

[85] Ley Núm. 176 del 23 de julio de 1974, 9 LPRA sec. 1871.

[86] Loc. cit., p. 223.

[87] Informe Anual de la Rama Judicial, 1992-93, p. 23.

[88] "Consideraciones en torno a posibles cambios en la estructura y funcionamiento del Tribunal de Justicia," publicación de la Administración de Tribunales, 1987, págs. 5-6.

[89] Nótese que ya se percibe el cambio de delitos a faltas administrativas.

[90] Durante unos años, algunos casos de tránsito, como guiar en estado de embriaguez, se trataban en el Tribunal Superior.

[91] Informe Anual de la Rama Judicial, 1997-98, p. A-19.

[92] Ibid.

[93] Ibid., p. A-1.

[94] Tribunal Apelativo Intermedio, Informe General, Años Fiscales 1992-1993-al 2002-2003, p. 2.

[95] Ib id., p. 5.

[96] Ibid., p. 14.

[97] Wayne R. LaFave y Austin W. Scott., Jr., **Criminal Law.** St. Paul, Minn.: West Publishing Co., 1986, (Segunda Edición), Tema 2.8., págs. 116 y ss;

[98] 18 USCA sec. 7.

[99] Ibid; Charles Alan Wright, **Law of Federal Courts.** St. Paul, Minn.: West Publishing Co., 1994, (Quinta Edición), págs. 124 y ss.

[100] 18 USCA 3231

[101] 62 Stat. 826, 18 USCA sec. 3231

[102] Pueblo v. Castro García, 120 DPR 740, nota 7 (1988); United States v. Darby, 312 US 100 (1941); Nigro v. United States, 276 US 332 (1928); United States v. Kahriger, 345 US 22 (1953), etc.

[103] United States v. Hall, 98 US 343, 25 L Ed 180 (1879).

[104] United States v. Flores, 289 US 137, 77 L Ed 1086 (1933).

[105] Ver nota en Ley de Relaciones Federales, 1 LPRA sec. 7.

[106] Bartkus v. Illinois, 359 US 121, 79 S. Ct. 676, 3 L. Ed. 2d. 684 (1959); Abbate v. United States, 359 US 187, 79 S. Ct. 666, 3 L. Ed. 2d. 729 (1959).

[107] 120 DPR 740 (1988). Nótese cómo se trata en este caso la cuestión sobre si los tribunales nuestros son o no criaturas del Congreso, y, por lo tanto, "Cortes de Estados Unidos". Esto ya fue planteado en Ex Parte Acevedo et al., 1 DPR 275 (1902), y resuelto en contra.

[108] 25 LPRA sec. 421.

[109] Pueblo v. Castro García, loc. cit., p. 754; Cf. Alfred L. Snapp & Son, Inc. v. Puerto Rico, 458 US 414 (1982).

[110] Pueblo v. Castro García, loc. cit., p. 765.

[111] Ibid, p. 782.

[112] Pueblo v. Velázquez, 45 DPR 905 (1933).

[113] 77 F 2d 431; 296 US 602; Federico Rives Tovar, **Albizu Campos, el Revolucionario.** New York: Plus Ultra, 1975, págs. 232-254.

Las Cárceles y el Departamento de Corrección

VII

I. La pena de cárcel

El *encarcelamiento* de los convictos de delito es la sanción más corriente en los tiempos actuales. Consiste en privar de la libertad a la persona, confinándole en una cárcel o presidio. Un *convicto* es el reo o acusado a quien se le ha probado la comisión de un delito, bien mediante un fallo que culmina el proceso penal, por un jurado o por un magistrado, o bien por aceptación de culpabilidad del imputado. Esa etapa final del proceso tiene dos momentos: el *fallo*, que es el pronunciamiento del Tribunal absolviendo o condenando al acusado,[1] y la *sentencia*, que significa el pronunciamiento del Tribunal en cuanto a la *pena* que se le impone al convicto.[2]

Se solía llamar *cárcel* al lugar de confinamiento de los municipios o distritos de la Isla, mientras que el vocablo *presidio* se reservaba para las instituciones estatales. En la cárcel se mantenían generalmente los convictos de delitos de menor gravedad. Así, en la década de los años treinta del siglo XX existía en Puerto Rico un Presidio Estatal en Río Piedras, conocido aún como *El Oso Blanco*. El nombre parece haberlo adquirido del color de su pintura y "el abrazo de Oso" que supone el encarcelamiento. Además de ese presidio, existían cárceles en los distritos de poblaciones mayores y en los municipios.

El significado original de la palabra *presidio* es el edificio de una guarnición militar, la fortaleza o castillo ocupado por los soldados para defender una ciudad. Con el tiempo, el lugar se utilizó también para encarcelar personas, dada su garantía de custodia por soldados armados. De ahí que en la actualidad se entienda por *presidio* el establecimiento penitenciario en el que, privados de libertad, los convictos o penados, generalmente por delitos graves, cumplen sus condenas. Cuando se leen documentos antiguos, el vocablo presidio identifica una fortaleza militar. En el idioma inglés, la cárcel se denomina *jail;* el presidio se conoce como *prison*.

La pena de encarcelamiento es, históricamente, reciente. Su uso es de los últimos siglos. Históricamente las penas fueron otras, como la muerte, mutilación de partes del cuerpo, azotes, esclavitud, servicio de remos en galeras o barcos, pérdida de bienes, destierro, exposición a la vergüenza pública en rollos o picota. La cárcel era entonces una medida *provisional* en lo que se imponía la pena final o permanente a los convictos.

En los inicios de la colonización de Puerto Rico, las penas incluían encarcelamiento,[3] pago de multa, destierro, exposición a la vergüenza pública o la picota y azotes.[4] Se usó también el cepo y el encadenamiento.[5] Se habla de cárceles que no eran fuertes, aunque más adelante se encarcelará en el Castillo del Morro. Se castigaba a la mujer amancebada con una pena de un marco de plata y el destierro.[6] El destierro podía ser de la ciudad o de la Isla. Más adelante se conocerán las *penas de cámara*. Estas "eran las multas impuestas a los contraventores de las Ordenanzas Reales e ingresaban en las Cajas reales...". Se incluyen "las cantidades con que las reales audiencias redimieren las penas de destierro, prisiones, presidio y otras en que con arreglo a las leyes puedan acordar esta conmutación."[7]

Es de notar que en esa época del gobierno español en Puerto Rico se dan con frecuencia los enjuiciamientos de tipo militar contra los esclavos rebeldes que inician conspiraciones contra sus amos; de militares que se sublevan contra sus jefes o de criollos que conspiran contra el gobierno, lo que ha de culminar con los acusados por el Grito de Lares y el Componte de 1887. Por ejemplo, se conoce un juicio militar sumario contra un esclavo que dirigió un intento de sublevación en Vega Baja y lo condenan a muerte en 1848.[8] Varios esclavos fueron ejecutados en Ponce por conspiración.[9] En 1839 absuelven a dos personas de la sedición y se menciona la condena a muerte de algunos.[10] En ocasión de otra sedición militar en 1867, se desterró a varios puertorriqueños.[11] El 20 de enero de 1869 se publica en *La Gaceta* la amnistía a todos los envueltos en la revuelta de Lares, aunque no cubre "delitos comunes conexos con el de insurrección."[12]

Hay que señalar, por otra parte, que Puerto Rico no escapó a la dureza del Derecho penal español, que no se diferenciaba gran cosa de la práctica penal general de Europa. Para el 1511, a los hijos o nietos de quemados por herejía les estaba prohibido entrar a la Isla.[13] Durante los primeros siglos, se encarcelaba por deudas.[14] En el siglo XVI, cualquier esclavo que osara levantar la mano contra sus amos, "estaba sujeto a perder la mano, a que se le cortaran las orejas o a que se le clavara el brazo de un poste en plena plaza pública."[15] Si un siervo montaba un caballo sin autorización del amo, se le castigaba con cien azotes; si portaba armas o se movía de un sitio a otro sin autorización, la pena era de doscientos azotes.[16] A partir de 1571, se castiga al esclavo que se ausenta del trabajo por cuatro días con cincuenta azotes; si es por ocho días, el castigo es de doscientos. Además, se ponía una *calza* de hierro al pie del esclavo.[17] No hay que olvidar tampoco la marca del esclavo con hierro candente, llamado el *carimbo*, ni el uso de argollas o collares de hierro ni las muertes por garrote vil.[18]

La violencia oficial no se limitaba a los esclavos. Para 1534 el Gobernador Francisco Manuel de Lando ofrece una muestra del trato a los españoles que intentaba abandonan la Isla para irse al Perú:

> Ahora dos meses supe que a dos leguas desta ciudad se habían alzando unos con un barco para marcharse. Mandé tres barcos y veinte de a caballos por tierra y costó infinito prenderles según su defensa. Fue menester verse tres de ellos *asaeteados*, otros heridos y mi presencia. A

> unos se azotó, a otros *se cortaron los pies*; y tuve que disimular alguna voz de sedición...[19] (Enfasis añadido).

Thomas Mathews, en "una mirada a la justicia del siglo XVII en Puerto Rico", pone de manifiesto el inmenso poder de vida o muerte que tenía el gobernador dc la Isla. Narra cuatro casos con implicaciones criminales: (1) una joven mujer "de las familias principales", quien para entonces era "en opinión común, doncella", en 1691, arroja a la calle "una criatura recién nacida... y muerta." El caso es investigado y encubierto. (2) En 1651 condenan a muerte a un soldado "por sacar espada." (3) En 1696 ejecutan al soldado Juan García de Fontanés por haber matado a su mujer Ana Manuela De Jesús Cedeño. La sentencia fue cumplida dentro de 48 horas, sin intervención de abogado, sin prórroga y sin apelación. (4) En 1652, otro militar arrastra a su joven esposa, de 18 o 19 años, con las manos atadas y los ojos vendados, y frente a la puerta principal de El Morro, la mata de cuatro estocadas de su espada, alegando que había cometido adulterio y trató de envenenarlo. Fue condenado a muerte, pero apeló la sentencia. De encontrarse verdugo sería degollado, y si no, se le fusilaría. La opinión pública estaba a favor de la mujer y hubo que darle protección al acusado para "guardarlo de que las mujeres no le hagan pedazos."[20] Como puede verse, la violencia doméstica es un mal histórico.

En 1703 fue condenado a la pena de muerte y ejecutado Nicolás Fernández Carreras, un albañil preso en el Castillo del Morro, por escribir un poema crítico de la conducta del Gobernador Gabriel Gutiérrez de Riva, a quien satiriza en unos versos rústicos. Había sido encarcelado por escribir al Rey denunciando los gastos incurridos en las obras del templo metropolitano. En la poesía se imputa al gobernador "gustar en demasía del fruto de la vid, y también de la caña" y no administrar adecuadamente los fondos enviados por la Corona española para construir la catedral.[21]

El Directorio del General De Muesas del 22 de marzo de 1770 autorizaba a los Tenientes a Guerra para "mortificar con cárcel, cepo o arresto en las causas y casos que no sean de mayor criminalidad, como lo son la desobediencia a lo que mandare, desamparo del cuerpo de guardia, falta de respeto y otras semejantes...".[22] En 1767 el Gobernador, molesto porque el Cabildo de San Germán encarceló un enviado suyo cuya gestión no había notificado al organismo municipal, arrestó a los miembros del Cabildo y le embargó sus bienes.[23]

El 12 de agosto de 1826 se aprobó un Reglamento sobre el trato a los esclavos que pretendía protegerles, pero incluía una disposición que autorizaba a dueño o mayordomo para castigarlos *correccionalmente* "con prisión, grillete, cadena, maza o cepo con tal que no sea poniéndolo en éste de cabeza, o con azotes, que no puedan pasar de veinte cinco."[24] Para fines de 1848 se dispuso que todo individuo de la raza africana, libre o esclavo, que agrediere un blanco, si esclavo, era pasado por las armas; si libre "se le cortará la mano derecha por el verdugo."[25] En ese año fueron ejecutados sumariamente varios esclavos acusados de conspiración en Ponce, otros fueron encarcelados o sufrieron penas corporales.[26] El abuso de los amos y mayordomos contra los esclavos dio lugar a crear el delito de *sevicia*[27] contra ellos, lo que generó varios procesos.[28] A uno de los esclavos se le colocó en cepo, luego se le amarró a cuatro estacas y se le aplicaron numerosos latigazos, vertiendo orines con sal en las heridas.[29]

En la *Novísima Recopilación* (1805), aparece la pena de muerte en casos de robo para mayores de 17 años. Dicha legislación autoriza también azotes, mutilaciones, galera, cadena, ahorcar, descuartizar.[30]

En el siglo XIX la ejecución por horca fue substituida por muerte en garrote vil. En 1838 fueron ejecutados varios soldados del Regimiento de Granada por una denuncia de conspiración contra el gobierno.[31] No es hasta el 1870 que se suprime la pena de azotes a los esclavos.[32] Contra dicha pena bárbara había protestado con firmeza una década antes el Ministerio Fiscal de la Audiencia de la Habana.[33] En el Código Penal para Cuba y Puerto Rico, de 1879, hay innumerables artículos sobre las penas.

El año 1887 ha pasado a la historia del país como uno nefasto por la persecución, represión y tortura contra los puertorriqueños con ideas políticas liberales.[34] A esta página infame de nuestra historia se le llamó el año del *Componte*. Algunas personas temerosas de ser torturadas, se suicidaron.[35]

Durante la dominación norteamericana, siguiendo la práctica de la época española, existió en Puerto Rico la pena de muerte mediante la horca hasta el 1929.[36]

II. Las cárceles durante la dominación española

1. Las primeras cárceles

Las fuentes históricas tienden a demostrar que las primeras cárceles de Puerto Rico se establecieron, rudimentariamente, en el poblado de Caparra, en la década de 1510 a 1520. Debe recordarse que para este tiempo, las cárceles eran lugares de detención provisional en tanto se imponía la pena aflictiva o pecuniaria que procediera.

Tras el descubrimiento de América en 1492, y durante las primeras dos décadas siguientes al mismo, los españoles concentraron su esfuerzos en la colonización de La Española, territorio actual de República Dominicana y Haití. La Corona española inició el dominio de los nuevos territorios mediante el nombramiento de gobernadores, enviados para imponer la autoridad de los reyes. Se destaca en estos inicios el nombramiento del fraile Nicolás de Ovando como gobernador de la Española entre 1502 y 1509. España construía sus edificios públicos o permitía las residencias alrededor de una plaza principal en donde se ubicaban la iglesia y la Casa del Rey o Ayuntamiento. Precisamente las primeras cárceles estarán unidas a estas dos instituciones: la cárcel de la Inquisición y la cárcel pública.

En 1505, Ovando autoriza a Vicente Yánez Pinzón, capitán de *La Niña* en el primer viaje de Cristóbal Colón, para iniciar el proceso colonizador de nuestra Isla, conforme a ciertas condiciones, que Yánez no cumplió. En 1508, Ovando firma una capitulación con Juan Ponce de León, castellano destacado en la conquista de La Española y la guerra contra los indígenas de ese país, autorizándole para explorar la isla de Boriquén. A su regreso en 1509 a La Española, Ponce de León y Ovando firman un segundo acuerdo, ampliando las facultades concedidas anteriormente al castellano, con plenos poderes para colonizar. Ponce de León regresa a la Isla con un centenar de españoles, iniciando el proceso colonizador con la fundación de un poblado en la zona norte, cerca de la bahía de San Juan, que han de llamar Caparra.

También en 1509, el Rey Fernando reconoce la autoridad de Diego Colón, hijo mayor del descubridor, en los nuevos territorios. Le nombra gobernador de las Indias en substitución de Ovando, mientras se resuelve definitivamente el pleito planteado sobre los derechos de Colón, con la advertencia de respetar el convenio que éste había hecho con Ponce de León. Colón ignora la advertencia y nombra a Juan Cerón como Alcalde Mayor y a Miguel Díaz como Alguacil Mayor de la Isla. Como asesor letrado acompañaba a ambos el bachiller Miguel Morales.[37] Estos entran en conflicto de inmediato con Ponce de León, quitándole autoridad sobre los indios que se usaban para extraer oro. En 1510, el Rey nombra a Ponce de León Gobernador interino de la Isla. Éste, por sugerencia de Cristóbal de Sotomayor, apresa a Cerón y Díaz y los envía a España.[38] En 1511, el Consejo de Castilla dicta fallo final a favor de Colón, aunque con limitaciones a favor de ciertas instituciones de la Corona que ha de mantener su autoridad. Colón tendrá Derecho a la administración, pero la soberanía es de la Corona española. El Rey acata el fallo y devuelve los títulos a Juan Cerón y Miguel Díaz, los envía de regreso a la Isla, con advertencia de que no tomen represalias contra Ponce de León. El Rey conserva su autoridad para nombrar oficiales reales, organizar los gobiernos municipales, incluyendo los funcionarios de justicia, y trasplantar a América la institución de tribunales conocida como *Audiencia*. La Iglesia Católica, otra institución aliada con la Corona, es autorizada para trasladar su autoridad a los nuevos territorios, pero bajo la tutela de los reyes de España que habían obtenido del Papa los derechos del Patronato Real. Esto permitía a la Corona recomendar el nombramiento de obispos, sacerdotes y otras dignidades. El Patronato tenía la responsabilidad de cobrar los diezmos y sostener la Iglesia. Para obispo de San Juan el rey Fernando nombró en 1512 a Alonso Manso, un sacerdote allegado a la Corte, que llegará a Caparra en 1513.

Tomando en cuenta su objetivo de explotar los yacimientos de oro en los ríos cercanos y ubicarse cerca de la costa para contar con un puerto, Ponce de León decidió ubicar el poblado original en el lado sur de la Bahía de San Juan, como media legua hacia el interior de la Isla, equivalente a aproximadamente tres kilómetros desde la playa.[39] El lugar ha sido identificado en el sector Pueblo Viejo del actual Municipio de Guaynabo, por donde pasa un tramo de la Carretera Número 2. El nombre de Caparra o Capera le fue dado por Ovando en honor a una ciudad española de ese nombre fundada por los romanos cerca de Cáceres, su ciudad natal.[40] Las fuentes de oro la encontraban los españoles en los ríos cercanos llamados *Toa* (actual La Plata) y *Cibuco*. El lugar escogido era pantanoso e inhóspito, lo que ha de conducir al traslado del poblado a la isleta de San Juan en 1521.[41]

En Caparra, Ponce de León construyó "dos grandes casas de piedra y tapiería."[42] Sepúlveda Rivera indica que la casa de nuestro primer gobernador fue construida con paredes de adobe llamadas *tapias*.[43] Así se denomina a una pieza de mampostería a base de tierra amasada, apisonada y secada al aire y al sol, y al muro hecho con dichas piezas. Allí, se dice, también existió una plaza y se siguió el trazado tradicional del pueblo que acostumbraran usar los españoles en América, incluyendo la Iglesia.[44] Sin embargo, desde los inicios del poblado ya se pensaba que no era apropiado, que se trataba de una ubicación provisional, que sería necesario buscar otro lugar para la ciudad.[45] Por ello, y por la falta de materiales adecuados, las construcciones en ese primer poblado no eran duraderas. Se trataba de bohíos simples, copiada la estructura de los usados por los indios, reforzados con madera, aunque con puertas y ventanas. Para 1513 se estimaba que existía un mínimo de treinta y cinco estructuras, pero durante una rebelión indígena se quemaron la iglesia y veintinueve de los bohíos.[46]

Pues bien, en Caparra, nos dice Sepúlveda Rivera, "es casi seguro que si hubiera una cárcel de la Inquisición."[47] Los documentos históricos confirman que el 15 de abril de 1520 el Obispo Manso ordenó el arresto de Sancho Velázquez, por alegadas blasfemias, quien el "17 de mayo de dicho año, moría en la cárcel de la Inquisición."[48] Se desconocen las causas de la muerte o si se le aplicó tortura.[49] ¿Dónde estaba esa cárcel? Adolfo de Hostos hará referencia a que se utilizaba una sala del Monasterio de Santo Tomás de Aquino, que está en la Isleta de San Juan, como cárcel de la Inquisición.[50] Sin embargo, el traslado de la ciudad de Caparra a la Isleta no se da hasta el 1521. La construcción de ese edificio se inició el 15 de enero de 1523.[51] Por otra parte, la catedral tampoco existía para 1520. En 1521 el obispo Manso eligió el solar en la Isleta para dicho templo.[52] Allí "se levantó en él un ranchón de madera techado de paja."[53] Por lo tanto, debió existir un lugar como cárcel de la inquisición en el poblado de Caparra. El propio De Hostos señala que "la cárcel de la Inquisición existía desde antes de mudarse la ciudad a la Isleta."

Se desprende de lo anterior que la primera cárcel en una estructura *fuerte* es la de la Inquisición en el Convento Santo Tomás de Aquino, o Convento de los Dominicos, pero antes existió en Caparra una primera cárcel rudimentaria de la naciente Inquisición en América.

Por otra parte, los historiadores nos informan que, por sugerencia de Cristóbal de Sotomayor, Ponce de León ordenó la detención de los funcionarios que había nombrado Diego Colón, o sea, Juan Cerón, Miguel Díaz y el bachiller Miguel Morales.[54] Aunque los detenidos obtienen su libertad, más tarde fueron de nuevo detenidos y remitidos como presos a España en una nave que se dirigía a Guadalupe y que fue ocupada en el puerto de Aguada.[55] Igualmente, durante la gobernación de Sancho Velázquez, antes de 1520, hizo detener a varias personas.[56] El Lic. Sancho Velázquez fue nombrado gobernador y juez de residencia, con varas de justicia, es decir, con autoridad judicial, por provisión real del 19 de octubre de 1514, posiciones que ha de ejercer hasta la toma de posesión de su sucesor, Antonio de la Gama, nombrado el 3 de marzo de 1518.[57] Todavía sólo existían dos poblados en la Isla: Caparra y San Germán. Amplia evidencia histórica demuestra que durante el ejercicio de Velázquez existió en Caparra algún tipo de cárcel y se encarceló a varias personas. En el Juicio de Residencia que De la Gama celebró contra Velázquez, varios testigos confirman el uso del encarcelamiento. El Regidor Sancho de Arango declara que Velázquez "mandó a prender a un Suárez y que le tuvo preso."[58] Jerónimo de Merlo afirma que al gobernador "le ha visto tener algunos presos y darles la ciudad por cárcel por ruego de algunas personas."[59] Juan de la Barrera testifica que a él mismo "Velázquez le dijo... muchas afrentas e injurias y lo envío a la cárcel porque no quería pagar."[60] Juan Ruano declara que a Juan de Molina lo prendieron "y le dio por cárcel su casa propia." Añade que él mismo "estando preso por su mandado, del dicho Licenciado lo envió a llamar la noche sobredicha de la cárcel para que viniese a jugar con el dicho Licenciado a los naipes y que este testigo vino a su mandado" y se dejó ganar diez pesos de oro "a fin de que lo soltase el dicho Licenciado."[61] El testigo Diego Ruiz de Barrasa declara que Velázquez "tuvo preso mucho tiempo" a Antón Cansino y Juan de Panes porque no daban "el interés de unas perlas."[62] Igual situación se da con el testigo Andrés Muñoz: "Dijo que podrá haber dos años poco más o menos tiempo que el dicho Licenciado Velázquez tuvo preso a este testigo."[63]

Esto hace suponer que también existía en Caparra algún lugar para encarcelar, distinto de la Inquisición, lo que vendría a ser la primera cárcel civil.

2. El Presidio de la Plaza de Armas y el de La Princesa

En cuanto a las cárceles, debemos indicar que la había en San Juan para el 1564, pero no tenía calabozos y los presos se escapaban con frecuencia.[64] Ya mencionamos que en el Monasterio Santo Tomás de Aquino la Inquisición usaba una sala como cárcel.[65]

Para fines del Siglo XVIII, la cárcel municipal estaba reducida a límites estrechos donde "yacían los presos amontonados en las oscuras y húmedas bóvedas, víctimas de diversas enfermedades y de las calenturas carcelarias, un tipo de fiebre inducida por las nocivas condiciones de oscuridad, falta de ventilación, humedad, suciedad y mala nutrición prevaleciente en las prisiones de aquel tiempo. Manteníanse los reos de limosnas y auxilios que recibían de sus parientes." Para remediarlo, el Ayuntamiento, aprobó en 1810 la compra de una propiedad a espalda de la Casa Consistorial, en la calle de la Luna. Así, a principios de la segunda década del siglo XIX, logró la ciudad "ostentar un edificio adecuado a sus necesidades penales, con dos plantas y poco más de 16,000 pies cuadrados de superficie, hermoseado por una amplia portada coronada por el escudo real y ennoblecida por la sugestiva inscripción: *Odia el delito y compadece al delincuente*."[66]

En el Arsenal de la Marina funcionaba un "depósito de vagos", denominado Presidio Menor.

Es preciso recordar que el gobierno tenía la obligación de atender todos los asuntos de las cárceles. Aida R. Caro Costas nos dice:

> Otra gran responsabilidad del cabildo la constituía la administración de la cárcel. En tal desempeño la gestión capitular no se limitaba a la estricta conservación física del local sino que comprendía obligaciones tales como establecer y mantener la debida disciplina, velar por la manutención de los confinados y proveer para el auxilio espiritual que debía impartírseles.
>
> ... en la medida en que los recursos económicos lo permitían, el cuerpo capitular se esforzaba por mantener la cárcel en buen estado y con las seguridades necesarias para la perfecta custodia de los presos.
>
> El orden, el buen trato a los reclusos, las condiciones higiénicas del local y la estricta separación de celdas que deberían guardarse en la reclusión de hombres y mujeres eran aspectos que debían y de hecho ocupaban la atención del Concejo.[67]

La autora señala que el Cabildo de San Juan se interesaba por que se cumpliera el deber del alcaide de vivir en la cárcel...

"adquiriendo dos esclavos zambillos para la servidumbre de los encarcelados", pidiendo remedio al Gobernador por atropellos cometidos por un sargento, interesándose por la visita semanal a los confinados que debían hacer los alcaldes ordinarios o cuidar de las normas de reclusión y la falta de ventilación. Y añade: "Es cierto, sin embargo, que en este último particular el Consejo capitalino no siempre actuó muy diligentemente. Por algunos años el cabildo permitió que los presos fueran alojados en celdas caldeadas po el sol y 'sin respiradero' que más bien parecían construídas 'para potros de tormentos que para seguridad de delincuentes.'"[68] El Municipio tenía la obligación de velar por la manutención de los presos, pero no proveerla, por lo que su función se orientaba a administrar las limosnas de personas o entidades privadas que permitían dar de comer a los confinados.

Durante las obras de fortificación que dirigiera O'Daly, para el 1766, se construyó en el costado occidental de la Plaza Mayor el primer presidio que tuvo la ciudad de San Juan, con cabida para 800 hombres, llamado Cuartel de Presidiarios o de los Desterrados, que se estuvo usando hasta que se construyó la Penitenciaría frente al Paseo de la Princesa en 1837.[69] Contenía galeras, talleres, calabozos, enfermería y capilla. En el patio interior se alzaba "el tenebroso patíbulo del garrote, instrumento que consistía de un fuerte madero que sujetaba un aro de hierro provisto de un largo tornillo que, haciéndose girar por el verdugo, oprimía gradualmente la garganta del sentenciado contra el madero hasta dejarlo estrangulado."[70]

Las mujeres condenadas a reclusión se llevaban al Asilo de Beneficencia.[71]

El nuevo presidio, que ha de conocerse en el Siglo XX como La Princesa, para ese tiempo también exhibía al frente un letrero donde se leía: "Odia el delito y compadece al delincuente."[72]

Fernando Picó resume la situación durante el siglo XIX de la siguiente forma:

> San Juan vino a ser sede de tres instituciones penales: el *presidio*, que se trasladó en 1837 al edificio conocido como Cárcel de la Princesa; la *cárcel municipal*, que estuvo ubicada detrás del ayuntamiento; y el

presidio correccional para los vagos, situado, según De Hostos, en el Arsenal de la Marina en la Puntilla.[73] (Enfasis añadido).

También se usaron las casas de camineros como presidios provisionales para confinar a los presos que se utilizaban en la construcción de la Carretera Central.[74]

Podemos resumir el desarrollo histórico de las cárceles en Puerto Rico de esta forma:

1511 Cárcel en Caparra, tiempos de Juan Ponce de León
1514 Cárcel en Caparra, tiempos de Sancho Velázquez[75]
1520 Cárcel de la Inquisición en Caparra[76]
1529 Cárcel de la Inquisición en Santo Tomás de Aquino[77]
1564 Cárcel en dependencia de la Casa de la Ciudad[78]
1586 Cárcel en Bóveda debajo de una de las torres que miran el canal del Puerto. [79]
1766 Cuartel de Presidiarios, frente a la Plaza Mayor. [80]
1809 Presidio Menor o Depósito de Vagos en La Marina[81]
1812 El Morro se usaba como cárcel[82]
1813 Cárcel Real o Municipal, detrás del Ayuntamiento. [83]
1837 Penitenciaría o Cárcel de la Princesa, con patíbulo del garrote.[84]
1887 Cárcel Provincial, en Puerta de Tierra, edificio destinado a Hospital Civil, ahora Archivo General de Puerto Rico.[85]
1887 Durante el Componte, se encarceló en El Morro.[86]

También existieron cárceles en otros pueblos, por ejemplo:

1820 Cárcel en Ponce
1866 Cárcel de Aguadilla
1879 Cárcel de Guayama
Cárcel de Arecibo

Precisamente en la Cárcel de Aguadilla y Arecibo ocurren

numerosas muertes por fiebre amarilla de confinados puertorriqueños por la insurrección de Lares.[87]

Estadísticas de 1837, 1847 y 1848, conforme al trabajo de las Audiencias, nos ofrecen un detalle de los penas y reos de esos años:

Penas y Reos 1837[88]

Ultimo suplicio	3
Presidio, en calidad de retención en el de esta Capital	2
Sin esta calidad	59
En la Habana	5
En el correccional de la Puntilla	20
Obras públicas	39
En la cárcel	21
Destierro	8
Privación de oficio	2
Penas pecuniarias	52
Compurgados	55
Sobreseimiento	66
Absueltos	50
Prófugos	23
	405

Reos y Penas 1847[89]

Presidio en el de la plaza con calidad de retención	5
Idem en el idem sin dicha calidad	48
Idem en el correccional de la Puntilla	93
Obras Públicas	5
Reclusión en la Casa de Beneficiencia	5
Azotados	4
Destierro de un pueblo a otro de la Isla	2

Prisión en la Real Cárcel	39
Penas pecuniarias	38
Compurgados con la prisión sufrida	25
Absueltos de la instancia	19
Idem libremente	2
Sobreseimientos	299
	584

Reos y Penas 1848[90]

Muertes en garrote vil	4
Presidio, en el de la plaza, con calidad de retención	1
Idem, en el de la plaza, sin dicha calidad	36
Idem, en el correccional de la Puntilla	100
Desafinados a obras públicas	19
Reclusión en la Casa de Beneficiencia	20
Azotados	16
Prisión en la Real Cárcel	69
Compurgados con la prisión sufrida	32
Penas pecuniarias	4
Absueltos de la instancias	28
Absueltos libremente	9
Sobreseimientos	302
	636

III. Las cárceles y los sistemas carcelarios

1. Objetivos del encarcelamiento

¿Cuál es el objetivo de las cárceles? ¿Cuáles sistemas han existido o hay de encarcelación, es decir, dónde, cómo y por qué se mantienen detenidos los confinados? Son temas esenciales.

Se sabe que la cárcel es una pena de reciente creación

histórica, pero que hoy es la más corriente en cualquier sistema de justicia criminal. Por lo tanto, se impone preguntarnos cuál es el objetivo del encarcelamiento y cuáles sistemas se han ensayados y los que están en vigencia.

En cuanto al primer planteamiento, las funciones que se le atribuyen o se esperan del encarcelamiento suelen ser:

Castigo del delincuente.
Protección de la sociedad .
Rehabilitación del delincuente

Dependiendo del enfoque, o lo que es lo mismo, de la política criminal que siga una determinada nación o pueblo, será el tratamiento de los convictos, de las personas confinadas en las cárceles. Si el interés se centraliza en el castigo, la vida carcelaria será de lo más duro; si lo hace en razón de proteger la sociedad, será, no necesariamente duro, pero evitando los más posible el regreso a la sociedad abierta o bajo la mayor supervisión; la condena no termina con el encarcelamiento, continúa con medidas de protección social, mediante registro, por ejemplo, de los convictos en general o de los delincuentes sexuales, de violencia doméstica o de drogas en particular. Si tiene una visión rehabilitadora, el proceso debe empezar en la cárcel.

El 18 de junio de 2004 se aprobó un nuevo Código Penal para Puerto Rico.[91] Se fundamenta dicha ley en el Proyecto del Senado de Puerto Rico Núm. 2302, y empezará a regir el 1ro. de mayo de 2005, con excepción de los artículos 312 y 313 de dicho Código que rigen desde el momento de su aprobación. El artículo 312 se refiere a la creación de un "ente revisor" encargado de evaluar las diferentes leyes que rigen el sistema de justicia criminal del país. El 313 trata de la implantación de disposiciones rehabilitadoras –proceso que la doctrina estima haber fracasado reiteradamente– a cargo del Departamento de Corrección y Rehabilitación.

La aprobación del nuevo Código había levantado una gran polvareda desde principios de mayo de 2004, especialmente por intereses partidistas; los líderes del Partido Nuevo Progresista le señalaban severas deficiencias.[92]

El Artículo 47 de dicho Código establece:

Los propósitos generales que determinan la imposición de la pena son los siguientes:

(a) La prevención de delitos y la protección de la sociedad.

(b) El castigo justo al autor en proporción a la gravedad del delito y a su responsabilidad.

(c) La rehabilitación moral y social del convicto.

(d) La justicia a las víctimas de delito.

El Lic. Eudaldo Báez Galib, Presidente de la Comisión de lo Jurídico del Senado, señala que las críticas al Código no se justifican. Resume las mismas en las frases utilizadas por líderes del PNP a los efectos de que con el nuevo Código "van a vaciar las cárceles", "se eliminó el delito de perversión de menores"'; "ahora nadie va a servir cárcel", "las penas son menores" o "El Código va a aplicar retrospectivamente."[93] Señala dicho legislador:

> Ha quedado escondido por la discusión periferal, el evento más importante de ese Código, el cambio de filosofía. El Código actual, el vigente desde 1974, va dirigido al castigo. El código nuevo, va dirigido a la rehabilitación. Durante cincuenta y dos años hemos obviado la directriz que la Constitución incluyó: "Será política pública del Estado Libre Asociado… reglamentar las instituciones penales para que sirvan a sus propósitos en forma efectiva y propender, dentro de los recursos disponibles, al tratamiento adecuado de los delincuentes para hacer posible su rehabilitación moral y social." Nos hemos escudado tras la frase "dentro de los recursos disponibles", para negar esa ambición de los Padres de la Constitución.
>
> En cumplimiento por fin, ahora se reformula en su totalidad el concepto de extinguir reclusión. Bajo el régimen actual, al entrar por la puerta del penal, el sentenciado, sin necesidad de gestión alguna de su parte, ha reducido su sentencia en un cuarenta y un cuarenta y cinco por ciento del tiempo mediante bonificaciones. O sea, casi la mitad de la sentencia. Bajo el nuevo régimen, entra a cumplir su sentencia y sólo puede reducirla mediante su rehabilitación. No una ficticia; comprobada. Evidenciada ante un

tribunal con presencia del Fiscal e intervención de la víctima y mediante prueba ofrecida por peritos en comportamiento. Si no se rehabilita, cumple. Si se incentiva, tendrá las herramientas para volver a la sociedad como ente productivo y participante.[94]

2. Surgen las prisiones

A. Períodos históricos

Los sistemas carcelarios han seguido un proceso de desarrollo que podría sintetizarse en los siguientes períodos:

De aseguramiento del acusado previo al juzgamiento.
De castigo por el delito cometido
De la explotación del confinado
Correccionalista y moralizador
De readaptación social y moralizador
De castigo por el delito cometido y protección de la sociedad

PRESIDIO PROVINCIAL DE PUERTO-RICO.

98 NÚMERO 4584

4ª BRIGADA. 1ª CLASE.

Hoja histórico penal del Confinado Hance William Freeman - Halstead hijo de William y de Catalina natural de Hamilton Canada Ayuntamiento de Hamilton Juzgado de Instrucción de Hamilton Provincia de Ontario avecindado en Hamilton Ayuntamiento de Hamilton Juzgado de Instrucción de Hamilton Provincia de Ontario Religión Protestante oficio ó profesión periodista estado viudo edad 27 años sus señas éstas: estatura alta cara larga color blanco pelo castaño cejas al pelo ojos azules nariz perfilada boca regular barba regular Instrucción tiene Señas particulares una cicatriz pequeña en la frente sobre la ceja izquierda, otra en la cara pómulo derecho inmediata al ojo

FECHAS			VICISITUDES	TIEMPO DE CONDENA			FECHA EN QUE LA CUMPLE		
Día	Mes	Año		Años	Meses	Días	Día	Mes	Año
30	Mayo	1898	Perteneciendo á la clase de paisano y corresponsal en esta Isla del Periódico New-York Herald de los Estados Unidos, fué procesado por la jurisdicción de Guerra de la Capitanía General de esta Isla, por el delito de Espionage cometido en esta Plaza el día 24 de Marzo de este año, habiendo sido						

El autor Elías Neuman ha abordado este tema desde la perspectiva argentina.[95] Coincidimos en lo fundamental, pero añadimos el cierre del círculo desde la perspectiva de Puerto Rico, donde la pena ha vuelto a adquirir su finalidad de castigo desde aproximadamente el 1980. Hemos señalado que en su origen, la cárcel constituye un medio para asegurar, guardar al acusado, mientras se le juzga y se le impone una pena definitiva o final, que generalmente era la muerte, la mutilación, los azotes o el destierro. Más tarde se convierte en un castigo en sí mismo, mediante un régimen severo, de aislamiento y silencio. En la tercera etapa, el estado descubre que el penado tiene valor económico, que puede ser usado en las construcciones, labores públicas o industria de prisiones. Más adelante la encarcelación se concibe como un mecanismo que puede ser utilizado para corregir y moralizar al convicto, especialmente del siglo XVIII a principios del siglo XIX. El siglo XX se caracteriza por los intentos de readaptación social o resocialización del convicto mediante la individualización de la pena, el tratamiento penitenciario y pospenitenciario. En Puerto Rico, el seguimiento pospenitenciario permite la libertad bajo palabra. La sección 19 del Artículo VI de la Constitución de 1952 dispone que el objetivo del sistema debe ser "el tratamiento adecuado de los delincuentes para hacer posible su rehabilitación moral y social." Sin embargo, el aumento de la criminalidad a partir de la década de 1970, produce un cambio de objetivo, que se concreta en una enmienda al Código Penal en 1980. La protección de la sociedad y el castigo al autor del delito adquieren prioridad sobre la rehabilitación.[96]

B. Desarrollo y tipos de prisiones

(1) Antes del Siglo XVI

Cuando todavía la cárcel no se concebía como pena, pensadores de la talla de Platón expresaban la necesidad de las cárceles dentro y fuera de las ciudades. Entre las cárceles con fines de custodia antes del enjuiciamiento, como antecámara a los suplicios, existieron varias en Roma, entre las que destaca la Mamertina, de la que subsisten sus ruinas y donde estuvo preso San Pedro. Existió también en Roma el encarcelamiento por deudas.

Ya en el *Digesto* de Justiniano se reconoce que la cárcel no debe utilizarse para causar daño a los presos, sino para guardarlos simplemente. Este principio es recogido por *Las Partidas* de Alfonso el Sabio.[97] Igual orientación teórica siguen *Las Leyes de Indias*.[98] La práctica estaba muy alejada de la teoría.

(2) Las primeras cárceles en Europa

En 1552 se inicia el sistema conocido como cárceles de corrección con la *House of Correction*, de Bridewell, en Londres, Inglaterra. Para el 1596 son famosas las de Amsterdan, entre las cuales destacan la *Rasphuis* para hombres y la *Spinhuis* para mujeres, cuya organización y limpieza ha de impresionar a John Howard, un famoso inglés que escribió sobre la necesidad de las reformas carcelarias en su tiempo. Holanda importaba de sus colonias americanas troncos de madera de los que, mediante el proceso de raspado o pulverización, se obtenía un pigmento para teñir hilados. Los 3,500 jóvenes delincuentes de *Rasphuis* se dedicaban a esa labor; las mujeres de *Spinhuis* se ocupaban de teñir los hilados.[99]

En 1600 se creó una sección para menores en el *Rasphuis*. Esos modelos serán seguidos por los países de la Liga Hanseática. En Bélgica se crea un fondo para los internos como pago de su trabajo que se le entregaba al salir de prisión.

En 1704 se crea el Hospicio de San Miguel en Roma, como *casa de corrección* para jóvenes delincuentes, en la cual se establece trabajo común diurno, con la regla de absoluto silencio e instrucción religiosa, y aislamiento nocturno en celdas. La disciplina se imponía con ayunos, aislamiento y azotes. Los jóvenes estaban "siempre ligados con la cadena al banco sobre el cual permanecían prácticamente desde la mañana hasta la noche. Predicaciones, cánticos, y severos castigos (en general el látigo) completaban la jornada."[100]

Parecido sistema se sigue en Gantes, para 1775, en la prisión fundada por Juan Vilain, donde se inicia el moderno sistema de clasificación, separando a los delincuentes de faltas leves de los de delitos graves, con lugar separado para mujeres y jóvenes.

Ya en los siglos XVI y XVII varios estados de Europa deciden rescatar a los convictos de la pena de muerte para usarlos en beneficio del gobierno en obras públicas o durante las guerras. Es de uso común condenar a galeras de remo en los barcos. Cuando el vapor se usa para mover los barcos, los prisioneros se siguen utilizando en galeras prisiones de los arsenales para trabajos públicos, como señala la *Novísima Recopilación*.[101]

(3) Los reformadores del sistema penitenciario

Tres escritores se han de destacar en los siglos XVIII y XIX en la publicación de libros con el objetivo de exponer las crueles condiciones carcelarias y promover la reforma del sistema: el italiano Cesar Bonesana, Marqués de Beccaria, y los ingleses John Howard y Jeremías Benthan.

El italiano César Bonesana (1738-1794), sacudido por las condiciones infrahumanas de las cárceles de su tiempo, publicó anónimamente el libro *De los Delitos y de las Penas* en Liorna (Livorno), Italia, en 1764. El autor tenía entonces veinticinco años de edad.[102] Esta obra, que critica duramente la práctica penal de entonces y reclama una reforma a fondo, sacude la mentalidad penal de su tiempo e inicia lo que ha de conocerse como la Escuela Clásica del Derecho penal. Antes de su publicación, y durante muchas décadas posteriores a ella, la persecución del delito seguía las concepciones de la época medieval. Se caracterizaba por la arbitrariedad en la determinación de los delitos y las penas, una excesiva crueldad en la etapa procesal y en las penas impuestas, con marcada represión fundamentada en la *intención* atribuida a los imputados y no en *los hechos* realmente cometidos.[103] Ese sadismo continuaría aún en los inicios del Siglo XIX.

El Marqués de Beccaria sostiene en su obra que la finalidad de la pena es servir de medida *preventiva,* evitar que el imputado vuelva a delinquir y evitar que los demás le imiten. No tiene como fin la venganza ni anula el delito cometido.[104] El derecho del Estado o el soberano para penar es producto de una limitada cesión de la libertad del individuo para poder disfrutar del resto de sus libertades. El criterio fundamental para determinar la responsabilidad penal es objetivo: *el daño causado* a la sociedad. No se atiende a la intención del imputado ni a la gravedad del *pecado*.

El jurista español Juan Antonio de Val, en su introducción a la obra de Beccaria, sintetiza las ideas del pensador italiano así:

—Sólo las leyes pueden decretar las penas contra los delitos y no la voluntad del juez.

—La atrocidad de las penas es cuando menos inútil, si no perniciosa, y por tanto las penas deben dulcificarse al máximo.

—La tortura debe abolirse, pues en muchos casos sólo sirve para condenar al débil inocente y absolver al delincuente fuerte.

—El fin de las penas no es atormentar ni afligir, sino impedir al reo causar nuevos daños y retraer a los demás de la comisión de otros iguales.

—No es la crueldad de las penas uno de los más grandes frenos de los delitos, sino la infalibilidad de ellas.

—las penas deben ser proporcionadas a los delitos, pues si se destina una pena igual a delitos de diferente cuantía los hombres no encontrarán estorbo para cometer el mayor.

—La verdadera medida de los delitos es el daño a la sociedad.

—Las penas deben ser las mismas para el primero que para el último de los ciudadanos, para los nobles que para los vasallos. Las leyes deben favorecer menos las clases de los hombres que los hombres mismos.

—La pena de muerte no es útil ni necesaria.

—El poder legislativo debe estar separado del poder judicial.

—La interpretación de ley corresponde al legislador y no al juez.

—Es necesario fijar plazos breves pero suficientes para la presentación de las pruebas, para la defensa del reo y para la aplicación de la pena.

—No se puede llamar precisamente justa (vale tanto decir necesaria) la pena de un delito cuando la ley no ha procurado con diligencia el mejor remedio posible de evitarlo. Perfeccionar la educación constituye el medio más seguro, al mismo tiempo que el más difícil, de evitar los delitos.[105]

El propio Beccaria resume su pensamiento en una oración al final de su obra: "para que toda pena no sea violencia de uno o de muchos contra un particular ciudadano, debe esencialmente ser pública, pronta, necesaria, la más pequeña de las posibles en las circunstancias actuales, proporcionada a los delitos, dictada por las leyes."[106]

La denuncia del reformador italiano, tuvo una enorme influencia en Europa. Catalina de Rusia, Leopoldo de Toscana, José II de Austria y Federico El Grande acogen gran parte de las sugerencias en el inicio de un proceso de reforma de las leyes penales. La Revolución Francesa incluye en su famosa *Declaración de los Derechos del Hombre* principios que perduran hoy en la ciencia penal: "las leyes no tienen el derecho de prohibir nada más que las acciones nocivas a la sociedad" (art. 5°); "no debe establecerse más que aquellas penas estrictamente necesarias," (art. 8°); "nadie puede ser castigado sino en virtud de una pena promulgada con anterioridad al delito y aplicada legalmente"; (art. 8°); nadie "puede ser acusado, arrestado y puesto en prisión sino en los casos determinados por la ley y con arreglo a las formas en ella prescritas"(art. 7°). Reconoce, además, la estricta igualdad ante la ley civil y penal. (Arts. 1° y 6°).[107]

Otro que aportó al movimiento reformista con su crítica al sistema carcelario de Inglaterra y otras cárceles europeas fue el inglés John Howard, nombrado *sheriff* del Condado de Bedford en 1772.[108] Howard había nacido en Hackney, Inglaterra en 1726. Se hizo muy rico. Viajó mucho. En 1776 fue encarcelado por piratas de regreso de un viaje a Portugal. Cuando se le nombró sheriff, tuvo oportunidad de comprobar el estado deplorable de las cárceles en su jurisdicción. Decidió emprender un viaje para ver las condiciones de otras cárceles, en las cuales comprobó los horrores que sufrían los presos. En 1776 publica su obra *The state of prisons in England and Wales,* que resulta ser una denuncia de ese mundo carcelario. Luego de la publicación, continuó sus viajes de investigación. En 1778 le deslumbran los establecimientos carcelarios de Amsterdam. Elogia la obra de Vilain XIV. Visita cárceles en Prusia, Sajonia, Austria, Suiza, Francia, Suecia, Dinamarca, Rusia y de nuevo Inglaterra, con Escocia e Irlanda. Recorre España y Portugal y sigue publicando versiones ampliadas de su libro, exponiendo la crueldad de las prisiones. Se traduce a varios idiomas. Aporta de sus bienes para las reformas necesarias en su país.

La exposición de las miserias carcelarias conmueve al mundo. Recalca la visión de niños de doce a catorce años encarcelados recibiendo enseñanzas del delito de los criminales adultos: "de este modo el contagio del vicio se esparce en las prisiones y se convierte en un hogar de maldad que se difunde bien pronto al exterior. Los locos y los idiotas son encerrados con los demás criminales, sin separación alguna, pues no se sabe donde meterlos. Sirven de cruel diversión a los presos."[109]

Howard se entrevistaba con reyes y gobernantes y les invitaba a reformar los establecimientos carcelarios. Promueve el trabajo en común de los presos, la instrucción y la asistencia médica. Logró reformas legales en su país en ese campo.

Howard murió el 20 de enero de 1790, en Ucrania, víctima de una fiebre contraída al auxiliar a una enferma. A su amigo Priestman, que le asiste en los últimos momentos, le pide que su funeral sea sencillo y no permita monumentos a su memoria. Pero fue inevitable que se le rindieran honores póstumo. En la Catedral de Saint Paul, en Londres hay una estatua del escultor Bacon. Un cuadrante y un obelisco en Londres ubican el lugar preciso donde fue enterrado, y allí los penalistas del mundo suelen rendirle homenaje.[110]

La tercera figura de importancia en este proceso de reforma es otro súbdito inglés, Jeremías Bentham, filósofo y pensador, autor de *El Tratado de la legislación civil y penal*, publicado en París en 1802. Es considerado el "precursor más eminente de los sistemas penitenciarios modernos."[111] Particular importancia tienen sus ideas arquitectónicas de las prisiones, en lo que desarrolla el original plano conocido como el *panóptico*: un edificio enorme, de forma circular, cubierto por un gran techo de cristal. Cada celda tenía ventanas con vista a la parte exterior de la circunferencia; el centro de vigilancia contenía una torre de inspección, desde donde el vigilante podía observar todas las celdas sin ser visto. Podía así observar toda la actividad del penal. No fue construido en su país, pero se consideró hacerlo en Francia. En 1816 se construyó algo parecido, en forma de octógono en Millbank. En 1800 se erigió un diseño parecido en Richmond, Estados Unidos. En 1919 se fundó la prisión de Stateville, Illinois, con cuatro bloques circulares de celdas y una torre central de vigilancia como el sistema panóptico. En el siglo XX predominan las prisiones de tipo radial que concibió Bentham.[112] La mayoría de las carceles europeas y las norteamericanas siguen en su diseño y estructura ese modelo panóptico.[113]

Este pensador demuestra que no cualquier arquitecto es idóneo para diseñar una cárcel. Esta, como las casas, los pueblos y las ciudades son "espacios artificiales arrebatados a la naturaleza."[114] Las cárceles responden a unos objetivos concretos y definidos que imponen tomar en cuenta para su construcción el espacio humano que necesita el confinado y la protección de la sociedad y quienes le representan, o le deberían representar, en la custodia.

(4) Las cárceles celulares

Uno de los significados de *célula* es una pequeña celda.[115] Por régimen *celular* se entiende el régimen de establecimientos carcelarios donde los reclusos están sistemáticamente incomunicados. En ese sentido se destacan, en el desarrollo de las prisiones, las siguientes:

(a) El sistema Walnut de Philadelphia

En 1681, William Penn, fundador de una colonia inglesa de cuáqueros en lo que hoy es Philadelphia, intentaba suavizar la aplicación del sistema legal inglés en su dominio. Se recordará que para entonces, en Inglaterra, unos 315 delitos se castigaban con la pena de muerte:

> En el siglo XVIII había en Inglaterra 315 conductas capaces de llevar a alquien a la horca, al cadalso. ¡315 delitos que se castigaban con la pena de muerte!, entre los que se encontraban el robo de nabos, la asociación con gitanos, los daños causados a los peces en los estanques, enviar cartas amenazadoras, cazar o pescar en época de veda, cortar un árbol ajeno, y ser hallado armado o disfrazado en un bosque. Esto convertía la ley y el sistema penal inglés de ese siglo, en uno de los más salvajes y sangrientos que conoce la historia de la civilización.[116]

En ese Estado se organizó la *Philadelphia Society for Alleviating the Miseries of Public Prisions*, promovida por Benjamín Franklin, que mantuvo correspondencia activa con John Howard.[117] En 1790 esa sociedad consiguió abolir los trabajos forzados de los presos, la mutilación y los azotes. Se creó entonces un sistema carcelario en la vieja cárcel de la calle Walnut con treinta celdas unipersonales para el tratamiento de los reclusos mediante el aislamiento. Pronto se llenó la cárcel y fue necesario trasladarlos a un nuevo edificio en la misma ciudad llamada Eastern Penitenciary, en Cherry Hill.[118] Se caracterizó el sistema por aislamiento celular continuo, silencio total y sin trabajo. Se buscaba un fin moralizador y teológico. La única lectura permitida era la Biblia. Constaba de 11 galerías radiales, unas de un piso y otras de dos y un total de 760 celdas. Tenía como ventajas la inexistencia de evasiones, escasa necesidad de tomar medidas disciplinarias, no necesitar personal técnico ni gran cantidad de vigilantes. Como desventaja se apunta que atenta contra la naturaleza social del ser humano, impone un tratamiento cruel, que genera abatimiento y es particularmente costoso. Como cuestión de hecho, el aislamiento celular sólo se mantiene en la actualidad como una medida de castigo.

(b) Auburn, Nueva York

Tras la guerra de independencia norteamericana, en Nueva

York, para el 1799, se inició un sistema penitenciario en Newgate, en la margen izquierda del río Hudson. La cárcel se dividía en dos recintos independientes para hombres y mujeres, que atendía grupos de ocho individuos en cada sección. Contaba con talleres. A los diez años de inaugurado, estaba superpoblado. En 1816 se designó la ciudad de Auburn para la nueva prisión, que fue inaugurada en 1818. Tenía 80 celdas. Se impuso el sistema de Pennsylvania, de riguroso aislamiento, ligeramente modificado. En 1821 llega como alcaide Elam Lynds, hombre de carácter rígido que consideraba el castigo corporal como la disciplina de mayor eficacia. Será luego famoso como director de Sing Sing.[119] Ese castigo se efectuaba con un látigo de nueve colas, "que hacía sangrar nueve veces en cada aplicación". Allí se llevó a cabo un experimento sobre el encarcelamiento en solitaria. El día de Navidad de 1821 se colocaron 81 confinados en pequeñas celdas individuales. Al liberarlos en 1823 y 1824, el resultado fue que cinco confinados murieron, otro enloqueció y todos los demás sufrían de depresión severa.[120]

(c) Maconochie en Australia

Utilizando el sistema de destierro, Inglaterra enviaba a sus criminales reincidentes más peligrosos a la Isla de Norfolk, ubicada en la zona de Australia. Aquel lugar era manejado por la violencia, tanto de las autoridades como los internos, donde predominaban los motines, las fugas y los hechos de sangre.[121] En 1840 llega a dirigir la prisión el Capitán Maconochie. Cambia entonces el sistema, estableciendo uno benévolo, premial, donde la duración de la condena se determinaba por la gravedad del delito y la bondad de la conducta. Según el confinado demostraba voluntad de trabajo y conducta pacífica, iba adquiriendo puntos que anticipaban su liberación. Es decir, en sus manos quedaba la alternativa de liberarse en el menor tiempo posible. Estableció tres períodos de evolución: aislamiento original por nueve meses para la reflexión; trabajo en común, aunque bajo la regla del silencio y libertad condicional cuando se llegaba a la tercera etapa, tras la cual se podía conseguir la libertad absoluta. Tuvo un éxito extraordinario. El lugar cambió de un infierno a un lugar de trabajo y orden. Así se inicia el sistema penitenciario que se conocerá como *progresivo,* que predomina en los tiempos actuales, con diversas variantes.

(d) Régimen de Crofton en Irlanda

Sir Walter Crofton, Director de Prisiones, introduce en Dublín, Irlanda un sistema parecido al del Maconochie, en el cual el tercer período se realiza en facilidades sin muros, cercas o cerrojos, donde los confinados viven como trabajadores en el cultivo o la industria. Logra éxito parecido al de Maconochie.

(e) Montesinos en España

El Coronel español Manuel Montesinos Molina fue tomado prisionero en 1809, durante la guerra de independencia que llevaba España contra los franceses. Fue internado en Tolón, Francia, por tres años, bajo un régimen militar severo. En septiembre de 1834 fue nombrado comandante del presidio de Valencia.[122] Allí desarrolla un régimen novedoso. Su ideario carcelario lo sintetizaba de esta forma: "La prisión sólo recibe al hombre. El delito queda en la puerta."[123] Aunque mantiene el rigor disciplinario de la época, crea un sistema en tres etapas, con unos cuarenta talleres de aprendizaje de oficios. En la tercera etapa, de libertad condicional, el confinado trabaja en el exterior del penal, sin vigilancia. Proveyó instrucción religiosa y laica, asistencia médica, de farmacia y buena alimentación.

(f) El reformatorio *Elmira* de Nueva York

En 1876 abre un reformatorio federal en Elmira, Nueva York, dirigido por Zebulon Brockway, para primeros ofensores, entre las edades de 16 a 30 años.[124] Brockway era severo y aplicaba castigos corporales con frecuencia. La población estaba limitada a 800 confinados. Utilizó un sistema parecido al Maconochie, que culminaba con el aprendizaje de un oficio y la liberación condicional.[125]

(g) El sistema de industrias de prisiones

Todos los experimentos carcelarios anteriores, en razón del aumento en la criminalidad, la sobrepoblación de las instituciones y el alto costo del sistema, llegaban a una etapa de fracaso. Las autoridades entonces buscan utilizar el potencial económico que podían generar los confinados en distintos tipos de trabajos públicos o productivos. Así nace el sistema de industrias de prisiones, entre 1890 y 1935.[126]

Este sistema toma diversas variantes: se crean talleres de producción en las prisiones, se alquilan los confinados para empresas privadas o se utilizan en obras públicas. Esto produce que la fuerza trabajadora libre proteste por la competencia que implica el uso barato de los confinados. En Estados Unidos se aprueba en 1929 una ley federal que requiere que los productos de las penitenciaría debían cumplir con los reglamentos de los Estados; en 1935 se aprueba otra ley federal que prohíbe el transporte interestatal de productos de las prisiones.[127] Pero el sistema continuaba operando a fines del siglo XX, hasta el punto de crearse una entidad de control de la industria de las prisiones, que en 1986 presidía Warren E. Burger, Juez Presidente del Tribunal Supremo de Estados Unidos.[128]

(h) El régimen abierto

Por régimen abierto se entiende un sistema carcelario en el cual los confinados no se enfrentan a barreras materiales o físicas, como cercas, muros, cerraduras, rejas y guardia armada.[129] Se alienta al recluso a hacer uso de las libertades que se le ofrecen, sin abusar de ellas. Su importancia fue puesta de relieve por la XII Congreso Penal y Penitenciario de La Haya celebrado en 1950, y reiterado por el 1er. Congreso de las Naciones Unidas para la prevención del delito y el tratamiento de los delincuentes, efectuado en Ginebra en

Prisioneros en el patio interior, San Juan (1900)

1955. En Puerto Rico se utilizó bajo el sistema de granjas penales, de los años cuarenta hasta los ochenta; pero se le conoce mejor por las instituciones federales en las cuales se ubican a los delincuentes de delitos *de cuello blanco*, como políticos y banqueros. Son las cárceles que en la terminología norteamericana se denominan *"prison country clubs"*,[130] localizadas corrientemente en instituciones militares. La detención en estos lugares, con especiales condiciones de libertad, se estima la antesala a la libertad condicionada en la libre comunidad. Se caracteriza porque los confinados en realidad no representan un riesgo de violencia o criminalidad para la sociedad.

(i) El regreso al encarcelamiento tradicional

El desmesurado aumento en la criminalidad en las últimas décadas,[131] la corrupción en los sistemas de corrección y de policía y el fracaso de las teorías y prácticas de los sistemas carcelarios, han producido en la actualidad la vuelta al sistema de encarcelación tradicional. La práctica carcelaria, especialmente por la intervención federal en reconocimiento de los derechos de los confinados y la administración de cárceles estatales, ha llevado a revivir el encarcelamiento tradicional, aunque eliminando las galeras comunes y estableciendo el uso de celdas individuales ocupadas por dos confinados.[132]

Al iniciar este tema apuntamos las interrogantes de cuál debe ser el objetivo del sistema penal. Aunque pueda haber discrepancias en torno al tema, resulta evidente que los factores más importantes a considerar para alcanzar los fines indicados incluyen:[133]

a. La arquitectura penitenciaria.
b. El personal idóneo encargado
c. La clasificación científica de los confinados
d. La humanización del sistema.

IV. Las cárceles del siglo XX en Puerto Rico

1. Cárceles municipales

Durante las primeras seis décadas del siglo XX, predomina en Puerto Rico el uso de las cárceles municipales. El 20 de enero de 1905 en Ponce se inicia el uso del primer piso del Cuartel de Artillería como cárcel, al empezar la calle Castillo.[134] Antes estuvo en el mismo edificio de la Alcaldía, frente a la Plaza Las Delicias. Para 1905 esa cárcel tenía cinco galeras para hombres, una para menores y otra para mujeres. Había entonces 134 presos en galera y 50 que trabajaban en las carreteras.[135]

En 1905 se han de ubicar, en los altos, las salas del Tribunal de Distrito y la Corte Municipal.[136]

En 1912 se construye la Cárcel Municipal de Humacao.

2. Desarrollo del Sistema Penitenciario

Al iniciarse el siglo XX, se crea en el país un sistema penitenciario bajo la supervisión del Secretario de Justicia, que entonces se llamaba *Attorney General*. Este nombraba a un Director de Prisiones.

Desde 1902, el Código Político estableció en su art. 75 que "el Director de Prisiones y los establecimientos penales de la Isla estarán bajo la jurisdicción e inspección del *Attorney General*." Dicho Director era nombrado por el Gobernador con el consejo y consentimiento del Consejo Ejecutivo.[137] Su función era nombrar los alcaides, guardias y demás funcionarios, visitar e inspeccionar las cárceles de adultos, que la administración de las mismas fuere "justa, humanitaria y económica", proteger y preservar la salud de los confinados e investigar el régimen de todas las instituciones carcelarias.[138] Debía rendir un informe mensual al *Attorney General*, por escrito, con las estadísticas de confinados y detalles sobre los mismos. Los alcaides debían rendir al Director un informe anual detallado sobre la población carcelaria.[139]

Según fue aumentando la criminalidad en el país, se fue haciendo necesario proveer instituciones carcelarias, en adición de los adultos, para menores y mujeres.

Para 1922, Martin Ergui actuaba como Jefe del Negociado de Prisiones del Departamento de Justicia.[140] Informaba que para ese tiempo había en Puerto Rico un presidio en San Juan, con los sentenciados por delito grave; siete cárceles de Distrito correspondientes a los distritos judiciales (San Juan, Arecibo, Aguadilla, Mayagüez, Ponce, Guayama y Humacao); y una Escuela Correccional en Mayagüez para los jóvenes menores de diez y seis años que cometían delitos.[141] Para el 30 de junio de 1922, cuando la población era de 1,299,809 habitantes, había 1,213 confinados en el Presidio y Cárceles de Distrito. Las edades del mayor número de presos fluctuaban entre 21 y 25 años. 658 no sabían leer ni escribir. 1,179 eran hombres y 34 eran mujeres. También los clasificaban entonces por raza, indicando que había "716 blancos, 366 mulatos y 131 negros."[142] Los pueblos de mayor población encarcelada eran San Juan, Ponce y Arecibo. No había presos en Las Marías ni en Culebra. El promedio diario de presos en 1910-11 había sido de 1,552, pero en 1920-21 había bajado a 860. En ese año, por cada 549 hombres del país había un delincuente varón, mientras que sólo había una mujer delincuente por cada 19,716 mujeres del país.[143] Para el 30 de junio de 1922 había 232 jóvenes en la Escuela

La Princesa, a principios de Siglo XX

Correccional de Mayagüez. Su institución más importante era la Banda, compuesta por 40 jóvenes músicos.[144]

En las primeras décadas del siglo XX, en la Cárcel La Princesa estaba instalado un patíbulo para cumplir las sentencias de muerte.

En 1913, Enrique Ramírez Brau era un joven periodista, de 19 años, en *El Boletín Comercial*. Usando una invitación que era para su tío, Luis Brau, asistió a la ejecución del reo Lasalle en La Princesa:[145] Lo cuenta de esta manera:

> Una tarde llegué a la habitación que ocupaba mi tío Luis Brau en el Hotel Central de San Juan, ví en la mesilla de noche una invitación del Departamento de Justicia para presenciar la ejecución del reo Lasalle[146] que se llevaría a cabo esa noche en la cárcel de "La Princesa". No pude resistir la tentación y me apoderé de ella. Con la invitación sustraje también una pipa y un viejo sombrero de fieltro a fin de utilizarlos para doblarme mi escasa edad, 19 años.
>
> A la hora citada, me dirigí a la cárcel. Llevaba la pipa en la boca y el ala del sombrero me cubría la mitad de la cara. Nadie se percato de la sustitución que había hecha de mi tío. Pase a la sala de ejecuciones, en cuyo centro había sido montado un impresionante patíbulo.
>
> Era medianoche cuando apareció el reo por una puerta lateral, acompañado por un sacerdote y un oficial del Departamento de Justicia.

5¢

EL IMPARCIAL
EL DIARIO ILUSTRADO
CIRCULACION CERTIFICADA POR EL ABC

La Circulación Más Grande En Puerto Rico

177 — AÑO XVIII (Reservados los derechos de propiedad. 1950) San Juan, Puerto Rico, Domingo 29 de Octubre de 1950 (Copyright 1950, by Editorial El Imparcial, Inc.) Núm. 7008

MOTIN EN EL PRESIDIO

110 SE FUGAN TRAS MATAR GUARDIAS

LOS SACAN DE UN CAÑAVERAL.— Santos Bendiel y José A. Jiménez, alias Tarzán, de Ponce, dos de los ciento diez presidiarios que ayer se fugaron espectacularmente del Presidio, fueron capturados por dos agentes de la Policía en un cañaveral cerca de Guaynabo. En la foto se advierte a uno de los guardias registrando a "Tarzán", mientras el otro, con el rifle alerta, observa con cautela al fugitivo. El detective Jesús Laureano, tercero de izquierda a derecha, agarra a Bendiel, con revólver en mano. (Foto Exclusiva de ELIMPARCIAL, por Humberto Trías).

Más fotos e información en Pág. 3 y contraportada.

El hombre parecía caminar con paso firme pero resbaló al llegar al tercer escalón, de los siete que formaban la escalera y que, según me informaron, representaban los siete pecados capitales.

Yo estaba nervioso. De pronto, el sentenciado comenzó a pronunciar un breve discurso dirigido a la juventud y en el que reflejaba su arrepentimiento. Decía: "Véanse en mi espejo y no caminéis por los caminos torcidos que yo tomé para que no le hagan a ustedes lo que me van a hacer a mí". El verdugo no lo deja continuar. Lo puso sobre la trampa, le colocó la hopa en la cabeza y sobre ésta, al cuello, le amarró la soga corrediza. Luego el verdugo desapareció del escenario. Inmediatamente oí un golpe seco, similar al que hace la trampa de una ratonera. Entonces contemplé la cabeza del ajusticiado a ras del suelo del patíbulo y me eché a correr.

Cuando llegué a "El Boletín Comercial" donde trabajaba, me tire en un camastro que teníamos tras la redacción. Poco después comencé a delirar. Tenia 41 grados de fiebre. Unos compañeros llamaron a mi madre y al doctor Manuel Quevedo Báez quien, luego de examinarme, dijo a mi madre: "María, yo creo que Enriquito ha sufrido un susto inmensamente grande. Dios quiera que dentro de algunos días esté bien y podamos saber en que lío se metió". Desde entonces le he tenido miedo a los muertos, a pesar de haber tenido que cubrir todo lo horrendo de la crónica policíaca.

Ya desde mediados del siglo XX se observa en todos los países un aumento considerable en los delitos cometidos por menores de edad, especialmente los que cuentan entre 18 y 21 años. Para 1966 Hess, Ferracuti y Keh-Fang Kao indicaban que "en términos generales, estos jóvenes contribuyen fuertemente a incrementar las estadísticas del crimen y, en efecto, frecuentemente constituyen el grupo de edad con el más alto nivel de criminalidad."[147]

En Puerto Rico, para el año fiscal 1990-91 se presentaron 8,844 querellas contra menores ante las salas correspondientes del Tribunal Superior. Al año siguiente subieron a 10,431. Para el año 92-93 el total de casos fue de 11,859. En el 93-94 las querellas ascendieron a 11,780. En el 94-95 los casos suben a 12,703. Para el 1996 ese total andaba por los 12,810.

5¢ **EL IMPARCIAL**

EL DIARIO ILUSTRADO

La Cir... Más ... En Pue...

TOMO 177 — AÑO XVIII San Juan, Puerto Rico, Domingo 29 de Octubre de 1950 Núm...

CAPTURAN 32 DE LOS PROFUGO...

ENTRAN EN ACCION. — Preparándose para iniciar sus actividades, el fiscal Angel Viera Martínez, extrema derecha, conversa con el jefe de la Penitenciaría, Félix Rivera. Al fondo parte del frente del presidio tal y como aparecía a las 4:00 de la tarde de ayer.

(Foto EL IMPARCIAL).

Más fotos e información en Pág. 3 y portada.

FORCEJEA INUTILME... —Epifanio García Ort... Caguas, es otro de lo... fugos capturados a... Cuando iba a ser rein... do a la Penitenciaría... cía Ortiz forcejeó ... mente con varios po... (Foto EL IMPAR...

ESPERAN QUE CESE EL TIROTEO.— El fiscal Obdulio Bauzá, (extrema izquierda), y el Procurador Auxiliar, José C. Aponte, (en el centro), aguardan a que cese el tiroteo en la Penitenciaría. Al fondo aparece parte del numeroso público que se arremolinó en las alrededores del presidio. (Foto EL IMPARCIAL).

ORDENA VIGILANCIA.— Notificado de los hechos, el gobernador Muñoz Marín fué a la Penitenciaría Insular a las 6:30 de la tarde, dando instrucciones para que mantuvieran estrechamente vigilado el penal. A su izquierda y a sus espaldas aparecen algunos miembros de la Policía.
(Foto EL IMPARCIAL)

LO INTERROGAN.— Tratando de conocer todos los pormenores ... que se produjo ayer en la Penitenciaría Insular, los fiscales Luyo... neco y Coll Moya aparecen interrogando a Rufino Navarro Veláz... de los prófugos capturados anoche. Aparecen también el sargent... ra y el teniente Jesús Martinó. (Foto EL IMPARCIAL)

Se ha indicado que la primera legislación que atiende de manera especial el problema de la delincuencia juvenil es la Núm. 37 del 11 de marzo de 1915.[148] La misma creó salas de tribunales para niños o delincuentes juveniles. La frontera de edad entonces era los 16 años.[149] Sin embargo, ya en 1905 se había aprobado una legislación que creó la Escuela Industrial de Mayagüez para jóvenes menores en conflicto con la ley, la cual fue inaugurada en 1908.[150] Dicha Ley de 1905 disponía para el traslado de menores de 16 años a dicha Escuela, luego de haber sido "condenados" en los tribunales ordinarios, con excepción de casos de asesinato u homicidio.[151]

La legislación de 1915 atendía al aspecto procesal, pero en nada modificaba la concepción delictual de menores que existía en el Código Penal. El art. 39 de la edición de 1937 de dicho Código disponía que "todas las personas son capaces de cometer crímenes, excepto... todos los niños menores de siete años." Tampoco eran responsables "[l]os niños mayores de siete años y menores de catorce, cuando no exista prueba plena de que al tiempo de cometer el acto de que *se les acusa,* tenían conciencia de su maldad."[152]

Es decir, sólo se excluían totalmente a los menores de siete años. Los que se encontraban entre esta edad y los catorce años, podían ser enjuiciados "si tenían conciencia de la maldad del acto."[153] No existía entonces el límite de 18 años. Como cuestión de hecho, un menor que entonces tenía 16 años fue enjuiciado en la Corte Juvenil de Ponce, convicto de homicidio voluntario y condenado a cinco años de presidio, que debía cumplir en la Penitenciaria Insular en Río Piedras, aunque en una sección de menores.[154] En 1935 se encarceló a un joven menor de 16 años en la Cárcel Municipal de Río Piedras por no pagar una multa de $50.00. Fue excarcelado mediante recurso de habeas corpus.[155]

El 30 de diciembre de 1940 fue inaugurada la Escuela Industrial para Niñas Ana Roqué de Duprey, en Ponce.[156] Se ubicó por el sector Corral Viejo de la antigua Carretera Núm. 10, salida de Ponce a Adjuntas. En 1959 se empieza a usar un edificio anexo al Hospital de Distrito del Barrio Machuelo como centro de Tratamiento para niños delincuentes de entre 13 y 15 años en esta misma ciudad.[157] Antes se usó el edificio del viejo Hospital de

GUAVATE

Penitenciaría Estatal (Oso Blanco) para 1938

Distrito, de la Calle Victoria.

Mientras tanto, se construyó la Penitenciaría Estatal. Según Fernando Picó fue inaugurada en mayo de 1933.[158] Cándida Cotto, en *Claridad*, señala que dicha inauguración fue el 14 de abril de 1933.[159] Esta periodista explica: "La llamada Penitenciaría Estatal fue inaugurada el 14 de abril de 1933, pero los esfuerzos legislativos para su construcción comenzaron desde el 1901. Es considerada la primera institución penal moderna en Puerto Rico bajo el concepto de institución máxima. Aunque fue construida para una capacidad de mil confinados, durante toda su existencia ha tenido sobrepoblación, aún con sus 332 celdas en 12 galeras. En sus comienzos, el predio original de 121 acres donde se encontraba la Penitenciaria tenía todas las características de un área rural con siembras y crianza de animales. Poco a poco el progreso y la burocracia fueron restándole terrenos y oportunidades al Oso Blanco y la lucha entre bandos de confinados llegó hasta dejar sin portones de rejas a las celdas."[160]

La Cárcel de Mujeres en Vega Alta fue inaugurada en 1954.[161] Esta última, entre 1954 y 1964 atendía entre 95 y 110 confinadas, pero en 1970 ya había 169 y fue necesario crear otra en Las Cucharas, en Ponce. Hubo también una galera de mujeres en la

Campamento Penal de Sabana Hoyos

antigua Cárcel de Distrito de Ponce. Durante muchos años la Cárcel de Arecibo se utilizó para recluir mujeres. René Marqués, en su novela *La víspera del hombre,* recrea un espectáculo de mal gusto protagonizado por las reclusas del segundo piso de esa cárcel arecibeña.[162]

En 1946 se inauguró el campamento penal Guavate, entre Cayey y Guayama, que es el más antiguo, con el fin de promover la producción agrícola en forma cooperativa, en donde los reclusos estaban sujetos a custodia mínima.

Como dato curioso, Germán Rieckehoff Sampayo, el destacado puertorriqueño tan dedicado en sus últimos años al olimpismo mundial, actuó como Director de ese Campamento Guavate para el verano de 1952.[163] Como campamento de custodia mínima, había doce o catorce guardias para una población estimada en cerca de 300 confinados. Rieckehoff, aún en tan poco tiempo, introdujo unas reformas novedosas. Entre ellas, ordenó que todas las armas fueran guardadas, que no hubiese guardias armados en la institución, disminuyó el conteo de los presos, dejó sin efecto la orden de no hablar durante las comidas y creó un equipo de sófbol.[164]

A Guavate le han de seguir Punta Lima, en Naguabo; Limón, en Mayagüez; Sabana Hoyos en Arecibo; y La Pica, en Jayuya, éstos últimos de finales de los años sesenta del siglo XX.

El problema de la mezcla de niños delincuentes con adultos criminales subsiste en el sistema desde principios del siglo XX. En 1915, en el Tercer Mensaje a la Legislatura, el Gobernador Arthur Yager trata el asunto el 11 de enero de ese año:

> Los jóvenes delincuentes recluidos en las cárceles de la Isla, conjuntamente con criminales empedernidos, por estar llena a capacidad la Escuela correccional de Mayagüez, es tema del mensaje del Gobernador. Expresa él que es una gran desgracia que eso ocurra, pero que se carece de fondos para ampliar los edificios de la Escuela y que considera posible que se encuentre un medio para remediar en parte esta situación "organizando sin gastos un sistema de cortes para jóvenes delincuentes, que podrían ser atendida por jueces regulares, tratando los casos de delincuencia de los adolescentes, de tal manera que se evite enviarlos a la cárcel."[165]

Para 1963, seguía existiendo el problema en las cárceles de Puerto Rico. En ocasión de un motín ocurrido en La Princesa en octubre de ese año, Porfirio Díaz Santana, Director del Sistema de Corrección señalaba: "No es permisible mezclar personas que están en sumaria con perfectos convictos. Ni lo es tampoco admitir menores en galeras donde se aglomeran narcómanos. Como esa anormalidad ocurre en *La Princesa* –y en otras cárceles de la isla, sin olvidar los campamentos– cuando se hable de sedición de presos sería conveniente citar antes los antecedentes previstos."[166]

Chaar Cacho describe el problema de enfermos mentales "amontonados" en una sección de la Carcel de Bayamón: "unos ocho o diez hombres jóvenes, desnudos, con la mirada extraviada, desaliñados, sucios la mayor parte del tiempo, algunas veces violentos, y para colmo utilizados como el hazmerreír de algunos visitantes y ...¡Oh, extremos inauditos!; de funcionarios de la propia Administración de Corrección."[167]

Otro problema planteado se relaciona con la industria de

prisiones en la Isla. Bajo el Plan de Reorganización Núm. 8 de 1950, se transfiere al Departamento de Justicia la Corporación de Industria de Prisiones que había sido creada en el país.[168]

El uso del confinado en obras públicas puertorriqueñas tenía una larga historia. En 1878, a iniciativa de Clotilde Santiago, alcalde de Coamo, los alcaldes de la ruta de la Carretera Central entre Caguas y Ponce solicitaron al Gobernador traer presidiarios de Cuba para trabajar en el proyecto y acelerar la obra. El Gobernador accede y en 1879 llegan los primeros prisioneros, incluyendo los primeros chinos que arriban al país.[169] El Gobernador George R. Colton, en noviembre de 1909, señalaba a la Legislatura la conveniencia de establecer "una colonia penal que a si misma se sostenga, situada en una distrito rural conveniente, donde los presos puedan dedicarse provechosamente a las faenas agrícolas sin salir de la colonia."[170] El 9 de enero de 1911, el mismo Gobernador informa que se están construyendo carreteras de Vega Baja a Arecibo; de aquí a Ponce y Yauco; y de Arecibo a Lares y que "en los trabajos de esos caminos se están usando presos, lo que causa un ahorro para el Gobierno de cerca de un 30 por ciento sobre el costo estimado y se espera que el ahorro total alcance a 45 por ciento. La utilización de los presos ha resultado también favorable para las condiciones físicas de éstos al trabajar al aire libre."[171] En 1922, el señor Martín Ergui, Jefe del Negociado de Prisiones de Puerto Rico, escribía que el preso: ".... obtiene por su trabajo una compensación pecuniaria, de la cual se destina una parte para fondo de reserva y otra se envía a sus familiares necesitados. Funcionan en el presidio talleres de mecánica, carpintería, ebanistería, zapatería, sastrería y panadería para la enseñanza industrial a los presos; y para recreo y ejercicios físicos tienen un cinematógrafo y aparatos atléticos. Los presos que no tienen ocupación en los penales se utilizan en los trabajos de construcción y reparación de carreteras."[172]

Cuando en 1933 se inaugura la Penitenciaría Estatal *(El Oso Blanco),* en sus talleres se producen tablillas para automóviles y muebles para instituciones del gobierno.[173]

Pero, al igual que en Estados Unidos, el movimiento obrero se pronunciaba en contra de esta práctica. El Partido Socialista Puertorriqueño, en su *Programa Político* aprobado en mayo de 1919 sostenía:

> El sistema penitenciario debe ser transformado arrancando a los reclusos de los presidios y cárceles actuales, estableciendo una grandiosa granja agrícola en el país, en la que los confinados laboren las tierras y en ella sus propios alimentos, estableciendo a la vez talleres para sí mismos. El estado pagará a estos trabajadores confinados *el precio exacto de los productos elaborados* en el campo agrícola industrial de acuerdo con el precio de costo en plaza, a fin de que tales recursos sean utilizados para proteger directamente a sus familiares, por lo tanto *nos declaramos en contra de la ocupación de los confinados en los trabajos públicos*. Denunciamos a los partidos capitalistas que mantienen las cárceles municipales en un estado inmundo y de salvaje brutalidad.[174] (Énfasis añadido).

En su programa de 1923 reitera esos objetivos, y añade: "Los confinados deben separarse en dos clases, una de la del criminal común y la otra la del criminal patológico, debiéndose establecer medios científicos e indispensables para la curación de estos últimos. Y abogaremos porque se devuelvan sus derechos civiles a los confinados que hayan extinguido satisfactoriamente las condenas sufridas por delitos electorales e industriales."[175]

La versión de ese programa en 1928 se inicia con una declaración tajante: "Nos declaramos en contra de la ocupación de los confinados en los trabajos públicos."[176] Reiteran lo mismo en 1932.[177]

El Partido Popular en cambio, orientará sus ideas en este campo a la creación de granjas penales, como los campamentos Guavate, La Pica, Zarzal y otros. Igual tendencia seguirá el Partido Nuevo Progresista.[178] En 1965, Tomás Alcalá, recién nombrado Jefe de Corrección por el entonces Secretario de Justicia, Lic. Rafael Hernández Colón, destacaba la producción de más de Trece Mil Dólares por una granja penal organizada en Ponce, en donde trabajaban los reclusos de la cárcel de distrito de esa ciudad.[179] Hernández Colón ha escrito recientemente que para el 1966 compró una propiedad en la calle Sol Núm. 1 del Viejo San Juan para mudarse, en razón de su puesto en el Departamento de Justicia. El segundo piso de la misma estaba alquilado. El inquilino era Carlos Romero Barceló. Se hicieron amigos. Y recuerda que "a menudo compartía con Carlos y Kate las calabazas y otros frutos agrícolas que me traía Tomás Alcalá de los campamentos penales."[180]

Para 1968, el Lic. José C. Aponte, entonces Secretario de Justicia, informaba sobre la División de Corrección de su departamento:

> Esta División tiene a su cargo la planificación y administración de los programas correccionales de las instituciones penales administradas por el Departamento de Justicia. Durante el 1967-68 el promedio diario de confinados fue de 4,700, en comparación con 4,803 el pasado año. Según explicó el Secretario Aponte, esta reducción se debe a una mayor movilidad en el número de confinados recibidos y egresados del sistema penal, así como a un mayor esfuerzo de parte de la Junta de Libertad Bajo Palabra para considerar la libertad a confinados con sentencias altas que han cumplido el mínimo de dicha sentencia y reúnen las condiciones requeridas. Como parte de la reforma penitenciaria que lleva a cabo el Departamento de Justicia, este año se aprobó la Ley Núm. 72, que autoriza una bonificación adicional a los confinados por servicios rendidos en el penal, medida que, entre otros factores positivos, ha resultado en un mejor comportamiento de la población penal, en general.
>
> También se aprobó la Ley Num. 9, de 25 de marzo de 1968, para liberalizar el estatuto que crea las Granjas Penales y conceder una mayor compensación a los confinados. Se aprobó, además, un reglamento para la concesión de pases, lo cual, entre otras cosas, permite a los confinados cursar estudios en Universidades y centros de adiestramiento y participar en actividades fuera de la institución.
>
> Otro de los más importantes logros de este año es el que reduce las jornadas de trabajo de los Guardias de Penales a 44 horas semanales, lo que permitió crear 175 nuevos puestos de Guardia I, 40 de Guardia II, y dos de Guardia III. El Departamento de Justicia confía en que para el próximo año el horario de estos servidores públicos pueda reducirse a

40 horas semanales.

Como parte de los gestiones encaminadas a habilitar nuevas y modernas instituciones penales, este año se adquirieron las tierras para el establecimiento de dos nuevos campamentos de Custodia Mínima en los jurisdicciones de Jayuya y Arecibo, habiéndose sometido ya los avisos de subasta para la construcción de las estructuras. A esta fecha, están bastante adelantados los planos preliminares para la construcción de la Institución Regional de San Juan, amplio y moderno penal que sustituirá a la actual Cárcel de Distrito de San Juan (La Princesa).

La habilitación de un nuevo local para Cárcel Regional en el Campamento Limón, resolvió el viejo problema de la falta de una adecuada institución carcelaria en dicha zona. Este año, además, la Asamblea Legislativa aprobó la asignación de parte de los fondos para la construcción de la nueva Institución para Jóvenes Delincuentes en los terrenos del antiguo Campamento 0'Reilly. Se aprobaron, también, los fondos para la construcción de la Cárcel de Guayama, cuya estructura data del siglo pasado y está situada en el centro de la ciudad. Hizo énfasis el Secretario de Justicia en que los programas educativos y vocacionales que se llevan a cabo en las instituciones penales beneficiaron a un total de 2,307 confinados, incluyendo la enseñanza desde el ler. grado hasta el 4to. año de Escuela Superior; cursos especiales de inglés para adultos; y cursos preparatorios para exámenes de aprovechamiento correspondiente al 4to. año de Escuela Superior. La matrícula de estos cursos fue de 1,467 confinados y la de Artes y Oficios sumó 570.

La Corporación Industrias de Prisiones ofreció empleo y adiestramiento a un promedio diario de 500 confinados, los cuales rindieron diversas labores en calidad de aprendices, semidiestros y diestros, en los talleres de sastrería, ebanistería, pintura, mecánica, carpintería y otros. Estos confinados reciben una remuneración adecuada y proporcional al trabajo que realizan, la cual les permite ahorrar para el ansiado momento de su regreso a la comunidad libre.[181]

En el 1972, el Lic. Wallace González Oliver, Secretario de Justicia bajo la administración de Luis A. Ferré, informaba sobre lo que llamaba la Reforma Penitenciaria del País:

A partir de 1969, el Departamento de Justicia se enfrentó con firmeza y dinamismo al reto que constituye la magna tarea de crear un moderno Sistema Correccional a tono con los imperativos sociales de nuestro tiempo. Baste, por vía de ejemplo, señalar el grave problema de las viejas instituciones con que cuenta el Sistema Penal de Puerto Rico, algunas de las cuales datan del siglo pasado. Este es el caso de la antigua y obsoleta Cárcel de Distrito de San Juan (La Princesa), construida en 1837; la de Guayama, en 1879; la de Aguadilla, en 1866; la de Arecibo, en 1879; la de Ponce, en 1905,[182] y la de Humacao en 1912.

Para hacer frente a esta situación se han hecho asignaciones de aproximadamente $25,500,000 bajo el Programa de Mejoras Permanentes a las instituciones penales, de los cuales se han asignado hasta el presente $17,700,000 por la Asamblea Legislativa y se nos ha autorizado a incurrir en obligaciones adicionales montantes a $7,800,000. Cabe señalar que de los fondos asignados a dicho programa solamente $4,500,000 corresponden a recursos disponibles antes de 1969 y $21,000,000 a asignaciones legislativas del último cuatrienio.

Es relevante indicar que las gestiones de la División de Corrección para dotar a Puerto Rico de un Sistema Penitenciario de alta calidad humana se ha realizado teniendo en mente la seguridad de la comunidad, así como de las propias personas que la ley ha confiado a nuestra custodia. A estos efectos, se ha establecido un programa de Hogares de Adaptación Social ("Half Way Houses") para convictos recluidos en las instituciones y los liberados bajo palabra. Igualmente, mediante la utilización de fondos asignados por la Asamblea Legislativa, se inauguró recientemente el nuevo Pabellón de Visitas de la Penitencia Estatal, así como nuevas residencias para el personal clave de dicha institución. El Programa de Mejoras Permanentes incluye, en su primera etapa, las siguientes obras:

Campamentos Penales: Recientemente se inauguró, a un costo de $1,400,000, el Campamento Penal de Sabana Hoyos, en Arecibo. Este es un campamento agroindustrial típico, con capacidad para 288 confinados. El otro campamento de custodia mínima se construye en el Barrio La Pica, en Jayuya, a un costo de $893,000, con cabida para 100 confinados. Esperamos inaugurar esta obra a principios del próximo

ɔlitana de Bayamón y la remodelación de Punta
o. En 1974 corresponde el turno a la Institución
ama, Mayagüez y el Campamento Limón de ese
mismo pueblo.

V. Las cárceles para el 2004

1. El caso Morales Feliciano

Para 1975 el número de confinados en las cárceles del país estaba por los 3,340. Para 1979 el total había subido a unos 4,200 presos. La situación en las cárceles era desastrosa. Los motines, agresiones y muertes se repetían con frecuencia.

Podríamos resumir, a grandes rasgos, la población cancelaria del país en casi un siglo, tomando varios años al azar:

Año	Confinados
1905[184]	1,200
1922	1,213
1945	2,680
1946	3,279
1975	3,340
1980	3,907
1985	5,412
1990	9,400
2004	15,418

Como nota comparativa, debemos mencionar el dato de que para el 1988, en Estados Unidos había un total de 627,402 personas encarceladas, de las cuales 49,928 eran reclusos federales y 577,476 estaban en prisiones estatales. En North Dakota había solamente 466 reclusos, pero en California la población penal era de 76,171.[185] Para el 2002, el aumento de confinados es extraordinario: había un total de 1,440,655, de los cuales 163,528 estaban en prisiones federales y 1,277,127 en los Estados. Todavía North Dakota tenía el número menor de confinados, cuyo total en

Cárcel Las Cucharas, Ponce

el 2002 era de 1,112; pero en California había subido a 162,317.[186] Ampliamos el tema más adelante.

En 1978, un anónimo confinado del país iba a sacudir todo el sistema carcelario.

Carlos Morales Feliciano había nacido en Barceloneta. Cuando tenía 18 años fue encarcelado por primera vez, por el delito de robo. En 1974 volvió a caer preso por hurto de automóvil. La sentencia fue de cuatro años, que se extendieron por fuga. El 9 de noviembre de 1978 le escribió una carta a un magistrado federal pidiendo ayuda por las condiciones en que estaba en la prisión.[187] La carta fue referida a un grupo de abogados que entablaron una acción de clase contra el Gobernador Carlos Romero Barceló.[188] Los abogados hicieron su trabajo con excelencia.[189] En la vista del caso se pudo comprobar las condiciones infames de la vida de los confinados, especialmente el hacinamiento, servicios médicos inadecuados, castigos crueles, uso de calabozos sin luz ni ventilación, alimentos infectados por ratas y sabandijas. En 1980, el Tribunal dictó *orden de injuction preliminar* contra el gobierno, ordenando cerrar los calabozos, proveer un espacio no menor de 35 pies cuadrados en un caso y luego 55 pies cuadrados por confinado y servicios médicos adecuados. El Gobernador Romero Barceló reclutó para dirigir los servicios médicos de los confinados al Dr. Yamil Kourí.[190]

Mediante opinión y sentencia del 21 de marzo de 1986, el Tribunal Federal acogió los planteamientos de la parte peticionaria en el caso *Morales Feliciano*, certificado como pleito de clase. En el proceso se presentó prueba documental integrada por miles de páginas, fotografías y películas. El magistrado interventor realizó inspecciones oculares en diversas cárceles. Entre los hallazgos más importantes pueden señalarse los siguientes:

1. Las instituciones carcelarias en uso son de tres clases: cerradas, campos agrícolas y los ¨halfway houses¨.[191]

2. Las operaciones están grandemente centralizadas en las oficinas del Departamento en San Juan.[192]

3. Las facilidades físicas sufren un deterioro brutal debido a los problemas de hacinamiento falta de mantenimiento y vandalismo tanto de confinados como de agentes de custodia.[193] Algunos son totalmente inadecuados para ser ocupados por seres humanos. Algunas cárceles constituyen trampas de fuego. [194]

4. Aunque se intenta trabajar con tres clasificaciones de los confinados –de custodia mínima, media y máxima– las mismas no se cumplen: se mezclan los convictos y no existen un sistema adecuado para proteger a los que no han sido convictos, que llegan a las instituciones en sumaria o esperando juicio. Se mezclan jóvenes con criminales adultos; no adictos con adictos; convictos de delitos menos graves con graves; personas normales con otros que padecen de sus facultades.[195]

5. Las facilidades de recreación y de educación solamente están disponibles para un pequeño número de confinados.[196]

6. No existe posibilidad alguna de respetar la intimidad de los confinados.[197]

7. Los servicios básicos, como sanitarios, alimentos,

El nombre de Carlos Morales Feliciano es sinónimo de la lucha por mejores condiciones carcelarias.

Pleito provoca regeneración del sistema carcelario

1979

HABLAR DEL sistema correccional del país es hablar del caso de Carlos Morales Feliciano y otros versus Carlos Romero Barceló, entonces gobernador, que se entabló en 1979.

El barcelonetense Morales Feliciano, cayó en la prisión la primera vez por robo a los 18 años de edad. En 1974 volvió a caer preso por hurto de automóvil y fue sentenciado a cuatro años de prisión que fueron extendidos por fuga. En 1978, Morales Feliciano le escribió al entonces magistrado federal Juan Pérez Giménez, solicitándole ayuda urgente por las condiciones en que era mantenido. La carta llegó a manos de un grupo de abogados que un año más tarde radicaron la demanda contra el Gobierno a nombre del recluso.

El juicio destapó como una caja de Pandora, las infames condiciones de vida de los confinados; el hacinamiento, servicios médicos inadecuados, castigos crueles e inusitados, alimentos infestados por las ratas y otras sabandijas; uso de calabozos y celdas que unidos a la falta de higiene, luz y ventilación violaban los principios constitucionales de los reos.

El tribunal dictó un interdicto y cómo resultado, el gobierno se vio obligado a desarrollar alternativas a la encarcelación, a desarrollar un sistema de clasificación de los confinados, a prestar los servicios esenciales. También a pagar multas millonarias por incumplir con las estipulaciones del caso.

Morales Feliciano murió mientras estaba en libertad bajo palabra sin ver concluido el caso, que aún permanece ante la consideración del juez Pérez Giménez. Al concluir el 1999, persistían las fallas con un sistema correccional caótico aun en lo administrativo.

atención médica, son totalmente inadecuados. Una gran cantidad de confinados duerme en el suelo.

8. Los espacios para servicios esenciales a los confinados han sido eliminados para crear zonas adicionales de encarcelamiento debido al hacinamiento. En casi todas las cárceles hay más del doble de los confinados que podían recibir, el exceso entonces era de por lo menos 1,616 detenidos.[198]

9. No existe garantía alguna de seguridad para los confinados, que son víctimas de golpizas, ataques sexuales, heridas y hasta asesinatos. Los suicidios son frecuentes. La Administración de Corrección no provee para la seguridad de los confinados. La situación es de peligro extremo. Algunos confinados prefieren estar en custodia máxima para protegerse, lo que les impide tener acceso a programa de recreación, estudio o rehabilitación.[199]

10. Todo el mundo está de acuerdo en que el verdadero control de las cárceles no está en manos de los agentes de custodia, sino de diferentes gangas.[200]

11. El personal de las cárceles –tanto de custodia como de servicios, como los sociopenales– es insuficiente. Los agentes de custodia no cuenta con un entrenamiento adecuado para su trabajo.

12. Existe un total caos administrativo. Los funcionarios intentan resolver los problemas con simples improvisaciones. No hay voluntad de mejorar.[201]

13. Más de la mitad de la población es adicta a sustancias controladas o ha tenido problemas de drogas.[202]

14. No existen verdaderos programas de rehabilitación.

En base a sus determinaciones de hechos, el Tribunal determina que las condiciones carcelarias violan la Octava Enmienda a la Constitución Federal, que prohíbe los castigos crueles e inusitados. Estima que las autoridades demuestran una indiferencia deliberada a las necesidades físicas, emocionales, médicas y de seguridad de los confinados.[203]

De conformidad con ello, se dictó orden contra las autoridades para resolver los problemas de los confinados y se nombran dos monitores federales –los abogados Vincent M. Nathan y Frederik Byers, de Toledo, Ohio– encargados de supervisar el sistema e informar al Tribunal.[204]

Posteriormente, ya bajo la administración del Gobernador Rafael Hernández Colón, se llega a un acuerdo en el Tribunal Federal para proveer las facilidades y servicios mínimos de un trato digno y humanitario de los confinados. El incumplimiento de ese acuerdo ha de generar un sistema de multas por incumplimiento de las directrices del Tribunal. Como parte del proceso, se llevó a cabo lo que se llamó un plan piloto en la Cárcel Las Cucharas en Ponce. El abogado y profesor Luis A. Montañez del Valle, quien participó en el proceso, señala sobre el particular:

> La década del 1990 fue una de grandes cambios en el sistema carcelario del país. La Institución Regional del Sur (Las Cucharas) fue la cárcel que se utilizó para iniciar la aplicación de una serie de políticas públicas en beneficio de la población penal. Cabe señalar que las nuevas políticas, en su mayoría fueron propulsadas como consecuencia de las distintas estipulaciones y órdenes del caso *Morales Feliciano*.
>
> Un fuerte sistema de monitoreo de parte del Tribunal Federal provocó cambios en el estilo de vida del preso y ha obligado a un cambio de mentalidad –de agresivo a uno más humanitario– en las autoridades carcelarias del país. El objetivo es que se respete la dignidad del confinado mientras se busca su rehabilitación, para devolverlo a la comunidad.
>
> Entre las políticas más impactantes estuvo crear un reglamento sobre el uso y manejo de la fuerza. Se recogieron los rotenes y se le prohíbe a los oficiales de custodia entrar con ellos en las áreas de los confinados.

Por otra parte, también se pudo constatar que una de las causas del hacinamiento era los arrestos por drogas. “En ese sentido, la situación de las cárceles de Puerto Rico no era diferente a la de los

Estados Unidos."[205] El número de confinados seguía en aumento: en 1980 había 3,907; en 1985, eran 5,412; en 1987 subió a 7,070; en 1990 llegaron a 9,400.

Vale indicar que para el 1988, el sistema penitenciario de 37 Estados norteamericanos estaban bajo control de los tribunales.[206] 13 de esos Estados proveían espacios carcelarios de menos de 50 pies cuadrados; 18 estaban entre 50 y 59; en 12, el espacio estaba entre 60 y 69; en 8, el espacio variaba entre 70 y 59; y en 5, el espacio era de 80 a 89 pies cuadrados.[207]

Morales Feliciano salió bajo palabra. Pero no le duró mucho la libertad. Murió también víctima de violencia criminal.

En 1992, el Gobernador Hernández Colón informaba que había 11,155 "criminales detrás de las rejas, más del doble de los 5,412 criminales encarcelados en 1985."[208] Ese hecho, que nos debía en realidad preocupar, se presentaba como un "gran éxito" de la lucha contra la criminalidad.[209] En siete años se había invertido $292 millones en ampliar las instalaciones carcelarias, incluyendo la Institución de Las Cucharas en Ponce, el Campamento Zarzal en Río Grande, la Institución de Guayama, la de Jóvenes Adultos de San Juan, el Penal Regional Metropolitano de Bayamón, la Escuela Industrial para Mujeres en Vega Alta, el Campamento del Barrio Limón, de Mayagüez, la Escuela Industrial de Cabo Rojo y el Centro de Tratamiento Social de Ponce.[210] En Ponce se ubicó una institución de máxima seguridad para 210 confinados. La Cárcel de Mujeres en Ponce tenía espacio para 112 confinadas; la de Jóvenes Adultos albergaba 304 jóvenes. Se trabajaba en ampliar los espacios en Sabana Hoyos en Arecibo, Punta Lima en Naguabo y el Zarzal en Río Grande.

Pero las multas contra el gobierno siguieron creciendo. Se dio un fenómeno curioso: el caso *Morales Feliciano* seguía abierto, pero las multas se imponían especialmente durante las administraciones del Partido Popular. Cuando el Partido Nuevo Progresista subía al poder, el caso entraba en un letargo. Un Informe de 1992 indicaba:

> Debe observarse, que a pesar de que durante los años 1980 a 1985 no se añadió un solo espacio para albergar confinados en las

instituciones penales, que la demanda de clase conocida como el caso *Morales Feliciano* fue radicada en el Tribunal Federal en 1979, el juez no emitió orden alguna, ni impuso sanciones o pago de multas como ha requerido continuamente al presente. El pago de multas por concepto de hacinamiento al no cumplir con la cabida de 55 y 35 pies cuadrados, según contenido en la estipulación vigente en el tribunal, alcanza al 16 de octubre de 1991 la cantidad de $105,356,868 millones.[211]

2. El Sistema Penitenciario actual

La administración del sistema de prisiones de Puerto Rico en la actualidad corresponde al Departamento de Corrección y Rehabilitación, cuyo Secretario forma parte del Gabinete del Gobernador. Se ha separado totalmente del Departamento de Justicia. Mediante la Ley Núm. 116 del 22 de julio de 1974, se creó la Administración de Corrección, que está adscrita al Departamento de Corrección y Rehabilitación, conforme al Plan de Reorganización Número 3 de 1993.

La Administración divide su estructura organizativa y geográfica en cuatro regiones:

A. Norte (Bayamón y Vega Baja)

B. Noroeste (Aguadilla, Arecibo, Jayuya, Mayagüez y Utuado)

C. Sur (Ponce, Guayama, Juana Díaz, Cayey y Aibonito)

D. Noreste (San Juan, Río Grande, Carolina, Fajardo, Humacao, Caguas y Naguabo).

Sus programas incluyen la Administración de Instituciones Penales y Servicios a Confinados, Supervisión del Complejo Correccional de Bayamón, de Ponce y Río Piedras, la evaluación y asesoramiento sicosocial a confinados, la investigación y supervisión de confinados en la comunidad, así como la supervisión de penales que antes estuvieron privatizados.

Los diferentes complejos correccionales incluyen las siguientes instituciones o facilidades:

El **Complejo Correccional de Bayamón** se compone de siete instituciones, que son Institución Regional Metropolitana 308, Anexo Seguridad Máxima 292, Centro de Detención 1072, Anexo

448, el Centro Modular de Detención (MDU´s) y el Centro de Ingresos de Bayamón 705.

El **Complejo Correccional de Ponce** comprende la Institución Correccional, Centro Clasificación Fase III, Anexo Viviendas Temporeras, Anexo de Seguridad Mínima, Institución Adultos 304, Institución Mujeres, Hogar Adaptación Social, Institución Seguridad Máxima, Institución Viviendas Alternas (Anexo 246), Institución Vivienda Temporeras, Institución Adultos Ponce 1,000, Instituciones Jóvenes Adultos 500, Guayama 1000 y la Oficina Central del complejo.

El de Río Piedras se integra por la Penitenciaría Estatal, Unidad de Tratamiento Intensivo (P.E.), Hospital Penal de Penitenciaría Estatal, Anexo Custodia Protectiva PROT. 352, Institución Correccional San Juan, Institución Correccional Zarzal, Hogares Adaptación Social de Carolina, Río Piedras y Fajardo; Hogar Intermedio para Mujeres San Juan, Centro de Tratamiento Residencial San Juan y Humacao y el Hospital Siquiátrico Correccional.

Para el año fiscal 2003, pasaron a ser administradas por la Administración de Corrección las instituciones que se encontraban privatizadas, a saber, Guayama 1000, Adultos Ponce 1000, Jóvenes Adultos Ponce 500 y Bayamón 501.

En ese año ocurre la apertura del **Centro de Ingresos de Bayamón 705**, como consecuencia del cierre de la Penitenciaria Estatal. En la Región Sur se abrió el Centro de Ingresos 675 de Ponce. En Bayamón 705 y 308 se preparó un programa mecanizado para el manejo de la población penal. Esto produjo el primer Reporte Demográfico Mecanizado, lo que se espera permitirá tener información detallada de la ubicación de los confinados en las áreas de vivienda en las instituciones correccionales. En Ponce se estableció la Academia Correccional para ofrecer adiestramiento al cuerpo de oficiales de custodia del sistema. Igualmente se creó una Unidad Canina con fondos federales. En cuanto al personal del sistema, en el 2002 contaba con 8,585, en el 2003, con 9,720, en el 2004 eran 9,843, que se estimaba sería igual para el 2005. El costo del sistema estaba en $298.1 millones en el 2002, $309.8 millones en el 2003; $406.6 millones en 2004.

Los datos estadísticos sobre la población penal del país para 2003, 2004 y el estimado de 2005, arrojaba lo siguiente:[212]

	2003	2004	2005
En Instituciones del gobierno	15,147	15,418	15,621
En libertad a prueba	17,222	17,530	17,844
En libertad bajo palabra	2,798	2,846	2,899
Casos de desvíos (activos)	6,614	6,711	6,810
En programas de empleo	809	963	980

Para finales de octubre de 2004 se informaba que la población penal ascendía "aproximadamente a 18,704" de los cuales unos 10,100 votarían en forma adelantada –el domingo 30 de octubre– en las elecciones de este año.[213]

En el 2000, había 7,168 oficiales de corrección; para el 2010 se estimaba que se necesitarían 11,412.[214]

VI. Bonificaciones

El 14 de marzo de 1907 se aprobó la primera legislación en Puerto Rico que permite a los confinados obtener rebajas o abonos al término de prisión que han sido condenados.[215] El propósito fundamental de la misma fue despertar en los confinados el deseo de observar buena conducta mientras están encarcelados para hacerse acreedores a los beneficios de dicha ley.[216] Bajo la ley original, se permitía un abono de 10 días por cada mes de encarcelamiento. Los condenados a prisión perpetua no tenían derecho al abono. Los abonos podían suprimirse por mala conducta posterior. La legislación indicada fue enmendada en 1943, 1974, 1989 y 1998. La Exposición de Motivos del nuevo Código Penal aprobado en 2004, para empezar a regir el 1ro. de mayo de 2005, señala que el sistema de bonificaciones ha producido como resultado que las penas señaladas en el Código o leyes penales especiales "no son reales."

La legislación sobre bonificaciones no se encuentra en el Código Penal, sino aparte.[217] Las mismas no se aplican cuando la pena es de reclusión perpetua o cuando la persona ha sido convicta con una determinación de reincidencia habitual o agravada.[218]

De conformidad con la legislación vigente, se reconocen las siguientes bonificaciones:[219]

> 12 días por cada mes cuando la sentencia no excede de 15 años.
>
> 13 días por cada mes cuando la sentencia excede de 15 años.
>
> 2 días por cada cinco días cuando se trata de una fracción de mes.

En adición a lo anterior, el Administrador de Corrección puede conceder abonos adicionales por trabajo, estudios o servicios que presten los confinados. Dicho abono puede ser de hasta 5 días por mes el primer año de reclusión y de hasta 7 días en los años siguientes al primero. Este tipo de legislación requiere una interpretación liberal. Las rebajas se hacen del total de la sentencia y se cuentan desde la admisión del recluso a la institución. Se le acredita por meses naturales. Cuando se trata de una sentencia indeterminada, se deducen del máximo.

Por el contrario, toda mala conducta del recluso puede producir la rebaja o la cancelación de las bonificaciones. El proceso está sujeto a la reglamentación al efecto aprobada por el Departamento de Corrección.

Este sistema de bonificación acelera marcadamente la posibilidad de libertad de un convicto. En 1950, por ejemplo, Domingo Emanuelli Fontánez, debía cumplir un mínimo de 5 años y 2 meses para poder obtener una sentencia en probatoria. Gracias a las bonificaciones, pudo obtenerla cuando había cumplido 3 años, 1 mes y 11 días de prisión.[220]

En la Exposición de Motivos del nuevo Código Penal que hemos citado, se señala que en la actualidad “la legislación que concede bonificaciones automáticas reduce en un cuarenta y tres

(43) por ciento las sentencias de más de quince años y reduce en un cuarenta (40) por ciento las sentencias de menos de quince (15) años.

Chaar Cacho en su libro sostiene que las bonificaciones son "una burla al pueblo"; que en las cárceles "observé a los delincuentes más perversos disfrutando de muchos privilegios porque se le había concedido custodia mínima, gracias a su 'buena conducta'. En estas cárceles, los sociopenales apenas ven a esos clientes. Ellos pueden estar vendiendo drogas dentro del penal o ser grandes usuarios de estupefacientes con poder adquisitivo, pero cuando se les cita alguna vez para comparecer a un Comité Institucional, si no aparece alguna querella que se le haya radicado, la presunción es que tienen 'buena conducta'".[221] Y añade este recluso:

> Y todos esos señores, cuando cumplen el término mínimo para ser acreedores a una custodia mínima, la reciben automáticamente gracias a que el Sistema no tiene manera de detectar qué hacen con sus vidas dentro de la prisión, y aunque sean más delincuentes que lo que fueron en las calles, reciben el premio de la concesión de la custodia mínima, con sus inherentes privilegios.[222]

Quizás por eso, la Dra. Trina Rivera de Ríos, en el prólogo al libro *Entre el bien y el mal,* de David Ortiz Rivera, "Cano Bitumul", antes citado, donde éste cuenta sus duras experiencias carcelarias en Puerto Rico, enjuicia severamente el llamado Sistema de Corrección. Dice la autora que:

> David Ortiz Rivera pincela uno de los mejores análisis de las causas de la criminalidad, la crisis de los miles de confinados a quienes destruye Corrección y mucho de su personal por su indiferencia, ineptitud, golpizas y abusos de poder físico y psicológico, agazapados tras el aire acondicionado de la administración engañando al pueblo. El escaso personal antítesis de este maltrato institucional recibe a menudo el mismo castigo del confinado alejándolo de éste para evitar se le trate como ser humano.[223]

Critica la falta de una verdadera reforma penal:

> … los propios jerarcas penales, desde la gobernación, legislatura, sistema de justicia criminal no han querido ni intentado con voluntad hacer realidad en una verdadera reforma penal. Por que no les conviene.[224]

Sobre el Sistema Correccional de Puerto Rico, señala esta autora:

> Este es desorganizado, lento, disperso, ineficiente administrativamente, aunque se abogan más de 20 reglamentos, siempre en "revisión". Es anti-humano, hipócrita y castigador.[225]

Recalca la Dra. Rivera de Ríos, el

> … desperdicio de millones de dólares del contribuyente al perpetuar la rueda giratoria en que nos ahogamos: cero prevención, cero tratamiento y rehabilitación. ¡Después nos asombramos y pedimos más cárceles! Y que voten la llave. (sic).
>
> La dinámica paso a paso de la violencia institucional, aprobada por la gerencia en acción, aunque mientan sobre ello, para generar los motines, la hostilidad de los confinados y por ello justificar su "mano dura" y castigos crueles –nos lleva, inmersos con el autor por los laberintos de un sistema destructor de gente, jamás correccional.[226]

VII. Sentencias Suspendidas, Probatoria y Junta de Libertad Bajo Palabra

1. Sentencias suspendidas

En los años cuarenta se desarrollaron en Puerto Rico nuevas leyes tendientes a liberalizar la imposición de penas, y, sobre todo, preservar la libertad del convicto sin sacrificar el interés social de la prevención y corrección del delincuente, evitando así los efectos negativos de la reclusión en prisión.[227]

Esto se trataba de conseguir mediante el sistema de sentencias indeterminadas,[228] la sentencia suspendida[229] y la probatoria o libertad bajo palabra.[230]

La Ley de Sentencias Indeterminadas es la Núm. 295, aprobada el 10 de abril de 1946.[231] Aunque una sentencia indeterminada es por el máximo impuesto,[232] permitía al juez establecer un mínimo y un máximo. En caso de encarcelación a quien no se le concediera la sentencia suspendida totalmente, o bien incumpliera las condiciones impuestas, provocando la encarcelación, debía entonces cumplir el mínimo señalado encarcelado para ser candidato a libertad bajo palabra. El sistema contemplaba así un espacio de tiempo que se estimaba adecuado para el proceso rehabilitador mientras el convicto continuaba bajo la supervisión del Estado. La sentencia indeterminada fue dejada sin efecto mediante enmienda al Código Penal en 1980, estableciendo entonces el sistema de sentencias fijas. Ahora se ofrecen al magistrado tres alternativas: una pena fija corriente; una fija con circunstancias atenuantes, u otra pena fija con circunstancias agravantes.

Por sentencia suspendida se entiende el privilegio que concede un juez a un convicto para cumplir la sentencia en la libre comunidad, sujeto a determinados requisitos o limitaciones, tanto en ciertos delitos graves como en otros menos graves.[233]

Es decir, a partir de 1946, dentro del esquema de justicia criminal en Puerto Rico se contemplan dos formas de libertad a prueba: la sentencia suspendida[234] y la llamada probatoria.[235] En la primera, como norma general, nunca se llega a encarcelar; en la segunda, es preciso cumplir un término en prisión antes de conceder la probatoria. Es el privilegio concedido *directamente por el Tribunal* que hace posible a un convicto cumplir su sentencia en la libre comunidad, en los casos que la ley lo permite, y sujeto a determinadas condiciones impuestas por el propio tribunal. Se distingue de la probatoria en que ésta la concede una Junta de Libertad Bajo Palabra de la Administración de Corrección,[236] y en que no se exige cumplir previamente ningún término encarcelado, aunque en la actualidad se ha resuelto que el Tribunal puede establecer un mínimo —que no debe exceder de un año— a ser cumplido en prisión para luego iniciar el periodo de suspensión de la sentencia.[237] Si se utiliza esa alternativa, se parece al sistema de probatoria, aunque el control lo mantiene el tribunal y no la Junta de Libertad Bajo Palabra. El probando queda sujeto en todo momento a la jurisdicción del Tribunal.[238] Al permitirse en la actualidad la imposición de un término de encarcelamiento previo en sentencias suspendidas,[239] la diferencia actual se limita a la jurisdicción: en la primera es del Tribunal; en la segunda, de la Junta de Libertad Bajo Palabra.

Puede suspenderse el cumplimiento de la sentencia en todo delito que la ley creadora del sistema o alguna legislación especial, no lo prohíba. En este sentido, la Ley de Sentencias Suspendidas establece una regla general de suspensión, con un listado de excepciones: "El Tribunal... podrá suspender los efectos de la sentencia que se hubiere dictado en todo caso de delito grave que no fuere...."[240] Procede entonces la ley a señalar los delitos en los cuales se prohíbe la suspensión de la sentencia. Es decir, la discreción del tribunal sólo está limitada a que el delito no sea uno de los expresamente excluidos de la ley, y que concurran una serie de requisitos, estando el tribunal facultado para imponer aquellas condiciones que considere adecuadas, incluyendo cumplir inicialmente una parte de la sentencia en prisión.[241]

Como regla general, la concesión de este privilegio depende de la discreción del Tribunal, no constituye un derecho. [242] La Ley Núm. 93 del 30 de mayo de 1970 permite la sentencia suspendida en "todo delito menos grave".[243].

En cuanto a los menores, la Ley permite la suspensión de toda sentencia en delito grave –excepto asesinato, delitos con armas, algunas violaciones a la ley de sustancias controladas, y otras– a todo menor de 21 años. En *Pueblo v. Rivera*, 98 DPR 163 (1948), se resolvió que un menor de 21 años convicto de actos relativos a la transferencia, venta y despacho de drogas no es acreedor a gozar de una sentencia suspendida, según la propia Ley de Drogas de Puerto Rico. Las convicciones de un convicto menor de 21 años no impiden la concesión de sentencia suspendida.[244]

Para conceder este privilegio, se requiere cumplir con ciertos requisitos:

A. No convicción anterior de delito grave

B. Que el carácter y conducta del convicto no requieran su

reclusión para proteger a la comunidad

C. Que se rinda un informe probatorio.

Es decir, la suspensión de sentencia es un privilegio, no un derecho. No se tiene derecho a ella, depende de la discreción del tribunal. La ausencia de antecedentes penales no es por sí sola suficiente para la suspensión.[245] Pero es una discreción sana la que hay que ejercer, no existe discreción *absoluta*.[246]

Puede revocarse la sentencia suspendida cuando sea incompatible con la seguridad de la comunidad o con el propósito de rehabilitación.[247] *Debe* dejarse sin efecto si se descubre convicción anterior.[248] Pero no puede hacerse sin motivo justificado y sin darle oportunidad de ser oído al acusado.[249]

Igualmente puede revocarse la suspensión de la sentencia cuando el probando incumple con las condiciones impuestas. El debido procedimiento de ley exige que se celebren una o dos vistas al efecto.[250]

Los delitos en grado de *tentativa* pueden obtener sentencia suspendida aunque el delito frustrado sea uno de los limitados en la ley, por lo que la tentativa de escalamiento no está excluida de la suspensión. El tribunal tiene discreción para conceder suspensión en tentativas. [251]

En la actualidad, como indicamos, el Tribunal puede establecer un mínimo a ser cumplido en prisión, para luego iniciar el período de suspensión de la sentencia. Este sistema se parece entonces al de probatoria que concede la Junta de Libertad Bajo Palabra.[252]

Se prohíbe la concesión de sentencia suspendida en todo un grupo notable de delitos:[253] que son, por ejemplo, asesinato, robo, extorsión, violación, crimen contra natura, actos lascivos o impúdicos contra menores de 14 años, secuestro, escalamiento, incendio malicioso, sabotaje de servicios públicos, determinadas infracciones graves a la Ley de Armas,[254], determinadas infracciones a la ley de Explosivos,[255] homicidio involuntario en estado de embriaguez,[256] corrupción de empleados públicos,[257] determinadas infracciones a la Ley de Sustancias controladas,[258] y ciertas infracciones de la Ley de Bolita. Igualmente se prohíbe la suspensión de sentencia en convicciones por dedicarse a una *empresa criminal continua* en drogas. Por ello se entiende la comisión de por lo menos dos infracciones contempladas bajo la ley de sustancias controladas dentro de un período de 10 años.[259] Si la persona es convicta, se le impone una pena de 99 años de reclusión, y la ley expresamente dispone que no se le aplicarán los beneficios de sentencia suspendida, ni aún a menores convictos, ni libertad bajo palabra, ni los abonos a sentencia.[260] Tampoco se permite la suspensión de sentencia a menores en casos donde ha utilizado un arma de fuego.[261]

En cuanto a la violación, por primera vez se prohibió conceder suspensión de sentencia por la Ley Núm. 177 del 4 de mayo de 1949.[262] Se permite un tipo de suspensión especial en casos de violencia doméstica,[263] aunque bajo esta ley las penas son particularmente e innecesariamente, severas.

En cuanto a los menores, si el acusado era menor de 21 años al momento de los hechos, puede concederse la sentencia suspendida en algunos casos en que está prohibida para adultos, sin embargo, la disposición legal ha sido modificada en el texto original de la Sec. 1042, o por leyes especiales. Para cada caso, hay que examinar las diferentes disposiciones legales.[264]

La Regla 247.1 de Procedimiento Criminal establece un sistema denominado "de desvío" que permite someter a un convicto a tratamiento y rehabilitación, para luego sobreseer el caso. Esto se puede obtener solamente en una ocasión. Pero si el probando incumple, el Tribunal puede entonces sentenciarle dentro de las penas contempladas para el delito imputado. Este caso se dio en *Pueblo v. Moreu Merced, 130 DPR 702 (1992),* donde el probando incumplió el programa de rehabilitación de dos años. El Tribunal Superior, a pesar de que el Ministerio Público lo solicitó vencido el referido término de dos años, le impuso 15 años de reclusión, y el Tribunal Supremo confirma.

2. La probatoria

Probatoria el privilegio concedido a un convicto para cumplir su sentencia en la libre comunidad, sujeto a determinados requisitos, pero luego de haber cumplido un mínimo establecido por los Tribunales o la Administración de Corrección, de conformidad con la sentencia dictada.[265] Nació este sistema en 1946 en ocasión de establecerse el sistema de sentencias indeterminadas.[266] Se consideraba dicha ley gemela de la Ley de Libertad a Prueba o sea, la de sentencias suspendidas.[267] La Junta de Libertad Bajo Palabra la concede, después de haberse cumplido un mínimo de encarcelamiento, y mantiene jurisdicción sobre el probando.[268] Del privilegio conocido como probatoria se ha dicho: "término éste que tiene su raíz en la palabra inglesa *probation*. A su vez, éste se deriva del latín *probatio,* que significa prueba."[269] El término fue acuñado en 1841 por John Augustus, un zapatero de Boston que tomó a cargo un convicto con problemas de alcoholismo con posibilidades de rehabilitación.[270]

3. Junta de Libertad Bajo Palabra

La Junta de Libertad Bajo Palabra es la agencia de gobierno encargada de evaluar las solicitudes de libertad bajo palabra y decretar la libertad de cualquier persona recluida en las instituciones penales del país que cumplen con determinados requisitos que establecen la ley y los reglamentos.[271]

La Junta fue creada en 1946. Para 1964, era su presidente el Lic. Ramón A. Pérez de Jesús. Señalaba entonces que dicha agencia fue utilizada entre 1951 y 1954 para descongestionar las prisiones del país, criterio con el cual no estaba de acuerdo. Para entonces no existía una entidad permanente. La integraban Pérez De Jesús, Juan F. Soto y la señora Emily Dixon. Su consigna era "la sociedad castiga para mejorar, no para vengarse." Era evidente el sobrecargo de trabajo y el Presidente expresaba que el programa no podía ser utilizado para descongestionar las cárceles, sino para completar un proceso de rehabilitación del convicto.[272]

El informe anual de la Junta de Libertad Bajo Palabra correspondiente al año 1959-60 detalla las estadísticas de la Junta, en cuanto a casos en los cuales se concedió probatoria desde el 1946 hasta 1960, y las revocaciones en ese mismo tiempo:

Año	Casos Concedida	Revocadas
1946-47	339	12
1947-48	192	15
1948-49	365	17
1949-50	562	41
1950-51	622	73
1951-52	1,068	78
1952-53	1,479	129
1953-54	1,239	200
1954-55	1,039	174
1955-56	609	131
1956-57	544	87
1957-58	665	79
1958-59	495	78
1959-60	576	86
Totales	9,794	1,200

Conforme a dicho informe, en 14 años de funcionamiento de la Junta las revocaciones fueron un 12.25%.[273]

Este Informe parece confirmar la queja del Lic. Pérez De Jesús. Se observa la casi duplicación de probatorias concedidas entre 1951 y 1955. Es de notar que, aunque entre 1951 y 1952, las revocaciones se mantienen cerca de un 8%, de 1953 a 1954, sube a cerca de un 17%. El año más notable es el de 1955 al 1956, en el cual las revocaciones ascienden a un 21.5%.

Sobre esta Junta decía el Secretario de Justicia en 1968:

> La libertad bajo palabra es un privilegio que se concede a los confinados que cumplen la sentencia en las instituciones penales según las condiciones que dispone la Junta para considerar la libertad condicional. Entre las funciones de la Junta figuran la de conceder o no la libertad bajo palabra a confinados elegibles; investigar querellas sobre personas liberadas, y revocar dicho privilegio por causas justificadas. Actúa, además, como junta consultiva del Gobernador en casos de clemencia ejecutiva y realiza investigaciones relacionadas con

> la concesión de pases a confinados. También supervisa a liberados bajo palabra y bajo indulto condicional en Puerto Rico, incluyendo a personas bajo palabra de Estados Unidos que vienen a residir en Puerto Rico. Explicó el licenciado Aponte que la libertad bajo palabra es un procedimiento más económico para tratar la rehabilitación de los confinados, el cual contribuye a mejorar la economía estatal mediante el esfuerzo que representa el trabajo del liberado a su retorno a la Sociedad. Durante 1967-68, la Junta liberó a 880 confinados. De un total de 2,361 liberados bajo supervisión, solamente se le revocó la libertad a 93, o sea, al 3.9 por ciento del total bajo supervisión. Numerosos estudiantes de las Universidades de Puerto Rico y la Católica de Ponce realizaron prácticas de trabajo social en las diversas oficinas de la Junta como parte de sus estudios en Criminología. Ello hace factible conseguir personal idóneo para dichas oficinas ya que, a medida que los estudiantes adquieran conocimientos en las prácticas correccionales, aumenta su interés por seguir prestando servicios en ésta u otra dependencias dedicadas a la rehabilitación del delincuente. [274]

En agosto de 1964 había en Puerto Rico 1,200 personas en probatoria;[275] en 2003, estaban en ese programa unas 2,798 personas, mientras en libertad a prueba había 17,222.

El 11 de enero de 2000, el Tribunal Supremo resolvió que las víctimas de delito tienen derecho condicionado de acceso al expediente de un convicto a los fines de expresar su parecer sobre la concesión de libertad bajo palabra a su ofensor. El derecho no es irrestricto, no se extiende a los expedientes médicos ni a otra información confidencial.[276]

VIII. La vida en prisión

La vida en prisión, como se estableció en el caso Morales Feliciano, es sumamente difícil y peligrosa. También lo era en la década de los años cincuenta. Heriberto Marín, uno de los nacionalistas que participó en el alzamiento de 1950 en Jayuya, fue convicto por esos actos revolucionarios y sentenciado por el juez Padró Parés a prisión perpetua. Pasó por las cárceles de Arecibo, La

Princesa y la Penitenciaría Estatal. Cumplirá nueve años, antes de ser indultado. Ha escrito dos libros sobre sus experiencias en torno al alzamiento en Jayuya y su encarcelamiento.[277] En su libro *Eran Ellos* nos dice:[278]

> Y es que la prisión es difícil. No todo el mundo puede resistirla. Estar encerrado en una celda de seis por diez pies es desesperante. No saber qué hacer. Caminas de lado a lado por horas. Te acuestas en el camastro mirando al techo y a las cuatro paredes que te rodean y te sientes asfixiado. No tienes con quién conversar y compartir y los días se te hacen inmensamente largos. Deseas tener papel y lápiz por lo menos, para escribirle a alguien, aunque la carta no salga nunca, pero te desahogas. Si te aparece un libro no puedes concentrarte, porque el espíritu lo que te pide es aire, libertad. Cuando pasa una semana, te parece que ha pasado un siglo. No puedes conciliar el sueño, ni sientes hambre, no puedes sonreir. Es como si estuvieras en una tumba. Sólo el ideal puede mantenerte sin caer en la locura. Aún así, varios cayeron en ella; ejemplo de ello fue el poeta Francisco Matos Paoli. Luego lo seguirían Ángel Díaz y Miguel Ángel Marín.

Marín relata el asesinato brutal de un joven confinado que los nacionalistas intentaron proteger:

> Era un joven como de 19 años. Lo llevaron a vivir a nuestra sección, porque un preso común, que llevaba más de 15 años encarcelado, lo amenazó de muerte si no hacía de su mujer. El muchacho se quejó a la administración, pidiendo protección. Donde único podía estar protegido era entre nosotros. Allá lo enviaron. Le pusieron las mismas restricciones nuestras. Salía a tomar el sol con nosotros, recibía las visitas los mismas días. Compartíamos con él como si fuera uno más del grupo. El se sentía como entre hermanos. A principios sentía recelos, pero luego fue adquiriendo confianza y perdió el miedo a hablar sobre política. Ello nos dio lugar para irlo educando y crearle conciencia. Asimilaba muy bien nuestras lecciones.
>
> Tenía un temor espantoso a los presos comunes que nos llevaban los alimentos. Querían tratarlo distinto, pero nosotros hicimos que le tuvieron el respeto que nos tenían a nosotros. Le llamaban cobarde y eso lo indignaba. A veces, cuando le traían la comida, le pedía al

> guardián que no abriera la puerta de la celda y se la pasaran por entre los barrotes. Tenía conciencia de que se había metido con uno de los presos más odiosos y criminales que tenía la prisión. Tan asesino era que los mismos guardianes le temían y respetaban.
>
> Un mediodía los presos que vinieron a repartir el almuerzo no eran los de siempre. Los habían cambiado. El guardia, era nuevo y desconocido el problema, fue abriendo celda por celda y cada uno cogía su plato y cerraba la puerta. Luego que terminaba, sacaba el plato por entre las rejas y un preso lo recogía. Aquel día los presos venían solos, por alguna razón extraña ningún guardia les acompañaba. No era lo normal. El guardia nuevo estaba encerrado en los controles, abriendo las celdas por control remoto.
>
> Cuando llegaron a la celda del muchacho, el guardia abrió la puerta y entró un preso con las comidas. Al instante se oyó un quejido y cerraron la puerta. El reparto de comida siguió como si todo fuera normal.
>
> Llamamos al guardia. Vino corriendo y al llegar a la celda encontró al joven en un charco de sangre. Lo habían asesinado. Era tanto la sangre, que de la celda salió al pasillo como una pequeña corriente. Junto al cuerpo, se encontró un cuchillo ensangrentado, hecho con los flejes de un camastro.
>
> Cuando empezó la investigación ninguno de los presos quiso hablar. Alegaban no haber visto nada. Pero a medida que se intensificó, se encontró que el mismo que lo había amenazado era el asesino. Era el tercer asesinato que cometía dentro del penal. Lo metieron un tiempo en calabozo y luego se paseaba por los pasillos de la prisión exhibiéndose como un héroe.[279]

En otros libros recientes se narran esas miserias y peligros para los adultos encarcelados,[280] así como para los menores.[281] En nuestro libro *El día que murio Churumba* describimos la vida en la cárcel federal en *Guaynabo City*.[282]

Un problema común, de gran envergadura y de evidente repetición en la historia de nuestros penales ha sido el homosexualismo y la violación de unos confinados por otros, tanto en las cárceles de adultos como en las de menores. Chaar Cacho le dedica un largo capítulo a esa práctica en su libro citado.[283] Sorprende el entusiasmo literario descriptivo del autor sobre algunos homosexuales o transformistas reclusos como "Una Trigueña Despampanante: La Diosa de Ebano", o "Una rubia Estratosférica; La Rubicunda."[284] Pero esa parece ser la realidad carcelaria. Más lastimante aún es la participación de los propios custodios en el proceso.[285] Como indicamos, la práctica degradante tiene un largo historial. Precisamente es el problema planteado en *El Pueblo v. Lasalle*,[286] un caso de principios del siglo XX, al que hemos hecho referencia por la condena a muerte del atacante. El 5 de enero de 1911, José Lasalle Hernández y Francisco Santiago extinguían condenas en la Penitenciaría Estatal en San Juan, es decir, La Princesa. Santiago se quejó a otro prisionero, Miguel Guadalupe, de que Lassalle Hernández "lo trataba mal, prohibiéndole que hablara con otros presidiarios, tratándolo como si fuera una mujer, estando celoso de él...".[287] Posteriormente, al mediodía, Guadalupe informó a Lassalle de la queja. Esa noche, Lassalle, utilizando un palo como gancho, se apoderó de una chaveta de la zapatería de la prisión; fue a la sastrería, donde dormía Santiago con otros presidiarios, y lo produjo una herida que le causó la muerte. Lasalle fue enjuiciado, convicto y ejecutado en la horca de La Princesa en 1913. Fue la ejecución a la que asistió el periodista Brau, que antes indicamos.

Todo confinado, especialmente los condenados a penas largas, pasan por un período de adaptación carcelaria. Un estudioso del tema, Daniel Glaser, ha sintetizado las cuatro etapas del proceso,[288] recogidas en Puerto Rico por Resumil de Sanfilippo,[289] que se resumen de la siguiente forma:

> *fase de la psicosis carcelaria*, también conocida como *de rechazo*, en la cual el recluso se plantea, sin aceptar, su nueva situación, sin capacidad de concentración, despersonalizado.
>
> *fase de intransigencia*: la fase inicial desemboca en una etapa temporera caracterizada por un repudio a la administración carcelaria y negativa a cooperar en el proceso.

fase de colonización: el recluso, sin alternativa, se ve obligado a aceptar su nueva situación, a pensar en la institución como su nuevo "hogar". La idea de *colonia*, más conocida en su sentido político o del mundo celular o animal, implica la *convivencia* de *muchos* seres; un gran número de personas que viven juntas, pero que no integran el liderato, la dirección del grupo. *Hogar*, por otra parte, transmite la idea de casa o domicilio, donde se hace vida de familia. En el caso del recluso, está presente la idea de un lugar en el cual se hace vida en común, pero también plantea el problema real de que esa vida en común no es voluntaria, no es un hogar de vida familiar escogido por el protagonista.

fase de conversión: es la culminación del proceso de adaptación. El recluso participa entonces en las actividades comunitarias, tanto de la institución como las que organizan los propios reclusos.

Quizás podemos tomar como ejemplo de la primera fase indicada las palabras de recluso David Ortiz Rivera "Cano Bitumul", que en su libro *Entre el bien y el mal*, expresa:

> Cuando por primera vez entras en prisión, pierdes en un momento tu razón de ser.
>
> Parece que estás en otra dimensión, te falta el aire aunque estés en medio de un tornado. Por más que trates de llenar tus pulmones no lo lograrás . Pensarás que estás en una pesadilla donde nadie se atreve a levantarte, es una experiencia tan dolorosa que mientras estés en tus cinco sentidos jamás volverás a entrar. Por tu mente pasarán todos los gratos momentos que junto a los tuyos has vivido, llorarás al principio, te sumergirás en un mar de melancolías y por tu falso machismo a tu familia se lo negarás.[290]

Meliá León dice en su libro: "¿Por qué estoy preso?, era mi pregunta."[291] Y añade: "Uno es un muerto en vida en la cárcel".[292]

En cuanto a la segunda fase, el *Cano Bitumul*, quejándose de la actitud de la Junta de Libertad Bajo Palabra, manifiesta:

> Cuando no me decían que "demostraba tener pocos controles internos", decían que tenía "dos fugas" en mi expediente; por más que

escribí tratando de arreglar todo este embrollo en que adrede me involucraba el sistema carcelario. Todo fue pérdida de tiempo y eso que soy primer ofensor y el sistema me sigue solicitando hacer ajuste. Como si se tratara de un alicate de presión. Toda esta tortura Psicológica obedece a mi actitud temeraria dentro de los penales (cárceles), aunque esta práctica me estaba consumiendo demasiado mucho tiempo y también le sumamos el vicio a la heroína, no me importaba nada más. Como no tenía quien compartiera mi corazón en la libre comunidad, no tenía ya ninguna prisa por salir.[293]

La tercera y cuarta fase, como es obvio, tienden a juntarse. Precisamente el primer párrafo de la Exposición de Motivos del Reglamento 1863, que establece las Reglas Básicas de Conducta de los Confinados en Puerto Rico establece la necesidad de ajustarse a la vida en prisión:

Toda persona recluida en una institución penal pasa a formar parte de una comunidad, lo que requiere que observe unas reglas básicas de convivencia y unas normas de conducta que le permitan funcionar en la misma.

El confinado David Ortiz Rivera se expresa en su libro:

Allí en Ponce tuve que estar un año de "ajuste" como le llaman los socios penales para otorgarme un cambio de custodia de "mediana" a "mínima custodia" y posteriormente ser trasladado para un campamento; Guavate o Punta Lima. Mientras estuve en Ponce "Las Cucharas" estuve asistiendo en grupos a terapias de "DESCA", trabajé y mi ajuste institucional me ayudó a conseguir la custodia mínima para el mes de octubre de 1995.

Cuando la socio penal me llamó para "Comité de Clasificación y Tratamiento", según el formato de reglamento para las instituciones penales de Puerto Rico (un comité se compone de un socio penal que se preside por la jefa o jefe del socio penales, un oficial de custodia, sargento o teniente y una secretaria). Este personal evaluará el cambio de custodia, si lo otorgan o no dependerá en gran manera del comportamiento, disciplina que tenga el confinado, si ha estado estudiando, si ha estado trabajando.[294]

Meliá León también demuestra ese proceso de ajuste, hasta el punto que empieza a fijarse en el menú carcelario, pide mejoras al sistema, habla de la "vida normal", y organiza fiestas por el uso de nuevas bandejas, con ocasión del Día de Las Madres o de las Navidades.[295] Sin embargo, quien parece haber realizado el más rápido y eficiente ajuste a la vida carcelaria es el abogado Jorge L. Chaar Cacho, convicto de asesinato en Primer Grado por la muerte de don Flores Rivera el 16 de diciembre de 1975 en San Sebastián, Puerto Rico, así como la apropiación ilegal agravada de cientos de miles de dólares de esa persona.[296] Ingresó a la Institución Regional Metropolitana de Bayamón el martes 3 de octubre de 1978 a las 8:20 de la noche.[297] En su libro habla de otros "a quienes la reclusión les resulta insoportable,"[298] y narra las "tertulias" y el café que disfruta con médicos de la cárcel,[299] el tener ayudantes para la limpieza de su celda, recibir ropa interior limpia que semanalmente le lleva su esposa, poder escribir a maquinilla, servir para evaluar los reglamentos carcelarios en las oficinas centrales de Corrección, disfrutar de pases extendidos, preparar documentos de reclamaciones de los oficiales penales y otras actividades parecidas.

Sin embargo, esos ajustes no pueden sobrepasar la realidad peligrosa y generalmente corrupta de las instituciones carcelarias. Y la situación no es de ahora. Hemos visto los señalamientos del Procurador General cuando las fugas de 1950.

Heriberto Marín, en sus dos libros antes citados, relata la práctica del Ejército de Estados Unidos, en los años cincuenta, de utilizar a los presos para experimentos médicos, especialmente en el campo de enfermedades tropicales.[300] El caso más impactante parece ser el de un confinado de nombre Héctor Gabriel Moreno. El pago utilizado era el cartón de cigarrillos, que por décadas ha sido una "moneda" tradicional en los penales.

> Todos los días visitaban el presidio dos altos oficiales del ejército de los Estados Unidos, norteamericanos, acompañados por un sargento puertorriqueño. Iban a hacer experimentos con los presos. La paga que les daban era un cartón de cigarrillos a la semana. El director del laboratorio del

penal era el Sr. Narciso Dobal, una persona sumamente simpática, que les rendía una gran pleitesía a estos tres oficiales.

Uno de los conejillos de indias fue un confinado, veterano de la Guerra de Corea, Héctor Gabriel Moreno, que rendía labores en el hospitalillo. Antes de ingresar en el ejército era un muchacho saludable, aunque había padecido de bihlarzia. La enfermedad se le desapareció y cuando nosotros lo conocimos estaba completamente bien. Su caso fue estudiado por los oficiales del ejército y lo interesaron en que se sometiera a un tratamiento de unas píldoras para ver cuál era en ese momento el estado de la enfermedad que había padecido. Como había sido militar, no puso reparos, pues tenía gran fe en ellos.

Ya para este tiempo se sabía de casos de varios confinados que se habían sometido a experimentos parecidos y algunos meses después murieron en circunstancias bien lamentables, casi todos con el vientre hinchado y dolores insoportables. Héctor no fue la excepción. A los pocos días le empezaron los malestares, pérdida de apetito, dolores estomacales, vómitos, mareos, etc. Entonces empezó a darse cuenta de lo que le habían hecho. Ya para este tiempo los compañeros Miguel Alicea, Roberto Jaume, Gilberto Martínez, Oliverio Pierluissi y yo, además de otros nacionalistas, trabajábamos en el hospitalillo y nos encargamos de cuidarlo. Evacuaba sangre y había que sobarle el estómago, como si fuera un niño, para aliviarle un poco el dolor. A medida que bajaba de peso, el estómago le crecía más y más.

El Dr. Troyano de los Ríos logró que lo trasladaran al Hospital de Veteranos, que estaba entonces en la calle De Diego, en Puerto Nuevo. Lo tuvieron un mes en aquel hospital y el día que le dieron de alta, recibió el indulto del gobernador Muñoz Marín. El mismo Dr. Troyano fue a buscarlo a Veteranos y lo llevó al presidio para que recogiera sus pertenencias. Unas semanas antes el Dr. Troyano me enseñó las placas que le habían tomado y me señaló las partes más afectadas. Me dijo que a Héctor no le quedaban dos meses de vida.

Fue a despedirse de cada uno de nosotros, los que compartíamos labores con él en el hospitalillo. Estaba irreconocible, cadavérico, se veía que iba a morir pronto. Al momento de irse nos dijo: “Me mataron”. Me pidió que le escribiera.

Ocho días más tarde, su mamá lo encontró muerto sobre su cama. La

> carta mía nunca le llegó.[301]

Explica Marín que las mayor parte de estos confinados recibían tratamiento ambulatorio y a otros los recluían en el hospitalillo del penal. Esos tratamientos duraban meses. "Muchos de estos confinados morían y certificaban que habían muerto del corazón o de alguna enfermedad, pero nunca relacionaban los tratamientos con el mal que les había ocasionado la muerte. El historial clínico de estos confinados no estaba en manos del personal del penal y sí de los militares. Tan pronto nosotros nos dimos cuenta de ésto, tratamos de alertar a la población penal, pero los cartones de cigarrillos ejercían un poder tremendo sobre los presos."[302]

Marín añade:

> Esa era una de las razones por las cuales los presos políticos jamás participamos en las campañas que hacían en el penal para la erradicación de enfermedades, así como la toma de placas o vacunación en masa. Nos amenazaban con represalias de calabozo o no darnos visitas, pero aún así no lograron someternos.
>
> Cuando los especialistas del ejército creyeron haber logrado su propósito, después de unos cuantos años de experimentos, no regresaron más.[303]

Las narraciones de David Ortiz Rivera *(Cano Bitumul)* demuestran no sólo el ambiente de peligrosidad en las cárceles, en donde la vida se valora muy poco, sino al hecho de que el verdadero control de las instituciones lo tienen los reclusos: "Porque lo que usted desconoce es que dentro de la cárcel no se puede mover nada que nosotros no autoricemos que se mueva."[304]

Entre 1977 y 1982, la violencia se apoderó de las cárceles, lo que produjo numerosas muertes.[305] La guerra se desató entre dos grupos denominados el bando de Monacillos y el de Manuel A. Pérez.[306] Hubo más de 50 asesinatos.[307] Chaar Cacho detalló las muertes ocurridas entre 1979 y 1982.[308] El 19 de noviembre de 1981 Chaar pone sobre aviso a los directores de la Cárcel de Bayamón sobre tres reclusos muertos cuyos cadáveres descuartizados estaban escondidos en los zafacones del penal.[309]

Dra. Mercedes Otero de Ramos

Para traer la paz entre los confinados, evitar las muertes y reclamar los derechos de los reclusos, uno de ellos, Carlos Torres Iriarte, conocido como Carlos La Sombra, nacido en el barrio Monacillos, organizó una Asociación de Confinados,[310] que ha de ser conocida como los *Ñetas*. El *Cano Bitumul* explica que el nombre es producto del fenómeno gramatical conocido como aféresis, o sea, la supresión de la primera sílaba de la palabra *puñeta*, en su sentido de una exclamación súbita admirativa, muy en uso en el español de barrio. Ortiz Rivera resume las normas establecidas por los reclusos de esta organización:[311]

No chotearás, de lo contrario es muerte.

No matarás por contrato.

No usarás ninguna arma punzante contra ningún compañero asociado, Ñeta.
No mirarás a tu compañero a nivel de mujer.
No robarás.
No matarás de abuso.
No pelearás con tu compañero, recuerda que es tu hermano.
No meterás cizaña a tu compañero; esto es *felony*.
No estarás pendiente de conversaciones ajenas.
No abusarás ni atentarás contra ancianos, niños, ni personas impedidas, esto es *felony*, y se paga con la vida.
En visita, te comportarás y no estarás pendiente de la visita de ningún compañero, esto es *felony*.

Carlos La Sombra fue asesinado un día 30, y los confinados celebran ritualmente el 30 de cada mes a las 8 de la noche con el grito asociado de "¡Ñeta!".[312]

La Dra. Mercedes Otero de Ramos, nombrada administradora de todo el sistema (1985-1992), parece ser quien mayor éxito tuvo en mantener la paz carcelaria y en ganarse el respeto de los confinados. Sin embargo, el 3 de julio de 1992, un jurado del Tribunal federal en San Juan encontró culpables a diez oficiales de custodia que en septiembre de 1987 le habían causado la muerte al confinado Juan Manuel Meléndez Vega mediante varias palizas.[313] El confinado, de 36 años de edad, murió dos días después de su admisión en la Penitenciaria Estatal y su cadáver fue encontrado en la la sección de de esa institución conocida como *El Monoloro*. Se alegó que éste estaba en la celda de admisiones cuando fue golpeado por los guardias porque, "alegadamente, se quejaba de sed y porque mostraba síntomas de alcoholismo." Fue ingresado como sumariado el 5 de septiembre de 1987 por un caso de narcóticos. "Se alegó en sala que, al día siguiente de su admisión sufrió las palizas que le fracturaron las costillas y el cuello. De acuerdo con el doctor Román Fuentes, quien examinó el cadáver del recluso, las fracturas en las costillas le provocaron a Meléndez Vega una lenta muerte por asfixia."[314] Entre los diez oficiales había tres sargentos. Los guardias que no agredieron al confinado fueron igualmente culpables porque fueron negligentes al no hacer nada para evitar la agresión.

Otero de Ramos renunció a su puesto el 9 de enero de 1992, molesta porque el gobierno llegó a un acuerdo con el Tribunal Federal en torno a las multas millonarias impuestas al sistema y sobre lo cual no fue consultada. Afirmó que en la estipulación se exigía no tener una población carcelaria de más de 11,500 confinados, pero no existía un método para implantarla.[315] El gobierno fue representado en la negociación por Ramón García Santiago, entonces Secretario de Hacienda. El 12 de enero de ese año fue nombrado el Lic. Lorenzo Villalba Rolón, entonces Presidente de la Junta de Libertad Bajo Palabra, para ocupar el puesto de Director de la Administración de Corrección. El nuevo incumbente había obtenido su título en Derecho en la Universidad de Georgetown, en Washington, D. C., y contaba con una maestría en Administración Pública de la Universidad de Puerto Rico. Había participado en el proceso que culminó con el acuerdo indicado.[316]

Para el 2004, subsisten los problemas en las instituciones penales. La prensa se hace eco continuo de ello. Se observa la existencia de grupos que dominan las instituciones, como los que se hacen llamar *Los Ñeta, Los 27, Los 25, Los Huevos, Los Nuevos, Los Tiburones* o *Los Bacalao*.[317]

Otro aspecto preocupante es el espíritu protagonista de algunos oficiales de custodia. Esto se comprobó a finales de agosto y principios de septiembre de 2004 con el incidente relacionado al actor Osvaldo Ríos. Oficiales de custodia filtraron a la prensa un alegado incidente entre dicho actor y su abogada –besos o muestras de afecto en una sala privada de la sección de admisiones– que, ciertamente no debía tener la menor trascendencia pública. Parece evidente que oficiales de custodia –de ambos sexos– hicieron público el incidente, proveyendo a la prensa con copia fiel y exacta del informe interno rendido por Iliana Díaz Díaz, oficial de custodia del área de admisiones del complejo correccional de Bayamón. El representante artístico del actor de telenovelas señaló públicamente que la evidencia disponible induce a pensar que el informe se le vendió a la prensa. El actor y la abogada anunciaban planes para demandar a los oficiales de custodia y la Administración de Corrección.[318] En información de prensa, el Director de Área del Complejo penitenciario señalaba que de haber ocurrido lo alegado, se trataba de una simple falta leve y que se investigaba la filtración a la prensa por constituir una infracción al Reglamento que cubre las actuaciones de los oficiales de custodia.

En un período de 20 años, la población penal ha crecido un 184%. Y sigue siendo costoso el proceso. El 8 de agosto de 2004 el Secretario de Corrección, Miguel Pereira, afirmaba que cada confinado costaba unos $40,000 al año.[319]

IX. Experiencias de la Cárcel Federal en Guaynabo

En cuanto a la Cárcel Federal en Puerto Rico, la experiencia de Rafael Cordero Santiago, Alcalde de Ponce, aunque se trató de un preso político encarcelado en Guaynabo, nos sirve de ilustración parcial de la vida en esa prisión.[320]

El 26 de junio de 2001, Cordero Santiago, entonces Alcalde de Ponce, en solidaridad con la lucha por sacar la Marina norteamericana de la isla de Vieques, penetró en los terrenos bajo control militar en ese lugar. Estaba acompañado del joven Juanchy Capella Nolla, que le servía de guía. Pasaron la noche sobre la hierba. Al día siguiente fue arrestado y llevado a la base naval de Roosevelt Road en Ceiba. Para la vista de fianza fue llevado esposado y encadenado al Tribunal Federal.

Empezando agosto de ese año fue condenado a 30 días de cárcel:

> La magistrada Aida Delgado me condenó luego de saludarme como un gran político al que Puerto Rico escucha mi voz. Por esa misma razón me condenaron a 30 días de cárcel y $3,000 de fianza (sic). Su exposición en el tribunal fue escrita, llegó con ella preparada; aunque es especulativo, uno tiende a pensar que no era de su propia inspiración. El proceso mío fue sencillo, no hice defensa y no hice ninguna alocución; ya sabía que me iban a imponer algo de cárcel por ser quien soy. No me equivoqué al respecto.
>
> No hay duda que mi familia se afectó. El primer impacto fue verme

esposado en el tribunal, algo duro, un sentimiento negativo. Esta abrupta separación es terrible y eso nos afectó a ambos. Yo pensando que me iban a condenar, y me despedí antes. Ellas tenían la esperanza de que me dieran tiempo cumplido. Hubo congoja, tristeza y lágrimas.

Con el pasar de los días, cada uno cumple lo hecho y supera el primer trauma. Lo positivo viene en el proceso de crecimiento; la causa se convierte en un aliciente para la familia. Las expresiones de respeto, solidaridad y cariño del pueblo, hace que se vayan curando las heridas.

Esto es un proceso que podría verse negativo desde afuera, pero una vez dentro es uno de crecimiento espiritual y nos permite solidificar los valores de respeto y servicio para un pueblo.

Cuando me condenaron, mis hijas se pusieron rebeldes y me expresaron en la vista que se sentían molestas con el sistema, se sentían traicionadas con el sistema. Yo les explicaba que necesitábamos tener temple y entender que la vida era imperfecta. Mis hijas me han expresado mucho amor, de forma incondicional me dan su apoyo. Su expresión de que les gustaría estar presas con su padre lo dice todo.[321]

Al momento de la sentencia, su esposa e hijas están en la sala del Tribunal. La sentencia, relativamente severa, provoca llanto en las jóvenes. La esposa, Madeleine, tranquila, pero con tensión y coraje, ve cómo esposan al alcalde y lo retiran de sala. Los alguaciles piensan que Víctor Manuel Otaño Nieves, amigo de Cordero presente, es familiar del alcalde y le entregan la cartera, la correa y los espejuelos del sentenciado, a quien no permiten retener esos objetos.

Cordero Santiago entraba a ese mundo carcelario federal que muchos piensan, equivocadamente, que se trata de un tipo de *country club*. La realidad es mucho más dura. Danny Rivera la pinta en su libro *Enamorado de la Paz (Diario en la Cárcel Federal),* publicado en noviembre de 2001. Es recogido también en *El rostro oculto de la desobediencia civil (Testimonios desde la Cárcel),* publicado en el 2003, en el que su editor, Josean Ramos, recoge el testimonio de cerca de cien desobedientes civiles encarcelados. Las ilustraciones son de Ernesto Peña Carambot, y la producción es de Carlos Alá Santiago, otros dos desobedientes prisioneros federales. Elena M. y Sonia I. Colón Parrilla, de San Lorenzo, narrarán la angustias de la espera por la liberación de los encarcelados en los campamentos montados frente a la cárcel federal en el libro *Desde Afuera*. Quizás quien mejor retrata la vida carcelaria de los desobedientes es otro prisionero: Tomás L. Vargas Morales, en su excelente libro *Señal de Primavera*.

Por estos patriotas nos hemos de enterar del recibo de tanta gente decente con las manos esposadas y las piernas encadenadas en el salón de entrada a la penitenciaría. Es una celda estrecha, muy fría, que mide casi el doble de las usadas en las unidades de encarcelamiento, que se conoce como *la nevera*. Está ubicada al lado izquierdo de la entrada a la cárcel. Tiene una puerta de acero con un pequeño cristal cuadrado. Abajo, como a dos pies del piso, tiene una ranura ancha, semejante a un buzón, por donde se entregan bandejas de alimentos. Cuando han de moverse, *la nevera* es utilizada para que los detenidos extiendan sus brazos para ser esposados. Sirve de asiento una especie de muro de concreto, en el lado norte, de unas veinte pulgadas de alto y dieciocho pulgadas de ancho que, pegado a las paredes forma una letra "**u**". Cerca de la puerta está un inodoro de metal. Allí empiezan los registros indignos. Vargas Morales los describe: "... cada vez que salgo de la unidad de confinamiento a la que estoy asignado, ya sea para una visita familiar, legal o para ir al tribunal, antes del regreso a la misma tengo que desnudarme –de frente– abrir la boca, levantar mis testículos, sacudirme el cabello y de espaldas, enseñar la planta de los pies y entre los dedos, doblar el torso y abrir las nalgas; esto bajo la escrutadora mirada de un (a veces morboso) guardia penal." Danny Rivera confirma el proceso infame. A partir de la entrada en prisión "te conviertes en un número". Nos dice de su experiencia el 6 de junio "Llegamos al Centro de Detención de Guaynabo al mediodía. ... Mientras arreglaban el papeleo de admisión, nos ubicaron en una jaula pequeña, fría, casi hermética, denominada 'la nevera'. ... De uno en uno o de dos en dos, te llevan a un cubículo, te ordenan desnudarte, buscan denigrarte.... A partir de ese momento te conviertes en número. El mío, 21590069."

Otro de los desobedientes encarcelados para ese mismo tiempo, el Lic. Graciany Miranda Marchand, ya cansado de los registros desnudos, un día se negó. Por ello fue castigado con encarcelamiento en lo que llaman *El Hoyo*, un lugar de custodia máxima, donde se convive con presos comunes y se duerme sobre camas en concreto. Le cambian el uniforme de preso color kaki corriente por uno color naranja. En ese lugar se les mueve constantemente esposado y encadenados en los pies y la cintura.

Cuando se sale de *la nevera*, recuerda el Lic. Luis Rodríguez Santiago, los presos se encuentran con un gran salón; a la izquierda está otra pequeña sala donde se entrega la ropa carcelaria, luego las oficinas de los trabajadores sociales; a la derecha el cuarto de *ficheo* de prisioneros y el pasillo que lleva hacia los ascensores que conducen a las celdas. A los prisioneros le suelen entregar un mameluco, tres pantaloncillos blancos, camisetas estilo *T-Shirt,* blancas, medias blancas, una especie de tennis azules, una frisa, sábana, toalla, un tubo de pasta dental y un cepillo que según se usa, se le van cayendo los pelos.

Cuando los presos son movidos de ese primer piso hacia las celdas, predomina un sentido de desorientación. No saben en realidad dónde están ni a donde se dirigen.

La vida carcelaria produce unos días largos y lentos. "Aquí hay reglas, muchas reglas," diría Tomás L. Vargas. Los detenidos están sujetos a continuos *conteos* reglamentarios. Los guardias transmiten sus órdenes gritando: Fulano de tal "¡Visita legal!", por ejemplo. Y luego de ella, de nuevo el registro físico denigrante. Algunos guardias "hacen su entrada con su aire de jodedor de barrio." Pocos sonríen.

Colocan dos prisioneros por celda. Vargas Morales es compañero de Rubén Berríos Martínez. En la celda de Danny le acompaña Jaime Perelló. A Cordero Santiago le acompañó Samuel Soto Bosque. Cuando les suben al área de las celdas, las secciones de encarcelamiento se identifican como secciones 1-A, 1-B, 1-C o 4-B, por ejemplo. Cuando se sale del ascensor, a la zona de celdas individuales en dos niveles, lo primero que se encuentra a la izquierda es la estación de guardias; a la derecha está la llamada *Yarda*. Fernando Martín describe el lugar donde están las secciones como el espacio central de un barco crucero. Danny Rivera llamará esa cárcel el "Poseidón cautivo" con su "tripulación naviera confinada". Al centro del área de celdas hay un espacio con mesas y sillas, que sirve de comedor y lugar para ver televisión, que controlan los guardias penales. A los lados, describe Vargas Morales, un barandal de tubos de hierro que separa la plazoleta del "estrecho pasillo frente a las celdas que parecen camarotes con sus puertas de acero cerradas." Los pasamanos están pintados de amarillo; las celdas de azul; las losetas son marrón. Las pequeñas celdas, para dos confinados, miden unos diez pies de largo por siete de ancho. Cuentan con un estrecho cristal de cinco pulgadas de ancho por unas treinta y seis de alto. El espacio lo ocupa dos camas literas, un pequeño armario de metal, una mesa pequeña, una silla, un lavamanos y, hacia el centro, el inodoro sin ninguna aspiración de privacidad. En la pared, un plástico laminado como espejo y un gancho para colgar el mameluco de preso.

Justo Echevarría, otro prisionero por la lucha de Vieques, el número 21434-069, describe el lugar de la siguiente forma:

> Donde estamos no hay muchos reclusos. De hecho esta área (4–B) la utilizan como área de castigo, de solitaria, el "hoyo" le llaman. La celda tiene un espacio pequeño, dos camas literas, un inodoro, un pequeño lavamanos, una mesita de cemento de 19" x 24" y un asiento redondo de cemento, de 18" de alto por 11" de circunferencia. Eso es todo lo que hay. La ventana, si se puede llamar ventana, es un pequeño espacio de 6" por 36" por la que escasamente entra el sol. La puerta tiene un pequeño cristal por donde el guardia realiza el conteo diario. Hay cinco conteos diarios. El recluso debe estar en su celda a esas horas: a las 12:01 AM, a las 3:00 AM, a las 5:00 AM, a las 4:00 PM y las 10"00 de la noche. Los fines de semana hay que estar en la celda a las 11:30 para otro conteo.[322]

Los confinados que no están de pie frente a la cama cuando el guardia pasa a contar, se los llevan encadenados para "el hoyo".

Más adelante añade Echevarría: "Aunque ésta no es técnicamente una cárcel, sino un centro de detención, un tránsito a la prisión, hay personas que pasan muchos años aquí esperando que los trasladen a prisiones en Estados Unidos."[323]

Antonio (Poty) Córdova González, el abogado convicto de

tráfico de drogas, indica que lo que llaman *El Hoyo*, del Cuarto Piso, se considera una "Suicide Watch Cell", es decir, una celda para internar posibles suicidas. Fuera de ella "dos guardias penales vigilan a uno constantemente. Había un foco en el techo que permanece prendido días y noche."[324]

"Tres escaleras situadas en las esquinas permiten acceso al pasillo del primer o segundo piso." En esa plazoleta los guardias repasan el folleto *para orientación* y reglamento de los prisioneros. Allí les dicen las instrucciones de entrega de ropa de galeras para el lavado, los horarios de visitas "legales" o "familiares"; el oficial que actuará de "consejero" asignado a cada área, la preparación de listas de compra para la comisaría, que recogen los lunes. Cada unidad se compone de cuatro galeras. Frente a la puerta principal de la unidad 1-B han colocado cinco cabinas telefónicas.

En uno de los extremos del primer piso está el área más famosa de la cárcel. Todos, como indicamos, le llaman *La yarda,* es decir una especie de patio interior. (Viene de *Yard*.) Tiene una parte techada y otra con un espacio abierto, alto, con tejado de varillas de hierro y alambres o serpentinas filosas, por donde entra el poco sol que conocen los presos. A la entrada hay un encendedor de cigarrillos y un canasto de baloncesto. *La yarda* sirve de pista para caminar, hacer ejercicios, cancha de baloncesto o lugar para fumar y conversar. La cierran a las 6:30 de la tarde. Danny Rivera le llamará "sarcófago gigante." En el segundo piso, sobre la cocina, está el salón que sirve de capilla.

La correspondencia de los presos se le entrega con los sobres rotos, después de pasar la censura del penal. "La actitud de los guardias irrita a muchos. La presión es constante en la prisión." Vargas dice que "las horas son tan largas como la angustia." De noche, el frío ataca con fuerza a los prisioneros. El cierre de los candados se convierte en un ruido odioso para los detenidos.

Justo Echevarría recuerda las filas de comidas: "Me voy dejando atrás una escena que –a fuerza de repetirse parece normal– me produce una gran congoja. La fila de los desayunos, los almuerzos y la comida. Cada uno de nosotros con una cuchara roja en la mano y un vaso, esperando como prisioneros en campo de concentración para que le sirvan la comida. No deja de perturbarme esta escena. Lo confieso. Todos vestidos de kaki, con chancletas azules. Las figuras contrastan con el escenario."[325]

Allí los presos puertorriqueños se encontraran con prisioneros dominicanos, colombianos, muchos chinos, venezolanos, hasta rusos. Los abogados puertorriqueños encarcelados pudieron constatar que a esos prisioneros extranjeros se les mantiene ignorantes de su verdadera situación legal, con poco acceso a abogados, con graves dificultades de comunicación, hasta el punto de que sus familiares generalmente desconocen dónde se encuentran y porqué razón. Piensan nuestros abogados que el cumplimiento del llamado debido procedimiento de ley de cuyo cumplimiento se suelen jactar las autoridades federales, realmente no se cumple en estas instituciones. De ahí que no debe sorprender a nadie lo que ocurre en la prisión de Guantánamo con relación a los prisioneros de la guerra del Oriente Medio. Sin embargo, la impresión pública que se tiene es de que los tribunales federales se preocupan por los prisioneros en las cárceles de la Isla.

En esa prisión federal, se destaca por lo servicial uno de ellos llamado *Petete*. Joven, de baja estatura, que parece tímido, de veinte y pico de años, lleva el cabello largo amarrado como cola de caballo. Le llaman uno de los *apagaos*, que en el lenguaje carcelario quiere decir que está sentenciado a prisión perpetua. Se trata de una excelente síntesis para identificar al hombre destruido por el sistema carcelario. Sobre ese mundo, dirá Tomás Vargas Morales con acertado vuelo poético: "Las historias están ahí, pero no escucharás historias felices en la prisión federal. ... no las hay." Churumba Cordero nos dirá:

> Tenemos que empezar por el impacto de cómo uno llega aquí. Esa primera noche "picú", esa separación abrupta de lo que yo llamo "el remanso". El subconsciente se encuentra en el hogar, uno trata de dormir y no puede. Y la mente nos lleva a recorrer la vida, es una especie de grabadora corriendo alocadamente a través de la vida. En mi duró cinco días. Se nos quita el hambre y no se puede dormir. Uno sabe que tiene que superarlo, pero de momento no puede. Yo le doy gracias a Dios de haberme encontrado con unos compañeros presos

> desobedientes y comunes, que fueron muy solidarios, me dieron apoyo y me protegieron, compartieron todo lo que tenían.
>
> Yo no soy quien para juzgar a nadie, pero debo decir que los presos son iguales que cualquier otro ser humano. Muchos de la Unidad 1-B tienen mejores sentimientos que muchos que no han violado la ley.
>
> Una vez que uno *internaliza* que no está en el remanso y sí en la cárcel, donde el techo es bajo y las columnas parecen ceibas, uno se da cuenta que está sometido al régimen que otros contaban, entonces se buscan las cosas buenas. Con ese hilo de esperanza es que he podido cumplir mi condena.

Cordero en su encarcelamiento entabló amistad con el líder independentista Rubén Berríos Martínez, quien ocupaba la celda inmediata. Con él caminaría por *La yarda* y dialogaron extensamente sobre el futuro del país. Rubén también se comunicó con el Lic. Joaquín Monserrate Matienzo cuando en uno de los primeros días del encarcelamiento de Cordero, por una crisis provocada por falta de un medicamento, se hizo necesario requerir la presencia de Madeleine, la esposa del Alcalde, en la cárcel. Esta le visitaba todos los días. Fue inscrita como abogada de Cordero Santiago, pero en ocasiones le hicieron esperar hasta tres horas para ver al esposo.

Echevarría señala que cuando Danny Rivera se encontró con Churumba en la fila del desayuno de la Cárcel Federal le dijo: "Adió, Churumba, ¿y qué tú haces aquí?" –"Vine a oírte cantar", le contestó el león ponceño."[326]

Otro de los prisioneros políticos cercano era el ponceño Lic. Luis (Flecha) Rodríguez Santiago, una de las figuras importantes del Partido Independentista en Ponce, candidato a alcalde por ese partido en el 2004.

Como una semana antes de salir en libertad, Cordero Santiago pide que le visite Víctor Otaño. Cuando éste llega a la cárcel federal, espera por horas. Luego le registran, la pasan por un detector de metales, le quitan los zapatos, pasa por una máquina de Rayos X y luego entra al gran salón donde esperan los confinados. Allí estaban las hijas de Cordero.

Regional Metropolitana

Cuando el alcalde cumplió su condena de 30 días, el 29 de agosto de 2001, salió de prisión entre las 8:30 y las 9:00 de la mañana. La ciudad de Ponce le ofreció un recibimiento apoteósico.

X. Población penal actual en Estados Unidos

Como indicamos antes, para el 2002, el número de confinados en todas las cárceles de Estados Unidos era de 1,440,655. Los prisioneros federales, que en el 2001 eran 156,993, subieron en un 4.2%, a la cantidad de 163,528. En el 2,000 había 110,974, frente a 80,960 que hubo en el 1995.[327] En el año 2,000, del total de confinados federales se dividía en unos 102,737 hombres y 8,237 mujeres.

Para abril de 2004, había en Estados Unidos 3,487 confinados sentenciados a la pena de muerte,[328] distribuidos, por raza, de la siguiente forma:

Blancos	1,591
Negros	1,462
Hispanos	354
Nativos USA (Indios)	39
Asiáticos	40

California era el estado con el número mayor de condenados a muerte: 635, seguido por Texas, con 454, y Florida con 381. Del total de condenados a muerte, 51 eran mujeres. Entre 1977 y 2002, hubo 6,912 condenados a muerte de los cuales el 12% fueron ejecutados. En el 2002, 71 personas sufrieron la pena de muerte.[329] Una situación particularmente alarmante es el aumento en la encarcelación de personas de origen hispano.[330] Para el 2004, había 283,000 hispanos encarcelados en Estados Unidos. Un 32% de los confinados federales era hispano, o sea, 1 de cada tres prisioneros. En el 2001, el 4% de los hombres hispanos de veinte años o empezando los treinta, estaba encarcelado en esa nación. De 1985 a 2001, los confinados hispanos subieron de 10.9% a 15.6% en las cárceles estatales y federales. Entre 1985 y 1995 el número de hispanos presos aumentó en un 219%. Se sospecha que el número de prisioneros es mayor en razón de inconsistencias en las clasificaciones.

XI. Reviven el viejo ideal de la rehabilitación

Mientras tanto, en Puerto Rico, complementando las nuevas disposiciones del Código Penal que ha de regir a partir de mayo de 2005, el 13 de septiembre de 2004 entró en vigor la *Ley de Mandato Constitucional de Rehabilitación*, mediante la cual se "permite encaminar la liberación anticipada de aquellos presos que la Administración de Corrección entienda que se encuentran rehabilitados."[331] De conformidad con dicha ley, el Secretario de Corrección, después del cumplimiento de un mínimo de la sentencia, debe emitir un *Certificado de Rehabilitación y Resolución de Cumplimiento de Sentencia* cuando los profesionales del comportamiento humano en la Administración de Corrección así lo recomienden. El mismo debe ser notificado al juez sentenciador, quien deberá señalar una vista con la participación del Ministerio Público y la víctima del delito. Si el magistrado queda convencido de la rehabilitación, relevaría al confinado del cumplimiento del término de la sentencia no cumplido. Esta determinación produce la eliminación del récord penal, que se reactivaría en caso de reincidencia. La Ley provee para la constitución de un Comité de Ciudadanos encargado de velar por el cumplimiento del mandato constitucional de la rehabilitación del confinado. Se anticipa que este procedimiento requiere la reforma carcelaria que permita una clasificación adecuada de los confinados y la ampliación de los programas de salud correccional y talleres de adiestramiento. El proponente de la medida, el senador Eudaldo Báez Galib, estima que, aunque la Administración de Corrección historícamente no ha definido su modelo de rehabilitación, "existen estándares científicos para determinar rehabilitación."[332] Por persona rehabilitada se entiende, según la Ley, "una persona que puede volver a convivir en la libre comunidad como un ciudadano productivo y manteniéndose fuera de problemas."

Pensamos que esta ley es bastante similar al proceso de libertad bajo palabra, que se tramita a nivel administrativo ante la Junta de ese nombre, con la adición de eliminar el récord penal y sin la supervisión que dicho procedimiento establece. Pero, en realidad, nos parece que no ha de ser nada sencillo determinar que un confinado "está rehabilitado". El alto nivel de reincidencia y de revocaciones de libertad bajo palabra no inducen a pensar que el nuevo sistema ha de funcionar. Tampoco nos parece que existan mecanismos efectivos que, *científicamente,* puedan determinar la rehabilitación. Pero, como dice la expresión popular, la peor gestión es la que no se hace. Esta legislación puede significar realmente lo que se suele llamar un *proyecto piloto* para intentar definir el proceso de rehabilitación con razonable eficacia, si se proveen los recursos económicos y profesionales necesarios.

Sobre este tema se han manifestado dos juristas nuestros, los profesores de Derecho de la Facultad Eugenio María de Hostos, Daniel Nina y Eduardo Villanueva. El primero escribe:

> Con motivo de las elecciones generales del pasado 2 de noviembre de 2004, la Comisión de Derechos Humanos del Colegio de Abogados convocó a un grupo de abogados y abogadas a participar como observadores de los comicios que por adelantado se habrían de celebrar en las instituciones carcelarias del país (celebrados el 31 de octubre de 2004). Así convocados, este servidor, entre otros tantos colegas, participó en la cárcel 1072 del sistema correccional de Bayamón.
>
> La experiencia fue, por decir lo mínimo, terrible. Ya sea producto de la mano dura, firme, amiga, segura o sagrada, la cárcel como forma de corregir los males sociales ha fracasado. Ha fracasado porque, lejos de servir como un disuasivo para disminuir la criminalidad, esto nunca ha dado resultado. Por otro lado, más allá de la garantía constitucional para cumplir con el propósito de la rehabilitación, las cárceles, como sistema institucional, no han logrado dicho cometido. En fin, que realmente hablando se salvan lo que de una forma u otra desean re-socializarse, y consiguen la fuerza, de múltiples formas, para continuar adelante con su vida; pero aún así, el estigma social contra el/la ex-confinado/a sigue siendo un peso terrible en nuestra sociedad, al momento de ofrecer alternativas de integración.[333]

Villanueva, ex presidente del Colegio de abogados de Puerto Rico, en una conferencia titulada "La Carcel: ¿institución de rehabilitación o castigo?" añade:

> Somos el tercer país de América en población carcelaria (El Día 5/sept/03) con 15,105 confinados. Somos número 21 en el mundo, en presos; 378 presos por cada 100,000 habitantes. Ha aumentado la población carcelaria y el crimen; la cárcel no es disuasiva y el grado de reincidencia demuestra que no rehabilita. Hay $343.5 millones para 50 instituciones penales.
>
> ...
>
> ... Para que haya una posibilidad de análisis justo del sistema penitenciario y se discutan reformas radicales al sistema, es necesario

Primera Hora, lunes 31 de enero de 2005

generar una cultura política que permita desarrollar un electorado crítico, informado y consciente de que la cárcel no es disuasiva, si la motivación de delinquir tiene raíces en la desigualdad social, el racismo, la homofobia, la marginación de clase y, en general, la criminalización de la pobreza. Es perentoria una tregua política que permita soluciones radicales, como lo son la planificación de una distribución de riquezas, el reclamo de poderes soberanos que permita planificar y diseñar una economía sustentable y la limitación de la población carcelaria, exclusivamente para aquellos que constituyen un verdadero peligro para la seguridad y en la integridad física de la población que opera dentro del marco del Estado de Derecho. Hay que proteger a la sociedad de la violencia y estimular un consenso nacional que integre a los sectores que aspiran a concretizar un pacto comunitario, que tenga como base la justicia social.[334]

---

[1] Regla 160 de Procedimiento Criminal; Pueblo v. Tribunal Superior, 94 DPR 220 (1967).

[2] Regla 162 de Procedimiento Criminal; Pueblo v. García Robles, 93 DPR 762 (1966).

[3] Se usaba "dar por cárcel" la casa o la ciudad.

[4] Murga, ob. cit., p. 309, 316.

[5] Ibid., p. 120. Allí puso Sancho Velázquez a "una mujer de Castilla", que fue a quejarse de haber sido atacada a palos por "Marina, negra... con dos o tres negras...", pero éstas eran criadas del Tesorero Andrés de Haro. (Ibid; p. 162.) Los indios también eran puestos en el cepo y encadenados. (Ibid, p. 338, 343)

[6] Murga, ob. cit., págs. 29, 159, etc.

[7] Coll y Toste, **Bol. Hist**., Tomo X, p. 181.

[8] Ibid, p., 26.

[9] Coll y Toste, **Bol. Hist**., Tomo II, p. 128.

[10] Ibid, **Tomo IX**, p. 44.

[11] Ibid., p. 70.

[12] Ibid p. 327.

[13] Real Cédula a Juan Ponce de León del 26 de febrero de 1511, en Coll y Toste, **Bol. Hist.** Tomo II, p. 48.

[14] **Cartas del Cabildo de San Juan**, p. 75.

[15] Luis M. Díaz Soler, **Historia de la Esclavitud negra en Puerto Rico.** Río Piedras: Editorial Universitaria, 1981, págs. 178-179.

[16] Ibid, p. 180.

[17] Ibid. Se trata de unos grillos de prisión.

[18] Ibid, págs. 182 y ss.

[19] Alejandro Tapia, **Biblioteca Histórica,** p. 314; citado también por Salvador Brau, "Las clases jornaleras de Puerto Rico", 1982, publicada en **Ensayos,** Editorial Edil, 1972, p. 17.

[20] "El crimen y el castigo", en **Rev. del Inst. de Cultura Puertorriqueña**, Núm. 14, Enero-marzo 1962, págs. 19-21.

[21] Angel López Cantos, "Historia de una poesía", en **Rev. del Inst. de Cultura Puertorriqueña**, Núm. 63, Abril-junio 1974, p. 1.

[22] Coll y Toste, **Bol. Hist.** Tomo I, p. 95

[23] Blanca G. Silvestrini y María D. Luque de Sánchez, **Historia de Puerto Rico: Trayectoria de un pueblo**. San Juan, P. R.: Cultural Puertorriqueña, Inc., 1987, p. 206.

[24] **El Proceso Abolicionista en Puerto Rico.** San Juan, P. R.: 1978: Centro de Investigaciones Históricas (UPR) e Instituto de Cultura Puertorriqueña, Vol. II, p. 110.

[25] Bando del General Prim Contra la Raza Africana, en Coll y Toste, **Bol. Hist.,** Tomo II, p. 123.

[26] Coll y Toste, **Bol. Hist.,** Tomo II, p. 128.

[27] Maltrato del esclavo por el amo o mayordomo.

[28] **El Proceso Abolicionistas en P. R.** (San Juan: Publicación del Centro de

Investigaciones Históricas de la UPR y del Instituto de Cultura Puertorriqueña, 1974, Tomo 1, p. 171 y ss.)

[29] Ibid, p. 259-260.

[30] Jiménez de Asúa, **Tratado de Derecho Penal**, Tomo I, p. 748.

[31] Silvestrini y Luque, ob. cit., p. 272; Federico Ribes Tovar, **Historia Cronológica de Puerto Rico**, New York: 1973, págs. 255-256

[32] Coll y Toste, **Bol. Hist.** Tomo X., p. 17.

[33] Informe de la Comisión que sometió el proyecto de Código Penal para las Provincias de Cuba y Puerto Rico, 1879, p. 9.

[34] Fernando Picó, **Historia General de Puerto Rico.** San Juan, P. R.: Ediciones Huracán, 1986, p. 213-214; Germán Delgado Pasapera, **Puerto Rico: sus luchas emancipadoras.** Río Piedras, P. R.: Editorial Cultural, 1984, págs. 394 y ss.

[35] José Marcial Quiñones, **Un poco de historia colonial.** San Juan: Academia Puertorriqueña de la Historia, 1978, p. 284.

[36] Ley Núm. 42 del 26 de abril de 1929, 34 LPRA sec. 995; Jacobo Córdova Chirino, **Los que murieron en la Horca.** San Juan: Editorial Cordillera, Inc., 1975.

[37] Parece ser el primer abogado que llega al país, y con el mal augurio de que, con motivo de ejercer su oficio, lo encarcelan.

[38] Comete error José Trías Monge al decir que "Cerón encarceló a Juan Ponce..." (**El Sistema Judicial de Puerto Rico**. Universidad de Puerto Rico: Editorial Universitaria, 1978, p. 4). Fue al revés.

[39] Aníbal Sepúlveda Rivera, **San Juan: Historia Ilustrada de su desarrollo urbano, 1508-1895.** San Juan: Centro de Investigaciones Carimar, 1989, p. 36.

[40] Ibid., p. 37.

[41] Adolfo de Hostos, **Historia de San Juan, Ciudad Murada.** San Juan, P. R.: I.C.P., 1983, págs. 1-3; **Tesauro de Datos Históricos de Puerto Rico.** Río Piedras: Editorial de la Universidad de Puerto Rico, 1990, Tomo I, págs. 342-344; Francisco A. Scarano, **Puerto Rico: Cinco Siglos de Historia.** Bogotá, Colombia: McGraw-Hill Interamericana, S. A., 1993, págs. 184-187.

[42] Cayetano Coll y Toste, **Bol. Hist.**. Tomo IX, p. 96.

[43] Ob. cit., p. 40.

[44] Ibid.

[45] De Hostos, ob. cit., págs. 1-3; Sepúlveda Rivera, ob. cit., págs. 43-53.

[46] Sepúlveda, ob. cit., p. 44.

[47] Ob. cit., p. 45.

[48] Salvador Brau, **La Colonización de Puerto Rico.** San Juan, P. R.: I.C.P., 1969, p. 321, nota 203; **Biblioteca Histórica de Puerto Rico**. San Juan, P. R.; I.C.P., 1945, p. 179; Vicente Murga, **Historia Documental de Puerto Rico**. Santander, España: Aldus, S. A., 1957, Vol. II, p. 12; Coll y Toste, **Bol. Hist**., Tomo X, págs. 336-337.

[49] Coll y Toste, loc. cit.

[50] **Historia de San Juan...,** ob. cit., p. 473.

[51] Ibid., p. 324.

[52] Ibid., p. 317.

[53] Ibid.

[54] Brau, **La Colonización**..., ob. cit., p. 130; **Historia de Puerto Rico**, ob. cit., p.

19.

[55] Ibid.

[56] Murga, II, pás. 38-39; 267, 279, 295.

[57] Vicente Murga, **Historia Documental de Puerto Rico.** Santander, España: Aldus, S. A., 1957. Vol. II (El juicio de Residencia, moderador democrático), p. xl.

[58] Ibid., p. 39.

[59] Ibid., p. 42.

[60] Ibid., págs. 66-67.

[61] Ibid., p. 76.

[62] Ibid., p. 103.

[63] Ibid., p. 137.

[64] Adolfo de Hostos, **Historia de San Juan, Ciudad Murada,** San Juan: Instituto de Cultura Puertorriqueña, 1983, págs. 473-476

[65] Ibid; p. 473.

[66] Ibid; p. 474.

[67] Aida R. Caro Costas, **El Cabildo o Regimen Municipal Puertorriqueño en el siglo XVIII.** San Juan, P. R.: ICP., 1974, págs. 25-26.

[68] Ibid, p. 26.

[69] De Hostos, **Historia**...., ob. cit; p. 475.

[70] Ibid.

[71] Ibid, p. 54.

[72] Ibid, p. 23.

[73] **El día menos pensado.** Río Piedras: Ediciones Huracán, 1994, p. 26.

[74] Miguel Meléndez Muñoz, **Cuentos de la Carretera Central,** en Obras Completas, Tomo II, págs. 18, 31, 37. Hubo también cárceles para animales. (Ibid, Tomo II, p. 155).

[75] Murga, Vol. II, págas. 39, 42, 66-67, 76, 103, 137.

[76] Adolfo de Hostos, **Historia de San Juan, Ciudad Murada.** San Juan, P. R.: I. C. P., 1983, p. 307; Murga, Vol. II, p.xcvii.

[77] De Hostos, **Historia**...., p. 473, en relación con la p. 306 y la 325; **Tesauro**, Tomo I, p. 354. Según la tradición estaba en la planta baja del Convento Sto. Tomás de Aquino, San Juan, hasta 1589; según Torres Vargas en local distinto de dicho convento, hacia 1647. (**Tesauro**, Tomo I, págs. 354-355). Se encarceló en ella al Tesorero Villasante en 1529. (**Tesauro**, Tomo I, p. 355).

[78] Adolfo de Hostos, **Historia de San Juan, Ciudad Murada**. San Juan, P. R.: I. C. P., 1983, p. 473.

[79] De Hostos, **Tesauro**, Tomo I, p. 355.

[80] De Hostos, **Historia**, págs. 213, 239, 475; **Tesauro**, Tomo IV, p. 410; Alejandro Tapia y Rivera, **Mis Memorias.** Nueva York: De Laisne & Rossboro, Inc., 1928, p. 95.

[81] De Hostos, **Historia,** p. 474; **Tesauro**, Tomo IV, p. 410

[82] De Hostos, **Tesauro**, Tomo I, p. 355.

[83] De Hostos, **Historia**..., págs. 46 y 474; **Tesauro**, Tomo I, p. 355.

[84] De Hostos, **Historia**..., p. 475.

[85] De Hostos, **Historia**, p. 474.

[86] Antonio S. Pedreira, **El Año Terrible del 87.** San Juan: Biblioteca de Autores Puertorriqueños, 1948, (3ra. Edición) p. 57; Blanca G. Silvestrini y María Dolores Luque de Sánchez, **Historia de Puerto Rico**: **Trayectoria de un pueblo.** San Juan, P. R.: Cultural Puertorriqueña, Inc., 1987, p. 369

[87] José Pérez Moris, **Historia de la insurrección de Lares**. Río Piedras: Editorial Edil, Inc., 1975, p. 346.

[88] Coll y Toste, **Bol. Hist**., T. XI, p. 273.

[89] Coll y Toste, **Bol. Hist**., T. XI, p. 311.

[90] Coll y Toste, **Bol. Hist**., T. XII, págs. 54

[91] Ivis Negrón Pérez, "Es ley el nuevo Código Penal", *El Vocero*, 19 de junio de 2004, portada y p. 2; Carmen Edith Torres, "Firma Calderón el nuevo Código Penal", *El Nuevo Día*, 19 de junio de 2004, p. 6.

[92] Pepo García, "Traerá cambios al Código el PNP", *El Nuevo Día*, 3 de mayo de 2004, p. 39; "Líderes PNP barren el piso con el nuevo Código Penal", *Primera Hora*, 3 de mayo de 2004, p. 16; "Código está en acuerdo con los Ñetas", opina Rivera Schatz", *El Vocero*, 3 de mayo de 2004, p. 9; Irene Garzón, "Penepés estaban de acuerdo y ahora protestan", *Primera Hora*, 4 de mayo de 2004, p. 8; "Experta rebate las objecciones", *Primera Hora*, 4 de mayo de 2004, p. 8; Maritza Díaz Alcaide, "Sila toma tiempo para revisar el Código", Primera Hora, 7 de mayo de 2004, p. 24; Irene Garzón Fernández, "A imponer penas más severas", *Primera Hora*, 10 de mayo de 2004, p. 10; Cándida Cotto, "Defienden la inclusión de los delitos ambientales", *Claridad*, 6-13 de mayo de 2004, p. 6; Víctor M. Villalba,"¡Que se aprueba el nuevo Código Penal!", *Claridad*, 20-26 de mayo de 2004, p. 12; Cándida Cotto, "Reclama se analice seriamente el nuevo Código Penal", *Claridad*, 20-26 de mayo de 2004, p. 14; Oscar Serrano, "Nevares defiende el nuevo Código Penal", *Primera Hora,* 13 de mayo de 2004, p. 26; Maritza Díaz Alcaide, "Sigue el tranque por el Código Penal", *Primera Hora*, 25 de mayo de 2004, p. 8; Irene Garzón, "Enmiendas al Nuevo Código Penal, Al final, no creen que haya problemas", *Primera Hora,* 8 de junio de 2004, p. 20; Irene Garzón, "Habrá cambios a la filosofía penológica", *Primera Hora*, 9 de junio de 2004, p. 16; Maritza Díaz Alcalde, "Calderón firmará el nuevo Código Penal", *Primera Hora*, 9 de junio de 2004, p. 17.

[93] *El Vocero*, 28 de junio de 2004, p. 40.

[94] Ibid.

[95] Elias Neuman, **Prisión abierta.** Buenos Aires: Ediciones De Palma, 1984, p. 9.

[96] Ley Núm. 101 de 4 de junio de 1980, enmendando el art. 60 del Código Penal de 1974, 33 LPRA sec. 3284; Pedro Malavet Vega, **Manual de Derecho Penal Puertorriqueño**. Ponce, P. R.: edición del autor, 1997, págs. 340-345.

[97] Partida VII, Til. XIX, Ley IV, y Tít. XXX; Emma Mendoza Bremauntz, **Justicia en la Prisión del Sur (El Caso Guerrero)**. México: Instituto Nacional de Ciencias Penales, 1991, p. 30; Neuman, ob. cit., p. 12.

[98] Libro VII, Ley I, Títulos 6 y 7; Neuman, loc. cit.

[99] Lina M. Torres Rivera, **Sistema penal y reacción social: perspectiva crítica**. Hato Rey, P. R.: Publicaciones Puertorriqueñas, Editores, 2000, p. 49; Mendoza Bremauntz, ob. cit., p. 33.

[100] Mendoza Bremauntz, ob. cit., p. 51, citando a Ojeda Velázquez.

[101] Ley 7, Tít. 40, Libro 12; Mendoza Bramuntz, ob. cit., p. 35.

[102] Jiménez de Asúa cuenta el rumor de la intervención de los hermanos Verrí en la obra, hasta su posible autoría, y los celos que por su fama produjo en éstos. (**Tratado de Derecho Penal,** Tomo I, págs. 254-257).

[103] Cf. Enrique Corona Zayas, Guadalupe Ramos Smith y Francisco de la Nuez M., **Derecho Penal,** La Habana: Facultad de Derecho de la Universidad de La Habana, 1987, Tomo II, p. 8.

[104] Cuello Calón, ob. cit., Tomo I, p. 44.

[105] Cesare de Beccaria, **De los delitos y de las penas.** Madrid: Alianza Editorial, S. A., 1968, págs. 14-15. Esta edición incluye también los comentarios de Voltaire, así como la influencia de la obra de Beccaria en España.

[106] Ibid., p. 112.

[107] Malavet Vega, ob. cit., págs. 18-19.

[108] Jiménez de Asúa, **La Ley y el Delito**, ob. cit., págs. 35-36.

[109] Neuman, ob. cit., págs. 55-56.

[110] Ibid., p. 56.

[111] Ibid., p. 61, nota 11.

[112] Ibid., p. 66.

[113] Olga E. Resumil de Sanfilippo, **Criminología General**, Río Piedras, P. R.: Editorial de la Universidad de Puerto Rico, 2002, p. 167

[114] Jan Gympel, **Historia de la Arquitectura.** Barcelona: LocTeam, SL., 1996, p. 6.

[115] **Diccionario de la Lengua Española**. Madrid: Espasa-Calpe, Vigésima Edición, 1984, Tomo I, p. 301.

[116] Dolores E. Fernández Muñoz, "Las Repercuciones de la Revolución Francesa en el área del Derecho Penal", en la publicación **Bicentenario de la Revolución Francesa.** México: Universidad Nacional Autónoma de México, 1991, p. 49.

[117] Neuman, ob. cit., p. 99.

[118] Schmalleger, ob. cit., p. 410.

[119] Ibid., p. 411; Neuman, ob. cit., págs. 107-110.

[120] Schmalleger, ob. cit., p. 412.

[121] Mendoza Bremauntz, ob. cit., p. 52; Neuman, ob. cit., p. 112; Schmalleger, ob. cit., p. 414.

[122] Newuman, ob. cit., p. 116.

[123] Mendoza Bremauntz, ob. cit., p. 54.

[124] Schmalleger, ob. cit., p. 415.

[125] Mendoza Bremauntz, ob. cit., págs. 56-57.

[126] Schmalleger, ob. cit., págs. 416-420.

[127] Ibid., p. 417.

[128] Ibid., p. 418.

[129] Neuman, ob. cit., p. 146. El trabajo de este autor es probablemente lo mejor que se ha hecho en este tema en español.

[130] Schmalleger, ob. cit., p. 424.

[131] Ibid.

[132] Véase la descripción que hacemos en nuestro libro **El día que murió Churumba**, 2004, págs. 31 y ss; y el tema que tratamos a continuación sobre el caso Morales Feliciano.

[133] Véase los trabajo de Neuman y Mendoza Bremauntz antes citados, y Resumil, ob. cit., cap. II.

[134] Eduardo Newman Gandía, **La Verdadera y Auténtica Historia de Ponce.** San Juan, P. R.: 1913, págs. 104-105.

[135] Ibid., p. 105.

[136] Ibid.

[137] Art. 154.

[138] Arts. 157-162.

[139] Art. 157.

[140] **El Libro de Puerto Rico** (o Libro azul), 1922, p. 278.

[141] Ibid., p. 280.

[142] Ibid.

[143] Ibid.

[144] Ibid., págs. 280, 282.

[145] Enrique Ramírez Brau, "Mis 5 anécdotas inolvidables", *Bohemia Puertorriqueña*, 20 de agosto de 1961, pág. 24-25.

[146] Véase El Pueblo v. Lasalle, 18 DPR 421 (1912).

[147] Albert G. Hess, Franco Ferracuti y Julia Keh-Fang Kao Hess, **El Delincuente Joven Adulto (Bibliografía).** Milano: Dott A. Giuffre, Editore, 1967, p. .xxvii. (Este trabajo bibliográfico, en cinco idiomas distintos, fue preparado por los autores indicados en el Centro de Investigaciones de Ciencias Sociales de la Universidad de Puerto Rico y el National Council on Crime and Delinquency, de Nueva York para el 1966.)

[148] Rodríguez Rodríguez v. E. L. A., 130 DPR 562 (1992), a la pág. 9515.

[149] Clemente v. Alvarez, Alcaide, 50 DPR 784 (1936); Correa Negrón v. Pueblo, 104 DPR 286, 293-294 (1975).

[150] Ley del 9 de marzo de 1905; Awilda Palau de López y Ernesto Ruiz Ortiz, **En la calle estabas.** Río Piedras: Editorial Universitaria, 1976, p. 21. El cuadro que ofrece este libro, aún para los inicios de los años setenta, es realmente deprimente, que debe sacudir el espíritu de la gente sensitiva.

[151] Sec. 19 de la Ley de 9 de marzo de 1905.

[152] 33 LPRA (edición de 1969), sec. 85.

[153] Véase Rodríguez Rodríguez v. E.L.A., 130 DPR 562 (1992), a las págs. 9518-9519.

[154] Ex Parte Castro, 54 DPR 772 (1939).

[155] Clemente v. Alvarez, Alcaide, 50 DPR 784 (1936).

[156] **Album Histórico de Ponce**, 1963, p. 257.

[157] Ibid.

[158] Fernando Picó, **El día menos pensado.** Río Piedras, P. R.: Ediciones Huracán, 1994, p. 29.

[159] *Claridad,* 10 al 16 de marzo de 2000, p. 5.

[160] Ibid.

[161] Ibid., p. 47.

[162] René Marqués, **La víspera del hombre.** Río Piedras, P. R.: Editorial Cultural, Inc., 1983, págs. 182-183.

[163] Raúl Mayo Santana, **El juguete sagrado: Germán Rieckehoff Sampayo vida y leyenda**. San Juan, P. R.: Editorial Plaza Mayor, 2000, págs. 120-124.

[164] Ibid.

[165] Néstor Rigual, **Mensajes de los Gobernadores, 1900-1930**. Río Piedras, P. R.: Editorial Universitaria, 1967, págs. 140-141.

[166] *Bohemia*, 27 de octubre de 1963, p. 16-A.

[167] Ob. cit., p. 237.

[168] 3 LPRA sec. 71, Historial.

[169] Fernando Picó, **El día menos pensado.** Río Piedras, P. R.: Ediciones Huracán, 1994, p. 109.

[170] Rigual, ob. cit.., p. 91.

[171] Ibid., p. 100.

[172] **El Libro Azul**, 1922, p. 278.

[173] Picó, ob. cit., p. 112.

[174] Reece B. Bothwell González, **Puerto Rico: Cien años de lucha política**. Río Piedras, P. R.: Editiorial Universitaria, 1979, Vol. I-1, p. 367.

[175] Ibid., p. 424.

[176] Ibid., p. 457.

[177] Ibid., p. 517.

[178] *Bohemia,* 16-22 de octubre de 1972, págs. 198-199.

[179] *Bohemia*, 5 de diciembre de 1965, p. 37.

[180] Rafael Hernández Colón, **Vientos de cambio.** Ponce, P. R.: s. e., 2004, p. 32.

[181] *Bohemia*, 28 de julio de 1968, págs. 40-41.

[182] El edificio era más antiguo aún: fue construido como Cuartel de Artillería en 1849. (Newman Gandía, **La verdadera**..., ob. cit., p. 104).

[183] *Bohemia,* 16 al 22 de octubre de 1972, págs. 198-199.

[184] Limitado a La Princesa y la Cárcel de Distrito de San Juan (Informe del Gobernador, julio 1905, p. 141.).

[185] Bureau of Justice Statistics Bulletin, abril de 1989, citado por Schmalleger, ob. cit., págs. 419-420.

[186] US Department of Justice, Bureau of Justice Statistics, Prisioners in 2002, Bulletin NCJ 200248, July 2003.

[187] *El Nuevo Día*, 1 de enero del 2000, p. 42.

[188] Morales-Feliciano v. Romero Barceló, 672 F. Supp. 591 (1979).

[189] Esto es importante recalcarlo, por que son los abogados los que realizan el trabajo de campo, el descubrimiento de prueba y la preparación del caso en sus méritos. Igualmente son ellos los que luego preparan minuciosos proyectos de sentencia que los jueces firman o modifican en algo, pero el trabajo real lo han llevado a cabo los abogados. En este caso, el trabajo de la parte demandante fue dirigido por el Lic. Harvey B. Nachman.

190 Baralt, ob. cit., p. 548.

191 P. 595.

192 Ibid.

193 Ibid.

194 P. 595, 596.

195 P. 605.

196 P. 597.

197 Ibid.

198 Ibid., págs. 598-601.

199 P. 603.

200 P. 603.

201 Págs. 613-615.

202 P. 607

203 Págs. 616 y ss.

204 Págs. 623-627. Debe señalarse, por otra parte, que personas cercanas al Tribunal y al Departamento de Corrección nos han señalado que este caso se ha convertido "en un magnífico negocio para un montón de personas" no sólo por los honorarios pagados por servicios profesionales en diferentes disciplinas, sino por el mercado de servicios, materiales, equipo, alimentos y asuntos parecidos. Ver p. 503.

205 Ibid., p. 553.

206 Schmalleger, ob. cit., p. 428.

207

208 Informe de18 de febrero de 1992, citado, p. 7.

209 Ibid.

210 Ibid., págs. 7-8.

211 Ibid., p. 37.

212 Fuente: Administración de Corrección

213 Irene Garzón Fernández, "Reos votarán el domingo", *Primera Hora,* 26 de octubre de 2004, p. 10.

214 *Primera Hora*, 30 de agosto de 2004, p. 5.

215 Ley de 14 de marzo de 1907, Comp. 1911, Sec. 2047-2056; Echandía v. Alvarado, 63 DPR 230 (1944).

216 Echandía v. Alvarado, 63 DPR 230 (1944), a la p. 235.

217 4 LPRA secs. 1161-1165.

218 Ibid., sec. 1161; Pueblo v. Pizarro Solís, 129 DPR 911 (1992).

219 Ibid., sec. 1161.

220 Emanuelli v. Tribl. de Distrito, 74 DPR 541, 543 (1953).

221 **Maldita sea la Justicia**, ob. cit., p. 348-349.

222 Ibid., p. 349.

223 Dra. Trina Rivera de Ríos en el prólogo al libro **Entre el bien y el mal**, de David Ortiz Rivera, "Cano Bitumul", Publicaciones Puertorriqueñas Inc. 3ra. Ed. 2002, p.

8.

[224] Ibid., p. 9.

[225] Ibid.

[226] Ibid., p. 9-10.

[227] Alcalá v. Corte, 66 DPR 430 (1946); Pueblo v. Vélez, 76 DPR 142 (1954); Pueblo v. Vega Vélez, 125 DPR 188 (1990); Pueblo v. Esmurria Rosario, 117 DPR 884 (1986); Vázquez v. Caraballo, 114 DPR 272 (1983). Véase Pueblo v. Molina Virola, 141 DPR 761 (1996).

[228] 34 LPRA sec. 1024.

[229] 34 LPRA sec. 1027.

[230] 34 LPRA sec. 1025; 4 LPRA sec. 601.

[231] Pueblo v. Rodríguez, 69 DPR 546 (1949); Emanuelli v. Tribunal de Distrito, 74 DPR 541 (1953).

[232] Oliveras Sepúlveda v. Jefe Penitenciaría, 91 DPR 604 (1964); Pueblo v. Rodríguez, 69 DPR 546 (1949).

[233] Pueblo v. Molina Virola, 141 DPR 713 (1996) JTS 133; Martínez Torres v. Amaro Pérez, 116 DPR 717 (1985).

[234] Pueblo v. Valentín Burgos, 135 DPR 245 (1994).

[235] La Ley Núm. 19 del 12 de marzo de 1914 autorizaba la suspensión de sentencias en menos graves cuando el acusado era menor se 16 años o mayor de 60 años. (Pueblo v. Tribunal de Distrito, 66 DPR 399, 401 (1946).

[236] 34 LPRA sec. 1025; 4 LPRA Secs. 641-651; Cabán Torres v. Jefe Penitenciaría, 92 DPR 522 (1965); Lebrón Pérez v. Alcaide, Cárcel de Distrito, 91 DPR 567 (1964).

[237] Pueblo v. Vega Pérez, 128 DPR 603 (1990). Existía una opinión en contrario del Secretario de Justicia. (Op. Sec. Just. Núm. 7 de 1986).

[238] Pueblo v. Rosa Atiles, 128 DPR 603 (1991); Pueblo v. Pacheco Torres, 128 DPR 586 (1991); Pueblo v. Moreu Merced, 130 DPR 702 (1992).

[239] Pueblo v. Vega Pérez, 125 DPR 188 (1990).

[240] 34 LPRA sec. 1027.

[241] Pueblo v. Texidor Seda, 128 DPR 578 (1991).

[242] 34 LPRA sec. 1027; 1042; 1043 (menores).

[243] 34 LPRA 1027.

[244] Pueblo v. Llanos Virella, 97 DPR 95 (1969).

[245] Pueblo v. Pérez Bernard, 99 DPR 834 (1964).

[246] Pueblo v. Sánchez González, 90 DPR 197(1964); Pueblo v. Ortega Santiago, 125 DPR 203 (1990).

[247] 34 LPRA sec. 1029.

[248] Betancourt v. Tribunal Superior, 90 DPR 474 (1964).

[249] Pueblo v. Vélez, 76 DPR 143) (1954).

[250] 34 LPRA sec. 1029; Martínez Torres v. Amaro Pérez, 116 DPR 717 (1985); Pueblo v. Moreu Merced, 130 DPR 702 (1992).

[251] Pueblo v. Delgado Montañez, 92 DPR 761, 764-765 (1965); Pueblo v. Lacroix

Correa, 127 DPR 557 (1990), Pueblo v. Ortega Santiago, 125 DPR 203 (1990).

[252] Pueblo v. Vega Pérez, 125 DPR 188 (1990).

[253] 34 LPRA sec. 1027; 24 LPRA sec. 2408 (c); ver leyes de 1980 y 1993.

[254] 25 LPRA secs. 418 y 420.

[255] 25 LPRA secs. 561 y ss.

[256] 34 LPRA sec. 1027..

[257] Ibid.

[258] 24 LPRA secs. 2408; 2414.

[259] 24 LPRA sec. 2408 (c); ver leyes de 1980 y 1993.

[260] 24 LPRA sec. 2408 (c); ver leyes de 1980 y 1993.

[261] 34 LPRA Sec. 1042, según enmendada en 1993.

[262] Pueblo v. Pérez Rivera, 129 DPR 306 (1991).

[263] 8 LPRA sec. 636.

[264] Pueblo v. Pérez Rivera, 129 DPR 306 (1992) 34 LPRA sec. 1042.

[265] Pueblo v. Molina Virola, 141 DPR 713 (1996); Martínez Torres v. Amaro Pérez, 116 DPR 717 (1985); Cabán Torres v. Jefe Penitenciaría, 92 DPR 522 (1965); Lebrón Pérez v. Alcaide Cárcel de Distrito, 91 DPR 567 (1964); Román v. Delgado, 82 DPR 598 (1961); Pueblo v. Vélez, 76 DPR 142 (1954); Emanuelli v. Trib. De Distrito, 74 DPR 541 (1953).

[266] Ley Núm. 295 del 10 de abril de 1946, 34 LPRA sec. 1024.

[267] Lebrón Pérez v. Alcaide, Cárcel de Distrito, 91 DPR 567, 570 (1964).

[268] 34 LPRA sec. 1025, actualmente derogadas. Véase ahora 4 LPRA sec. 1501 y ss; Martínez Torres v. Amaro Pérez, 116 DPR 717 (1985).

[269] Pueblo v. Molina Virola, 141 DPR 713 (1996).

[270] Ibid.

[271] Ley Núm. 118 del 22 de julio de 1974, 4 LPRA Secs.1501-1516.

[272] *Bohemia*, 2 de agosto de 1964, págs. 14-A, 15-A y 30-A.

[273] Román v. Delgado, 82 DPR 598 (1961), págs. 604-605, nota 4.

[274] *Bohemia*, 28 de julio de 1968, p. 40.

[275] *Bohemia*, 2 de agosto de 1964, p. 14-A.

[276] Angueira Navarro v. Junta de Libertad Bajo Palabra, 2000 JTS 1.

[277] Heriberto Marín, **Eran Ellos.** Río Piedras, P. R.: (s. ed), Tercera edición, 2000; **Coabey, el Valle Heroíco.** Río Piedras, P. R.: s. e., 1995.

[278] Heriberto Marín, **Eran Ellos**. Río Piedras, P. R.: 2000, págs. 24 y ss.

[279] Ibid., págs. 37-38

[280] Enrique A. Melía León, La **Injusticia de la Justicia**. San Juan, P. R.: sin editor, 2000; Jorge L. Chaar Cacho, **Maldita sea la Justicia.** Aguadilla, P. R., sin editor, 1992; David Rivera Ortiz (Cano Bitumul), **Entre el bien y el mal**. Hato Rey, P. R.: Publicaciones Puertorriqueñas, Inc., 2002.

[281] Awilda Palau de López y Ernesto Ruiz Ortiz, **En la calle estabas.** Río Piedras, P. R.: Editorial Universitaria, 1976.

[282] Pedro Malavet Vega, **El día que murió Churumba.** Ponce, P. R.: Ediciones

Lorena, 2004, págs. 27-34.

283 Chaar Cacho, ob. cit.,, págs. 589-658.

284 Ibid., págs. 604-612.

285 Ibid., págs. 612-617.

286 El Pueblo v. Lasalle, 18 DPR 421 (1912).

287 Ibid., p. 422.

288 Daniel Glaser, **The effectiveness of a Prision and Parole System**. New York: Bobbs Merril, 1964, págs. 90-96.

289 Olga E. Resumil de Sanfilippo, **Criminología General**. Río Piedras, P. R.: Editorial de la Universidad de Puerto Rico, 2002, págs. 169-170.

290 A la pág. 122.

291 Enrique A. Melía León, La **Injusticia de la Justicia**. San Juan, P. R.: sin editor, 2000, p. 21.

292 Ibid., p. 31.

293 Loc. cit., p. 128.

294 Ibid., págs. 127.

295 Ob. cit.

296 Pueblo v. Chaar Cacho, 109 DPR 316 (1980). En su apelación, el convicto no señala error alguno en cuanto a la apropiación ilegal agravada. El Tribunal Supremo confirmó las condenas.

297 Ob. cit., p. 225.

298 Ibid., p. 285.

299 Ibid., p. 235.

300 **Eran Ellos**, citado, págs.73; **Coabey**, citado, págs. 127-128

301 Marín, **Coabey**..., ob. cit. págs. 127-128.

302 **Eran Ellos**, ob. cit., p. 72.

303 Ibid., p. 73.

304 Ob. cit., p. 137.

305 Picó, ob. cit., p. 31.

306 Ortiz Rivera, ob. cit., p. 22.

307 Picó, ob. cit., p. 152.

308 Ob. cit., págs. 560-588.

309 Ibid., p. 308.

310 Picó, ob. cit., p. 151.

311 Ob. cit., págs. 25-26.

312 Pico, ob. cit., p. 152.

313 Ingrid Ortega Borges, "Culpables de agresión mortal diez carceleros", *El Nuevo Día*, 7 de julio de 1992, p. 25.

314 Ibid.

315 Luis García de la Noceda, "Renuncia Administradora de Corrección", *El*

Vocero, 10 de enero de 1992, p. 2.

316 Andrea Martínez, "Nuevo titular en Corrección", *El Nuevo Día*, 13 de enero de 1992, sección *Primer Plano*.

317 *El Nuevo Día*, 18 de marzo de 2004. Ver "Mezclar gangas provocará más muertes en las cárceles", *Primera Hora*, 5 de abril de 2004, p. 17.

318 *Primera Hora*, 2 de septiembre de 2004, Sección Así, p. 47.

319 *El Nuevo Día*, 8 de agosto de 2004, p. 50.

320 La hemos descrito en nuestro libro **El día que murió Churumba**. Ponce, P. R.: Ediciones Lorena, 2004, págs. 25-35.

321 Rafael Cordero Santiago, en **El rostro oculto de la desobediencia civil.** (Josean Ramos, editor; Concepto y entrevistas, Carlos Alá Santiago). 2003, p. 202.

322 Justo Echevarría, **¡Conteo, de pie, prendan las luces! 60 días en la "federal" y la ñapa.** Arroyo, P. R.: Editorial Caña Dulce, 2004, p. 16.

323 Ibid., p. 29.

324 Antonio (Poty) Córdova González, **El Cartel de la Avenida Chardón.** Puerto Rico, septiembre de 2004, p. 254. Este libro presenta una visión muy crítica del Tribunal Federal en San Juan y sus jueces, con acusaciones muy serias contra varios de ellos. Sin embargo, el autor, un abogado convicto de tráfico de drogas y desaforado tanto en los tribunales de Puerto Rico como del sistema federal, incluye en la obra una notable cantidad de expresiones negativas que constituyen simples opiniones o resentimientos. Muchas de sus alegaciones las incluyó en mociones ante ese mismo sistema de tribunales. Es un libro que debe leerse con mucho cuidado y sentido de responsabilidad por la reputación de los magistrados. En otro libro**, Las víctimas del Cerro Maravilla**, de Francisco Aponte Pérez (Hato Rey, P. R.: CELS, Inc., 1995), el autor señala las diversas intervenciones del Tribunal Federal impidiendo el desarrollo normal de la investigación senatorial sobre los crímenes del Cerro Maravilla en los años ochenta del siglo pasado, así como las revocaciones que realizaba el Tribunal Federal del Primer Circuito, con sede en Boston.

325 Ob. cit., p. 124.

326 Ob. cit., p. 121.

327 Loc. cit.

328 NAACP Legal Defense and Educational Fund, Inc., "Death Row U.S.A.; Spring 2004", en **Sourcebook of criminal justice statistics Online**.

329 U. S. Department of Justice, Bureau of Justice Statistics.

330 The Sentencing Project, Staff@sentencingprojectorg, www.sentencingproject org.

331 Gerardo Cordero, "Incentivo para los reos", *El Nuevo Día*, 30 de septiembre de 2004, p. 58.

332 Ibid.

333 Daniel Nina, "La Cárcel" *Ley y Foro*, Colegio de Abogados de Puerto Rico, Año 4, Núm. 3, pág. 7.

334 Eduardo Villanueva, "La Cárcel: " Institución de rehabilitación o castigo?, *Ley y Foro*, Colegio de Abogados de Puerto Rico, Año 4, Núm. 3, pág. 30.

Indice Temátcio y de Nombres

A

abuso 7, 13, 18, 95-96, 104, 148-149, 293, 298, 347, 418, 490
abuso contra menores 18
abuso de drogas 13
Academia de la Policía 191, 231, 274, 293-295
Acevedo Vilá, Aníbal 303
Administración de Corrección 69, 281, 454, 465, 468-469, 474, 478, 491-492, 501-502, 512
Adorno, Feliciano (Chiquitín) 222
Alá Santiago, Carlos 494, 516
Albizu Campos, Pedro 108, 111, 126, 198, 201, 203, 208-209, 210, 214-215, 217, 312-314, 404, 410
Alcalá, Tomás 456-457
alcaldes mayores 93, 360, 362, 366, 368, 370
Alfonso de Cumpiano, Lady 386
Allen, Charles 168
Anexo de Seguridad Mínima 469
Anexo Viviendas Temporeras 469
Antelación al Juicio 18
antropología 5, 22, 28-30, 32-33, 79
antropología criminal 28-30, 32
Aponte, Arturo 346
Aponte, José C., Lic. 457
armas de fuego 115, 162, 190, 280, 288
arresto o detención 18
Asamblea Legislativa 62, 126, 169, 174, 181, 214, 331, 352, 355, 374, 376, 378-380, 383, 458-459
asesinatos 7, 32, 37, 59, 79, 88-89, 90, 95, 97, 99, 101, 102, 103-104, 105, 106, 112-113, 117, 152, 162, 167, 184, 209, 212, 213, 216, 217, 237, 239, 241, 245-246, 247, 248, 250, 251, 255, 256, 263, 272, 303, 304, 305, 317, 321, 343,

347, 352, 353, 372, 450, 465, 475-476, 481-482, 486, 488
Asociación de Confinados 489
Asociación Nacionalista 203
Attorney General 7, 165, 187, 327, 330, 334, 338, 372, 376, 378, 444, 445
Audiencia Territorial 8, 139, 330, 366, 370, 372
Ayuntamiento de Ponce 94
Azzaro, Richard 349

B

Báez Galib, Eudaldo 430, 502
Baralt, Guillermo A. 100, 125, 188, 191-192, 253, 311
Barbosa, José Celso 167
Beauchamp, Elías 159, 209
Belén Sosa, Carmen 213
Bennett, William R. 159, 175
Berenguer, Casimiro 213
Berríos Martínez, Rubén 495, 499
Betancourt Lebrón, Ismael 261, 264
Bidot, Nicolás 162-163
Boas, Franz 33
Bonesana, César 434
bonificaciones 8, 430, 470-472
Brau Alsina, Edith 213
Brau Ramírez, Germán J. 386
Brumbaugh, Martin G. 201
Brunet Justiniano, Juan E. 343
Bruno González, Juan 240
Burgos, Rafael 216

C

Caballero, César 243, 245, 253
Cabildo de San Juan 125, 142, 424, 505
Cabrera, Francisco 158
Cámara de Representantes 165, 168, 219, 279, 282, 328, 351-352, 372

Campamento del Barrio Limón 467
Campamento El Zarzal 467
Campamento Las Casas 157
Campamento Limón 458, 460-461
campamento penal 453, 459-460
Campamento Punta Lima 460
Campamentos Penales 457, 459
Candelaria Soto, Edgar 261, 265, 271
Cano Bitumul 472, 484, 488-489, 512, 514
cárcel 8-9, 45, 94-96, 136, 184, 193-194, 209, 214, 217, 239-240, 246, 249, 257, 260, 264, 270, 283, 287, 299-300, 302, 320, 338, 349, 351, 363-364, 381, 400, 404, 414-415, 417, 419, 422-430, 432-433, 438-440, 444, 446, 450, 452-454, 456, 458-460, 462, 466-467, 482, 484, 486, 488, 492-494, 496-497, 499, 503-505, 511, 513-514, 516
Cárcel de Mujeres 452, 467
Cárceles de Distrito 339, 445
Carrión, Rafael "Papi" 258
Carrión, Richard 258
Carta Autonómica 164, 166, 327-329, 353, 372
Carta de Derechos 65-67, 70, 81, 166, 200, 220, 378
Carta Orgánica 186, 199, 378
Cartagena, Agustín (Superintendente) 283
Carter, Jimmy 351
Casanova, Jorge David 243
casos graves 200, 245, 278, 342
castigo justo 18, 430
Cátala Fonfrías, Raymond 255
Centro de Ingresos de Bayamón 469
Centro de Tratamiento Social de Ponce 467
Cerro Maravilla 7, 148, 237, 263, 277, 305, 316, 343, 348, 352, 394, 516
Certiorari 65, 77, 284, 336, 383-385, 391, 393-396, 398, 403
Cervantes Saavedra, Miguel de 364, 406
Chaar Cacho, Jorge 454, 472, 483, 486, 488, 514-515
CIA 46, 76, 93, 124, 348-349, 383, 389
CIC 7, 32, 225-227, 235, 241, 247-248, 251-252, 255, 273, 279, 317
ciencias auxiliares 5, 28, 35

ciencias humanas 22
ciencias jurídicas 5, 28, 41
Cintrón, Rigoberto 254
Circuito de Apelaciones 8, 210, 384-386, 390, 394, 396, 398, 408
Clark, Charles E. 379
Class, Angelo 241-242
Clemente, Roberto 258, 283
Código Civil 48, 58, 131, 137-138, 140
Código de Enjuiciamiento Civil 58
Código Penal 17, 45, 48, 51, 58, 70, 137-138, 179, 287, 315, 404, 418, 429, 432, 450, 470-471, 474, 501, 506, 508
Código Político 331, 353, 376, 378, 445
Coll y Cuchí, José 203
Colón Berríos, William 240
Colón Parrilla, Sonia I. 494
Colón Parrilla, Elena M. 494
Colón, Diego 420, 422
Colton Fontán, Pedro 343
Colton, George R. 185, 354, 455
Comandante Militar 157
Comisión de Derechos Civiles 159, 237, 314
Comisionado de Instrucción 165, 199, 201, 332
Comisionado del Interior 165
Common Law 63-64, 402
competencia 8, 15, 222, 289, 380, 382, 385, 387-389, 407-408, 442
Complejo Correccional de Ponce 469
conducta antisocial 17, 40
confesión 15, 55-56, 247, 251, 256, 345
Congreso de Estados Unidos 215, 219, 330, 337, 378, 402
conocimiento científico 22-23, 25
Consejo de Castilla 360, 420
Consejo de Indias 93, 132, 135
Consejo de Secretarios 152, 330, 372
Consejo Ejecutivo 165, 171, 183, 374, 445
Consejos de Guerra 171
Constitución 14, 35, 41-44, 48, 50, 56, 62-63, 65-68, 70, 77, 80, 130, 137-

138, 166, 190, 200, 215, 219-221, 287, 313, 327, 330, 337, 339, 353, 378-380, 383, 390, 394-396, 401-402, 404, 408, 430, 432, 465, 502
Consuegra, Mario 241, 243, 245, 246, 250, 253
Control del Vicio 235
Convención Constituyente 220, 337
Cordero Santiago, Rafael 208, 492-493, 495, 498, 499, 500, 516
Cordero, José F. 208
Córdova Chirino, Jacobo 163, 307, 506
Córdova González, Antonio (Poty) 497, 516
Corona Muñoz, Miguel 264-265
Coroneles 6, 7, 106, 157, 159-160, 164, 175-176, 178-179, 185, 191-195, 208-210, 213-214, 219, 222-226, 228, 232, 236-237, 241, 249-252, 256-257, 259-261, 263-267, 271, 274-277, 280, 281, 283, 285, 294-295, 317, 347, 441
corrupción 7, 13, 120, 179, 191-192, 194, 221, 241, 250, 255, 273, 278, 293, 304, 338, 347, 403, 443, 476
Corte Federal 65, 153, 205, 374, 398, 402, 409
Cortes de Distrito 65, 83, 163, 165, 331-332, 374, 376, 378, 401
Cortes Municipales 332, 374, 376, 378, 444
Cotto, Cándida 452, 508
Covas Quevedo, Waldo D. 246
crimen 6, 14, 17-21, 27, 29-31, 35-39, 46, 85, 89, 92, 101-102, 104-105, 108, 115-118, 121, 162-164, 172, 178, 196-197, 227-228, 234, 239, 247-248, 250, 260, 270, 273, 275, 279, 293, 299, 325-326, 339-340, 345-346, 360, 362, 448, 476, 503, 505
criminal nato 20
criminología 5, 16, 18-19, 25, 28-32, 78, 116, 118, 126, 226, 480, 509, 515
Crosas, Andrés B. 167
Cuartel de Presidiarios 92, 425-426
Cuartel General 156, 162, 175, 180, 194, 214, 222, 229, 231, 251, 260-261, 269, 271, 280, 284
Cuello Calón, Eugenio 46, 81
Cuerpo de Investigación Criminal 7, 225-226, 231, 235-236, 241, 273
Cuerpo de la Policía 145-146, 153-154, 190, 213, 259, 278, 280, 284
cumplimiento del deber 7, 175, 192, 293, 309

D

Darío Rosado, Arnaldo 237
Dávila, Carlos V. 379
De Jesús Cedeño, Ana Manuela 417
De Jesús Serrano, José 283, 303
De La Texera, José 140, 248
De la Torre, Miguel 95, 360, 362
De Muesas, Miguel 360, 363, 365
De Orbeta, Enrique 213, 219
Degetau González, Federico 168
Del Toro, Emilio 168, 206, 209, 376, 404
Delgado, Antonio 162
delincuencia juvenil 229-230, 283, 450
delincuentes 6, 17, 18-20, 21, 30, 31, 39, 45, 87, 106-107, 110, 117-118, 167, 243, 246, 271, 276, 305, 326, 341, 346, 363, 365, 424, 425, 429-430, 432-434, 435, 442-443, 445, 450, 454, 458, 472, 473, 480, 510
delincuentes sexuales 39, 429
delito de contrabando 94
delitos de cuello blanco 443
delitos públicos 53, 57
delitos sexuales violentos 18
delitos tipo I 6, 37, 101-104, 106-107, 110, 112, 121, 125
delitos tipo II 6, 37, 104, 101, 107, 121
Departamento de Corrección y Rehabilitación 429, 468
Departamento de Guerra 152, 160, 162, 182, 204
Departamento de Justicia 7, 18, 27, 70, 148, 153, 193, 226, 241, 259, 265, 325-327, 330, 337, 340, 342, 346, 348, 352, 355, 372, 445-446, 448, 455, 457, 459, 468
Departamento Especial 155
derecho a juicio justo 14, 263
derecho a la libertad 393
derecho a la vida 48
Derecho Canónico 53-55, 93
Derecho Civil 56, 62-64, 82, 130, 140, 223, 314
Derecho Constitucional 5, 21, 28, 41-42, 50, 63, 65, 67, 71, 77, 80, 212,

298, 310, 354
Derecho de Castilla 132, 135
Derecho Español 131, 137, 140
Derecho Indiano 132, 134-135, 138
Derecho Natural 43, 67, 200
Derecho Penal 5, 20, 27-28, 30, 32, 44-48, 51, 57, 78-79, 81, 130, 196, 416, 434, 506, 508-509
Derecho Penitenciario 5, 28, 61
Derecho Probatorio 5, 28, 57-59, 82
Derechos del Hombre 56, 67, 220, 436
Derieux, Jorge "Chichí" 253
Díaz Navarro, Herminio 153, 202, 330
Díaz Pacheco, Raimundo 217
Díaz Santana, Porfirio 454
Díaz, Miguel 420, 422
Director de Prisiones 441, 445
discrimen por raza 136
División de Corrección 457, 459
División de Drogas 321, 347
División de Inteligencia 231-232, 237
División de Protección a Víctimas y Testigos 326
División de Tránsito 266, 270
Dosal de López, Rufina 213

E

Echevarría, Justo 496-497, 516
El Nuevo Día 13, 77, 79, 123, 125-126, 246-247, 251, 298-303, 316-317, 319-321, 355, 508, 511, 515-516
El Oso Blanco 217, 234, 414, 455
El Vocero 3, 123, 194, 246, 260, 263, 280, 298-302, 316, 318-321, 355-356, 409, 508, 515
encarcelamiento 8, 17, 62, 94, 201, 214, 400, 414-415, 423, 428-429, 433, 440, 443-444, 465, 470, 475, 478, 481, 494-495, 499
Enchautegui, María 120
Espinosa, Francisco 379

Estadística 5, 21, 25, 27-29, 31, 35, 37, 340
estado de derecho 16, 504
Estado Libre Asociado 7-8, 45, 65-66, 83, 126, 145, 222, 319, 325, 327, 337, 341, 355, 378, 394-395, 403, 430
evidencia 5, 17, 27-28, 49, 52, 57-61, 69, 82, 150, 159, 163, 179, 192, 194, 205, 246-249, 255, 271-272, 281, 294, 332, 364, 383, 393, 423, 492
Evidencia testifical 60
ex proprio vigore 42
experimentación 22-26
experimento científico 24

F

Facultad de Derecho Eugenio María de Hostos 68, 89, 120
fase de colonización 484
fase de conversión 484
fase de la psicosis carcelaria 483
FBI 36-37, 218, 230-231, 242-243, 246, 252, 299, 314, 339, 348, 351
FEI 352
Ferré, Luis A. 108, 263, 458
Ferri, Enrico 18
Figueroa Ramos, Ernesto 261, 264-265
Figueroa Rodríguez, Evelyn 261, 264
Figueroa Vélez, Wilfredo 243
Figueroa Vivas, Ángel 343
Figueroa, Javier 152, 306
Fiol Matta, Liana 386
Fiscal 7, 15, 17, 91, 102, 106, 110, 165, 168, 192, 208-209, 213, 233, 244, 246-247, 249-250, 252, 265, 271, 281, 291-292, 326-327, 330, 332, 334-337, 339-348, 350, 352-353, 355, 370, 398, 418, 431, 448, 469
Fiscal de Distrito 247, 249-250, 334, 336, 343
Fiscal General 165, 330, 339, 341-342, 345
Formulación de una hipótesis 23
Formulación de una teoría 23
Frente Unido de Policías Organizados 283, 303
Fuerte San Cristóbal 154

Fuerzas Armadas 157, 177, 213

G

García de Fontanés, Juan 417
García Miguens, Leopoldo 159, 178
García, Carle 284-285, 319
Garófalo, Rafael 19
Gierbolini, Gilberto 243
Gil Arbola, Ernesto 252-253, 255-256
Gobernador 80, 82, 93-95, 100, 113, 126, 149, 151-155, 160, 162-165, 167-172, 174-176, 178-193, 196-198, 202, 206, 210, 212-215, 217-218, 220, 223-224, 226, 228-229, 232, 261, 263-264, 271-272, 274, 276-277, 280, 284, 296, 303, 307, 310, 316, 325-338, 340, 342, 351-352, 354-355, 360, 362-365, 368, 374, 378-379, 386, 403, 406-408, 416-423, 425, 445, 454-455, 462-463, 466-468, 480, 487, 511
gobierno municipal 125, 359
González Castro, Santiago 210, 213
González Malavé, Alenjandro 81, 237, 238, 316
González Oliver, Wallace Lic. 458
Gonzalez Pérez, Nelson 240
González Román, Ángel 386
González Uribe, Guillermo 216
González, Bruno 238, 240
González, Crisanta 352
González, Griselle "Jessica" 256
González, Miguel 162-163
Gran Jurado 192-193, 209, 243, 257, 283, 333-336, 350, 354
Grito de Lares 216, 416
Guerra Hispanoamericana 154
Gutiérrez de Riva, Gabriel 417
Gutiérrez Franqui, Víctor 212, 379

H

hecho presumido 60

Henry, Guy V. 160, 372
Hernández Colón, Rafael 80, 82, 113, 126, 229, 232, 247, 258, 261, 264, 271-272, 310, 315, 340, 355, 386, 456-457, 466-467, 511
Hernández López, Juan 168, 330
Hernández, Pedro Juan 204
hipótesis 23-25, 27, 58
Hogar Adaptación Social 469
Hudders Montes, Eugene 226
Hunt, William 174
Hutchinson, Harvey M. 376

I

Igaravídez, Rafael 184
Iglesias, Santiago 167, 188-189, 202-203, 205
Institución de Las Cucharas 467
Institución para Adultos Jóvenes 460
Institución Regional Metropolitana de San Juan 460
Institución Seguridad Máxima 469
Institución Vivienda Temporeras 469
Institución Viviendas Alternas 469
Instituciones Regionales de Guayama 460
Instituto de Ciencias Forenses 70, 303, 326
investigación criminal 7, 19, 214, 225-226, 229, 231, 235-236, 241, 273
Investigaciones Especiales 7, 108, 233, 242, 259, 261, 265, 326, 346
Iraola, Ivonne 261
Ithier, Rafael 263

J

Jefe Auxiliar 158, 183
Jefe de la Milicia 165
Jefe del Negociado de Prisiones 445, 455
Jiménez, Manuel (Canario) 208
judicatura 8, 327, 329, 343, 379-382, 385-387, 389-390, 393, 395, 408-409
juicio plenario 52, 56

juicio por jurado 200, 264-265, 283, 332, 389
Juliá Vila, Angel Joaquín 254
Junta de Libertad Bajo Palabra 9, 338-339, 457, 473-476, 478, 484, 491, 514
jurado 52, 56-57, 60, 192-193, 200, 209, 240, 243, 252-253, 257, 264-265, 283, 332-336, 350, 354, 389, 414, 490
Jurisdicción 45, 62, 64-65, 149, 152-153, 169, 291-293, 329, 336, 352, 360, 362, 364-366, 368, 370, 374, 376, 378-380, 382-383, 385, 387-388, 390, 394, 400-404, 406, 436, 445, 460, 475, 478
jurista 16, 18, 60-61, 66, 71, 134, 435
Justicia Juvenil 326
Juzgados Municipales 165, 372

L

La Gaceta 328, 416
La Pica 454, 456, 459
La Princesa 8, 193, 209, 214, 217, 423, 425-426, 446, 454, 458-460, 481, 483, 511
La Santa Hermandad 8, 150, 360, 362, 364-366
laboratorio criminal 231
Lasalle Hernández, José 483
Law, Joseph 243
Lebrón González, José Luis 255
Ley Contra el Acecho en Puerto Rico 390
Ley Contra el Crimen Organizado 260, 270, 345
Ley de Armas 70, 81, 88, 104, 107, 216-217, 248, 282, 403, 476
Ley de Drogas 234, 475
Ley de la Policía 7, 70, 196, 214, 273, 285, 287-288, 290-291, 310
Ley de Relaciones Federales 66, 410
Ley de Sentencias Indeterminadas 474
Ley de Sustancias controladas 70, 81, 88, 110, 113, 235, 340, 475-477
Ley de Vehículos y Tránsito 40, 70, 80, 82, 388-390
Ley Foraker 6, 164, 167, 199, 202, 307, 330-332, 372, 374
Ley Jones 7, 186, 199-200, 378
Ley Marcial 151

Ley Orgánica 7, 132, 164, 199-200, 332, 372, 379
Ley para Amparo de Menores 390
Leyes de Indias 6, 132, 134-135, 140, 360, 362, 433
Liga Atlética Policíaca 283
Lloréns, Edgardo 249-250
lógica deductiva 25
Lombroso, César 19
López Landrón, Rafael 168
López Rojas, Luis A. 234, 315
López Vilanova, Joselyn 386
López, Tomás 210-211, 213
Los 25 202, 271, 491
Los 27 491
Los Bacalao 491
Los Huevos 491
Los Nuevos 43, 137-138, 178, 231, 290, 419-420, 491
Los Ñetas 489, 491, 508
Los Tiburones 491
Loyola, Ceferino 210-211
Luciano, José 221-222

M

Maldonado Medina, Alejo 7, 225-226, 241, 245-246, 248, 255-256, 263, 274, 315, 317
Maldonado Trinidad, Luis 226-227
Mano Dura contra el Crimen 273
Marina 158, 168, 210-212, 223, 284, 400, 424, 426, 492, 505
Marqués de Beccaria 39, 434
Martínez Valentín, José E. 162, 178, 232, 294, 306, 311, 313
Masacre de Ponce 212, 295, 305, 313
Masacre de Río Piedras 208, 305
Mateo Espada, Nazario 240
materia penal 6, 8, 48, 77, 89, 93, 200, 379, 384, 389, 391, 393-394, 396, 401
Matienzo Cintrón, Rosendo 167, 202

Matos-Rodríguez, Félix V. 204
Mauleón Castillo, José 168
medicina legal o forense 5, 35
Medina Ramírez, Ramón 213, 216, 313
Medina Vázquez, Raúl 3, 211, 313
Medina, Salisto 243
medio social 18, 21
Meléndez Vega, Juan Manuel 490
Meliá León, Enrique 259, 272, 285, 317, 319, 347, 484, 486
Méndez Ballester, Manuel 198
Méndez Gonzalez, Melvin 345
Méndez Vigo, Santiago 100
método científico 5, 21, 23-24, 26
método inductivo 25
método teleológico 47
metodología 23, 28
Ministerio Público 7, 17-18, 52, 222, 264, 326, 340-341, 344, 370, 477, 502
Miranda Marchand, Graciany Lic. 495
Miranda, Aurelio 216, 294
Miró Carrión, Aurelio 343
Montesinos Molina, Manuel 441
Montgomery Reily, Emmett 202
Morales Feliciano, Carlos 8, 461, 462, 467-468, 480, 510
Morales Rodríguez, Rafael 283
Morales Rosario, Antonio 260
Moreno Morales, Rafael 238, 240
Moya, Antonio 216
Muñoz Marín, Luis 141, 198, 214, 217, 218, 226, 337-338, 487
Muñoz Rivera, Luis 152, 154, 163, 198, 329

N

N.I.E 148, 242, 244, 259, 265, 268-269, 346-347
Negociado de Drogas 235, 259, 261, 265
Negociado de Investigaciones Criminales 148, 241, 257
Negociado de Operaciones de Campo 236

Negociado Federal de Investigaciones 36, 101, 242
Negociado Federal de Prisiones 37
Negrón Fernández, Luis 381
Negrón García, Antonio 284-286, 319, 340, 408
Negrón Portillo, Mariano 158, 306, 308
Negrón Soto, Ramón 386
Neuman, Elías 432
Nixon, Richard 348, 351
Núñez Barber, José 108, 233

O

Odlin, Arthur F. 192
Oficial de Inteligencia 157, 226
Orden General 146, 154-155, 167, 177, 278
ordenamiento jurídico 41, 45-48, 50, 129, 137, 220
Ordenanzas de la ciudad 94
Ortiz Carrión, Rafael 386
Ortiz del Rivero, Gerardo 243
Ortiz Lebrón, Víctor 284
Ortiz Molina, Julio 237-238
Ortiz Montalvo, Santos (El Negro) 259
Ortiz Toro, Jorge 209
Ortiz, Emeterio 253-255
Otaño Nieves, Víctor Manuel 493, 499
Otero de Ramos, Mercedes, Dra. 489-490

P

Padilla, José M. 222
Pagán, Ramón S. 207
Paraliticci, José, Ché, Dr. 159
Parker, William 18
Partido Nacionalista 203, 206, 210, 215, 218
Partido Nuevo Progresista 232, 263, 284, 383, 386, 429, 456, 467
Partido Republicano 167, 182, 190, 202, 333

Partido Unión de Puerto Rico 168, 203, 333

pena 8, 17, 19, 32, 39, 45-48, 51, 54, 59, 91-92, 94, 116, 130, 136, 184, 206, 240, 246, 249, 255, 257, 270, 283, 349, 351, 364, 407, 414-419, 428, 430, 432, 434-436, 439, 471, 474, 477, 500-501

Penitenciaría Estatal 216, 217, 234, 315, 452, 455, 469, 481, 483, 490

Penitenciaria Insular en Río Piedras 450

Penología 5, 28, 32

Peña Carambot, Ernesto 494

Pereira, Miguel 280-281, 492

Pereira, Pedro 243

Perelló, Jaime 495

Pérez Casilla, Angel Luis 237-238, 240

Pérez de Jesús, Ramón A. Lic. 478

Pérez Jiménez, Juan 255

Pérez, Miguel A. 283

Picó, Fernando 306, 425, 506, 510-511

Plaza de Armas 8, 92, 180, 423

Población penal 9, 38, 457, 461, 466, 469-470, 488, 492, 500

Poder Judicial 43, 63, 67, 132, 165, 182, 220, 337, 350, 372, 376, 381, 435

Poder Legislativo 67, 75, 165, 435

policía 6-7, 15, 18, 27, 37-38, 51, 59, 70, 88, 101-102, 104-107, 111, 113, 125, 143, 145-146, 150-151, 153-160, 162-165, 167-190

Policía Municipal 7, 146, 150, 155-157, 160, 170, 174-175, 185, 225, 290-293, 298

Política criminal 5, 28-29, 38-39, 429

Ponce 1, 77, 79-80, 82, 93-94, 98, 125, 142, 159, 163, 175, 183-184, 188-190, 198, 201, 203-205, 208, 210, 212-213, 261, 266, 268, 270, 283, 286, 290, 294-296, 305, 307-314, 319-320, 339, 346, 354, 370, 382, 403, 416, 418-422, 426, 444-445, 450, 453, 455-456, 459, 462, 466-469, 480, 485, 492, 499-500, 505-506, 508, 510-511, 514, 516

Presidente de Estados Unidos 151, 165, 168, 178, 186, 197, 330, 332-333, 374, 402

presidio 8, 249, 283, 329, 338, 414-415, 423-428, 441, 445, 450, 455, 486-487

Presidio Estatal en Río Piedras 414

Primer Circuito Federal 378, 406

Primera Guerra Mundial 186, 204
Primera Hora 3, 77, 123, 126, 298-303, 319, 321, 355-356, 409, 508, 512, 516
primera instancia 73, 98, 100, 139, 167, 327, 331, 343, 360, 362, 368, 370, 372, 374, 379, 381, 383-384, 386-388, 390, 395-396, 398
probatoria 9, 300, 351, 471, 473-480
Procedimento civil 393
Procedimiento Criminal 5, 15, 49, 51, 58, 70, 177, 309, 382, 389, 391, 393, 409, 477, 505
Procedimiento Penal 17, 20, 49-52, 91, 309
proceso acusatorio 53
procesos criminales 326, 351
Procurador General 7, 163-164, 187-188, 197, 199, 326, 330, 333, 336-338, 378, 403, 486
provisional 164, 329, 343, 374, 387, 400, 415, 419, 421
prueba de defensa 269
Psicología 5, 19, 22, 25, 28-29, 31, 34
Psicología criminal 28-29, 34
Psiquiatría forense 5, 28, 34
Puig de Jiménez, Carmen 213
Punta Lima 454, 460-461, 467, 485

Q

Quiles, Jaime 240
Quiles, José 244

R

Ramírez Brau, Luis 219, 283
Ramos Antonini, Ernesto 212
Ramos Buonomo, Jeannette 386
Ramos Grateroles, Luis 253-254
Ramos, José A. 216
Real Audiencia Territorial de Puerto Rico 366
Real Decreto 138-139, 177, 327-328, 366, 368, 370

recurso de nulidad 368
Recursos 8, 21, 36, 40, 67, 101, 109, 118, 148, 197, 221, 230, 273, 276, 280, 292, 382-386, 391, 393, 395, 408, 424, 430, 456, 459, 502
Registro de Personas Convictas 18
Reglamentación de la Policía 7, 287
Reglas de Evidencia 58-59, 61
Reglas de Procedimiento Civil 58, 394
rehabilitados 18, 501
resarcimiento de las víctimas 18
Resumil de Sanfilippo, Olga Elena 483, 509, 515
Reverón Martínez, Luis 238
Revisión Judicial 42-43, 62, 66-67
Rieckehoff Sampayo, Germán 453, 511
Riggs, Francis Coronel 159, 295
Rijos, Fidel 253
Ríos Polanco, José 238, 240
Ríos, Osvaldo 491
Rivera Cruz, Héctor 113, 237
Rivera Medina, Miguel 256
Rivera Pitre, Francisco 246-247, 250, 253
Rivera Puig, Miguel 246, 260, 280, 321
Rivera, Danny 493-494, 496-497, 499
Rivera, Rafael Ángel 260
Rodríguez Aponte, Salvador 228-229, 232, 315
Rodríguez de Oronoz, Dolores 386
Rodríguez Elías, Andrés 264
Rodríguez Maldonado, Gustavo 386
Rodríguez Meléndez, Angel 259, 260
Rodríguez Padilla, Eduardo 255
Rodríguez Santiago Luis, Lic. 495, 499
Rogers, William D. 379
Roig, Salvador T. 106, 219, 226, 228
Román Fuentes 490
Romaní, Marcelino 208-209
Romero Barceló, Carlos 284, 316, 457, 462-463, 511
Roosevelt, Theodore Jr 197

Roqué de Duprey, Ana 450
Rosado, Hiram 159, 209
Rossy García, Ángel F. 386
Roussea, Juan Jacobo 31
Ruiz de Barrasa, Diego 423

S

Sabana Hoyos 453-454, 459, 467
Sagardía Pérez, José M. 265
San Antonio Hernández, Laura 213-214
Sanabria, Israel 265
Sánchez Martínez, Hiram 386
Sánchez Vilella, Roberto 226, 228
sanción administrativa 45
Santiago, Francisco 483
Santiago, Ramón163
Segarra Olivero, Jorge 386
Segunda Guerra Mundial 213
sentencia 52, 56, 70, 75, 153, 172, 257, 272, 306, 349, 384-385, 391, 395, 400, 408, 414, 417, 430, 457, 462-463, 471, 473-479, 493, 501-502, 511
Sentencias suspendidas 9, 18, 473, 475, 478
Shanton, George 157, 191, 219
Sirica, John J. 349-350, 356
Sistema de Corrección 20, 27, 340, 454, 472
sistema inquisitivo 54, 56
sistema mixto 55-56
Sistema Penitenciario 8, 434, 440-441, 444, 456, 459, 467-468, 503
sistema procesal 53, 341, 393
Snyder, Cecil A. 209, 381
soborno 15, 93, 179, 222, 251, 260, 270, 345
sociología criminal 28-31, 35
Soto Arriví, Carlos 237-239
Stevenson Louis, Roberto 243, 245

T

Techter, Frank Coronel 157
territorio no incorporado 166, 200
Tilén, Federico 379
Todd, Roberto H. 188, 311-312, 354, 379
Toledo Dávila, Pedro 158, 274, 280, 296, 303-305, 466
Torres Iriarte, Carlos (La Sombra) 489, 490
Torres López, Ángel 253, 254
Torres Marrero, Rafael 238-240
Torres Massa, Luis 232
Torres Rigual, Hiram 264-265, 270
Torres Vargas, Jaime 261, 264, 266, 270
tráfico de drogas 7, 88, 108, 148, 233-235, 265, 299, 315, 497, 516
Travieso, Martín 334, 376
Trías Monge, José 142, 306, 338-339, 353-354, 379, 396, 402, 407, 409, 506
Tribunal Apelativo 8, 327, 386-387, 391, 393, 395, 409
Tribunal de Apelaciones 67, 281, 342-343, 386, 391, 393-395, 398
Tribunal de Distrito 71-72, 111, 335, 374, 379-382, 388, 394, 396, 444, 513
Tribunal Federal 8, 65, 75, 82, 125, 166, 189, 193-194, 209, 213, 234, 239, 243, 246, 251-253, 256, 311, 349, 374, 376, 385, 398, 403, 463, 466, 468, 490-492, 516
Tribunal Superior 15, 77, 81-82, 110-111, 264, 285, 293, 379-383, 394, 397, 403, 407, 409, 448, 477, 505, 513
Tribunal Supremo 8, 15, 46-47, 49, 56, 59, 63-65, 68, 70-72, 74-77, 83-84, 103, 139, 152-153, 164-166, 168, 188-189, 196-197, 200, 205-206, 209-210, 220, 264-265, 271-272, 284-287, 292-293, 310, 320, 327, 331, 334-337, 343, 350, 370, 372, 374, 376, 378-388, 390, 393-396, 398, 402-404, 406, 408-409, 442, 477, 480, 515
Tribunales 7-8, 18, 20-21, 27, 44, 49, 51, 57, 60, 63, 67, 69-75, 126, 132, 139, 152-153, 165-166, 172-173, 192, 239, 250, 325, 327-329, 331-332, 345, 347, 352, 357, 359, 365-366, 368, 370, 372, 374, 376, 378-381, 383-385, 390-391, 396, 401-402, 404, 406, 409-410, 420, 450, 467, 478, 498, 516

U

Universidad Carlos Albizu 108, 111, 126
Universidad de Puerto Rico 68, 83, 87, 120, 126, 194, 207, 228, 234, 241, 312, 409, 491, 506, 509-510, 515

V

Vargas Morales, Tomás L. ∫494, 495, 496, 498
Vasconcelos, Pavón 46, 81
Vázquez Boneta, Jaime 214
Vega, Celso 211
Velásquez, Luis F. 209
Velásquez, Sancho 93, 124, 422, 505
verdad jurídica 49
verdad real 49, 58
víctima 16-21, 88, 130, 212, 246, 252, 272, 287, 293, 295, 365, 431, 437, 467, 502
vida en prisión 9, 480, 485
Viejo San Juan 217-218, 241, 259, 457
Vieques 188, 215, 280, 282, 284-285, 376, 400, 492, 496
Villanueva Díaz, Osvaldo 343
violencia 6, 17-18, 34, 39-41, 70, 79, 88-89, 98, 103-104, 108-110, 117, 120-121, 125-126, 149, 167, 189, 273, 278, 296, 298, 302, 353, 389-390, 416-417, 429, 436, 440, 443, 467, 473, 477, 488, 504
violencia doméstica 6, 17-18, 34, 39-41, 70, 79, 88, 109-110, 278, 302, 353, 389-390, 417, 429, 477
Von Liszt, Franz 29, 46

W

Watergate 75, 348-349, 351-352
Wilson, Orlando W. 18
Wolf , Adoph G. 376

Y

Yager, Arthur 186, 190, 454
Yañez Pinzón, Vicente 419

Este libro se terminó de imprimir
en el mes de marzo del 2005
en los talleres gráficos de
EDITORA CORRIPIO, C. POR A.
Calle A esq. Central
Zona Industrial de Herrera
Santo Domingo, República Dominicana.